마르크스의
정치경제학 비판과 공황론

마르크스의
정치경제학
비판과
공황론

김성구 지음

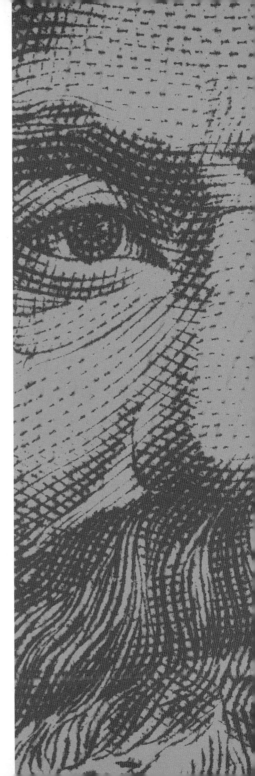

나름북스

서문

　자본주의 위기와 공황에 관한 한, 과학적인 이론은 마르크스
(주의) 위기론, 공황론뿐이다. 물론 마르크스(주의) 이론은 위기
론/공황론에서만 아니라 사회과학의 유일한 진정한 과학이다. 부
르주아 경제학은 대체로 10년 주기로 반복되는 공황의 역사 앞에
서 파산한 지 오래되었다. 자본주의와 주기적 공황의 역사가 200
년, 부르주아 경제학 파산의 역사도 200년이 되어온다. 부르주아
경제학은 불황의 경제학이라는 케인스주의 이론을 비롯해서 어떤
학파도 주기적으로 반복되는 자본주의 공황을 내재적으로, 이론
적으로 해명하지 못한다. 부르주아 경제학에 있어 위기와 공황은
자본주의 시스템의 모순들에서 불가피하게 발전하는 현상이 아
니다. 그건 다만 시스템의 외생 변수들과 심리적 변화의 충격에서
비롯되는 교란과 변동일 뿐이다. 10년 주기로 반복되는 공황 앞에

서 왜 외생 변수들과 심리적 상태가 10년 주기로 경제 과정에 충격을 주는지에 대해서는 물론 어떤 설명도 존재하지 않는다. 공공연하게 드러난 부르주아 경제학의 이론적 무능력에도 불구하고 이 경제학이 대학의 강단과 매스컴의 논단을 지배하는 이유는 물론 자본주의를 미화하고 변호하는 이데올로기적 기능 때문이다. 그러나 이런 이데올로기가 자본주의사회에서 생명력을 유지할 수 있는 건 자본주의의 경제 형태 자체에 물신성의 토대가 있기 때문이다. 자본주의의 현상 형태와 전도된 외관을 뚫고 본질적인 관계들을 파악하기 위해서는 마르크스 경제학이 요구된다. 마르크스 경제학의 토대 위에서만 자본주의 공황의 원인과, 자본주의와 공황을 극복할 대안도 열리기 때문이다. 사회주의와 마르크스주의가 퇴조한 오늘날에도 이러한 사실에는 변함이 없다.

그런데 마르크스 경제학은 어렵고 문헌은 방대하며, 그중에서도 공황론은 더 어렵고 논쟁적이다. 심지어 마르크스주의 전공자 간에도 이 어려움은 피하기 어렵다. 기본적으로 마르크스주의에 입문한다는 것은 고통스러운 학습 과정을 감내하는 것이고, 직업적으로 마르크스주의를 좇아간다는 것은 가시밭 인생길을 예고하는 것이다. 그럼에도 마르크스주의가 그 많은 추종자와 대중을 사로잡은 것은 그것이 역사와 사회에 대한 과학적인 분석이고, 자본주의의 착취와 수탈을 지양하는 미래 사회로의 길을 안내하기 때문이다. 여기에는 과학과 진리가 있고 새로운 세계를 인식하는 희열이 있다. 어렵기로 말할 것 같으면 고등 수학으로 무장한 현대 경제학도 마찬가지다. 하지만 현대 경제학은 과학의 외관을 갖고 있지만 실은 가짜 과학이며, 이 경제학은 자본주의의 현상 형태에 대중을 눈멀게 한다. 자본주의의 변호에 대한 대가는 이 경제학과 함께 사회의 기득권 계층으로 진입하는 것이고, 험난한 자본주의사회에서 안정된 미래를 보장받는다. 쓸데없이 어렵고 혹세무민하는 사변적인 경제학, 이 경제학의 대변자들조차도 자신의 경제학에 현혹된 것을 모른다. 그러나 여기에는 세속적인 보상이 뒤따르고, 이를 기대하며 공부하는 무지한 자들로 부르주아 경제학은 넘쳐난다.

서울대 대학원에서 학문적으로 마르크스주의 경세학에 입문한 이래 내 전공 영역은 현대자본주의론(국가독점자본주의론)과 공황론이다. 대학원에서의 석사 논문은 "자본축적과 공황에 관한 일고찰"(1982. 2)이었다. 이 습작은 대학원의 세미나 그룹을 통한 공동 학습의 결과이긴 하지만 기본적으로는 독학의 결실이다. 나는 독일 유학에서 본격적으로 국가독점자본주의론을 접하였고, 여기서 정치경제학 비판 플랜으로부터 독점자본주의론과 국가독점자본주의론의 반독점 이행 강령에 이르는 마르크스주의 경제학의 주요 논쟁들을 검토하면서 마르크스주의 정통파의 관점을 확립할 수 있었다. 석사 논문에서 제출된 공황론의 내 관점, 즉 과잉생산 공황론이 정통파의 이론이라는 것도 그때서야 비로소 알게 되었다. 그만큼 우리는 당시 마르크스주의 이론사에 무지한 상태에서 마르크스 경제학의 길을 찾아갔던 것이다. 1992년 브레멘대학Universität Bremen에서 제출한 박사 논문(*Zur Rekonstruktion der These der Stagnationstendenz im Monopolkapitalismus - Ein theoretischer Versuch*:『독점자본주의에서의 침체 경향 테제의 재구성에 대하여 – 하나의 이론적 시도』)은 고故 후프슈미트Jörg Huffschmid 교수의 지도하에 과잉생산 공황론과 독점자본주의론에 입각하여 독점자본주의의 침체 경향을 이론적으로 논증하는 것이었다.

국가독점자본주의론은 마르크스주의 정통파의 현대자본주의론이고, 현실 사회주의 붕괴와 공산당의 퇴조에 따라 이제는 다들 한물간 이론으로 치부하고 있지만, 여전히 마르크스의『자본』에 입각해서 현대자본주의를 분석하는 유일한 과학적인 이론이다. 나는 현실 사회주의 붕괴 이후에도 현대자본주의와 신자유주의 및 그 위기와 관련하여 국가독점자본주의론의 관점에서 좌파 또는 마르크스주의의 여타 현대자본주의론과 논쟁하면서 국가독점자본주의론의 이론적 타당성을 논증하고자 하였다. 즉, 장기파동론, 네오마르크스주의 이론/자본논리학파, 조절 이론/포드주의론, 역사적 자본주의론, 세계체제론, 포스트 케인스주의론 등 유행처럼 우리 시대를 한때 풍미했던 이론들에 비판의 칼날을 들이 댔지만, 우리나라에서 이들 이론의 어떤 대변자도 내 비판에 대한 합당한 반박을 할 수 없었던 것이다. 이와 관련한 두 개의 저서는 여기에서 독자들에게 참조시키고 싶다. 김성구 편, 2011, 『현대자본주의와 장기 불황』, 그린비출판사; 김성구 외, 2017, 『금융 위기 이후의 자본주의』, 나름북스.

공황론과 관련한 이 책의 글들은 새로 집필한 제3장을 제외하면 모두 2007~2014년 사이에 쓴 것들이다. 이 글들에서 나는 마르크스의 정치경제학 비판의 방법과 플랜 논쟁에 입각하여 마르크스주의 공황 논쟁을 방법론의 관점에서 비판하고, 정통파의 과잉생산 공황론이 진정으로 마르크스의 공황론임을 밝히고자 하였다. 또 그 위에서 이윤율 저하설을 비롯한 다양한 마르크스주의 공황론을 비판하였다. 나로서는 8개 글 모두 특별한 의의가 있는 글들이라고 자평하지만, 특히 바우어-그로스만 표식의 비판(제4장) 및 바우어와 그로스만의 공황론 비판(제5장)은 영미권 마르크스주의 표식론/공황론 논쟁의 오류를 정정하는 특별한 의미가 있다. 영미권 문헌에서는 플랜 논쟁과 공황론의 방법에 대한 쟁점을 제대로 논의하지 못해 공황론 연구에 근본적 문제가 있는데, 그로스만 이론의 전통에 있다는 이른바 이윤율의 경향적 저하 법칙에 근거한 공황론이 그 대표적인 오류이다. 영미권에서 마르크스주의 100년의 역사 동안 지금도 바우어와 그로스만의 표식 및 공황론의 오류를 인식하지 못하는 것은 바로 이 방법론에 대한 올바른 이해가 결여되었기 때문이다. 그런 점에서 이 두 개의 글을 영역해서 발표했다면, 영미권 마르크스주의 이론사 100년을 가르는 기념비적 논문이 되었을 것이다.

물론 정치경제학 비판 플랜 6부작에 따르면 현실 공황의 서술은 제6부 세계시장과 공황으로까지 상향해서 종합된다. 공황론의 이런 과제에 비추어보면 이 책의 작업은 제1부 자본 제1편 자본 일반을 넘어 제2편 현실 경쟁론의 주제로까지 한정하고, 신용론을 비롯해서 이어지는 나머지 부편의 문제까지 다룬 것은 아니다. 그런 만큼 이 책도 많은 제약과 한계를 갖고 있고, 연구와 능력의 부족함을 통감하지 않을 수 없다. 그러나 내가 신용론과, 더 나아가 세계시장 공황으로까지 상향하는 서술의 과제를 방기했다는 식으로 이 책의 한계를 지적하는 것은 타당한 비판이 아니다. 마르크스주의 공황론 논쟁의 핵심은 현실 경쟁론의 문제이고, 이 쟁점이 올바로 정리된다면 그 위에서 신용론과 과잉생산의 문제는 쉽게 전개될 수 있기 때문이다. 기본적으로 금융공황은 실물 경제의 위기의 표현이며, 현실 경쟁 속에서 실물 부문의 불균형과 과잉생산이 누적, 심화하는 메커니즘이 신용론에 앞서 이론적으로 규명되어야 그 위에서 비로소 신용의 자립적 운동과 과잉생산의 매개가 올바로 서술될 수 있다. 이런 점에서 이 책은 공황론 전개에서 가장 논쟁적인 현실 경쟁론의 문제를 해명함으로써 산업 순환과 주기적 공황 분석의 이론적 초석을 제공한다고 생각한다.

이 책에 수록된 글들의 원래 발표된 출처는 아래와 같다. 물론 이 글들은 단행본 출간에 맞춰 수정과 보완을 하였고, 문헌적으로도 보충하였음을 밝혀둔다. 보다시피 8개 중 5개의 글은 〈마르크스주의 연구〉에 발표된 것이다. 〈마르크스주의 연구〉의 지면을 통해 이 글들이 발표될 수 있었던 것에 대해 감사의 뜻을 표한다.

제1장: 김성구, 2008, 「정치경제학 비판 플랜과 『자본』: 이른바 플랜 논쟁에 대하여」, 〈마르크스주의 연구〉 제9호.

제2장: 김성구, 2008, 「마르크스의 공황론 방법과 주기적 과잉생산 공황론」, 〈마르크스주의 연구〉 제10호.

제3장: 김성구, 2018, 「투간과 로자 표식에 대한 비판적 해설」, 새로 집필한 글.

제4장: 김성구, 2014, 「바우어-그로스만 표식의 혼란과 오류」, 〈마르크스주의 연구〉 제33호.

제5장: 김성구, 2014, 「바우어와 그로스만의 공황론 비판」, 〈마르크스주의 연구〉 제36호.

제6장: 김성구, 2008, 「마르크스의 이윤율의 경향적 저하 법칙 – 재구성을 위하여」, 〈노동사회과학〉 제1호.

제7장: 김성구, 2007, 「이윤율의 경향적 저하 법칙과 주기적 공황에 관한 파인과 해리스의 재구성에 대하여」, 〈사회경제평론〉 제29(3)호.

제8장: 김성구, 2010, 「산업 순환 및 공황론으로서 이윤율 저하설의 오류에 대하여」, 〈마르크스주의 연구〉 제17호.

출판사의 원래 출간 계획에도 없던 이 책의 발간을 위해 무더운 여름 온갖 수고를 아끼지 않은 나름북스의 김삼권 편집자에게도 깊은 감사의 마음을 전한다.

2018년 8월 15일
정년퇴임을 앞두고

김성구

차례

1장

정치경제학 비판 플랜과 『자본』: 이른바 플랜 논쟁에 대하여

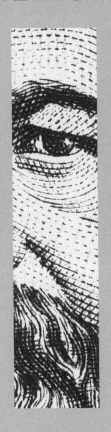

1.
6부작 플랜으로부터
『자본』으로

주지하다시피 마르크스는 원래 자신의 정치경제학 비판 저작을 6개의 부로 구성하려고 계획하였다. 1857년 『그룬트리세Grundrisse』에 대한 〈서설〉에서의 첫 번째 플랜 초안 이래 마르크스는 곧 자신의 경제학 저작을 제1부 자본, 제2부 토지 소유, 제3부 임노동, 제4부 국가, 제5부 외국무역, 제6부 세계시장의 체계로 구상하였다.[1] 또한 제1부 자본은 『그룬트리세』에서의 자본에 관한 처음 두 개의 초안 이후에 곧 제1편 자본 일반, 제2편 자본들의 경쟁, 제3편 신용, 제4편 주식자본으로 구성할 것을 명확히 하였다.[2] 나아가 라쌀레Ferdinand Johann Gottlieb Lassalle 앞으로 보낸 편지에서 마르크스는 제1편 자본 일반을 자본의 생산과정, 자본의 유통 과정, 양자의 통일 또는 자본과 이윤이라는 3부분으로 구성할 계획을 밝혔다.[3] 이렇게 해서 대체로 1858년부터 1862년에 계획된 마르크

---

1 *MEW* (13: 7), 1858년 2월 22일자 라쌀레 앞으로 보낸 마르크스의 편지(*MEW* 29: 551) 참조.

2 1858년 4월 2일 자 엥겔스에게 보낸 마르크스의 편지(*MEW* 29: 312).

3 1858년 3월 11일 자 라쌀레 앞으로 보낸 마르크스의 편지(*MEW* 29: 554).

스의 정치경제학 비판 플랜은 다음과 같은 6부작 구성이었다.[4]

〈표 1〉 정치경제학 비판 플랜 6부작

제1부 자본

　서론 상품과 화폐

　제1편 자본 일반

　　　Ⅰ 자본의 생산과정

　　　　　⑴ 화폐의 자본으로의 전화

　　　　　⑵ 절대적잉여가치

　　　　　⑶ 상대적잉여가치

　　　　　⑷ 양자의 결합

　　　　　⑸ 잉여가치에 관한 이론들

　　　Ⅱ 자본의 유통 과정

　　　Ⅲ 양자의 통일 또는 자본과 이윤

　제2편 자본들의 경쟁

　제3편 신용

4　　비탈리 비고츠키/알렉산드르 체푸렌코(1993: 331). 비고츠키는 이 글에서 정치경제학 비
　　판 6부작에 관한 『그룬트리세』의 여러 변종의 초안으로부터 『자본』의 구성에 이르는 변화
　　를 추적하고 있어 여러 변종의 플랜 초안을 참조할 수 있다. 또한 플랜 초안에서의 전반 3
　　부, 특히 제1부 4개 편의 상세한 내용에 대해서는 谷野勝明(2000a)을 참조하라.

제4편 주식자본

제2부 토지 소유

제3부 임노동

제4부 국가

제5부 외국무역

제6부 세계시장

그러나 마르크스는 위와 같은 6부작 계획을 실현할 수 없었다. 물론 마르크스는 일찍부터 전반 3부에 대해서는 상론을 하고 후반 3부에 대해서는 개요를 주는 수준에서 저작을 구상하였다.[5] 그러나 제1부 제1편 자본 일반의 집필 과정에서 3개의 방대한 초고를 작성하면서 원래의 작업 계획은 변경되었고, 〈자본〉이라는 표제로 준비하는 저작 이후의 작업은 국가에 관한 부분을 별도로 하면 자신을 뒤따르는 다른 사람들이 쉽게 완성할 것을 기대하였다.[6] 마르크스 자신은 〈정치경제학 비판〉을 부제로 하는 『자본』, 그것도 전 3권 중 제1권만을 자신의 손으로 간행할 수 있었다.

마르크스는 쿠겔만Ludwig Kugelmann 앞으로 보낸 편지(1862년 12

---

5   1858년 3월 11일 자 라쌀레에게 보낸 마르크스의 같은 편지,

6   1862년 12월 28일 자의 쿠겔만 앞으로 보낸 마르크스의 편지(*MEW* 30: 639).

월 28일)에서 준비 중인 저작의 표제가 〈자본〉이라는 것을 알리면서 그것이 제1부 자본 제1편 자본 일반을 대상으로 한다고 썼다.[7] 1860년대 중반에 이르면 마르크스는 자신의 손으로 6부작 플랜을 실현할 계획을 최종적으로 포기하였고, 『자본』을 전 3권 4부의 구성으로 발간할 것임을 분명히 하였다. 쿠겔만 앞으로 보낸 편지(1866년 10월 13일)에서 마르크스는 『자본』의 구성을 다음처럼 밝혔다.

〈표 2〉 『자본』의 구성

제1부 자본의 생산과정

제2부 자본의 유통 과정

제3부 총과정의 자태

제4부 이론의 역사에 대해

그리고 제1권은 처음 2개 부를 포함하고 제2권은 제3부를, 제3권은 제4부를 이룰 것이라고 말했다.[8] 그러나 『자본』 제1권이 간행되는 과정에서 제1권은 제1부, 제2권은 제2부와 제3부, 제3권은

---

7   쿠겔만 앞으로 보낸 마르크스의 같은 편지.

8   1866년 10월 13일 자 쿠겔만 앞으로 보낸 마르크스의 편지(*MEW* 31: 534).

제4부를 다루도록 변경하였다.[9]

이상에서 『자본』의 구성과 정치경제학 비판 플랜을 비교하면, 『자본』 전 3권의 구성은 외견상 정치경제학 비판 플랜의 제1부 자본의 제1편 자본 일반에 상응하는 것으로 보인다. 그러나 그 포괄하는 내용을 살펴보면, 『자본』 전 3권은 플랜의 제1부 제1편 자본 일반의 범위를 크게 벗어나 『자본』의 집필 과정에서 원래의 플랜으로부터 커다란 변화가 있었음을 추론할 수 있다. 무엇보다 『자본』은 제1부 제1편 자본 일반을 넘어 원래 제2편 자본들의 경쟁, 제3편 신용, 제4편 주식자본과 나아가 제2부 토지 소유, 제3부 임노동에서 다룰 예정이었던 내용들을 이념적 평균의 수준에서 포괄하였던 것이다. 마르크스는 『자본』의 집필 과정에서 3개의 초고, 즉 제1초고인 〈경제학 초고 1857-58〉(『그룬트리세』), 제2초고 〈정치경제학 비판을 위하여〉(경제학 초고 1861-63), 제3초고 〈경제학 초고 1863-65〉를 작성하였는데, 신MEGA의 편집자들은 이러한 변경이 대체로 제2초고, 그중에서도 〈잉여가치 학설사〉를 집필하는 과정에서 일어난 것으로 추정하고 있다.[10]

---

9   *MEW* (31: 542-543), *MEW* (31: Vorwort VIII), *MEW* (23: 17) 참조.

10   1975년부터 시작된 새로운 마르크스-엥겔스 전집(MEGA: Marx-Engels-Gesamtausgabe)은 1989년까지 구동독과 구소련의 두 개의 마르크스주의-레닌주의 연구소에 의해 간행되었다. 현실 사회주의의 붕괴 후에 이 작업은 마르크스-엥겔스 국제재단Internationale Marx-Engels Stiftung에 의해 계승되었다. 이 재단에 의한 MEGA 작업의 계승과 재조직 과정에 대해서는 Rojahn(1996), 大村 泉(1998: 제1장)을 참조하라.

정치경제학 비판 플랜으로부터 『자본』의 성립사를 둘러싼 논쟁의 초점은 무엇보다 이 변화와 그 의의에 맞춰져 있다. 『자본』의 내용은 플랜의 어떤 범위를 포괄하고 있는가, 마르크스는 왜 원래의 자본 일반을 넘어 『자본』에서 서술의 범위를 확대했는가, 이러한 변화가 일어난 시기는 언제인가, 이 변화로 원래의 플랜은 어떻게 되었는가 등등이 논쟁의 핵심 쟁점을 이룬다. 이렇게 〈정치경제학 비판〉으로부터 〈자본〉으로의 표제의 변경은 단순한 표제의 변경이 아닌 포괄 내용과 구성의 변화를 내포하는 의미심장한 변화였던 것이다.

『자본』의 성립사에 관한 논쟁은 그 자체로 『자본』에 대한 이해를 질적으로 높여주는 의미를 갖고 있다. 『자본』이 비록 전반 3부의 내용을 이념적 평균에서 포괄함으로써 "자본주의 생산양식의 내적 편성"(*MEW* 25: 839)을 서술하고 "근대사회의 경제적 운동 법칙"(*MEW* 23: 15)을 폭로한다고 하였지만, 정치경제학 비판 플랜과 단절해서는 『자본』을 올바로 이해할 수 없다. 『자본』은 그 자체로 완결된 저작이라고는 하나 어디까지나 6부작 플랜의 한 단계를 보여주는 저작이기 때문이다. 정치경제학 비판 플랜의 체계하에서 마르크스의 방법과 『자본』의 위치를 인식하는 것만이 『자본』을

───────────────

『자본』과 그 초고들은 전집 제2부에서 간행되었는데 2012년까지 3개의 『자본』 초고를 비롯한 15권 모두 간행된 상태다.

이해하는 올바른 방식이다.

6부작 플랜은 1850년대 중반까지의 마르크스의 경제학 연구의 결과이며, 자본주의 현실 경제를 이론적으로 어떻게 영유해야 하는가를 반영하는 것이다. 즉 마르크스는 현실의 구체적인 자본주의를 분석하기 위해서는 하향의 방법을 통해 현실의 경험적 세계로부터 추상적이고 일반적인 관계를 분석한 후에 이 추상적이고 일반적인 범주로부터 보다 구체적이고 복잡한 세계시장으로 올라가는 상향의 방법이 필요하다고 하였는데(*Grundrisse, MEW* 42: 35), 후자의 과학적 방법에 의해 규정된 체계가 다름 아닌 정치경제학 비판 플랜이었다. 이 체계는 자의적인 구성이 아니라 객관적인 자본주의 자체에 의해 규정된 것이다. 코간이 말한 바처럼, "마르크스는 경제학적 범주들을 그 객관적 상호 종속성 중에 반영하려 했고, 6부 저작 플랜 중에서 자본주의 일반 이론의 과학적 편별 구성을 주고자 했다."(Kogan, 1979: 15) 따라서 6부작 플랜은 단순히 마르크스가 후에 『자본』의 플랜에 의해 대체한 하나의 플랜에 불과한 것으로 간주해서는 안 되며(비탈리 비고츠키, 1993: 331), 『자본』의 플랜 자체를 6부작 플랜 속에서 파악해야 한다.

6부작 플랜과 단절하여 『자본』을 이해하는 경우의 『자본』에 대한 대표적인 오독은, 『자본』이 일국적 자본주의를 상정하고 있어 세계 자본주의를 분석할 수 없다면서 자본주의 세계경제를 분석하기 위해 종속이론이나 세계체계론처럼 마르크스의 이론이 아닌 새로운 이론을 들고나오는 것에서 볼 수 있다. 이들은 『자본』이 특정한 추상 수준에서 자본주의 생산양식을 이념적 평균에서 서술하고, 이에 기초해서 세계시장으로의 상향 속에서 세계 자본주의 분석의 길이 열려 있다는 플랜의 체계를 이해하지 못한다. 그 대신 이들에게 『자본』은 현실 자본주의의 분석과 관련 없는 불변의 구조 또는 체계로 이해될 뿐이다.[11] 6부작 플랜의 의의는 세계경제론의 문제에 한정되지 않고 공황론이나 임노동, 사용가치 분석 등에서 마르크스에 대한 다양한 곡해를 이론적으로 극복하는 토대가 된다는 데 있다. 이런 점에서 플랜 논쟁은 문헌사적 연구일 뿐 아니라 『자본』에 입각해 현실 자본주의를 분석하는 어려운 난제에 마르크스의 길을 지시한다는 현재적 의미도 갖는 것이다.[12]

---

11 이 문제에 대해서는 김성구(1996년/1997) 참조.

12 물론 현대 자본주의의 분석을 위해서는 6부작 플랜과 『자본』을 넘어가는 이론의 발전이 필요하다. 이는 6부작 플랜의 상향의 과정에서 전개되는 것이 아닌 자본주의 발전의 단계론과 관련된 문제이다. 즉 6부 플랜의 상향 과정을 완성한다 해도 그것만으로는 독점과 제국주의, 국가독점에 의해 특징지어지는 현대 자본주의를 분석할 수 없다. 독점자본주의론/제국주의론과 국가독점자본주의론이라는 특수한 단계 이론이 요구되기 때문이다. 그러나 이 특수한 단계 이론들도 마르크스주의 이론인 한, 일반 이론인 『자본』에 입각해서 그로부터 전개되지 않으면 안 된다.

2.
6부작 플랜과
『자본』의 관계에 대한 5개의 테제

그러면 이제 앞에서 거론한 플랜 논쟁의 쟁점들을 이하의 절들에서 살펴보도록 한다. 『자본』이 원래 플랜의 어떤 범위를 포괄하는가 하는 쟁점에 대해 일단 오늘날에는 『자본』이 플랜 제1부 자본 제1편 자본 일반의 내용을 넘어 전반 3부의 기본 내용을 포괄한다는 것에 초고 연구자들 간에는 대체로 의견이 같다. 문제는 『자본』의 이러한 확장에 의해 제1편 자본 일반과 나아가 6부 플랜에 어떠한 변화가 일어났는가 하는 것이다. 이 문제는 통상 6부 플랜과 『자본』 간 관계에 대한 플랜 변경설 대 플랜 불변설로 대립되어 이해되고 있다. 그러나 이 문제에는 '자본 일반의 확장=변경'이라는 측면과 6부 플랜의 변경이라는 측면이 중첩되어 있어 '플랜 변경설 대 플랜 불변설'이라는 논쟁 구도는 이 중첩된 쟁점을 모두 나타내기에는 다소 혼란스럽고 오해의 여지가 있다.

그래서 먼저 여기서의 쟁점을 다시 정리하면, 첫째로, 자본 일반의 확장이 『자본』의 성립을 가져왔다고 할 때 원래의 자본 일반은 확장된 자본 일반으로 변경된 것인가 하는 점이며, 둘째는, 자본 일반의 확장에 의해 6부작 플랜은 변경되었는가 하는 점이다. 이 두 개의 쟁점은 각각 변경인가 불변인가로 대립하기 때문에 두 개의 쟁점을 뭉뚱그려 하나의 테제에서 플랜 변경설과 플랜 불변설로 총괄할 수는 없다. 즉 자본 일반의 확장을 자본 일반 개념의 변경 또는 지양으로 보면서도 6부작 플랜은 그럼에도 불변이라고 주장하는 논자도 또는 변경되었다고 주장하는 논자도 있다. 또한 자본 일반의 확장에도 불구하고 자본 일반은 불변이며 6부작 플랜도 불변이라 주장하는 논자도 있다. 따라서 플랜 변경설과 플랜 불변설은 중첩된 두 개의 상이한 쟁점을 올바로 드러내는 논쟁 구도가 아니다.

이러한 점에 유의한다면, 『자본』과 6부 플랜 간 관계에 관한 논쟁은 플랜 변경설 대 플랜 불변설로 정리하기보다는 이 논쟁에서 제기된 『자본』의 성격과 6부 플랜의 변경 여하에 관한 5개의 입론을 중심으로 서술하는 것이 보다 적절할 것이다. 이하에서 플랜 변경설과 플랜 불변설은 6부 플랜의 변경 여하의 의미로서만 언급할 것이다.

첫째, '『자본』=자본 일반' 테제. 이 견해는 『자본』이 그 포괄하는 내용에서 자본 일반을 넘어가는 요소들이 있기는 하지만, 기본적으로 『자본』은 자본 일반의 범위를 넘지 않는다고 파악한다. 따라서 6부작 플랜의 과제도 변경되지 않았다는 것으로 플랜 불변설의 전형을 이룬다. 이 견해는 대체로 『자본』 초고들의 간행이 제한되었던 시기에 제출되었고(예컨대 제2차 세계대전 전의 구루마 사메조久留間鮫造, 야마다 모리타로山田盛太郎), 초고들의 간행과 초고

연구의 진전에 따라 오늘날에는 대체로 극복된 견해이다.[13]

둘째, 『자본』=자본 일반의 확장 또는 변용' 테제. 『자본』 초고들의 간행, 특히 1953년 구동독에서 『그룬트리세』의 재간과 함께 플랜 논쟁은 새로운 계기를 맞게 되었다. 즉 『자본』에는 『그룬트리세』의 자본 일반에 예정되어있던 범위를 넘어선 내용이 포함됐다는 점이 초고 연구자들 간에 명백하게 되었다. 다시 말하면 『그룬트리세』의 자본 일반은 『자본』에 비해 현저하게 좁은 영역을 포괄한다는 것이었다. 『그룬트리세』에서 자본 일반이란 자본을 '하나

---

13 제2차 세계대전 전에 플랜 논쟁을 촉발한 것은 그로스만이었다. 1930년 구루마 사메조는 플랜과 공황론의 관계에 주목하면서 그로스만의 플랜 변경설(1863년 7-8월 경 마르크스가 정치경제학 비판 6부 플랜을 포기하고 『자본』 4부 플랜이 구상되었다는 1929년의 주장)을 비판하였다. 그에 따르면 마르크스는 『자본』의 단계에서도 6부 플랜을 견지하였고, 『자본』은 제1부 제1편 자본 일반의 실현이며, 토지 소유 이하 세계시장까지의 나머지 5부만이 아니라 제1부 제2편 이하 제4편(경쟁, 신용, 주식자본)도 『자본』의 범위 밖에 있다는 것이다. 물론 토지 소유와 임노동도 〔또 경쟁, 신용, 주식자본도〕 『자본』에서 취급되지만, 그것은 자본의 일반적 성질을 규명하는 한에서 그러한 것이며, 플랜에서 말하는 토지 소유와 임노동의 고유한 분석은 아니라는 것이다. 당시 구루마 사메조는 플랜과 『자본』과의 관계에 대해 다음 4개의 견해로 분류하고 제1의 견해를 자신의 입장으로 제출하였다. 1) 『자본』=제1부 제1편 자본 일반, 2) 『자본』=제1부 자본(이상 플랜 불변설), 3) 『자본』=전반 3부, 4) 『자본』=플랜 전 체계(이상 플랜 변경설). 구루마 사메조는 자신의 자본 일반설을 전후에 자본 일반 확장설로 정정하였다. 이상은 富塚良三·吉原泰助(1997: 6 이하), 高木幸二郎(1979: 17 이하) 참조. 種瀬茂(1986: 152 이하)에 따르면 일본에서 전전의 '플랜 불변설 대 플랜 변경설'의 논쟁은 전후 佐藤金三郎(1954)의 '양극 분해설'에 의해 총괄되고 양자의 대립은 지양되었다고 한다. 즉 원래 플랜의 제1부 제2-4편 및 제2부 토지 소유와 제3부 임노동은 각각 양극 분해되어 각 부편의 기본적 규정은 『자본』에 편입되는 방식으로 자본 일반의 범위와 내용이 확장되었고, 남은 문제들은 특수 연구로서 『자본』의 범위 밖에 유보되어 6부작 플랜은 유지되었다는 것이다. 이는 곧 전후 일본에서의 플랜 논쟁이 다음에서 보는 자본 일반 확장설/플랜 불변설로 정리되었음을 말해준다.

의 자본'으로 고찰하는 것이며, 다수 자본의 계기는 배제되어 있다. 그래서 거기서는 자본의 축적, 사회적 총자본의 재생산과 유통, 자본과 수입의 교환, 일반적 이윤율의 형성과 생산가격의 성립, 이윤율 저하와 반대로 작용하는 요인들, 잉여가치의 분할(과 자본 분파), 특별 잉여가치 등의 논점이 자본 일반의 밖에 놓여있었다. 그러나 『자본』에는 원래 플랜에서 다수 자본의 차원에 속하는 것으로서 자본 일반으로부터 배제되어 경쟁의 차원에 유보되었던 이런 계기들이 적지 않게 들어왔을 뿐 아니라 신용, 토지 소유, 임노동의 기본 규정조차 편입되었고, 이런 변화 과정에서 자본 일반이란 표현 대신에 '자본의 일반적 성질'을 파악한다든가 또는 '자본의 일반적 분석'이라는 표현이 등장하게 되었다. 이 견해는 플랜 변경 여하와 관련하여 다시 두 개의 견해로 나누어진다. 하나는 자본 일반의 확장 또는 변용으로 『자본』은 자본 일반을 넘어 전반 3부 체계를 포함한다는 설(『자본』=전반 3부)이고, 다른 하나는 자본 일반의 확장 또는 변용에도 불구하고 『자본』은 의연 자본 일반의 논리 차원에 머문다는 설(『자본』=확장된 자본 일반)이다. 전자는 플랜 변경설의 전형이며, 후자는 플랜 불변설의 전통에 있다.(富塚良三·吉原泰助, 1997: 8-9).

전자에는 『그룬트리세』 해설서로 1970년대 서구에서 마르크스주의 복권에 커다란 영향을 미쳤던 로스돌스키와 전후 일본 마르크스주의의 독자적인 학풍을 이룩한 우노 고조宇野弘藏 학파가 대표된다. 물론 양자 간에는 플랜의 남은 과제에 대한 상이한 이해 방식으로 크게 차이가 있다. 자본 일반의 확대에 의해 전반 3부의 과제가 완결됨으로써 플랜이 변경되었다 해도 로스돌스키는 후반 3부가 속편으로서 이행되어야 할 것으로 보고 있다. 그러나 우노 고조 학파는 (물론 그 내부에 상이한 견해가 있기는 하지만) 플랜 변경과 함께 후반 3부의 과제는 소멸되었고 후반 3부는 이론적 구성의 대상이 아니라 구체 분석의 대상일 뿐이라고 주장한다. 반면 『자본』에서 자본 일반의 확장 또는 변용에도 불구하고 6부 플랜의 불변을 주장하는 학설에는 코간, 테르노프스키, 체푸렌코 등 구소련의 정통파와 도미즈카 료조富塚良三, 사토 킨자부로佐藤金三郞 등 일본의 정통파가 대표된다. 물론 이 학설에 따르면 자본 일반의 확대와 『자본』에 의해 그만큼 전반 3부의 원래 내용은 변화를 겪게 되었지만, 전 6부의 과제가 여전히 이행되어야 한다는 점에서 이는 플랜 불변설이라 할 수 있다.

마지막으로 셋째, '『자본』=자본 일반의 지양' 테제. 이 견해에 따르면, 『그룬트리세』의 자본 일반 개념(제1부 제1편)이 제1부 제2편 이하 전반 제3부까지를 이념적 평균에서 포괄함으로써 이 개념은 파열, 지양되었고, 새로운 구조 개념인 '자본의 일반적 분석'에 의해 『자본』이 성립되었다고 한다. 여기서도 6부 플랜에 대한 견해의 차이가 존재한다. 뮐러와 얀 등 구동독의 정통파는 『자본』에서 자본 일반 개념의 지양과 새로운 구조 개념으로의 대체에도 불구하고, 따라서 전반 3부의 원래 구성도 내용상의 변화를 겪게 되었지만, 제1부 제2편 이하 6부 플랜의 과제는 여전히 남아있다고 주장하며, 이런 점에서 이들은 플랜 불변설로 분류된다. 반면 다카기 코지로高木幸二郎와 다카기 아키라高木 彰는 구 정통파 내에서는 독특한 입장이지만, 자본 일반으로부터 자본의 일반적 분석으로의 변경과 함께『자본』은 전반 3부를 포괄하도록 변경되었다는 '『자본』=전반 3부'설을 주장한다.

 이처럼『자본』의 성립 과정에서 자본 일반이 확대되었나 지양되었나 하는 논쟁과 6부 플랜이 불변인가 변경인가 하는 논쟁은 단순하게 대응하는 게 아니라 중첩되고 교차되어있다. 이상에서의 논의를 표로 정리하면 다음과 같다.[14]

---

14 다시 말하지만, 〈표3〉에서 자본 일반 확장(변용) 테제 B와 자본 일반 지양 테제 A는 자본 일반의 확장 또는 지양을 주장하면서도 6부 플랜의 불변을 견지하기 때문에 정확하게 말하면 이는 '플랜 부분 변경설'이라 할 수 있다. 이렇게 분류한다면, 위의 표에서 자본 일반 테제는 '플랜 불변설', 자본 일반 확장(변용) 테제 A, 자본 일반 지양 테제 B는 '플랜 전면 변경설'이 된다. 대체로 플랜 부분 변경설은 구소련, 구동독, 일본의 정통파가 대표하는 데 반해, 플랜 전면 변경설은 (서구와 일본에서) 정통파에 대한 비판파가 대표한다. 이에 대해서는 谷野勝明(2000b: 180), 大村 泉(2000: 216-217) 참조.

〈표 3〉 6부 플랜과 『자본』의 관계

	『자본』의 성격	자본 일반 변경 여부	6부 플랜 변경 여부	대변자
자본 일반 테제	『자본』= 자본 일반	자본 일반 불변	6부 플랜 불변	(전전) 쿠루마 사메조, 야마다 모리타로
자본 일반 확장(변용) 테제 A	『자본』= 전반 3부	자본 일반 확장	6부 플랜 변경	로스돌스키, 우노 고조
자본 일반 확장(변용) 테제 B	『자본』=(확장된) 자본 일반[=자본의 일반적 분석]	자본 일반 확장	6부 플랜 불변	코간, 테르노프스키, 체푸렌코, 도미즈카 료조, 오무라 이즈미大村 泉, 사토 킨자부로
자본 일반 지양 테제 A	『자본』=자본의 일반적 분석	자본 일반 지양	6부 플랜 불변	얀, 뮐러, 포케W. Focke
자본 일반 지양 테제 B	『자본』=전반 3부	자본 일반 지양	6부 플랜 변경	다카기 코지로, 다카기 아키라

이렇게 보면, '자본 일반'과 '자본의 일반적 분석' 개념이 플랜 논쟁의 핵심을 이룬다는 것을 알 수 있다. 『그룬트리세』의 구조 개념인 자본 일반이란 무엇인가, 그 개념은 왜 확대 또는 지양되었으며, 이러한 변화는 초고의 어느 시기에 일어났나, 이 확대가 원래의 자본 일반의 구상에 내포되어 있었나 아니면 그 확대로 자본 일반 개념은 지양되고 폐기되었나, 『자본』의 구조 개념인 '자본의 일반적 분석'으로 인해 6부작 플랜은 변경되었는가 등등이 주요한 쟁점들이다.

3.

두 개의 구조 개념:
자본 일반과 자본의 일반적 분석

마르크스의 6부 플랜이란 현실의 자본주의 세계경제를 이론적으로 영유하는 상향의 방법을 반영하는 것이다. 마르크스에 따르면 자본은 "부르주아사회의 일체를 지배하는 경제력"이며, 분석의 "출발점이자 종결점"이다.(*Grundrisse*: 41). 따라서 플랜은 자본으로부터 시작한다. 그런데 현실 경쟁과 구체적인 자본 관계는 "자본의 내적 법칙들"을 왜곡하고 현상에서 이 법칙들을 "전도"시키기 때문에(*Grundrisse*: 654), 자본의 본질적 관계를 서술하기 위해서는 자본을 그 자체로 분석하지 않으면 안 된다. 연구 과정에서의 이러한 방법론적 요구가 다름 아닌 자본 일반과 현실 경쟁의 엄격한 분리와 자본 일반으로부터 현실 경쟁으로의 상향의 과정이었던 것이다. 자본 일반이란 "다른 모든 부의 형태들과 구별해서 자본의 종차를 파악하는 추상"(*Grundrisse*: 362)이며, 자본의 '특수한 형태'나 '개별적 형태'와는 관계없는(*Grundrisse*: 231) "그 자체로서의 자본"(*Grundrisse*: 264), 즉 자본들 간 현실적 차이가 추상된 개념이다. 말하자면 자본 일반은 전자본주의 생산양식들뿐 아니라 자본주의 생산양식하에서의 총임노동 또는 토지 소유와도 구별해서 고찰하는 "전사회의 자본"(*Grundrisse*: 264-265) 또는 "하나의 자본"(*Grundrisse*: 563)으로 추상화된 자본을 나타낸다. 그것은 "모든 자본 자체에 공통적인, 또는 일정량의 가치량을 자본으로 만드는 규정들"(*Grundrisse*: 362)이다.

『그룬트리세』는 주지하다시피 이 자본 일반의 서술을 목적으로 집필되었다. 그러나 1861-63년의 제2초고와 1863-65년의 제3초고를 거치면서 『자본』의 성립은 단순하게 자본 일반의 완성이라 할 수 없을 만큼 원래의 방법론적 원칙이 폐기되고, 그 구조 개념인 자본 일반을 넘어 다수 자본과 현실 경쟁, 신용, 주식자본의 기본 요소들과 나아가 토지 소유와 임노동의 기본 요소들이 자본 일반과 유기적으로 결합함으로써, '자본의 일반적 분석'이라는 새로운 구조 개념에 의해 특징지어졌다. 그에 따라 『그룬트리세』에서 처음 사용된 자본 일반이란 개념은 1863년 이후 더 이상 사용되지 않고 『자본』에서는 '자본의 내적 편성', '자본의 일반적 분석'이란 개념으로 대체되었다.[15] 이처럼 문제가 단순히 용어상의 변화가 아닌 것은 분명하다. 이 변화를 어떻게 이해하여야 하는가, 또 그 변화에 의해 원래의 6부작 플랜 또한 변화된 것은 아닌가, 이와 관련해 국제적 논쟁이 전개되었다.

---

15   그럼에도 불구하고 『자본』에는 『그룬트리세』의 방법적 원칙을 상기시키는 구절들을 볼 수 있다. 예컨대 "자본의 내적 본성이 파악된 후에만 경쟁에 관한 과학적인 분석이 가능하다." (*MEW* 23: 335).

논쟁의 촉발은 로스돌스키였다. 1953년 구동독에서 『그룬트리세』가 1939-41년 판의 복사본으로 재간된 이후에도 서구에서 이 초고는 상당 기간 주목받지 못했다. 이 초고에 대한 로스돌스키의 해설서가 출간된 것이 『자본』성립사 논쟁에서 이 초고가 주목받게 된 계기였다.[16] 이 책에서 로스돌스키는 마르크스의 경제학 저작의 토대가 되었다는 두개의 개요, 즉 1857년의 개요와 1866년(혹은 1865년)의 개요를 확인하고, 전자로부터 후자로의 개요의 이행이 1864-65년경 제3초고에서 이루어졌다고 주장한다.[17] 로스돌스키에 따르면, 『그룬트리세』는 1857년 개요의 자본 일반에서 본질적으로 벗어난 것이 아니고 그 개요에 정확히 상응하며(로스돌스키: 42),[18] 1861-63년의 초고도, 그 초고 중에 작성한 1863

---

16   Rosdolsky(1968). 영어판은 1977년, 국역판은 2003년에 간행되었다. 이하 인용은 국역판에 따른다.

17   이 두 개의 개요(로스돌스키: 40)는 본문의 앞에서 본 〈표 1〉과 〈표 2〉의 플랜을 가리킨다.

18   '본질적'이라는 말은 원칙적으로 그러하다는 것이다. 즉, 로스돌스키는 자본 일반의 틀을 넘어서고 마르크스 저작의 다른 부분에 적합한 다수의 부언 설명들이 『그룬트리세』에 많이 포함되어 있다면서 1858년 5월 31일 자 엥겔스 앞으로 보낸 마르크스의 편지(*MEW* 29: 330)를 참조한다. "문제는 곧 (인쇄된다면 두꺼운 책이 될) 수고에서 모든 게 뒤죽박죽이라는 것입니다. 실제로 훨씬 나중의 부분으로 의도했던 많은 것들이 여기에 포함되어있습니다."(로스돌스키: 79) 자본 일반 편의 서술을 상정했던 『그룬트리세』는 실로 집필이 진전될수록 처음에 『그룬트리세』에서 작성한 플랜의 자본 일반을 넘어서는 요소들을 곳곳에서 담고 있는데, 이것이 후에 보는 바처럼 『그룬트리세』가 원래 자본 일반의 확장을 내포한다는 오무라 이즈미의 주장(자본 일반의 확장과 『자본』의 성립이 원래부터 구상된 것이라는 주장, 즉 『자본』으로의 성립이 자본 일반으로부터의 단절과 지양이 아니라는 주장)의 논거가 된다. 大村 泉(1998) 참조.

년 1월의 집필 계획이 최초의 개요로부터 이탈 조짐이 있지만, 대체적으로 자본 일반의 틀에 머물러 있다고 한다.(로스돌스키: 49). 1864-65년 초고에서 비로소 "애초에 계획했던 '자본 일반'에 대한 분석과 경쟁에 대한 분석의 원칙적 분리가 포기"되었고, 토지 소유와 임노동은 초기 개요의 주요 주제 또는 모든 논점이 포함되었다고 하며, 후반 3부는 속편으로 미루어놓고 제외되었다고 평가한다.(로스돌스키: 51-54). 다소 길지만, 로스돌스키의 결론을 인용하자.

"그렇다면 우리의 개관을 통해 어떤 결론이 도출될 수 있는가? 우선 첫 번째는 최초의 개요로부터 새로운 개요로의 이행이 1864-65년 이전에 일어나지 않았다는 것이다. 다음으로 개요의 변경과 관련해 우리는 최초의 개요 제1-3부와 제4-6부를 엄격하게 구분해야 한다는 것이 그 두 번째이다. 우리의 개관은 후자의 3개 부가 실제로 '포기된' 것이 아니라는 결론, 다시 말해 이들의 범위에 속하는 논점들이 새로운 개요의 편제에 완전히 흡수된 것이 아니라 일종의 '속편'으로 넘겨졌다는 결론을 시사한다. … 그러나 제2부와 제3부에 관해서는 사정이 완전히 다르다. 이것들은 새로운 편제에 편입되어야만 했는데, 그것은 이들의 범위에 속하는 문제들에 대한 언급이 없다면 『자본론』 그 자체가 생각될 수조차 없었을 것이기 때문이다. (이것은 최초의 개요에 따른 '자본'에 관한 부의 b-d편들〔제1부 제2-4편: 인용자〕에 대해서도 마찬가지로 적용된다.)"(로스돌스키: 54-55).

"즉, 이것들[제1부 제2-4편: 인용자]은 실로 독립된 편들로서 다루어지지 않고 동시에 내용 면에서도 새로운 저작 구조에 편입되었다. 여기에서도 마찬가지로 본래의 개요는 축소되었고, 동시에 이 축소에 대응하여 첫 부분, 즉 '자본 일반' 편은 확대되었다. 왜냐하면『자본론』I권과 II권은 근본적으로 '자본 일반'에 대한 분석을 넘어서지 않는 반면에, III권에서는 비록 마르크스가 처음에 의도했던 만큼 그렇게 광범한 것은 아닐지라도, 경쟁, 신용 및 주식자본이라는 논제들이 –사실상 최초로 계획했던 순서에 따라– 분석에 편입되었기 때문이다. 따라서 이 경우에도 최초의 엄격한 범주 분리가 방법론적 추상화의 수단이었으며, 따라서 주요 과제인 '자본 일반'에 대한 분석이 수행되자마자 포기될 수 있었다는 것이 분명해진다."(로스돌스키: 79).

이러한 재편성의 동인에 대해 로스돌스키는 다음처럼 보다 분명하게 설명한다. "다시 말해 일단 마르크스가 자신의 본질적인 과제인 산업자본에 대한 분석을 완성하게 되자 그에게는 이제 더 이상 소위 '자기 이해'의 수단이었던 이전의 저작 구조가 불필요한 것으로 인식되었다는 것이다. … 이제 최초의 '작업 모형'은 그 역할을 다하였고, 그리하여 이미 얻어낸 결과에 그 어떠한 근본적인 변화도 초래하지 않으면서, 다음 단계의 연구에서는 더 이상 활용되지 않을 수 있게 되었다. 그리하여 애초 계획되었던 토지 소유와 임금노동에 관한 별도의 부들은 포기되고, 이것들의 본질적인 단편들이 순전히 '자본'을 취급하는 새로운 저작에 무리 없이 편입될 수 있었다."(로스돌스키: 96-97). 즉 로스돌스키에 따르면, 원래의 6부작 플랜과 자본 일반이라는 추상은 자본의 본질적 관계를 분석하기 위해 필요했던 단순한 작업 모형일 뿐이었고, 이 과제가 완료되면 더 이상 활용할 필요가 없는 폐기 대상이 된다는 것이다. 이것이 1857년의 개요로부터 1866년의 개요로 이행한 동인이다.

그러나 앞서 말한 바처럼 마르크스에게 있어 6부작 플랜은 자의적인 작업 계획이 아니라 자본주의 현실 경제에 의해 객관적으로 규정되어 이를 이론적으로 영유하기 위한 상향의 체계였고, 『자본』의 플랜은 자본 일반의 확장 또는 지양이라 해도 이 상향의 체계의 특정한 단계를 대상으로 하는 것이다. 그러므로 이는 로스돌스키처럼 위의 두 개의 플랜을 대상으로 전자로부터 후자로 플랜이 변경되었다고 논할 성질의 문제가 아니다. 두 개의 플랜은 말하자면 서로 다른 대상을 상정하고 있는 것이다. 로스돌스키는 『자본』의 성립에 의해 전반 3부의 과제가 완전히 이행되었다고 주장함으로써 플랜 변경 테제를 변호하지만, 얀의 비판처럼 1861-63년 초고와 1864-65년 초고 모두 로스돌스키와 관련 논쟁자들에게 알려지지 않았기 때문에 로스돌스키는 1857-58년 초고로부터 어떻게 『자본』으로 발전해 갔는가를 사실 분석할 수가 없었다.(Jahn, 1986: 10).

자본 일반의 확장에도 불구하고 6부 플랜의 불변을 주장하는 논자들은, 이 같은 로스돌스키의 사고방식은 마르크스의 변증법적 체계에 존재하는 대상과 방법 사이의 유기적 관련에 대한 몰이해를 증명하는 것이자 기계론에 빠진 것이라고 비판한다. 즉 "『자본』에 나타나 있는 것은 '자본 일반' 개념의 포기가 아니라 본질적으로 변용된 형태이긴 하지만, 『자본』의 구성과 『자본』 및 『그룬트리세』와 6부 플랜의 상호 관계를 이해하는 데 있어 완전히 그 의의를 유지하고 있는, 이 개념의 발전, 내용의 심화인 것이다."(체푸렌코: 350). 다시 말해, "문제는 '자본 일반' 개념 (및 6부 플랜 전체)와의 '결별'이 아니라 경제학 연구 과정에서의 마르크스의 방법론의 더 한 층의 발전, 즉 그 전제가 이미 『그룬트리세』 안에 포함된 이 개념의 내용 확대 및 심화인 것이다."(체푸렌코: 351).

따라서 이들에 따르면, "'자본 일반' 개념 틀의 이러한 '확대'는 마르크스가 최초 플랜에 따라서 경쟁, 신용, 주식자본에 관한 편, 또한 토지 소유 및 임노동에 관한 부의 대상이 되어야 할 여러 문제의 분석도 『자본』 안에 포함시켰다는 것을 의미하는 것은 결코 아니다. 코간의 연구에서 설득력 있게 입증된 것처럼, 『자본』에서는 상술한 모든 관계는 그러한 내용이 부르주아사회의 기본적인 생산관계-잉여가치의 생산-에 의해 규정되는 정도에 있어서만 고찰되고 있다."(체푸렌코: 351). 즉 자본 일반의 확장에도 불구하고

이들 부편의 고유한 과제는 포기된 것이 아니며, 6부 플랜의 체계도 변경된 것이 아니다.[19]

이에 반해 자본 일반 개념의 지양을 주장하는 논자들, 예컨대 뮐러는 『그룬트리세』에서의 '자본 일반', '자본의 일반 개념'(Grundrisse: 315), '자본의 단순 개념'(Grundrisse: 239, 327, 426)을 『자본』에서 '그 개념에 따른 자본'(MEW 25: 152), '자본주의 생산양식의 내적 편성'(MEW 25: 839), '자본의 일반적 본성'(MEW 25: 120, 200), '자본주의 생산의 일반적 분석'(MEW 25: 152)이란 개념

---

19 코간은 이와 관련한 마르크스의 지시를 『자본』 전 3권과 『잉여가치학설사』에서 50여 개소를 확인하였다.(Kogan, 1979: 92). 마르크스가 직접 간행한 『자본』 제1권(1867)에서도 후속 부편에 대한 분명한 지시들을 볼 수 있다. "**임금** 자체는 다시 **매우 다양한 형태**를 취한다. … 이 모든 〔임금〕 형태에 대한 서술은 그러나 임노동에 관한 특수 연구에 속하고, 따라서 이 저작에 속하지 않는다. 그에 반해 두 개의 지배적인 기본 형태는 여기서 간략하게 전개될 수 있다."(MEGA II.5: 440). 또한 "경쟁의 분석은 이 책에 속하는 것이 아니므로 우리는 다만 이 운동을 지적할 뿐이다."(MEGA II.5: 445). 따라서 로스돌스키의 위의 주장은 납득하기 어렵다. 사실 로스돌스키는 플랜의 변경이 이루어졌다고 스스로 평가하는 1864-65년 초고에 대해 언급하면서 자신의 평가를 뒤집는 사실을 인정하지 않을 수 없었다. "그리하여 여기에서는 애초에 계획했던 '자본 일반'에 대한 분석과 경쟁에 대한 분석의 원칙적 분리가 포기되었지만, 이것이 몇 가지 특수한 문제들을 경쟁에 관한 별도의 연구에 할당할 필요성을 배제하지 않는 것은 물론이다."(로스돌스키: 51). 나아가 이에 대한 각주에서 "여기서 우리는 마르크스의 의도에 따르면, '경쟁에 관한 별도의 고찰'은 '시장가격의 현실적 변동', 즉 이른바 현대의 학문적 이론의 주된 분석 대상이 되는 문제를 취급하도록 되어있었다는 것을 지적해두어야 하겠다." 신용 편에 대해서는 마르크스가 신용 제도를 포함함으로써 이전의 개요와 결별하면서도 '우리 저작의 계획 밖에' 있다고 진술함으로써 마르크스가 동요한다고 한다.(로스돌스키: 51-52). 이는 마르크스의 동요가 아니라 자신의 테제를 마르크스에 근거해 주장하기에는 취약하기 때문에 드러난 로스돌스키의 동요라 할 것이다.

으로 변증법적으로 지양했다고 주장한다.[20] 뮐러에 따르면, 이 변화는 1861-63년 초고에서 가치론과 잉여가치론이 완성되면서, 순수한 형태에서 가치와 잉여가치의 서술, 즉 자본 일반만이 아니라 그 외관상 모순적인 현상 형태들, 즉 자본 일반을 '파열'하는 요소들도 포함하게 되면서 불가피했는데, 이 변화는 특히 1863년 1월의 플랜 초안에 반영되어있다.

뮐러가 지적하는 그 요소들을 보면 다음과 같다.(Müller, 1978: 120ff). 1) 본질적으로 경쟁을 특징짓는 범주인 평균이윤율과 생산가격 개념을 자본 일반 개념과 결합함으로써 자본 일반과 경쟁 사이의 엄격한 분리를 지양했다. 2) 산업 이윤과 이자로의 이윤의 분할, 상업자본, 화폐자본을 자본의 서술에 포함시켰다. 3) 1863년 1월의 플랜 초안은 평균이윤과 생산가격 이론을 명확하게 하는 한에서 지대를 취급하고자 하였다. 4) 노동력가치 또는 가격의 임금으로의 전화, 즉 노동력가치의 현상 형태는 원래 임노동 부에

---

20 Müller(1978: 131ff). 또한 안도 마르크스가 『자본』의 제2초고에서 잉여가치의 구체적 형태들에 대해 집약적으로 수행한 연구의 결과 『그룬트리세』에서의 자본 일반을 중심적인 구조 개념으로 하는 원칙, 즉 일반, 특수, 개별이라는 구조 원칙을 수정하게 되었다고 한다. 그에 따르면, 마르크스는 자본 일반 개념의 '수정'을 통해 『자본』을 '자본의 일반 개념', '핵심 구조에서의 자본'(MEW 25: 278), '그 개념에 따른 자본', '자본의 내적 구조'로 특징지었다고 한다.(Jahn, 1991: 54). (여기서 자본의 일반 개념=자본 일반은 『그룬트리세』의 추상 수준이자 서술 원리인데 아마도 잘못 쓴 게 아닌가 한다. 다른 글(Jahn, 1986: 37)에서 그는 그 대신 '자본의 일반적 본성'을 들고 있다.) 개념 사용과 관련한 오해는 안만이 아닌 것 같은데, 이에 대해서는 후술한다.

서 다룰 예정이었지만, 이를 노동력가치를 다루는 자본 일반에 포함시켜 본질과 현상의 관련을 서술하였다. 5) 원래 제1편 자본 일반 개념의 틀 내에서 다루려던 'II. 자본의 유통 과정'을 자본의 현실적 운동에서 가져온 범주들과 결합하고 확대하였는 바, 사회적 총자본의 재생산과 유통(재생산표식)이 균형 조건하에서 'II. 자본의 유통 과정'에 포함되었다. 그러나 6부작 플랜(기본적으로 전반 3부 플랜)의 이와 같은 중대한 수정에도 불구하고 밀러도, 얀도 제1부 제2편 이하 6부작 플랜의 과제들이 이행되어야 할 것으로 남겨졌다고 지적한다.[21]

---

21 플랜 변경설에 입각한 다카기 아키라는 자본 일반의 '자본의 이념적 평균'으로의 변경과 플랜 변경의 관련을 다음처럼 말하면서 자본 일반 개념의 지양의 계기와 의의를 밝히고 있다. "'전반 3부'설에서는 1858년경 마르크스의 원래 '플랜'에서 '자본 일반' 밖에 '자본들의 경쟁', '신용' 등 기초적 부분의 전개가 계획되어 있었지만, 그 후 경제학 연구 과정에서 이것들이 '자본 일반'의 체계적 구성 중에 들어옴으로써 현행 『자본론』 체계가 성립했다고 한다. 이러한 '플랜' 구상의 변경을 야기한 계기는 1861-63년에 23책의 노트로서 집필된 『잉여가치학설사』와 1864-65년에 집필된 『자본론』 제3부의 초고이다. 전자에서는 생산가격의 성립이 그 주요한 계기였고, 후자에서는 산업 순환적 관점에 의한 자본축적론의 재구성이라는 시각의 성립이 중요한 의의를 갖는다. 그러나 여기서 문제로 삼는 것은 그러한 '플랜'의 변경을 가능케 한 이론적 기반의 변경에 대해서다. '플랜'의 변경을 가능케 한 이론적 전제는 범주로서의 '자본 일반'이 붕괴되고 자본주의 상이 '자본 일반'으로부터 '이상적 평균'으로 변경된 것에 있다."(高木 彰, 1986: 49-50). "'하나의 자본'만이 상정되고 '동질적인 경제구조'에 입각해 있는 '자본 일반'의 세계로부터 '다수 자본'의 존재를 전제하는 '이질적 경제구조'에 입각해 있는 '이상적 평균'의 세계로의 전환은 단지 고찰 대상의 변경에 관한 것이 아니라 그 분석 방법에도 변화를 가져온 것이다. 그 때문에 '플랜 문제'에서 중요한 것은 '자본 일반'으로부터 '이상적 평균'으로의 전환이 하나의 방법적 변경도 내포하는 것으로 이해하는가 아닌가에 달려있다 할 것이다. … '자본 일반'의 세계로부터 '이상적 평균'의 세계로의 전환은 방법론상의 비약을 함의하며, 그 때문에 『그룬트리세』와

이러한 변화와 수정은, 이들에 따르면, 제2초고 중 〈잉여가치학설사〉의 집필 과정에서 일어난 것으로 추정하고, 1863년 1월의 새로운 플랜 초안에 그 변화가 반영되었다고 판단한다.[22] 이들 플랜, 특히 'III. 자본과 이윤'에 대한 플랜은 제3부와 거의 일치하며, 이로부터 이 장이 자본 일반의 이전의 엄격한 범위로부터 벗어나 '자본의 일반적 분석'의 수준으로 넘어가고 있음을 알 수 있다. 자본 일반의 이러한 재편을 가져온 동인에 대해 신MEGA 제II부 제3권(제2초고) 편집자들은 〈잉여가치학설사〉에서의 로트베르투스 및 리카도 비판과 생산가격 및 절대지대의 연구에서 비롯된 것으로 판단하고, 『자본』에서 자본 일반 개념의 폐기설(지양설)을 채택하였다. 오무라 이즈미에 따르면, 신MEGA 편집자들은 〈잉여가치학설사〉(노트5-노트15, 1862년 3월-1862년 12월) → 초고 제3장 자본과 이윤(노트16-노트17, 1862년 12월-1863년 1월) → 자

『자본론』 간에는 이론적 전개의 '불연속', '단절'이 존재한다고 하지 않으면 안 된다. 그것은 단지 '자본 일반' 항목의 재편이라든가 내용상의 확장이라든가 하는 문제로 환원될 수 없고, 원래 플랜에서의 편별 구성의 변경을 의미하는 것으로 이해해야 한다. … '자본 일반'에 대해 '이상적 평균'이라는 '용어의 치환'은 단순히 용어의 변경만을 의미하는 게 아니라 '하나의 과학의 새로운 국면'의 성립을, 따라서 현행 『자본론』 체계의 성립을 의미하는 것으로 이해해야 한다."(高木 彰, 1986: 55-56).

22 1863년 1월에 쓰인 제1부 제1편 I과 III의 플랜 초안을 말한다. 마르크스는 거기서 이를 제1편 자본의 생산과정, 제3편 자본과 이윤이라고 했다.(MEGA II.3.5: 1861-1862, 1816). 오해를 피하고자 부연하면, 마르크스는 자본 일반의 세 번째 부분 '자본과 이윤'을 제3장이라고 했다가 후에 제3편으로, 더 후에는 제3부로 표현했다.(MEW 26.1: 457). 본문에서 우리는 제3장으로 지칭한다.

본과 이윤의 새로운 플랜(노트18, 1863년 1월)이라는 식으로 집필 순서를 추정하고, 자본 일반 개념의 폐기(지양)가 초고 제3장과 노트18이 작성되는 사이, 즉 1862년 12월-1863년 1월에 일어났다면서, 〈잉여가치학설사〉 중 특히 로트베르투스와 리카도의 지대론 비판에서 그 폐기의 동인을 구하였다. 신MEGA 편집자들의 이러한 해석에는 개념 폐기의 동인과 폐기 자체가 일어난 시기가 불일치하는 문제가 있었지만, 그 후 초고 제3장의 집필 시기를 〈잉여가치학설사〉의 후(1862년 12월)가 아니라 직전(1861년 12월-1862년 1월)으로 추정하여 초고 제3장과 〈잉여가치학설사〉의 집필 시기가 역전됨으로써 이 문제가 해소되었다고 한다. 그에 따라 초고 제3장의 이론 수준도 『그룬트리세』(1857-1858)의 틀 내에 있는 정도로 재평가되었다는 것이다. 오무라 이즈미는 『자본』 성립사에서의 초고 제3장의 이와 같은 극단적인 위치 변경(집필 순서 추정 변경에 따른)은 합리성이 있다고 생각하지 않는다. 그에 따르면, 초고 제3장에는 가치로부터 가격의 괴리와 생산가격 또한 경쟁에 속한다고 하고 지대는 토지 소유에 속한다는 등 〈잉여가치학설사〉와 직접 연속 선상에 위치 지우기 어려운 점이 있지만, 그 구체적 내용에 들어가면, 특히 잉여가치의 이윤으로의 전화 및 이윤의 평균이윤으로의 전화 문제에 들어가면, 제3장의 이론 수준이 그렇게 낮은 것은 아니고 그것이 〈잉여가치학설사〉에서 절대지대의 해명의 기초가 되었다고 할 수 있다는 것이다.(大

村 泉, 1998: 126ff).[23]

 이로부터 오무라 이즈미는 생산가격과 지대의 규정들을 자본 일반에 편입시킨 동인은 〈잉여가치학설사〉의 로트베르투스의 연구에 있다기보다는 오히려 원래의 자본 일반의 구상에서 비롯된 것이라고 말한다. 즉, 이 편입은 원래의 자본 일반 구상을 구체화하기 위해 작성된 초고 제3장의 논리에서 보이는 적극적인 측면을 살리고 완벽하게 하려고 하면 하는 만큼 여의치 않게 되는 편입이며, 그러한 초고 제3장에 내재된 적극적인 측면이 〈잉여가치학설사〉에서 절대지대가 해명됨으로써 다시 조명되고 이 편입도 확정하기에 이른 것이지 결코 그 역은 아니라는 것이다. 그에 따라 〈잉여가치학설사〉의 해당 개소에서의 폐기설을 비롯해 원래의 자본 일반 구상과 〈잉여가치학설사〉와의, 나아가 『자본』과의 연속성을 부정하는 신MEGA 편집자들의 견해는 올바르지 않다고 비판한다. 그러나 〈잉여가치학설사〉에서 일반적 이윤율과 생산가격, 시장가치 그리고 지

---

23 초고 제3장의 집필 시기에 대한 신MEGA 편집자들의 추정 변경은 제II부 제3권의 간행 후 1983년에 오무라 이즈미의 문제 제기와 비판을 수용한 결과였다. 오무라 이즈미는 자신의 주장이 수용되었지만, 신MEGA 편집자들은 그럼에도 불구하고 여전히 〈잉여가치학설사〉의 해당 개소에서 자본 일반의 지양 동인을 찾고, 초고 제3장의 이론 수준을 변경 이전과는 반대로 낮게 평가했다는 것이다. 오무라 이즈미는 오히려 〈잉여가치학설사〉의 해당 개소가 아니라 초고 제3장에서 자본 일반의 확장 계기를 보고 있다. 또한 정치경제학 비판 제1부 자본 제1편 자본 일반으로부터 『자본』으로의 최종 구상은 오무라 이즈미에 따르면 1863년 1월의 플랜이 아니라 1863-65년에 『자본』의 제3초고 집필 중에 성립했다고 주장한다. 大村 泉(2000) 참조.

대를 자본 일반에 편입시킨 후에도 마르크스는 이러한 자본 일반으로 해소되지 않는 경쟁의 문제, 토지 소유의 문제가 여전히 남아 있다는 것을 명확히 하였고, 그럼으로써 원래의 플랜의 골격은 불변이라고 강조한다.[24]

오무라 이즈미의 문제 제기는 결국 1850년대 말 이래 플랜의 자본 일반은 경쟁과 생산가격, 지대 등을 포괄하도록 전개되지 않을 수 없는 개념이며 『자본』을 자본 일반과의 연속 선상에서 파악해야 한다는 것이다. 이는, 자본 일반과 경쟁의 방법적 구별을 강조하고 자본 일반에 한정한다는 『그룬트리세』에서의 마르크스의 언급에도 불구하고, 1861-63년 초고에서가 아니라 이미 『그룬트리세』에서 자본 일반의 서술이 이런 방법론과 상충하는 게 아닌가 하는 질문으로도 제기될 수 있다. 예컨대 『그룬트리세』에는 생산 부문 5분할(*Grundrisse*: 355)과 일반적 이윤율(평균이윤율) 개념(*Grundrisse*: 348-349, 637ff)이 나타나며, 또 초기의 플랜 초안(*Grundrisse*: 201) 하나에서 대체로 자본 일반을 상정하는 I. '일반성'의 3. '자본의 개별성'이라는 항목에 자본과 이자를 배치하고 있는 점이다. 또 재생산론과 축적론도 초기 플랜에서는 자본 일반에서 제외되어 경쟁론에 지시되어 있지만(*Grundrisse*: 188, 201), 『그룬트리세』에서 실제로 다루고 있는 주제다. 즉 『그룬트리세』는 내

24　이상은 大村 泉(1998: 153ff).

용적으로 이미 자본 일반을 넘어 다수 자본의 경쟁과 축적 및 재생산, 잉여가치의 분배 형태까지 서술하고자 한 것이 아닌가 또는 이들 대상을 원래 자본 일반이라는 개념하에 포섭하는 것으로 이해해야 하지 않는가 하는 것이다. 다시 말해 『그룬트리세』에서 마르크스가 경쟁을 배제한다고 할 때, 이는 『자본』에서와 마찬가지로 현실 경쟁의 배제를 의미할 뿐이고, 경쟁 일반은 자본 일반에 포함되는 것으로 이해해야 한다는 문제 제기다.

그러나 마르크스가 수다한 개소에서 자본 일반 개념에 대한 엄격한 구별과, 그것에서 다수 자본의 경쟁과 축적, 이자, 지대 등 분배 형태의 배제를 지시한 것을 고려하면, 이런 해석은 받아들이기 어렵다. 다만 『그룬트리세』에서 자본 일반은 원래 하나의 자본, 전 사회의 자본을 상정한 것이고 다수 자본은 배제한 추상적 개념이었는데, 자본 일반과 다수 자본 간의 이러한 엄격한 구별 때문에 자본 일반의 서술이 진전될수록 마르크스는 이런 추상적인 방법이 대상의 서술과 모순된다는 것을 느낀 것으로 보인다. 그래서 『그룬트리세』에도 경쟁과 다수 자본의 계기들이 등장하지만, 여전히 거기서는 그것들이 아직 전면적 서술의 대상이 아니었다. 즉 『그룬트리세』에서는 경쟁을 통한 일반적 이윤율의 도출 없이 일반적 이윤율과 평균이윤율 개념을 미리 말하고 있을 뿐이다. 또한 플랜 초안에 나타난 자본과 이자도, 그 내용을 보면, 자본 일반에 속하는 항목으로서가 아니라 자본 일반이 종결되고 현실의 다수 자본으로의 이행점임을 지시하고 있을 뿐이다.(*Grundrisse*: 362). 재생산론과 축적론도 이런 이유에서 불완전하게 형식적으로 다루어질 뿐이었다. 자본 일반의 지양 테제에서 설명하는 바처럼 마르크스의 추상 방법과 서술 간의 모순은 1861~63년 초고의 〈잉여가치학설사〉를 집필하는 과정에서 보다 분명하게 인식되며, 결국 경쟁과 신용, 상업자본과 이자 낳는 자본, 재생산과 축적, 나아가 토지 소유와 임노동의 일반적 관계를 자본 일반과 결합함으로써 『자본』이 성립하는 과정에서 비로소 해결을 보게 된다.[25]

『그룬트리세』와 『자본』의 구조 개념과 관련한 다양한 용어 사용도 이 논란과 일정 부분 관련되어 있다고 생각한다. 밀러와 얀 등은 『그룬트리세』의 '자본 일반', '자본의 일반 개념', '자본의 단순 개념' 등을 『자본』의 '그 개념에 따른 자본', '자본주의 생산양식의 내적 편성', '자본의 일반적 본성', '자본의 일반적 분석', '핵심 구조에서의 자본' 등과 대비시켜 이를 『그룬트리세』와 『자본』 간의 구조 원칙 또는 분석 수준의 차이를 표현하는 것으로 파악하였다. 즉 이 용어들에는 방법론상의 중대한 의미가 부여된 것이다. 그러나 두 저작 사이에 사용되는 다양한 개념들에 마

---

25 슈바르츠는 중간적인, 일종의 절충론을 제시한다. 그에 따르면, 『자본』에는 자본 일반과 자본의 일반적 분석이라는 두 개의 구조 원리가 중첩, 교차되고 있다. 그럼에도 그는 이 모순이 후자의 방향으로 해소되었다고 평가한다.(Schwarz, 1978).

르크스가 특별히 그 차이를 밝힌 바는 없고, 심지어 동일한 개념들이 두 저작에 모두 사용되고 있어, 오히려 이런 용어 분류법이 두 저작의 추상 수준 차이를 혼란스럽게 할 수도 있다. 예컨대 『그룬트리세』에서는 자본 일반 또는 자본의 일반 개념과 동일한 수준의 개념으로 '자본 개념'이 사용되고 있는데[26], 그렇다면 '자본의 일반적 본성'이라는 『자본』의 개념과 '자본의 본성'이라는 『그룬트리세』의 개념도 동일한 개념으로 파악해야 하지 않는가? 또한 '그 개념에 따른 자본'(*MEW* 25: 152)이라는 개념도 『자본』에서만 사용하는 게 아니라 『그룬트리세』에서도 사용되기 때문에 (*Grundrisse*: 362), 이들 개념에 그렇게 방법상의 차이가 내포되어 있다고 말하기는 어렵다.[27] 물론 다양한 개념 사용에 방법론상의 특별한 차이를 인정하기 어렵다고 해서, 우리가 『자본』과 『그룬트리세』 사이의 분석 수준과 서술 대상의 차이가 존재한다는 것을

---

26 예컨대 *Grundrisse*(183, 197, 250, 321, 420, 550). *Grundrisse*(550)에서는 '자본의 본성'과 '자본 개념'이 동일한 의미로 사용된다. 그런데 뮐러는 양자의 차이에 커다란 의미를 부여한다. 해당 개소의 구절을 인용하면서 『그룬트리세』 집필의 "이 시점에서 벌써 자본의 '일반 개념'과 자본 '개념'은 구별되어 있었고, 후자에는 적어도 경쟁의 고찰이 포함되어 있었다. 그런 한에서 방법적으로도 [이미 이 시점에서] 『자본』의 건설 계획을 위한 입각점이 주어져 있었다"고 한다.(Müller, 1978: 134). 마르크스의 구절을 다시 읽어보아도 이렇게 해석하기는 어렵다.

27 필자로서는 개념 사용에 대한 지금까지의 평가를 바꾸는 것이다. 차제에 『이론』지의 비고츠키와 체푸렌코 번역 논문들에 대한 역자 해설(제6호, 제7호)과 하나의 논문(김성구: 1996/1997)에서 안과 뮐러를 따라 소개했던 구조 개념 용어 사용의 관점을 여기서 정정하고자 한다.

부정하는 것은 결코 아니다.

마르크스는 '자본 일반'의 원래 개념을 넘어 또는 그 개념을 '파열'하여 '자본 일반'의 개념이 확장되거나 지양되는 상황에서도 여전히 자본 일반 개념을 견지하고 있었고,[28] 그 후 자본 일반 개념을 더 이상 사용하지 않으면서도 또는 『자본』에서 상이한 구조 개념들을 거론하면서도 그 개념 사용이나 변화에 대한 어떤 특별한 설명을 주지 않았다. 누구보다 과학적인 엄밀성을 추구한 마르크스에게 있어 이러한 모호성은 일종의 수수께끼로 남아있다. 따라서 중요한 문제는 자본 일반 개념의 지양 또는 확대 여하 자체보다도, 『그룬트리세』와 『자본』 간에는 분석 수준과 서술 대상에 있어 중대한 변화가 일어났다는 것, 그러나 그 변화로 정치경제학 비판 플랜의 구성이 변경되고 6부 과제가 포기되는 방향으로 『자본』을 구성하게 되었다는 것은 아니라는 점을 인식하는 것이다. 즉 얀과 뮐러의 자본 일반 개념의 지양 테제는 자본의 여러 변종의 개념을 둘러싼 논쟁보다는 그 내용과 방법상의 의의, 플랜의 남겨진 과제 등

---

28 앞서 말한 바처럼 자본 일반 개념의 지양 또는 확장은 제2초고의 1863년 1월의 플랜 초안에서 분명하게 표현되어 있는데, 그럼에도 마르크스는 이 시점에서 여전히 그것이 자본 일반의 범위에 있다고 말하였다. "이것은 제1분책의 계속이지만 독립해서 '자본'이라는 표제로 나옵니다. 그리고 '경제학 비판'이라는 것은 단지 부제로서 붙을 뿐입니다. 그것은 실제로는 단지 제1편 제3장을 이룰 예정인 것, 즉 '자본 일반'을 포함할 뿐입니다. 따라서 자본들의 경쟁 및 신용 제도는 그것에 포함되지 않습니다. 영국인이 '경제학의 원리'라고 부른 것은 이 권에 포함됩니다." 1862년 12월 28일 자 쿠겔만 앞으로 보낸 마르크스의 편지.(MEW 30: 639).

을 올바로 인식하는 데 있다. 얀과 뮐러가 그렇게도 '자본 일반' 개념의 지양 문제에 집착하여 『그룬트리세』와 『자본』에서의 구조 개념의 변화를 무리하게 여러 변종의 자본 개념들에서 확인하고자 했던 것도 실은 이러한 문제의 심대한 중요성 때문이었을 것이다.

4.
『자본』 이후 남은 과제

마지막으로 『자본』의 성립에도 불구하고 6부의 후속 과제들이 남아있다면 그것은 어떤 내용인가를 검토하도록 한다. 『자본』의 성립 후에 어떤 과제들이 남았는가를 살펴보기 위해서는 마르크스가 원래의 6부작 플랜에서 어떤 대상들을 포괄하려고 계획했는가를 검토할 필요가 있다. 이들 대상으로부터 『자본』에 의해 포괄된 대상을 제외하면, 그것들이 후속 부편에서 다루어야 할 내용을 이룰 것이다. 여기서는 상세한 논의에는 들어가지 않고 요약정리의 방식으로 그 윤곽을 제시하는 수준에 머물고자 한다.

마르크스의 방대한 발췌 노트와 후속 부편에 대한 지시 등에 근거하여 후속 부편의 내용을 연구한 논자들에 따르면, 그것은 다음 표처럼 정리할 수 있다.[29]

---

29 Kogan(1979: 제4장), Jahn(1986), Winkler(1986), Zimmermann(1986),

〈표 4〉『자본』이후 6부 부편의 대상과 내용

부편		대상과 내용
제1부	제2편 경쟁	현실 경쟁의 자립적 운동, 욕구와 수요, 사용가치, 지불 능력, 수요의 탄력성, 시장가격의 현실적 운동, 독점가격, 공급, 시장 형태, 투자를 둘러싼 경쟁전, 경기순환과 가격 변동, 노동력가치 이하로의 임금 저하, 상업적 투기
	제3편 신용[29]	신용화폐와 신용 제도의 자립적 운동, 보험회사, 대부자와 차입자 간 경쟁, 화폐자본의 단기 변동, 산업 순환에서의 이자율 변동, 상업신용 및 은행신용과 국가신용의 관계, 신용기관의 특수한 형태들, 수표 할인, 지대와 임금에 의한 화폐자본 축적, 저당 대부 신용, 소비자신용, 국제 신용, 신용의 종류에 따른 이자율 차이, 자본주의 재생산에 대한 은행 업무의 반작용, 대부자본 회전의 특질, 은행의 유동성, 은행의 기능, 신탁 업무
	제4편 주식자본	주식의 다양한 종류와 특질, 금융기관의 주식, 교통수단의 주식, 공익적 기업의 주식, 보험회사의 주식, 다양한 주식들 간의 상호 관계, 주식거래소, 경쟁전에서 주식자본의 우위, 자본집중에서의 주식자본의 역할, 주식회사의 조직 양식, 불입 주식자본과 예비 주식자본, 주식회사의 자기자본과 차입 자본, 창업 이윤, 금융 기생 계급, 회사 창립과 주식 발행 및 주식 거래와 관련한 각종 사기

Willing(1986), Block(1986) 등 참조. 이 문헌들로부터 필자의 관점에 따라 부분적으로는 취사선택했다.

제2부	토지 소유	토지 소유의 역사적 형태, 지대의 원천과 구성, 농업에서의 자본주의 형성과 발전 및 그 다양한 경로, 농업 생산력, 과학기술 발전의 효과, 토지 투하자본의 이자, 농업 부문 임노동의 특질, 토지 국유화, 자본주의적 토지 소유 관계의 지양
제3부	임노동	임금 형태, 노동시장의 특수성, 노동자계급의 통일과 분립, 상업 노동 및 비생산적 노동자의 임금, 계급투쟁, 노동조합, 숙련노동, 노동 수요와 임금 변화, 노동자 상호 간 경쟁, 노동생산성과 실질임금, 노동력가치 이하로의 임금 저하, 생활수단의 종류와 양, 노동력 지출의 측정
제4부	국가	그 자신과의 관계에서의 국가, 국가 소유의 특질, 국유 기업의 역할, 조세 징수와 지출 및 그 효과, 국가 차입, 국가재정, 국가 부문의 비생산적 노동
제5부	외국무역	밖으로 향하는 국가, 생산의 국제적 관계, 자본의 대외적 확장, 수출입, 국제 가치, 외국무역의 효과, 국내시장과 외국시장의 관계, 국민들 간 경쟁, 자유무역과 보호무역주의, 국제분업, 부등가교환, 식민지, 국제적 지불 거래, 국제 화폐, 환율, 국제적 교통
제6부	세계시장	제5부 내용의 구체화, 총체성으로서의 세계시장, 세계시장의 경기, 세계시장에서의 경쟁, 세계시장 가격 형성과 변동, 세계시장 공황

---

30 코간에 따르면 현행 엥겔스판 『자본』 제3권 제5편의 신용은 잉여가치론의 전개에 필요한 한에서의 신용론(즉 자본 일반의 확장에 따라 포괄되는 신용의 일반적 요소들)뿐 아니라 신용의 자립적 운동의 대상이 되는 많은 내용이 포함되어 있다. 이는 엥겔스가 이 편에 대해 자신의 역할을 마르크스의 초고를 정리하는 것으로 한정한 것에 따른 결과였다. 코간은 『자본』의 초고에 신용의 자립적 운동의 대상들이 들어간 것은 서술 방식과 연구 방식의 차이를 표현하는 것이고, 마르크스가 제3권을 직접 간행했다면 이 부분은 『자본』에 담지 않고 플랜의 제1부 제3편 신용의 특수 연구로 돌렸을 것이라고 한다.(Kogan, 1979: 112 이하). 위의 제3편 신용에서 열거한 항목들은 대체로 『자본』에 포함된 신용의 특수 연구 외에 이 특수 연구에서 다루어야 할 내용이다.

후속 부편의 이와 같은 내용을 보면, 역으로 『자본』의 대상과 범위의 성격이 더욱 분명해진다. 『자본』은 정치경제학 비판 플랜의 6부작과 단절해서 이해하면 안 되며, 6부 플랜의 체계 내에서 『자본』의 위치와 의의를 파악해야 한다. 다른 한편, 후속 부편의 이 같은 내용은 자신의 추종자들에 대한 마르크스의 기대와는 달리31 『자본』으로부터 후속 부편으로의 상향의 과제가 실로 방대하고 만만치 않다는 것을 보여준다. 마르크스주의 정치경제학은 개별적인 대상들에 대한 연구의 축적에도 불구하고 아직 6부작의 체계를 저술하지 못했다는 점에서 오늘날까지도 이 상향의 과제를 이행하지 못한 상태이다. 마르크스와 엥겔스의 사후에 이 과제가 과연 실행 가능한 과제였는지도 쉽게 답하기 어려운 것 같다.

---

31 "… (자본 일반에 뒤따르는: 인용자) 후속 부편의 전개는, 사회의 다양한 경제구조에 대한 다양한 국가 형태의 관계 등을 예외로 하면, 이미 제공된 것을 기초로 해서 다른 사람들에 의해서도 쉽게 완수될 것입니다." 1862년 12월 28일 자 쿠겔만 앞으로 보낸 마르크스의 편지.(*MEW* 30: 639).

참고 문헌

김성구, 1996/1997, 「『자본』과 현대 자본주의: 세계경제론의 방법에 대하여」, 〈이론〉 제16호.

비탈리 비고츠키/알렉산드르 체푸렌코, 1993, 「『자본』과 『그룬트리세』」, 〈이론〉 제7호.

高木 彰, 1986, 『恐慌·産業循環の基礎理論研究』, 多賀出版.

高木幸二郎, 1979, 『恐慌論体系序説』, 大月書店.

谷野勝明, 2000a, 「『経済学批判』体系プラン」, 服部文男·佐藤金三郎 編, 『資本論体系の成立』, 有斐閣.

谷野勝明, 2000b, 「『資本論』体系のプラン」, 服部文男·佐藤金三郎 編, 『資本論体系の成立』, 有斐閣.

大村 泉, 1998, 『新MEGAと『資本論』の成立』, 八朔社.

大村 泉, 2000, 「『資本論』体系の成立」, 服部文男·佐藤金三郎 編, 『資本論体系の成立』, 有斐閣.

服部文男·佐藤金三郎 編, 2000, 『資本論体系の成立』, 有斐閣.

富塚良三·吉原泰助 編, 1997, 『恐慌·産業循環』(上), 有斐閣.

種瀬茂, 1986, 『競争と恐慌』, 有斐閣.

佐藤金三郎, 1954, 「『経済学批判』体系と『資本論』」, 〈経済学雑誌〉 第31巻 第5·6号, 12月.

Block, K-D. 1986, "Der Außenhandel und der Weltmarkt in den Aufbauplänen von Karl Marx", *Arbeitblätter zur Marx-Engels-Forschung* 20.

Jahn, W. 1986, "Zur Entwicklung der Struktur des geplanten ökonomischen Hauptwerkes von Karl Marx", *Arbeitblätter zur*

Marx-Engels-Forschung 20.

Jahn, W. 1991, "Die selbständige Lehre von der Konkurrenz im geplanten aber nicht realisierten umfassenden ökonomischen Werk von Karl Marx", *Politische Theorien des Marxismus im Wandel historischer Entwicklungen*, Pahl-Rugenstein.

Kogan, A. M. 1979, 『経済学批判プランと『資本論』』, 大月書店.

Marx, K. *Zur Kritik der politischen Ökonomie, MEW* 13.

Marx, K. *Das Kapital Bd.* 1, *MEW* 23.

Marx, K. *Das Kapital Bd.* 3, *MEW* 25.

Marx, K. *Theorien über den Mehrwert, MEW* 26.1-3.

Marx an F. Lassalle, 22. Februar 1858, *MEW* 29.

Marx an F. Lassalle, 11. März 1858, *MEW* 29.

Marx an Engels, 2. April 1858, *MEW* 29.

Marx an Engels, 31. Mai 1858, *MEW* 29.

Marx an L. Kugelmann, 28. Dezember 1862, *MEW* 30.

Marx an L. Kugelmann, 13. Oktober 1866, *MEW* 31.

Marx an S. Meyer, 30. April 1867, *MEW* 31.

Marx, K. *Ökonomische Manuskripte 1857/1858[Grundrisse], MEW* 42.

Marx-Engels-Gesamtausgabe, MEGA II.3.5.

Marx-Engels-Gesamtausgabe, MEGA II.5.

Müller, M. 1978, *Auf dem Wege zum "Kapital"*, deb.

Rojahn, J. 1996, "Die Fortführung der Marx-Engels-Gesamtausgabe als internationales Projekt", http://socialhistory.org/sites/default/files/docs/projects/mega-97.pdf

Rosdolsky, R. 1968, *Zur Entstehungsgeschichte des Marxschen 'Kapital': Der Rohenhwurf des 'Kapital' 1857-58* 〔국역: 로만 로스돌스키, 2003, 『마르크스의 자본론의 형성』, 백의.〕

Schwarz, W. 1978, "Der Aufbauplan des Kapital, die Konkurrenzformen und die Kritiker der Monopoltheorie", *Marxistische Studien* 1.

Willing, G. 1986, "Einige Bemerkungen zur Materialgrundlage des Buches vom Staat", *Arbeitblätter zur Marx-Engels-Forschung* 20.

Winkler, G. 1986, "Zu einigen Aspekten des Buches vom Grundeigentum", *Arbeitblätter zur Marx-Engels-Forschung* 20.

Zimmermann, M. 1986, "Einige Überlegungen zum Buch über die Lohnarbeit", *Arbeitblätter zur Marx-Engels-Forschung* 20.

2장

마르크스의 공황론 방법과
주기적 과잉생산 공황론

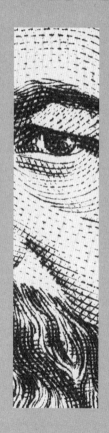

1.

마르크스주의 공황 논쟁의 현황과 쟁점

　마르크스주의 논쟁에서 공황론은 주지하다시피 그 원인과 관련하여 크게 두 개의 흐름으로 대립되어있다. 하나는 자본주의 생산과정에서 충분한 잉여가치를 생산하지 못해 이윤율이 저하함으로써 주기적 공황이 발생한다는 이윤율 저하설과, 다른 하나는 생산된 잉여가치가 유통 과정에서 그 가치대로 실현되지 못함으로써 주기적 과잉생산 공황이 발생한다는 실현 공황론이 그것이다. 이윤율 저하설은 이윤율의 저하 원인을 어떻게 설명하는가에 따라 다시 유기적 구성의 고도화론, 자본의 절대적 과잉생산론, 그리고 이윤 압박설로 나뉘며(뒤의 두 개 이론은 사실 이윤율의 저하를 분배 차원에서 파악하고 있다), 실현 공황론은 실현의 모순을 어떻게 파악하는가에 따라 다시 불비례설과 과소소비설 그리고 과잉생산 공황론으로 나뉜다.[32] 그 밖에 여러 논자에 의해 두

32　각각의 공황론을 간략하게 설명하면, 우선 유기적 구성 고도화론은 이윤율의 경향적 저하 법칙에 입각해서 자본축적 과정에서 생산수단의 거대화를 중심으로 하는 생산력의 발전을 반영하여 가변자본에 대비한 불변자본의 상대적 증대, 즉 자본의 유기적 구성의 고도화가 불가피하며, 이는 잉여가치 생산의 원천인 가변자본의 비율을 상대적으로 감소시킴으로써 잉여가치율의 증가에도 불구하고 총자본에 대비한 잉여가치의 비율, 즉 이윤율의 저하를 가져와 공황을 일으킨다고 한다. 자본의 절대적 과잉생산론은 자본의 추가적 축적이 총이윤의 절대적 감소를 가져오는 이른바 절대적 과잉 축적의 경우를 공황론의 구성으로 가져온 것으로서 유기적 구성 불변하의 자본축적이 호황 말기에 노동력의 고갈과

가지 타입의 공황론을 절충하는 절충주의적 공황론이 제출되어
왔다. 논쟁의 역사를 돌이켜보면, 마르크스와 엥겔스이래 정통파
[33]의 공황론은 실현 공황론, 그중에서도 과잉생산 공황론이었고,
대체로 1970년대 네오마르크스주의의 등장 전까지 과소소비설
과 과잉생산 공황론을 중심으로 한 논쟁이 지배적이었다. 이 시기
이윤율 저하 법칙과 연관해 공황론을 제출한 논자는 돕[M. Dobb] 처

임금 등귀를 가져오고 그 때문에 (또 다른 한편에서 과잉 축적에 따른 이자율 등귀의 효과가 함께 작용해서) 이윤율이 저하하여 공황이 일어난다고 주장한다.(그래서 노동력 애로설 또는 임금 상승설이라고도 불린다.) 그에 반해 이윤 압박설은 임금 상승설의 또 다른 변종으로서 호황기의 자본축적으로 노동자계급에 유리한 계급투쟁 조건하에서 계급투쟁과 임금 상승이 이윤을 압박하여 공황을 가져온다고 주장한다. 한편 불비례설은 자본주의 생산의 무정부성으로 인한 사회적 생산의 부문 간 비례성의 파괴로부터 상품 가치의 실현 곤란과 공황을 설명하는 이론이며, 과소소비설은 자본에 의한 노동자들의 착취로 인해 노동자들의 소비가 제한됨으로써 생산된 잉여가치를 실현하지 못해 공황이 발생한다고 주장한다. 반면 과잉생산 공황론은 노동자들의 소비 제한 자체로부터 '항상적' 과잉생산과 공황을 주장하는 (따라서 호황은 자본 관계 외부로부터의 제3의 수요에 기인한다고 하는) 과소소비설과 달리 노동자들의 소비 제한에도 불구하고 경쟁과 불변자본 축적에 의해 추동되는 무제한적인 생산 확장을 강조하며(이로부터 자본축적과 호황을 내생적으로 설명한다), 대중의 소비 제한과 무제한적 생산 확장이라는 대립적 경향, 모순으로부터 다만 '주기적으로' 과잉생산 공황이 표출된다고 한다. Itoh(1988)는 유기적 구성 고도화론과 노동력 애로설 그리고 이윤 압박설을 자본 과잉 공황론으로, 불비례설과 과소소비설을 상품 과잉 공황론으로 분류하였는데, 이처럼 통상의 분류법에서는 과소소비설과 과잉생산 공황론은 구별되지 못하고 과소소비설 또는 상품 과잉 공황론이라는 이름하에 한 묶음으로 취급되지만, 그러나 양자는 본질적으로 상이하다. 이 글에서 우리는 주기적 과잉생산 공황론의 관점에 입각해 있다. 과소소비설에 대한 주기적 과잉생산 공황론 관점의 비판은 무엇보다 岡稔(1983), Bukharin(1972: 224ff)을 참조하기 바란다.

33 현실 사회주의의 붕괴 및 공산당의 퇴조와 함께 이제 정치적으로도, 이론적으로 더 이상 정통파를 운운할 수 없다. 여기서는 이론사적 맥락에서 정통파를 말한다. 따라서 이하 정통파는 구 정통파를 지칭한다.

럼 예외적으로 존재하였고, 그로스만은 일찍이 이 법칙으로써 공
황론과 붕괴론을 주장하였지만, 그의 논증에서 이윤율 저하 법칙
은 단지 외삽 된 것에 지나지 않았다. 1970년대 영미권의 마르크
스주의 복권과 공황론 논쟁을 통해 비로소 영미권 문헌에서는 이
윤율 저하설이 주류 이론으로 등장하였는데, 그러나 정통의 흐름
에서는 여전히 과잉생산 공황론이 지배적이었다. 한편 일본에서는
과잉자본 공황론과 과잉생산 공황론 간 대립 구도가 제2차 세계
대전 이전 시기부터 현대까지 지속되는 상황이며, 전자는 우노 고
조宇野弘藏를 중심으로 하는 우노 학파가, 후자는 구루마 사메조久
留間鮫造, 야마다 모리타로山田盛太郎, 이무라 키요코井村喜代子, 도미츠
카 료조富塚良三, 하야시 나오미치林直道 등 정통파 그룹이 대표하였
다. 이렇게 역사적으로도, 현 단계에서도 정통파는 대체로 과잉생
산 공황론을, 정통에 대한 비판파는 이윤율 저하설을 주장하였는
바, 네오 마르크스주의 영향권에 있는 영미권에서는 이윤율 저하
설이 지배적이고, 독일에서는 Heinrich(2004)처럼 이례적인 경우
도 있지만 대체로 정통파가 과잉생산 공황론을, 자본논리학파 중
심으로는 이윤율 저하설을 견지하였으며, 일본도 정통파의 과잉
생산 공황론과, 비판파인 우노 학파의 자본 과잉 공황론으로 대립
되어있다.[34]

---

34 공황론 논쟁(사)에 관한 문헌으로는 다음을 참조하라. 제2차 세계대전 전의 논쟁사는

그런데 이 두 개의 공황론은 단순한 절충으로서 종합을 시도하기에는 근본적으로 너무 상이한 설명 논리가 대립하고 있어서 절충론적 공황론은 그 자체 오류이며, 또 두 가지 공황론 중 어느 하나는 불가피하게 오류가 아닐 수 없다. 두 개의 공황론 논리가 대립하는 핵심은 자본주의 생산에서 가치법칙이 작동하는 방식에 대한, 더 구체적으로 말하면 상품 실현에 있어 가격기구의 작

Sweezy(1942), 1970년대 영미권 논쟁에 대해서는 Fine & Harris(1979), 1970년대 주기적 공황과 80년대 구조 위기에 대한 독일에서의 논쟁은 Hoffmann(1983) 및 PROKLA u. a.(1986), 이 시기 이래의 영미와 독일 논쟁을 모두 아우르는 문헌으로는 Müller(2002; 2009), 전전 시기와 현대 일본의 논쟁사와 논쟁 구도에 대해서는 吉原泰助(1990), 富塚良三·吉原泰助(1997; 1998), 谷村智輝(2014)를 참조. 특히 과잉생산 공황론의 관점에서 쟁점을 뛰어나게 정리한 글로서는 岡稔(1983), 과잉자본 공황론의 관점에서 정리한 글로서는 Itoh(1988)을 참조. 또 19세기 말~20세기 전반의 공황 논쟁은 재생산표식과 관련하여 전개되었는데, 재생산표식에 관한 논쟁사에 대해서는 岡稔(1976: 제1장), 市原健志(1990) 및 로스돌스키(1968)를 참조.(후자의 글은 로스돌스키가 논쟁의 역사적 오류를 자신의 이론에 그대로 반영한 개관임을 지적해야 한다.) 아울러 공황론 논쟁은 공황론의 형성에 관한 『자본』의 초고들에 대한 분석으로까지 발전하였는데, 이에 대해서는 자본 과잉 공황론의 관점에서 분석한 Itoh(1988), 과잉생산 공황론의 관점에서 분석한 谷野勝明(1998)을 참조. 그밖에 두 개의 공황론의 절충론은 Sweezy(1942), Oelssner(1956), Mandel(1975), Wright(1977) 등 다양한 논자들에 의해 제출되었다. 한편 1990년대 이래 구미의 위기론 문헌(Brenner, Dumenil 등)은 대부분 공황론 자체의 논쟁보다는 현대자본주의 위기에 대한 구체적 분석과 관련되어 있는데, 주기적 공황과 구조 위기에 대한 이론적 혼란이 해결되지 못해 그 위기 분석은 심각한 문제를 갖고 있다. 현대자본주의의 위기 분석은 이 글의 대상이 아니지만, 공황론의 논쟁을 방법론적으로 해결하고 주기적 공황과 구조적 위기에 대한 마르크스의 이론을 올바로 확립하는 것이 현대 위기 분석의 절대적 전제가 된다는 것은 두말할 것도 없다. 더구나 이윤율의 실증 분석에서 이들이 사용하는 이윤율의 정의(이윤율=이윤/고정자본)는 마르크스의 이윤율 개념을 왜곡하는 것이다. 이윤율 정의 문제를 비롯해서 현대자본주의의 위기 분석과 관련해서는 김성구(2017: 1, 2, 3장)를 참조.

용과 그 의의에 대한 상반된 이해에 있다. 그러나 공황론 논쟁에서 중요한 이 핵심 쟁점은 종종 많은 논자에 의해 올바로 인식되지 못하였다.[35] 가치로부터 생산가격으로의 전화 문제를 추상해서 간단하게 정리하면 다음과 같다. 자본주의 상품생산에서 상품의 교환과 재생산은 가치법칙에 의해 조절되는 바, 특정 상품의 생산이 그 수요를 초과해 과잉생산이 되면 가격은 그 가치 이하로 떨어지고 이로부터 생산의 감축이나 그 부문으로부터 자본의 이탈을 통해 균형을 회복하는 방식으로 가격기구가 작동한다.(또 역으로 수요가 생산을 초과해 초과수요가 발생하면 가격은 그 가치 이상으로 등귀하고 이 부문으로의 자본 유입이나 생산 증대를 통해 다시 수요와 공급의 균형을 회복하고 '가치=가격' 관계가 관철된다.) 자본주의의 무정부적 생산에서 이러한 균형은 끊임없는 불균형 속에서 관철될 것이지만, 바로 가치법칙과 가격기구의 작동으로 재생산의 불균형은 끊임없이 정정되며, 이렇게 가격 관계의 가치 관계로의 수렴과 재생산의 균형으로의 조정이 관철될 것이다. 이것이 통상적으로 이해되는 가치법칙이다. 그렇다면 자본주의 축적 과정에서 과잉생산과 불비례가 누적되어 과잉생산 공황이 발생한다는

---

35 일찍이 이 문제를 인식하고 주목한 논자로는 스위지를 들 수 있다. 그는 절충론적 공황론에 입각해 있으면서도 가치법칙의 작용과 이윤율의 두 가지 개념(가치 이윤율과 시장가격 이윤율)을 구별하고 이와 관련한 공황의 두 가지 유형 간 차이와 대립을 설명하였다.(Sweezy, 1942: 145-146).

실현 공황론의 주장은 이와 같은 가치법칙 작용을 부정하는 것이 아닌가 하는 근본적인 질문이 제기된다. 이윤율 저하설은 이러한 가치법칙의 이해에 입각해서 실현 공황론을 전적으로 부정하고 과잉생산은 공황의 원인이 아니라 이윤율 저하에 의해 발생한 공황의 단순한 결과 또는 형태라고 비판하는 것이다. 자본 과잉 공황론의 대변자 이토 마코토伊藤誠의 다음과 같은 주장이 바로 그러하다. "이러한 상품 과잉론은 불균형설이든 과소소비설이든 다음과 같은 기본적 문제를 용이하게 해결할 수 없다. 즉, 자본주의 사회에서는 자본 전체에 의한 잉여가치의 생산에 내부적인 곤란이 발생하지 않는 한, 가치법칙에 기초해서 자본의 축적이 사회적 노동의 배분을 규제해서 상품생산물의 수급을 조정하는 기능이 존재한다. 따라서 자본주의하에서 부단히 존재하는 무정부적인 불균형과 대중의 소비 제한이 반드시 전반적인 과잉생산을 초래한다고 할 수는 없고, 부분적으로 끊임없이 발생할 수 있는 상품의 공급 과잉도 보통은 그 생산부문의 생산 확장의 억제와 축적 전체의 진행에 따른 수요 증가에 의해 끊임없이 해소될 수 있다. 그렇다면 단순히 자본주의하에서는 부문 간 불균형 또는 대중의 소비 제한이 불가피하다고 하는 것만으로는 그러한 수급 작용이 왜 필연적으로 더구나 주기성을 갖고 파괴되지 않을 수 없는가를 설명하지 못할 것이다."(伊藤誠, 1983: 54-55).

반면 실현 공황론, 그중에서도 특히 과잉생산 공황론은 이와 같은 '가격 운동 또는 가치법칙에 관한 균형론적 이해 방식'이 마르크스의 분석 방법과 추상 수준의 문제에 대한 오해에서 비롯된 것이라고 비판한다. 이 이론은 『자본』의 분석 수준, 즉 자본의 일반적 분석이나 이념적 평균의 관점에서 파악하는 가치법칙과, 현실 경쟁 및 산업 순환을 통한 가치법칙의 구체적 전개 과정 간의 관련, 다시 말해 가치법칙의 현실적 관철 과정을 불균형론적 이해 방식하에서 다르게 설명한다.(古川正紀, 1983: 159). 즉, 이에 따르면 현실 경쟁의 수준에서 파악한 가치법칙은 이윤율 저하설이 주장하는 것처럼 그렇게 균형론적으로 전개하는 것이 아니라 오히려 불균형의 누적과 주기적 폭발을 수반한다. 이는 가격기구가 수요와 공급의 불균형을 끊임없이 균형화하는 기구가 아니라 오히려 불균형을 누적시키고 결국에는 공황을 가져오는 불균형화 기구라는 것을 의미한다. 다시 말해, '가치=가격'(또 '수요=공급') 이라는 균형 관계는 이념적 평균에서 설정된 관계이며, 현실 경쟁과 산업 순환에서 가치와 가격은 순환적으로 괴리한다. 즉 가격기구의 작동에 의해 재생산은 균형으로 수렴하지 않고 오히려 (호황 시에는) 상방으로 불균형이 누적되어 결국에는 공황을 통해 그 불균형이 폭발하며 (공황 시에는) 반대로 하방으로의 불균형을 누적해간다는 것이다. '가치=가격'이라는 균형 관계는 불황을 통한 조정 과정이 이루어진 회복 국면에서나 일시적으로 달성된다. 이렇게 이 균형 관계는 현실 경쟁과 산업 순환의 각 국면에서 그대로 실현되는 것이 아니라 산업 순환을 통해 장기적으로, 경향적으로 관철되는 이념적 평균의 법칙으로 이해하여야 한다. 이렇게 보면, 통상의 이해와 달리 가격기구는 단지 외관상의 균형화 기구일 뿐이며, 실제로는 불균형화 기구이고, 자본주의의 진정한 균형화 기구는 주기적 공황 그 자체라 할 것이다. 이들의 말을 들어보면, "무정부적 생산 제도하의 자동 조정 기구라 할 때 가장 기본적인 것은 물론 시장의 가격 메커니즘이며, 따라서 모순이 은폐되고 누적되는 기구에 대해서도 아마 출발점은 가격 형태 자체(가격의 가치로부터의 독립화)에 있을 것이다. … 따라서 일정한 상황에서 가격과 가치의 괴리를 누적적으로 확대하는 힘이 작용하는 경우에는, 이 사후적 조정 장치가 일시적으로 마비되어서 생산과정의 모순이 은폐되고 누적되어 중대한 혼란을 수반하지 않고서는 조정되지 않을 만큼 진행될 수 있다. 어쨌든 공황을 야기하는 그러한 모순의 누적 기구에서 가격 변동이란 요인이 상당히 결정적인 역할을 행하는 것은 부정할 수 없다. 얼핏 보면 이러한 추론은 이제까지의 공황론의 통설과 모순되는 것처럼 보일지 모른다. 즉, 자본 일반의 이론으로서 공황의 기초이론은 '가치=가격'이라는 이론적 전제하에서 구축되지 않으면 안 된다고 흔히 말해지기 때문이다. 그러나 필자의 생각으로는 이러한 주장은 '자본주의와 공황'이라는 시각으로부터 가장 본질적이고 가장 추상적인 차원에서 논의할 때만 타당하며, 경기순환의 과정을 문제로 하는 경우에는 적합하지 않다고 생각한다. 왜냐하면 마르크스의 경우 시장가치와 시장가격의 일치는 한 순환의 평균으로서, 즉 순환의 각 국면의 교체를 사상한 차원에서 고찰되는 것이지만 여기서는 바로 각 국면이 문제이기 때문이다. 환언하면, 가치와 가격의 일치라는 전제하에서 공황을 논할 때는 경기순환을 사상한 가장 추상적인 차원에서 공황과 자본주의의 본질적 관련을 논하지 않을 수 없다. 〔경기순환론의 차원에서는 문제가 다르다. –인용자〕즉, 자본주의적 상품생산에서 불균형을 사후적으로 조정하는 유일한 지표인 가격이 가치로부터 괴리할 수 있다는 것, 다시 말해 일정한 사정하에서는 잘못 인도하는 지표가 된다는 점에 모순의 누적 기구의 가장 깊은 기초가 있다."(岡稔, 1983: 139-140). 다음 논거는 보다 직접적이다. "따라서 마르크스는 가치법칙이 경쟁과 공황이란 형태를 취해 관철된다고, 바꿔 말하면 교환 비율, 즉 교환가치의 변동과 병행해서 공황을 중핵으로 하는 산업 순환이란 형태를 취해 관철된다고 이해하고 있다. … 그러면 교환가치(가격)라는 가치법칙의 관철 형태와, 공황(산업 순환)이란 가치법칙의 관철 형태는 어떠한 관련이 있는가? 이를 가치법칙 자체에 따라 고찰해보자. 교환가치 곧 가격에 대해 우리는 이미 가격의 자유로운 운동이 가격 형태의 성격, 즉 자유경쟁의 조건에서는 가격의 가치로부터의 양적 편차를 내포할 수 있다는 성격에 기초하고 있음을 명백히 하였다. 더욱이 그 운동은 구체적으로 관찰해보면, 상하로의 일상적·소폭적인 변동과 함께 산업 순환에 대응하는 순환적 가격 운동이라는 양면적인 형태를 갖고 있다는 것, 가격에 따른 수요·공급의 자동 조절 또는 가격 변동만에 의한 가치법칙의 관철이란 견해가 일면적이라는 것을 지적하였다. 또 가치 증식을 유일한 목적으로 하는 동태적인 자본주의경제에서는 '총시장가격=총생산가격=총가치'의 조건이 만족된 경우에 비로소 가치와 가격이 조응한다. 실제 경제과정에서 그것은 공황·불황기의 저가격 수준으로부터 탈피해서 호황기의 고가격 수준이 시작하기 전까지의 기간, 즉 '총시장가격=총생산가격'이라는 조건이 성립하는 경우에 나타난다. 이 경우 개개의 생산 부문에서 가격기구에 의한 수급·조정 기능이 작용하고 가치법칙도 일상적인 가격 변동을 통해 작용한다. 그러나 '총시장가격=총생산가격'의 조건이 파괴되고 더구나 〔호황 시에 -인용자〕'총시장가격>총생산가격'이란 관계가 지속되면, 개개의 생산 부문에서 수요·공급의 비례 관계가 파괴될 뿐 아니라 사회 총체에 있어서도 공급 과잉, 즉 전반적 과잉생산이 출현하게 되어 이 불균형은 공황·불황이란 형태를 취해 비로소 해소된다."(古川正紀, 1983: 165-166). 이렇게 두 개의 공황론은 가치법칙과 공황에 관해 서로 화해할 수 없는 적대적인 논리 구조를 근간으로 한다.[36]

---

36 이윤율 저하설의 관점에서 파악한 가치법칙과 가격기구의 작동에 대해서는 伊藤誠

산업 순환과 가치법칙에 관한 상이한 이해 방식으로부터 공황의 원인에 관한 두 개의 공황론 간의 대립도 보다 명확하게 이해될 수 있다. 이윤율 저하설 또는 자본 과잉 공황론은 가치법칙의 작용을 근거로 해서 상품의 가치와 잉여가치의 실현에는 문제가 없다고 하기 때문에 공황은 실현의 영역이 아니라 생산과정에서 잉여가치 생산의 위기와 그에 따른 (생산과정에서 포착한, 그리고 실현 과정에서는 그대로 실현된 가치 텀term의) 이윤율의 위기로부터 발생한다고 보는 반면 (또는 이윤율 저하설의 다른 두 변종에 따르면, 가치대로 실현되는 분배 과정에서의 이윤율 하락으로부터 공황이 발생한다고 보는 반면), 가치법칙에 관한 불균형론적 이해 방식에 입각한 과잉생산 공황론은 현실 경쟁에 의해 추동되어 생산과정에서 가치대로 실현될 수 없는 과잉 상품이 생산됨으로써 (실현 과정에서 시장가격 텀term으로 포착한) 이윤율의 하락으로부터 공황이 발생한다고 하는 것이다. 이렇게 보면 두 개의 공황론은 모두 자본주의 공황을 이윤율의 위기와 관련하여 설명하고 있음을 알 수 있다. 자본축적의 목적이 이윤의 추구에 있다는 점에서 이윤율의 위기가 공황을 가져온다는 공황론의 설명은 그 자체로는 마르크스의 이론에 충실한 것이라 할 수 있다. 문제는 이윤율과 그 하락을 어

(1983), 과잉생산 공황론의 관점에서의 가치법칙과 가격기구의 이해에 대해서는 岡稔 (1983), 種瀬茂(1986)을 참조.

떠한 수준에서 어떻게 파악한 것인가 하는 점이며, 현실 경쟁에서의 가치법칙의 전개에 관한 이해 방식에 따라 크게 두 개의 공황론으로 대립하는 것이다.

　오해를 피하기 위해 부연한다면, 자본주의하에서 상품은 대개 자본의 형태로 존재하기에 자본 과잉 공황론과 상품 과잉 공황론 또는 과잉 축적 공황론과 과잉생산 공황론의 대립이란 적절한 용어 사용법이라 할 수 없다. 상품(자본)의 과잉은 곧 (생산)자본의 과잉이며, (생산)자본의 과잉은 곧 상품(자본)의 과잉을 의미한다. 따라서 자본의 과잉 축적이란 곧 상품의 과잉생산을 의미하고, 상품의 과잉생산은 곧 자본의 과잉 축적이다. 마르크스는 언제나 이를 가치 증식에 요구되는 적절한 이윤율을 획득하기에는 상대적으로 과잉된 축적, 과잉된 생산을 말하는 것으로 이해하였다. 그것은 다만 이윤율의 위기를 표현하는 자본 형태상의 차이를 말할 뿐이다. 그렇게 이해하면, 결국 자본 과잉 공황론과 상품 과잉 공황론(또 과잉 축적 공황론과 과잉생산 공황론)은 동일한 내용을 갖는 것이라 할 수밖에 없는데, 그럼에도 두 개의 상이한 이론으로 대립되는 이유는 위에서 설명한 바와 같이 과잉자본과 과잉생산으로 이윤율의 위기가 표출되는 수준과 그 이윤율의 개념에 대한 상이한 이해 때문이라 할 것이다.

2.
플랜 논쟁과 공황론

이상의 핵심 쟁점은 마르크스의 분석 방법과 추상 수준 문제에 대한 올바른 이해 없이는 인식할 수도 없고 해결할 수도 없는 문제다. 따라서 공황론 논쟁은 마르크스의 정치경제학 비판의 방법과 불가분하게 연결되어있다. 사실 공황론을 둘러싼 마르크스주의 논쟁이 세대를 반복하면서도 해결되지 못하는 것은 마르크스의 방법론에 대한 이해가 상이하거나 또는 방법론의 문제를 공황론과 연관해 공황론 연구를 진전시키지 못했기 때문이라 할 것이다. 주지하다시피 마르크스는 자신의 공황론을 완성하지 못했고 다만 공황론을 구축하는 기본 방향을 제시하였을 뿐인데, 그럼에도 불구하고 자신의 저작들 곳곳에서 자본주의 공황에 대한 풍부한 언급을 남겨놓았다. 그렇게 남겨진 서술들은 공황론의 체계적 구성이 결여되어있기 때문에, 그 체계에서의 올바른 위치를 확정하고 그 의미를 올바로 해석하기 어려웠다. 따라서 개개의 서술들은 서로 모순되는 것처럼 보였고, 그에 따라 공황론의 비생산적인 논쟁과 착종이 일어났던 것이다. 이런 문제를 해결하는 유일한 과학적인 길은, 정치경제학 비판 체계와 공황론의 방법에 대한 마르크스의 의도를 올바르게 인식하고 마르크스가 남겨둔 이론적 과제를 이행하는 것에서 찾을 수 있을 것이다.

이런 점에서 정치경제학 비판 체계와 『자본』의 관계를 둘러싼 논쟁, 이른바 플랜 논쟁과 그것이 공황론의 방법과 체계에 대해 갖는 의의가 주목을 받게 된다. 주지하다시피 마르크스는 자신의 정치경제학 비판의 작업을 6부작의 체계[제1부 자본(제1편 자본 일반: I 자본의 생산과정, II 자본의 유통 과정, III 양자의 통일 또는 자본과 이윤; 제2편 자본들의 경쟁; 제3편 신용; 제4편 주식자본), 제2부 토지 소유, 제3부 임노동, 제4부 국가, 제5부 외국무역, 제6부 세계시장]로 계획한 바, 이러한 체계는 추상으로부터 구체로의 상향이라는 과학적 방법을 통해 경험적인 자본주의 세계경제를 사고 속에서 개념적으로 반영하려는 이론적 시도의 필연적 산물이었다.(비탈리 비고츠키/알렉산드르 체푸렌코: 1993). 그러나 마르크스는 이 계획을 실현하지 못했고, 다만 『자본』만을, 그것도 제1권만을 자신의 손으로 완성할 수 있었다. 이로부터 마르크스주의 연구자들 사이에 원래의 6부작 플랜과 『자본』의 관계를 둘러싸고 플랜 논쟁이 전개되었던 것이다. 여기서 이 논쟁에 들어갈 여유는 없지만, 공황론과 관련된 문제에 한정해서 이 논쟁을 살펴볼 필요는 있다. 원래의 6부작 플랜에 대해 『자본』의 범위를 어떻게 규정하느냐 하는 플랜 논쟁의 핵심적 쟁점에 대해 오늘날 주목할 만한 견해로는 세 개가 대립한다. 첫 번째 견해는 자본 일반설(정확하게 말하면 자본 일반 확장설)로서 제1부 제1편 자본 일반은 제1부 제2-4편 및 제2부 토지 소유와 제3부 임노동의 일반적 요소들을 이념적 평균의 수준에서 포괄하도록 확장되어 『자본』이 성립했지만 『자본』은 여전히 자본 일반에 해당된다는 견해로서, 코간, 체푸렌코, 도미즈카 료조, 오무라 이즈미大村 泉 등에 의해 주장된다. 이들에 따르면, 플랜은 변경되지 않았고(즉 플랜 불변설), 제1부 제2편 이하 제6부에 이르는 후속 부편의 서술은 남겨진 과제가 된다. 반면 얀, 뮐러 등은 자본 일반과 경쟁 간의 엄격한 구별 위에 구축된 『그룬트리세』에서 원래의 서술 의도가 변경되어 『자본』은 제1부 제1편 자본 일반을 넘어 제2-4편뿐 아니라 제2부와 제3부의 일반적 요소들까지 이념적 평균의 수준에서 포괄함으로써 자본 일반 개념은 지양되고 『자본』에서 '자본의 일반적 분석'으로 대체되었다는 자본 일반의 지양 테제를 제출한다. 이들에 따르면, 『자본』의 성립에도 불구하고 '자본의 일반적 분석'에 포괄되지 않는 특수 연구의 과제(제1부 제2-4편과 제2-3부)뿐 아니라 후반 3부의 과제도 부정되지 않는다.(이 견해는 자본 일반의 확장과 그에 따른 지양에도 불구하고, 즉 6부작 플랜의 일정한 수정에도 불구하고 제1부 제2편 이하 제6부에 이르는 후속 부편의 서술 과제는 남아있다고 주장한다는 점에서 플랜 불변설로 분류된다.)[37] 세 번째 견해는 자본 일반

---

37 이 입장이 신MEGA 제II부 제3권(『자본』 제2초고인 1861-63년 초고) 편집진의 견해다. 신 MEGA 편집진에 따르면 이러한 변경은 1861-63년 초고 노트 18의 플랜 초안(1863년 1월 작성)에 나타나 있다고 한다. 본질적으로 이 초안은 『자본』의 구조를 담고 있고, 그 이래 마르크스는 더 이상 자본 일반의 개념을 사용하지 않았다는 것이다.(MEGA II.3.1: 12*). 이

개념의 위와 같은 확대와 함께 『자본』은 원래 계획의 제1부로부터 제3부에 이르는 전반 3부의 과제를 이행한 것으로 파악하여 플랜은 근본적으로 변경되었다고 주장하는데, 이와 같은 플랜 변경설은 로스돌스키, 우노 고조 등에 의해 제출되었다. 이들에 의하면 다만 원래 플랜의 제4-6부의 과제만이 남게 되는데, 이 남은 과제를 『자본』과 관련하여 어떻게 수행하는가에 대해서는 논자에 따라 명확하지 않거나 또는 상이한 방식으로 해석되었다. 예컨대 로스돌스키는 다만 과제로서 남겨놓았고, 로스돌스키의 견해를 수용한 독일의 자본 논리파는 『자본』의 가치법칙을 세계시장에서 수정한다는 방식으로 과제를 이행하였으며(즉 세계시장 분석에 『자본』을 수정, 적용), 우노 학파는 그 반대로 후반 3부는 이론적 분석이 아니라 현상 분석의 대상이라며 제4-6부와 『자본』의 관련을 방법론적으로 단절시켰다. 주지하다시피 『자본』의 초고들에 대한 일층의 분석과 논쟁 결과, 자본 일반의 확대 테제든 자본 일반의 지양 테제든 플랜 불변설이 정설로 자리 잡았고 플랜 변경설은 비판, 극복되었다.[38]

변경의 동인은 〈잉여가치학설사〉(노트 6-15)의 집필 중에 있었고 그 종결과 함께 이 새로운 초안이 구상된 것이다.

38 대체로 플랜 불변설은 구소련과 일본의 정통파가, 플랜 변경설은 로스돌스키, 우노 고조처럼 정통에 대한 비판적 학파가 대변한다. 한편 『자본』의 집필 과정에서 이러한 확장 또는 변경이 일어난 이유가 무엇인가, 또 변경이 일어난 시기는 언제인가 등은 플랜 논쟁의

플랜 논쟁에서 나타난 플랜 불변설과 플랜 변경설 간의 대립은 논리적 필연성을 좇아가면, 직접 공황론 연구에 영향을 미칠 수밖에 없다. 두 견해는 모두 산업 순환과 현실 공황의 연구는 자본 일반의 범위에 속하지 않고 경쟁론 이하에 속한다고 하지만, 플랜 변경설, 즉 『자본』=전반 3부라는 견해에 따르면, 『자본』은 경쟁론과 신용론을 포괄하므로 필연적으로 『자본』의 틀 내에서 산업 순환과 공황론 체계를 전개할 수 있다. 반면, 플랜 불변설, 즉 '자본』=(확장된) 자본 일반 또는 자본의 일반적 분석'이라는 견해를 취하면, 필연적으로 산업 순환과 공황론은 『자본』의 틀 내에서 전개할 수 없는 것으로서 『자본』의 서술 대상을 넘어간다. 앞에서 언급한 가치법칙의 관철에 대한 상이한 견해, 즉 균형론적 이해와 불균형론적 이해 간의 대립도 『자본』의 분석 수준과 플랜 논쟁에 대한 상반된 입장과 연관되어있다. 즉, 플랜 변경설은 『자본』의 수준에서 산업 순환과 공황론의 전개를 시도하지만, 『자본』은 이념적 평균의 수준에서 자본주의 생산양식을 서술하고 있으므로 이러한 공황론은 이념적 평균에서 파악한 경쟁론에 한정될 수밖에 없다. 이 경우 공황론은 현실 경쟁의 구체적 전개까지 나아가지 못하는데, 문제는 이러한 한계를 인식하지 못하고 『자본』에서

또 다른 핵심 쟁점을 이룬다. 플랜 논쟁과 관련 문헌에 대해서는 김성구(2008), 곽노완(2008)을 참조.

의 경쟁론을 현실 경쟁론으로 이해한다는 점이다. 결국 플랜 변경설을 따르면, 이념적 평균에서 파악한 가치법칙을 현실 경쟁의 관철에 무매개적으로 적용하여 시장가격이 산업 순환 과정에서 끊임없이 가치 또는 생산가격 주변을 둘러싸고 운동한다는 균형론적 이해 방식을 제시하게 된다. 반면 플랜 불변설에 따르면, 산업 순환과 공황론은『자본』으로부터 직접 전개할 수 없다. 이념적 평균의 수준에서 파악한 자본주의 축적 법칙은 현실 경쟁을 매개로 하여 비로소 산업 순환과 공황의 현실적 운동으로 전개되는 것이다. 이 경우 현실 경쟁과 공황은 '가치(또는 생산가격)=가격'을 전제해서 분석한 법칙의 단순한 표현이 아니다. 산업 순환과 공황론은 현실적 축적 속에서 어떻게 그 등치관계가 파괴되어 전개되고 공황의 형태를 통해 폭력적으로 회복되는가 또는 시장가격의 자립적 운동과 등치관계의 파괴 그리고 공황의 폭발을 통해 어떻게 축적의 일반 법칙이 산업 순환과 공황을 통해 관철해 가는가 자체를 분석하는 연구이며, 이로부터 불가피하게 가치법칙에 대한 불균형론적인 이해 방식이 제시되는 것이다. 실로 앞에서 살펴본 이윤율 저하설과 균형론적 가치법칙의 주장자들은 플랜 논쟁에서 플랜 변경설의 대변자이거나 그 경향에 속하는 이론가들(정통파에 대한 비판적 학파)인 반면, 과잉생산 공황론과 불균형론적 가치법칙의 주장자들은 정통파의 플랜 불변설의 대변자들인데, 이는 결코 우연한 일이 아니라 플랜 논쟁과 공황론 간 불가분의 이

론적 연관을 보여주는 것이라 할 수 있다.[39]

---

39 그럼에도 불구하고 공황론 연구가 명시적으로 플랜 논쟁과 직접적 관련을 갖고 방법론적
    논쟁의 토대 위에서 공황론 체계의 구성(즉 『자본』에서의 공황론 체계, 제1권 제7편, 제2권 제
    3편 및 제3권 제3편의 축적론=재생산론 체계와 관련하여 구성되는 공황론 체계, 아울러 제1권 제
    1편의 상품과 화폐가 전제되고 제3권 제5편의 이자 낳는 자본으로 보완되는 체계, 나아가 제6부 세
    계시장 공황으로까지 상향하는 체계)으로까지 진행된 것은 아마도 일본이 유일한 경우다. 일
    본에서는 이미 제2차 세계대전 이전 시기에 구루마 사메조, 야마다 모리타로 등이 『자본』
    =자본 일반' 설을 제출하고 이와 연관하여 직접 공황론 연구를 진행하여 과잉생산 공황론
    을 주장하였으며, 전후에도 구루마 사메조의 공황론, 山田盛太郎(1948)과 그 계보의 富
    塚良三(1962), 宇高基輔・南克巳(1959), 井村喜代子(1980), 玉垣良典(1985) 등 정통파의
    견해, 그리고 이에 대한 우노 학파의 '『자본』=전반 3부' 설과 이윤율 저하설이 대립하고
    있다. 앞서도 말한 바처럼 공황론을 둘러싼 논쟁이 착종되어 세대를 반복하는 것은 근본
    적으로 공황론이 마르크스가 완성하지 못한 미완의 영역이고, 그 이해가 플랜 체계와 『자
    본』의 관계라는 플랜 논쟁과 관련된 문제이기 때문인데, 이 점에서 플랜 논쟁과의 직접적
    관련하에 공황론의 체계를 재구성하려는 일본에서의 논쟁 구도는 마르크스에 의거해 공
    황론 논쟁을 해결할 수 있는 중요한 이론적 성과라 할 것이다. 일본에서의 플랜 논쟁과 공
    황론 연구에 대해서는 富塚良三(1997), 吉原泰助(1997; 1998) 참조. 나아가 일본의 공황
    론 논쟁은 『자본』에서의 공황론 체계(공황의 기초 이론)에 머무르지 않고 현실 경쟁과 산업
    순환의 분석으로까지 진전되었다. 가격기구의 균형화 작용에도 불구하고 산업 순환 과정
    에서 누적되는 불균형과 과잉생산 그리고 그것이 공황을 통해 폭발하는 메커니즘, 즉 '가
    치법칙과 과잉생산'이라는 공황론의 가장 핵심적인 쟁점(그러나 외견상 모순되는 논리)에 대
    해 일본의 마르크스주의 학계에서 이론적 해결을 볼 수 있었던 것도 이러한 플랜 논쟁과
    공황론의 방법론에 대한 연구 성과 위에서 가능했던 것이다. 일본 정통파에 의한 '재생산
    론과 실현 문제(=생산과 소비의 모순)에 입각한 공황론과 산업 순환론'의 발전 및 논쟁에 대
    해서는 무엇보다 吉原泰助(1990), 松橋透(1990; 1998)의 개관과 정리가 뛰어나다. 오늘
    날까지도 영미권의 공황론들이 대부분 가치법칙과 과잉생산이라는 이 중대한 문제에 대
    해 제대로 인식조차 못 하고, 또 산업 순환론으로까지 공황론을 전개하는 연구 작업도 찾
    아보기 힘든 점을 고려할 때, 일본 논쟁은 영미권의 마르크스주의 연구와는 비할 것도 없
    고 또 구사회주의권의 연구를 포함하더라도 공황론 연구의 최고봉을 보여준다고 하지 않
    을 수 없다. 물론 Maksakovsky(1929/2006)를 보면 구소련에서도 이른 시기부터 경기
    순환에서의 고정자본의 역할과 가치로부터 가격의 괴리 그리고 불균형의 누적 과정에 주
    목하면서 실현 문제에 입각한 공황론과 산업 순환론이 전개되어왔음을 엿볼 수 있다. 구
    동독에서도 과잉생산 공황론의 이론적 전통은 동일하다. Reinhold(1977) 참조. 오늘날

물론 이러한 구도에 맞지 않는 독특한 명제를 주장하는 논자가 없는 것은 아니다. 다카기 코지로(高木幸二郎: 1979)와 다카기 아키라(高木 彰: 1986)는 플랜 논쟁에서 비판파처럼 『자본』=전반 3부설'을 내세우면서도 공황론에서는 정통파를 따라 과잉생산 공황론을 변호한다. 이는 이들이 『자본』을 플랜의 전반 3부를 포괄하는 것으로 해석하면서도 『자본』에서의 경쟁론과 산업 순환론은 충분히 전개되지 못해 적극적으로 전개하도록 재구성되어야 한다고 하기 때문이다. 말하자면 정통파가 이런 과제를 『자본』을 넘어 제1부 제2편 이하에서 수행해야 한다고 주장하는 반면, 이들은 『자본』에서 이를 수행해야 한다고 보는 것이다. 『자본』에서 이를 수행한다 하더라도 현실 경쟁에서의 가치법칙의 전개를 이들이 불균형론적으로 파악하는 한, 이는 공황론에서 과잉생산 공황론으로 귀결된다. 문제는 『자본』의 분석 수준인 '자본의 일반적 분석' 또는 '이념적 평균'이 과연 이들의 주장처럼 현실 경쟁과 산업 순환을 포괄하는 것인가 하는 점이다. 마르크스는 『자본』에서 현실 경쟁과 공황 그리고 산업 순환은 이념적 평균 또는 자본의 일반적 분석의 고찰 대상에 들어오지 않는다고 명시적으로 지적

영미권의 공황론 연구 수준은 일본의 1950년대 또는 심지어 제2차 세계대전 전의 수준에도 훨씬 못 미치고 있다. 일본의 마르크스주의 연구에 대해 그 훈고학적 태도를 지적할 수는 있겠지만, 이것이 최고의 연구 성과를 훼손하는 것은 결코 아니다.

하고 있어 이들의 『자본』=전반 3부설'은 수용하기 어렵다고 생각
한다.[40] 현실 경쟁론에서 과잉생산 공황론을 전개하는 한, 『자본』

---

40 "생산관계들의 물상화 및 생산 당사자들에 대한 생산관계들의 자립화에 대한 서술에서 우
리는 세계시장·그 상황·시장가격의 운동·신용의 기간·산업 및 상업의 순환·번영과 공
황의 교체에 의한 관련들이 그들에게 압도적인, 그들을 무의식적으로 지배하는 자연법칙
으로서 현상하고 그들에 대해 맹목적인 필연성으로서 작용하는 바의 그 방식과 양식에 들
어가지 않는 것은 경쟁의 현실적 운동이 우리의 계획 범위 밖에 있기 때문이다."(MEW 25:
839). 특히 시장가격의 현실적 운동을 경쟁론의 대상이라며 『자본』에서 배제한다는 마르
크스의 위의 서술에 대해 다카기 아키라는 경쟁론을 특이하게 두 부분으로 구분하고 "여
기서 지적하고 있는 것은 시장가격 운동의 기본적 규정의 분석에 관한 것이 아니라 보다
구체적이고 현실적인 과정에서의 시장가격의 운동이라는 것이다. 그러한 것은 분명히 자
본제 생산의 일반적 분석을 과제로 하는 『자본론』의 범위 밖에 있는 것이다. 그러나 (산업
순환에 동반되는 운동을 포함하는: 인용자) 시장가격 운동의 일반적 분석은 『자본론』 체
계의 내부에서 논하지 않으면 안 된다."(高木 彰, 1986: 89). 마르크스로부터의 인용문을
보면, 마르크스가 『자본』 밖에 놓인 경쟁의 현실적 운동에서 시장가격의 운동과 산업 및
상업의 순환 그리고 번영과 공황의 교체를 포괄하고 있는데도, 다카기 아키라는 자의적으
로 산업 순환은 『자본』의 일반적 분석에 들어가는 경쟁론의 구성 요소이고 시장가격 운
동은 『자본』에 들어가지 않고 제6부에서 취급될 시장가격의 동요적 변동이라고 하여 양
자의 분석 수준을 분할하고 있다. 이 인용문은 마르크스가 시장가격의 현실적 운동과 산
업 순환의 서술을 모두 『자본』 이후의 경쟁론과 신용론 등에 속하는 것으로 하였음을 분
명히 하고 있다. 『자본』 제3권이 1864-65년 초고에 기초한 것임을 고려하면, 『자본』 제
3권에서의 마르크스의 이러한 구상은 『그룬트리세』에서의 '자본 일반 개념'이 '자본의 일
반적 분석'으로 확장 또는 대체되어 원래 플랜이 이미 부분적으로 변경된 시기의 구상이
어서 사실상 확정적인 것이며, 마르크스가 제3권을 직접 간행하지 않았다는 이유로 이를
부정할 수가 없다. 그런데도 다카기 아키라는 '자본들의 경쟁'에 대해 '일반적, 이론적으
로 규정된 것'과 '구체적, 현실적 사항에 속하는 것'으로 구별하고(高木 彰, 1986: 90), 말하
자면 '경쟁'편의 내용을 일상적인 경쟁과, 산업 순환을 동반하는 경쟁으로 구분하는 정통
파의 견해와 달리 이 양자를 시장가격 운동의 일반적 규정으로 『자본』에 포괄되는 것으로
파악하고, 그 위에서 『자본』을 넘어가는 우연한 사정에 의해 지배되는 경쟁을 언급하고 있
다. 물론 현실적으로는(경험적으로는) 일상적 가격 변동과 순환적 가격 변동만을 볼 수 있
지만, 이론적으로는 경쟁 일반(=이념적 평균에서 파악되는 시장가격의 일상적 추상적 운동),
산업 순환을 동반하는 경쟁(=시장가격의 순환적 운동), 우연한 사정에 의해 지배되는 경쟁

에서 과잉생산 공황론을 전개할 수 없으며, 이는 플랜 논쟁에서 플랜 불변설과 결합될 수밖에 없다. 현실 경쟁론으로 일층 구체화하여 산업 순환과 공황을 전개하려는 다카기 아키라高木彰의 시도는『자본』을 넘어가는 분석 수준에서 수행되어야 한다. 이런 점에서 다카기 아키라의 비판과는 달리 오히려 마츠이시 카츠히코松石勝彦의 다음 테제가 올바르다 할 것이다. "마츠이시 씨는 현행『자본론』체계가 원래 플랜의 전반 3부문을 기본적으로 포괄하는 것이라 하지만, 그 전반 3부문의 '기본적 분석'은 경기순환과 공황을 추상한 3대 계급의 기초적 범주들에 대한 기본적 분석이라고 한다. 즉『자본론』에서는 '자본들의 경쟁, 신용, 임노동과 관련하는 경기순환과 공황의 측면은 일체 포함되지 않는다'고 한다. **이때 마츠이시 씨는 공황의 이중적 성격을 두 개로 분리하고 있다. '경쟁의 균형화적 측면·요소'와 '불균형화 및 폭력적 균형화의 측면·요소'라는 것이며, 전자는 '추상적, 이념적 평균의 경쟁'에 관한 것이고, 후자는 '경쟁의 현실적 운동, 즉 경기순환과 공황'에 관한 경쟁이라고 한다. 이 중『자본론』에 편입된 경쟁은 전자만**

(=시장가격의 구체적 동요적 운동)이라는 3차원의 경쟁으로 구성할 수 있다. 그렇게 보면 정통파가 전자의 경쟁 수준을『자본』의 분석 수준에 포괄하고 후자 2개 차원의 경쟁을『자본』이후의 '경쟁론', 나아가 제6부의 과제로 설정하는 반면에, 다카기 아키라는 전자 2개의 경쟁 차원을 일반적 규정으로서『자본』의 일반적 분석의 대상으로, 마지막 경쟁 차원을『자본』을 넘어 제6부의 서술 과제로 설정하고 있다.

이며, 거기서는 '끊임없는 불균등의 끊임없는 균등화'의 측면만
이 고찰되고 '경쟁의 추상적 이론만 분석되는 데' 지나지 않는다
고 한다.『자본론』에서는 후자에 관한 경쟁은 완전히 추상되어
있고 공황 및 산업 순환은 전혀 문제가 될 수 없다고 한다."(강조
는 김성구).[41] 과잉생산 공황과 가치법칙을 둘러싼 모든 논쟁의 해
법은 바로 마츠이시 카츠히코가 제기하는 경쟁의 두 가지 측면을
정치경제학 비판의 방법론과 관련하여 이해하는 데 있다.[42] 다카
기 아키라는 특이한 경우지만, 대체로『자본』에서 고찰되는 추상
적인 경쟁 이론으로써『자본』을 넘어가는 현실 경쟁과 산업 순환
의 서술까지 모두 포괄하고 있다고 이해하는 것이야말로 가치법칙

---

41 高木 彰(1986: 100-101). 여기서 다카기 아키라는 松石勝彦(1979)을 인용하고 있다.

42 경쟁의 두 가지 측면에 대한 이와 같은 관점은 마츠이시 카츠히코에 따르면 전후 일본에서
    의 플랜 논쟁의 총괄인 '양극 분해설'에 기반한 것이고 사토 킨자부로佐藤金三郎의 양극 분
    해설(1954년)에 앞서 이미 쓰기모토 에이이치杉本栄一가 그 선구자였다고 한다. "쓰기모
    토 교수는 마르크스 경제학 체계에서의 경쟁과 신용을 두 개의 영역으로 구분한다. 경쟁
    과 신용의 제1 영역은 수요와 공급의 일치하에서 성립하는 평균이윤율 및 생산가격의 형
    성 과정을 해명하는 경쟁(균형화 경쟁)과 신용이다. 경쟁과 신용의 제2 영역은 수요와 공급
    의 불균형화, 생산가격으로부터 시장가격의 배리背離, 역전, 공황 등을 해명하는 경쟁(불
    균형화 경쟁)과 신용이다. 이것은 경쟁과 신용의 양극 분해설의 선구였다."(松石勝彦, 1986:
    256). 타네세 시게루種瀬茂는 쓰기모토 에이이치의 관점을 계승해 경쟁론, 특히 불균형화
    경쟁과 주기적 공황을 일층 발전시켰다. 그는 균형화 경쟁 수준에서 서술되는『자본』제2
    권 3편 재생산표식과 제3권 3편 이윤율의 경향적 저하 법칙은 직접 과잉생산 공황을 설명
    할 수 없고,『자본』을 넘어가는 불균형화 경쟁의 수준에서 수요 공급의 변화와 시장가격
    및 순환적 이윤율의 변동을 매개함으로써 비로소 과잉생산 공황을 분석할 수 있다고 한
    다. 특히 種瀬茂(1986: 제4장) 참조.

을 균형론적으로 파악하는 이론적 토대이며, 이로부터는 주기적 공황의 핵심적 문제인 과잉생산의 문제를 전면 부정하기에 이르게 된다.

3.
마르크스의 공황론:
방법과 체계

원래 마르크스의 플랜에 따르면, 공황은 제6부 세계시장(과 공황)에서 다루도록 예정되어있었지만, 그것은 이 마지막 부에서 비로소 공황을 서술하겠다는 의미는 아니다. 오히려 마르크스는 공황의 계기들은 상향의 과정에서 점차 구체적으로 전개되어 세계시장 공황에서 종합된다고 하였고, 그에 따라 상향의 과정에서 과잉생산 공황으로 전개하는 개개의 요소들을 개개의 추상 수준에서 석출해내는 것이 공황론을 완성해가는 길이 될 것이다. 이 경우 공황론은 분석 수준 또는 추상 수준에 대응하여 그 완성도가 규정되는 바, 예컨대 자본의 일반적 분석을 대상으로 하는 『자본』의 수준에서도 공황론을 전개하여 그 체계를 구성할 수 있고, 또 『자본』을 넘어가는 현실 경쟁의 수준으로 공황론을 일층 전개할 수 있으며, 나아가 세계시장의 수준에서 현실 공황을 분석할 수도 있는데, 그 개개의 추상 수준의 상위가 공황론의 전개 정도를 규정한다는 점을 인식하는 것이 중요하다. 즉 '가격=생산가격'을 전제하는 첫 번째 수준의 공황론은 추상적인 수준에서밖에 전개될 수 없고, 따라서 이 수준에서는 공황의 주요 형태인 상품의 과잉생산은 가능성 또는 추상적 필연성으로서밖에 분석되지 않는다.

과잉생산의 현실성은 두 번째 수준의 공황론에서 산업 순환과 수급 변동 그리고 시장가격의 변동을 구체적으로 분석함으로써 비로소 논증 가능하며, 세 번째 수준에서는 세계시장에서의 다양한 연관과 계기를 고려하면서 구체적 공황의 분석을 문제로 한다. 이러한 차이를 무시하고 예컨대 첫 번째 수준에서 공황론을 전개하면서 이를 두 번째 수준에서나 논증할 수 있는 과잉생산 같은 공황의 구체적 현상들과 직접 연관시키고자 한다면, 또는 과잉생산을 추상하고 있는 첫 번째 수준에서의 공황론의 의의를 간과하고 이로부터 바로 주기적으로 발생하는 과잉생산의 필연성을 부정하려 한다면, 이는 전형적으로 방법론적 오류를 범하게 되는 것이다. 앞에서 살펴본 공황론 논쟁의 착종과 가치법칙의 동태적 관철에 대한 몰이해도 기본적으로는 이러한 방법론적 문제에 대한 혼란에서 비롯된 것이다. 예컨대 재생산표식을 둘러싼 공황론 논쟁사는 전자의 대표적 오류라 한다면, 과잉생산 공황을 부정하는 이윤율 저하설은 후자의 대표적 오류라 할 수 있다.[43] 따라서 공

---

43 재생산표식은 자본의 일반적 분석 수준에서 사회적 총자본의 재생산과 유통의 연관을 규명한 것으로서, 이 분석 수준에서는 가치 실현과 부문 간 균형을 전제하고 있기 때문에 과잉생산을 논증할 수 없음에도 불구하고, 한편에서는 표식의 조작을 통해 과잉생산을 논증하려는 로자 룩셈부르크 같은 논자들과, 다른 한편에서는 표식의 조작으로써 생산과 소비의 모순을 부정하려는 투간 바라노프스키같은 논자들의 잘못된 논쟁이 있었다. 반면 이윤율 저하설은 자본의 일반적 분석에서 과잉생산이 추상되고 있다는 방법론적 한정을 이해하지 못하고, 이로부터 과잉생산 공황의 필연성을 부정하고 과잉생산을 단순히 공황의 결과로만 파악하는 결정적 오류를 범한다.

황론의 방법을 올바로 이해하기 위해서는 정치경제학 비판의 방법과 플랜 체계에 대한 올바른 이해가 전제되어야 한다.

1) 정치경제학 비판 플랜과 공황론의 방법

1850년대 경제학 연구를 통해 마르크스가 도달한 방법론은 『그룬트리세』의 "서설"과 정치경제학 비판 플랜에 반영되어있는데, 여기서 마르크스는 하향의 방법과 상향의 방법을 구별하고 후자가 과학적 방법이라 하였다. 다소 길지만, 인용할 필요가 있다.

"내가 그래서 인구로써 시작한다면, 그것은 전체에 대한 하나의 혼란스러운 표상일 것이고, 더욱 상세한 규정을 통해 나는 분석적으로 점점 더 단순한 개념에 다가갈 것이다. 구체적인 것의 표상으로부터 점점 더 엷은 추상적인 것으로 다가가 내가 가장 단순한 규정들에 도달할 때까지. 거기서부터 이제, 내가 최종적으로 다시 인구에 도달할 때까지 반대 방향으로 여행을 가야 하는데, 그러나 이제는 전체에 대한 하나의 혼란스러운 표상이 아니라 다수의 규정과 관계들의 풍부한 총체성으로서의 인구에 도달할 것이다. 전자의 길은 경제학이 그 성립 시기에 역사적으로 취한 길이다. 예컨대 17세기의 경제학자들은 항상 살아있는 전체, 즉 인구, 국민, 국가, 국가들 등등으로써 시작하였다. 그러나 그들은 언제나 분석을 통해 분업, 화폐, 가치 등 몇몇 규정적인, 추상적이고 일반적인 관계들을 찾아냄으로써 끝을 맺는다. 이 개별적 계기들이 다소간 고정되고 추상되면, 곧 노동, 분업, 필요, 교환가치 같은 단순한 것으로부터 국가, 국민 간의 교환 그리고 세계시장으로 상향하는 경제학 체계가 시작한다. 후자가 명백히 과학적으로 올바른 방법이다. 구체적인 것은, 여러 규정의 총괄이기 때문에 즉 다양한 것의 통일이기 때문에 구체적이다. 그래서 구체적인 것은, 그것이 현실의 출발점이며 따라서 또 직관과 표상의 출발점임에도 불구하고, 사고에 있어서는 총괄의 과정으로서, 결과로서 나타나고 출발점으로서 나타나지는 않는다. 전자의 길에서는 풍부한 내용을 지닌 표상이 추상적 규정으로 휘발되어버리는 반면, 후자의 길에서는 추상적 규정들이 사고의 과정에서 구체적인 것의 재생산으로 이어진다."(*Grundrisse*: 35).

즉 마르크스에 따르면, 인구, 국민, 국가, 국가들은 현실에서 경험하는 자본주의의 살아있는 전체를 표현하는 것이지만, 그러나 그것들로부터 경제학 연구를 시작한다면, 이는 전체에 대한 하나의 혼란스러운 표상에 빠질 뿐이므로 하향의 방법을 통해 노동, 분업, 필요, 교환가치 같은 추상적이고 일반적인 관계들을 분석해내고 이로부터 다시 국가, 국민 간의 교환과 세계시장으로 올라가는 상향의 방법이 필요하다. 이러한 방법의 적용 결과 비로소 국민들의 교환과 세계시장은 더 이상 전체에 대한 혼란스러운 표상으로서가 아니라 다수의 규정의 풍부한 총체성으로서, 다양한 것의 통일로서, 총괄의 과정으로서 출발점이 아닌 결과로서 나타난다. 이러한 상향의 방법은 임의적인 것이 아니라 분석의 대상인 객관적 자본주의 자체에 의해 규정되는 것이며, 정치경제학 비판 플랜은 다름 아닌 이 상향의 체계를 반영하고 있다.[44] 이렇게 정치경제학 비판의 대상과 방법 그리고 그 체계는 상호 규정적이고 하나의 통일체를 이룬다. 그 체계에서 "세계시장은 종결편을 이루는데, 거기서 생산은 총체성으로서 조정되고(gesetzt) 그 모든 계기 또한 그러하다."(Grundrisse: 154). 마르크스는 상향 과정의 종결편(또는 부)인 세계시장에서 현실 공황을 다루고자 하였다. 다수 규정의 풍부한 총체성으로서, 다양한 것의 통일로서, 총괄의 과정으로서 나타나는 세계시장 편에서 자본주의 경제의 모든 모순의 총괄과 폭력적 표출인 공황을 서술하겠다는 것은 자신의 방법론에 완전하게 부합하는 것이다.

그런데 자본주의 공황에서 종합되는 모순들은 정치경제학 비판 체계의 상향 과정에서 새로운 규정으로서 전개되고 또는 보다 추상적인 형태들이 보다 구체적인 형태들에서 전개되기 때문에, 세계시장 편에서 현실적 공황을 서술한다는 것은 공황으로 표출되는 모순들의 개개의 규정과 형태를 상향의 매개 단계에서 전개

---

44 왜 마르크스가 자본으로부터 토지 소유로, 토지 소유로부터 임노동으로 그리고 나아가 국가에 의한 총괄과 국제무역 및 세계시장으로 나아가는 것이 자본주의의 객관적 관계로부터 논리적으로 규정된 것으로 파악하는가에 대해서는 『그룬트리세』의 서설(Grundrisse: 19ff), Grundrisse(177-178, 201-202), MEW (29: 312)를 참조하라.

하고 해명하는 것을 전제하지 않으면 안 된다. 즉 "세계시장 공황은 부르주아 경제의 모든 모순의 현실적인 총괄과 폭력적인 균등화로 파악되어야 한다. 그러므로 이 공황에서 총괄되는 개개의 계기들은 부르주아 경제의 매개 분야에서 나타나며 또 거기에서 전개되어야 한다. 그리고 우리가 이 부르주아 경제에 파고들면 들수록, 한편에서는 이 모순의 새로운 규정들이 전개되어야 하고 다른 한편에서는 그것의 보다 추상적인 형태들이 그것의 보다 구체적인 형태들 속에서 반복되는 것으로서 또 거기에 포함된 것으로서 논증되어야 한다."(*Theorien* 2: 510-511). 이러한 방법에 근거하여 공황론은 이제 정치경제학 비판 체계의 상향의 과정에 대응하여 추상적인 수준으로부터 구체적인 현실 분석의 수준에 이르기까지 단계적으로 전개하지 않으면 안 된다.

정치경제학 비판 체계가 미완으로 남은 것처럼 마르크스의 공황론이 미완으로 남은 것은 이러한 이유 때문이다. 그럼에도 공황론의 방법에 관해 마르크스는 풍부한 서술을 주고 있는데, 특히 『잉여가치학설사』 제17장에는 방법론과 관련한 중요한 언급들을 볼 수 있다.[45] 물론 공황의 주제에 대해 가장 풍부한 서술들을 주

---

45 공황론의 방법에 관한 마르크스의 구상은 완성된 저작 『자본』보다는 그 초고들, 그중에서도 『잉여가치학설사』 제17장에서 더 잘 엿볼 수 있다. 『자본』이 현실 공황의 분석을 포함하지 않고 '자본의 일반적 분석'을 완결한 저작이라는 점에서 이는 당연한 것이다. 이 때문에 많은 논자가 『잉여가치학설사』 제17장에 나타난 마르크스의 공황론의 방법과 체계

고 있는 이 장에서 마르크스의 서술은 그렇게 체계적이라고 볼 수 없다. 무엇보다 축적론과 공황론 간에는 이론적 연관이 결여되어 있고(이는 기본적으로 경쟁론의 매개 문제로서, 현실 경쟁을 전면적으로 분석하지 않으면서 현실 공황의 문제를 다루는 한계를 반영한다), 또 자본 일반의 수준에 머무는 공황론의 서술도 비체계적이다. 이는 『잉여가치학설사』가 초고라는 성격뿐 아니라 마르크스가 거기서 공황론을 전개하고자 의도한 것도 아니기 때문에 어쩌면 당연한 것이다. 이하에서는 이러한 한계를 감안하면서도 특히 방법론에 관한 서술들을 재구성함으로써 공황론의 방법과 체계에 관한 마르크스의 구상을 명확히 하고자 한다. 이때 결정적으로 중요한 지점은 자본 일반 또는 자본의 일반적 분석 수준에서 전개하는 공황론과, 현실 경쟁의 수준에서 전개하는 공황론의 분석 수준에서의 차이를 인식하고, 전자로부터 후자로 공황론을 일층 전개하는 이론적 과제를 올바로 파악하는 데 있다.[46]

에 주목하였는데, 야오 노부미츠八尾信光 또한 이 장의 재구성 또는 재해석을 통해 정치경제학 비판 체계에 대응하는 공황론 체계의 전개 방법을 새롭게 정립하고자 하였다. 이하의 본문 서술과도 상당 부분 부합되는 그의 견해와 관련 쟁점에 대해서는 八尾信光(1998: 제1-2장) 참조.

46 『잉여가치학설사』에서 마르크스는 원래의 구조 개념인 자본 일반의 수준을 넘어 후의 자본의 일반적 분석에 들어간 영역들을 포괄하면서도 여전히 이를 자본 일반의 수준임을 주장하여 『잉여가치학설사』에서의 작업은 앞서도 말한 바처럼 플랜 논쟁의 하나의 핵심 쟁점을 이루는 것이었다. 이런 변화를 감안하면 현실 경쟁을 추상한 분석 수준은 (확대된) 자본 일반의 수준 또는 자본의 일반적 분석의 수준이라고 표현해야 한다. 엄격하게 말하면,

마르크스는 상향의 과정에서 공황의 계기들이 구체적으로 전개된다고 하고 있으므로, 자본 일반 또는 자본의 일반적 분석 수준에서도 그 수준에 조응하는 공황의 조건들은 분석될 수 있다. 특히 공황이 자본주의 생산의 내적 조건과 그 운동 법칙으로부터 전개되는 것이라면, 바로 이 자본 일반 또는 자본의 일반적 분석의 틀 내에서 공황의 일반적 조건들이 규명되어야 한다. 즉 "공황의 **일반적 조건들**은, 그것들이 가치의 변동과 구별되는 **가격의 변동**(이 가격의 변동이 신용과 관련되어 있건 말건)과 관계없는 한, 자본주의 생산의 일반적 조건으로부터 설명하여야 한다." (*Theorien* 2: 515-516). 자본 일반 또는 자본의 일반적 분석 수준의 공황론이란 (현실) 경쟁과 신용을 추상하고 그럼으로써 수요와 공급의 균형을 전제하고 상품은 그 가치대로 (또는 생산가격대로) 교환된다고 가정한 위에서 전개하는 공황론을 의미한다. 다시 말하면, "우리는 여기서 단지 자본이 그 발전의 각이한 단계들에서 거쳐 가는 형태들만을 고찰하여야 한다. 따라서 그 내부에서 현실적 생산과정이 진행되는 그 실제적 관계들은 전개되지 않는다. 언

경쟁은 경쟁 일반과 현실 경쟁의 수준으로 구별할 수 있으므로, 자본 일반에서는 경쟁 자체(경쟁 일반과 현실 경쟁)가 추상되고 (확대된) 자본 일반 또는 자본의 일반적 분석에서는 현실 경쟁이 추상된다. 그러나 이하에서는 이런 차이를 명시적으로 언급하지 않을 것이다. 따라서 『잉여가치학설사』의 공황론에서 '가치=시장가격'을 전제한 자본 일반에 대해 서술한 것은, 특별한 언급이 없는 한, '생산가격=시장가격'을 전제한 자본의 일반적 분석에 대해서도 그대로 적용된다고 할 수 있다.

제나 상품은 그 가치대로 판매되는 것으로 가정한다. 자본들의 경쟁은 신용 제도와 마찬가지로 고찰하지 않으며, … 사회의 현실적 구성도 고찰하지 않는다."(*Theorien* 2: 493). 그러므로 이 수준의 공황론에서는 상품이 판매되지 않는 과잉생산은 전개될 수 없다. 왜냐하면 수요와 공급의 불균형과 과잉생산 공황은 현실 경쟁을 통해서만 분석될 수 있기 때문이다. 그래서 마르크스는 다음처럼 말한다. "마찬가지로 우리는 생산된 상품량을 판매할 수 없는 경우인 공황 등도 고찰하지 않는다. 이것은 경쟁 편에 속한다. 우리는 여기서 단지 각이한 운동 단계에 있는 자본의 형태들만을 연구해야 하는데, 그 경우 상품은 언제나 그 가치대로 판매된다고 가정한다."(*Theorien* 2: 485). 또는 "나아가 리카도의 논의와 기타 이와 유사한 논의들의 배후에는 물론 **구매와 판매**의 관계뿐만 아니라 또한 **수요와 공급**의 관계도 놓여 있는데, 우리는 이것을 자본들의 경쟁을 고찰할 때에야 비로소 전개해야 한다."(*Theorien* 2: 505).

오해를 피하고자 덧붙인다면, 마르크스의 공황론의 방법에 관한 이상의 설명은, 현실 경쟁과 신용을 추상하고 재생산의 균형을 상정한 자본 일반 또는 자본의 일반적 분석의 수준에서는 그 수준에 조응하는 공황론을 전개하고 이를 넘어가는 현실 경쟁의 수준에서는 그에 조응하는 또 다른 공황론을 전개한다는 의미로 이해해서는 안 된다. 이런 의미로 해석한다면, 결국 『자본』에서는 이윤율의 경향적 저하법칙으로 공황론을 전개하고『자본』을 넘어서는 현실 경쟁의 수준에서는 과잉생산 공황론을 전개한다는 절충론적 공황론으로 귀결될 것이기 때문이다. 마르크스의 상향 방법에 따른 공황론의 전개란 자본 일반 또는 자본의 일반적 분석 수준에서 전개된 추상적 공황론(재생산의 균형을 상정한)을 현실 경쟁론을 매개로 하여 과잉생산 공황의 전개로 구체화하는 것을 의미한다. 마르크스의 방법에 있어 공황론은 이렇게 자본 일반 또는 자본의 일반적 분석과 현실 경쟁이라는 상향의 상이한 추상 수준에서 과잉생산 공황론이라는 단일한 이론의 전개로 나타난다. 이 때문에 자본 일반 또는 자본의 일반적 분석의 수준에서 과잉생산 공황론은 과잉생산 공황으로의 필연적인 경향만을 서술할 뿐이며, 현실의 과잉생산 공황으로의 발전은 서술하지 못한다. 이는 현실 경쟁론의 수준에서 비로소 서술될 수 있다.

다시 말하지만, 현실 경쟁과 신용을 추상하여 수요와 공급의 균형을 전제하고 가치대로 또는 생산가격대로의 교환을 가정해서 공황론을 전개한다는 것은, 자본 일반 또는 자본의 일반적 분석의 추상 수준에서 그러하다는 것이지, 현실의 공황이 수요와 공급의 균형 위에서 발생하고 따라서 상품이 판매되지 못하는 과잉생산이란 형태가 현실적으로 일어나지 않는다는 것을 말하지는 않는다. 오히려 자본 일반 또는 자본의 일반적 분석의 수준에서 전개된 공황론은 현실 경쟁에 매개되어 보다 구체적인 형태에서 일층 전개되는데, 이렇게 현실 경쟁과 수요·공급의 변화 및 시장가격의 변동 속에서 비로소 과잉생산의 누적과 폭발을 논할 수 있게 된다. 그 누적과 폭발 메커니즘에 대한 분석은 현실 경쟁론 수준의 공황론의 고유한 분석 대상을 이룬다. 현실 경쟁의 수준에서 공황론을 전개한다는 것은 자본 일반 또는 자본의 일반적 분석의 수준에서 전개한 공황론을 일층 구체화하는 것이지만, 그 것은 단순하게 현실 경쟁의 이름하에서 후자의 공황론을 반복해 서술하는 것은 아니다. 왜냐하면 자본 일반 또는 자본의 일반적 분석에서 상정한 '가치=가격'(또는 '생산가격=가격')의 균형은 현실 경쟁에서 일시적이고 부분적인 불균형 속에서 그대로 관철되는 것이 아니라, 오히려 불균형이 순환적으로 누적되고 과잉생산이 발전하는 전도된 현상 속에서 그리고 결국에는 공황이라는 폭력적인 형태를 통해서 관철되기 때문이다. 자본 일반 또는 자본의 일반적 분석에서 상정한 '가치=가격'(또는 '생산가격=가격')의 균형은 산업 순환과 공황을 통해 경향적으로만 관철하는 관계이며, 그 분석 수준에서는 현실 경쟁과 산업 순환에서 나타나는 불균형화와 과잉생산 공황을 추상하게 된다. 이 지점이 다름 아닌 자본 일반 또는 자본의 일반적 분석의 수준에서 공황론을 전개하는 경계를 이룬다. 다시 마르크스를 인용하면, "공황이 **상품의 가치 변동**과 일치하지 않는 **가격의 변동**과 **가격혁명**으로부터 일어나는 한, 상품의 **가치와 동일한** 가격을 전제하는 자본 일반의 고찰에서는 당연히 그것을 전개할 수 없다."(*Theorien* 2: 515). 즉 "…현실적 공황은 단지 자본주의적 생산의 현실적 운동, 경쟁, 그리고 신용으로부터만 서술할 수 있다.…"(*Theorien* 2: 513).

2) (확대된) 자본 일반 또는
자본의 일반적 분석과 공황론의 체계

그러면 (확대된) 자본 일반 또는 자본의 일반적 분석의 수준에서 공황론은 어떻게 전개되며 또 어떠한 구성을 갖는가? 이 문제는 『자본』에서 공황론을 어떻게, 어느 수준으로(까지) 전개하는가 하는 문제와 관련되는 것이다. 주지하다시피 공황론 논쟁은 흔히 『자본』에 근거해서 전개되고 있기 때문에 이는 논쟁의 핵심 문제라 할 수 있다. 그러나 앞서 말한 바처럼, 정치경제학 비판 플랜과 공황론의 방법에 관한 올바른 이해 없이는 『자본』에서의 공황론의 수준을 제대로 논할 수 없다. 공황론 논쟁이 착종과 혼란으로 반복되었던 것도 이 때문이었다. 이하의 논의에서는 무엇보다 이 점을 유의해야 한다.[47]

---

47 마르크스의 공황론 체계와 관련하여 일본의 대표적인 과잉생산 공황론자인 도미즈카 료조富塚良三의 공황론 체계 구상을 여기서 일별하는 것도 도움이 될 것이다.(정확하게 말하면 그는 과잉생산 공황론의 관점에서 과잉생산 공황론과 과잉자본 공황론의 종합을 도모하였다.) 富塚良三·吉原泰助(1997: 13이하) 참조.

『잉여가치학설사』의 해당 장에서 마르크스는 자본 일반 수준에서의 공황론의 체계에 대해서도 분명하게 언급하고 있다. 우선 자본주의 공황은 상품생산에 내재한 고유한 모순, 즉 화폐에 의해 매개되는 상품유통 그 자체로부터 발생할 수 있다. 즉, 화폐의 매개에 의한 판매와 구매의 시간적·공간적 분리에 전반적 과잉생산

〈마르크스의 공황론 체계〉

I.   (1) 상품유통에서 상호 불가분의 계기인 판매와 구매가 분리될 수 있음으로 해서 나타나는 일반적, 추상적 공황의 가능성: 『자본』 제1부 제1편 제3장 화폐 또는 상품유통 제2절 유통수단 (a) 상품의 자태 변환
     (2) 지불수단으로서의 화폐 기능에 의한 화폐 공황의 가능성: 제3장 제3절 화폐 (b) 지불수단

II. 단순한 상품 및 화폐유통하에서의 공황의 가능성 또는 형태가 자본의 유통 및 재생산하에서 내용규정을 확대하고 자신을 시현할 수 있는 기초를 얻는 것으로서 '발전된 공황의 가능성' 또는 '잠재적 공황의 내용 규정 확대': 『자본』 제2부 자본의 유통과정, 특히 제3편 사회적 총자본의 재생산과 유통

III. 공황의 가능성을 현실성으로 전화시키는 공황의 내적 필연성의 해명: 『자본』 제3부 제3편 이윤율의 경향적 저하법칙 제15장 내적 모순들의 전개 및 그 보족으로서 제5편 이자와 기업가 이득으로의 이윤의 분할, 이자 낳는 자본, 제27장 자본주의적 생산에서의 신용의 역할, 제28장 유통수단과 자본, 투크와 풀라톤의 견해, 특히 제30-32장 화폐자본과 현실자본에서 현실 자본의 과잉과 화폐대부자본의 부족, 이윤율의 저락과 이자율의 상승이라는 상호 배반적인 운동의 해명

IV. 이상 자본의 일반적 분석의 틀 내에서의 공황의 가능성, 발전된 공황의 가능성, 공황의 필연성의 해명에 대해 경쟁 및 신용의 보다 구체적인 논리 차원하에서 산업 순환의 주기적 과정을 해명

V.   세계시장과 공황

위 체계와 관련하여 도미즈카 료조는 특히 이상적 평균을 상정하는 자본의 일반적 분석(『자본』의 체계)은 주기적 산업 순환론 및 후반 3부를 매듭지을 세계시장 공황론을 포함하지 않는다고 말한다.(富塚良三, 1997: 13).

공황의 가능성이 내재해있다. 나아가 지불수단으로서의 화폐의 기능으로부터 과잉생산 공황의 또 다른 가능성이 나타난다. "그리하여 다음과 같이 말할 수 있다. 즉 첫째 형태의 공황은 상품의 자태 변화 그 자체, 즉 구매와 판매의 분리이다. 둘째 형태의 공황은 지불수단으로서의 화폐의 기능과 관련되어 있는데, 여기서 화폐는 상이한, 서로 분리된 두 시기에 상이한 두 기능을 통해 나타난다. 첫째 형태보다 둘째 형태가 보다 더 구체적이지만, 이 두 개의 형태는 아직 상당히 추상적이다."(*Theorien* 2: 511). 이 형태들은 전반적 과잉생산 공황의 가능성을 보여주며 공황이 발현되는 형태이지만, 그렇다고 공황의 원인, 즉 내용 규정을 말하고 있지는 않다. 마르크스는 여러 곳에서 이 점을 지적하고 있다. "그러나 이것 또한 단순한 **형태들**, 즉 공황의 일반적 가능성에 불과하며, 따라서 현실적인 공황의 형태들, 추상적 형태들이다."(*Theorien* 2: 512-513). 부연 설명한다면, "따라서 **공황의 가장 추상적인 형태**, 따라서 또 공황의 형식적 가능성은 **상품의 자태 변화** 그 자체이며, 이 자태 변화에는 상품의 통일 속에 내포된, 교환가치와 사용가치의 모순, 나아가 화폐와 상품의 모순이 단지 전개된 운동으로서 포함되어있다. 그러나 무엇이 공황의 이 가능성을 공황으로 만드는가는 이 형태 자체 내에 포함되어있지 않다. 여기에는 다만 공황을 위한 **형태**가 존재한다는 것만이 포함되어있다."(*Theorien* 2: 510).

자본주의 공황은 단순한 상품생산(W-G-W′)이 아니라 자본주의적 상품생산(G-W-G′)을 고찰할 때 비로소 그 내용 규정을 받는다. 공황의 추상적 형태들은 자본의 운동하에서 "비로소 하나의 내용을, 즉 이들 형태가 자신을 표명할 수 있는 하나의 기초를 얻는다." 판매와 구매의 분리는 자본의 운동하에서는 다음처럼 나타난다. 즉 "일방의 자본의 상품 형태로부터 화폐 형태로의 전화에는 다른 자본의 화폐 형태로부터 상품 형태로의 재전화가, 일방의 자본의 첫 번째 자태 변화는 다른 자본의 두 번째 자태 변화에, 일방의 자본의 생산과정으로부터의 이탈은 다른 자본의 생산과정으로의 복귀에 대응해야 한다. 여러 자본의 재생산과정 또는 유통 과정의 이러한 상호 연결은 한편에서는 분업에 의해 필연적이고 다른 편에서는 우연적이며, 그래서 공황의 내용 규정은 이미 확대하고 있다."(*Theorien* 2: 511).[48] 여기서 자기 증식하는 가치로서 자본의 운동은 생산과정과 유통 과정의 통일로서 나타나며, 이 분리와 통일 속에 공황의 **가능성**이 발전한다. "상품의 **단순한 자태 변화**에서 나타났던 공황의 가능성이 (직접적인) 생산과정과 유통 과정의 상호 분리를 통해 다시 그리고 더 일층 전개된다. 이

48　또한 지불수단으로서의 화폐 기능으로부터 발생하는 공황의 가능성도 자본주의 생산하에서 지불 과정의 연쇄와 결제의 인위적 체제가 발달함으로써 "자본에서 이미 이 가능성의 현실화를 위한 훨씬 더 실제적인 기초가 나타난다."(*Theorien* 2: 511).

과정들이 순조롭게 서로 이행하지 않고 서로에 대립하여 자립화하자마자 공황이 발생한다."(*Theorien* 2: 508). 즉, 자본주의 상품 생산에서 자본은 상품과 화폐의 형태를 교대로 취하면서 운동하므로, 상품과 화폐의 모순들이 여기서 그대로 재현될 뿐 아니라 자본의 운동에 의해 규정되어 그 유통 관계는 전면화되며, 이에 따라 과잉생산 공황의 가능성은 일층 풍부하게 발전한다. 다시 말하면, "사실상 자본의 기초 위에서만 발전한 상품유통과 화폐유통이 일어나기 때문에 상품유통과 더 나아가서는 화폐유통에서 발전한 모순들은, 따라서 공황의 가능성은 그 자체로 자본에서 재생산된다. 그러나 이제 문제는, 상품과 화폐로서의 자본의 단순한 정재에는 포함되어있지 않고 자본으로서의 자본에 **고유한**, 자본의 형태 규정들로부터 나오는 한에서의 잠재적 공황의 가일층의 발전을 뒤따라 연구하는 것이다.…"(*Theorien* 2: 513).

이어서 마르크스는 자본으로서의 자본에 고유한 자본의 형태 규정들로부터 발전하는 공황의 가능성을 어떻게 따라가면서 연구해야 하는가에 대해 상당히 체계적이고 명확한 서술을 주고 있다. 다소 길지만 인용하도록 한다.

"자본의 단순한 (직접적인) **생산과정**은 그 자체로는 여기서 새로운 어떤 것도 첨가할 수 없다. 자본의 생산과정이 도대체 존재하기 위해서는 그것의 조건들이 전제된다. 그러므로 자본에 관한 제1편, **직접적인** 생산과정에 관한 편에서는 공황의 어떤 새로운 요소도 첨가되지 않는다. 생산과정은 잉여가치의 영유 따라서 그 생산이기 때문에, 공황의 요소는 **그 자체** 생산과정에 포함되어 있다. 그러나 생산과정 자체에서 이것은 나타날 수 없는데, 왜냐하면 생산과정 자체에서는 재생산된 가치뿐만 아니라 또한 잉여가치의 **실현**이 아직 논의되지 않기 때문이다.

그 사태는 그 자체가 동시에 **재생산과정**인 **유통 과정**에서 비로소 나타날 수 있다.

더 나아가 여기서 다음의 사항을 지적하여야 한다. 즉 우리는 자본이 어떻게 생산하는가 뿐만 아니라 또한 자본이 어떻게 생산되는가 하는 것도 서술해야 하기 때문에 완료된 자본, 다시 말해 **자본과 이윤**을 서술하기 전에 유통 과정이나 재생산과정을 서술해야 한다. 그러나 현실적인 운동은 이미 존재하는 자본으로부터 나온다. 여기서 현실적인 운동이란 그 자체로부터 시작하고 그 자체를 전제하는 발전한 자본주의적 생산에 기초한 운동을 말한다. 그러므로 재생산과정과, 이 재생산과정에서 가일층 발전하는 공황의 토대는 이 표제 자체에서는 〔재생산과정에 관한 편에서는: 인용자〕 단지 불완전하게만 서술되며, **자본과 이윤**의 장에서 보완되어야 한다.

자본의 총유통 과정 또는 총재생산과정은 자본의 생산 국면과 유통 국면의 통일이며, 자신의 국면들로서 두 개의 과정을 지나가는 과정이다. 여기에 가일층 발전한 공황의 가능성 또는 그 추상적 형태가 있다."(*Theorien* 2: 513-514).

마르크스가 구상한 이 공황론 체계에서는 두 가지 중요한 사항을 확인할 수 있다. 첫째는, 공황 가능성의 발전을 전개함에 있어 그 핵심적 문제는 잉여가치의 생산이 아니라 그 실현의 문제라는 점이다. 즉 공황에 있어 문제는 상품이 주기적으로 과잉생산되어 그 잉여가치가 실현되지 못한다는 것이며, 공황론은 그 가능성이 자본의 재생산과정과 총재생산과정에서 어떻게 점점 더 발전하여 현실성으로 전화하는가를 따라가는 방식으로 구성된다는 것이다.[49] 이는 상투적으로 유통 과정에 대한 생산과정의 우위를 주장

---

49 이러한 관점에 대한 마르크스의 서술은 너무도 명료하다. 또 다른 서술을 인용한다면, "자본의 관점에서 **과잉생산**이 가능하고 또 필연적인가 하는 논쟁 일체는 생산에서의 자본의 가치 증식 과정이 직접 유통에서의 가치 증식을 설정하는가, **생산과정**에서 설정된 가치 증식이 그것의 **진정한** 가치 증식인가 하는 것을 중심으로 한다."(*Grundrisse*: 324). 마르크스는 이렇게 주기적 공황을 전반적 과잉생산 공황으로 이해하고 자본축적에 의한 생산과 소비의 대립적 발전과 모순에 과잉생산 공황의 원인이 있다고 파악한다. 주기적 공황에 관한 마르크스의 이러한 입장은 『자본』에서도 그대로 유지된다. 다만 『자본』에서는 과잉생산의 문제를 추상하는 이념적 평균에서의 서술이 초고들에서보다는 완성된 형태로 나타나기 때문에, 『잉여가치학설사』나 『그룬트리세』에서보다는 상대적으로 과잉생산 공황의 문제가 부각되어있지 않다. Itoh가 마르크스의 공황 이론의 형성사를 분석하면서 마르크스의 공황론이 『그룬트리세』와 특히 『잉여가치학설사』에서는 상품 과잉 공황론의 요소들을 많이 가지고 있었다가 『자본』에서는 여전히 그 잔재가 남아있기는 하지만 기본적으로 공황론의 입장을 자본 과잉 공황론으로 정정하였다고 결론지은 것은, 아마도 이런 사정 때문일 것이다. Itoh(1988: 제4장) 참조. 이런 결론은 연구 과정에서의 서술이 아직 많이 남아 있는 초고들의 성격과, 이를 자본의 일반적 분석의 수준에서 체계적으로 서술하는 『자본』의 성격 간의 차이를 이해하지 못한 데서 나온 잘못된 것이다. 이렇게 보면, 이윤율 저하설의 논자들이 왜 마르크스 공황론의 전거를 주로 『자본』에서 찾는지, 또 『자본』이 그 이전의 초고들에 비해 완성도가 높은 저작임에도 불구하고 이런 시도가 왜 오류인지를 비로소

하며 유통 과정의 실현의 모순과 과잉생산은 생산과정에서의 잉여가치 착취상의 위기의 결과일 뿐이라고 주장하는 이윤율 저하설을 마르크스가 정면에서 반박하는 것이라고 할 수 있다. 공황의 잠재적 요소는 마르크스도 말하는 바처럼 자본의 생산과정에 이미 포함되어 있지만, 생산과정 자체에서는 공황의 새로운 요소가 하나도 첨가되지 않는다. 왜냐하면 공황은 유통 과정의 문제, 실현의 문제이기 때문이다. 더구나 공황의 문제는 생산과정의 단순한 반영 또는 결과가 아니라 생산과정에 대한 유통 과정의 궁극적인 종속에도 불구하고 생산과정에 대한 유통 과정의 자립화의 진전과, 그 폭발을 통한 생산과정과 유통 과정의 통일의 회복이라는 관점에서 접근해야 할 것이다.[50] 둘째로, 공황론의 체계는 여기서 생산과정-재생산과정(유통 과정)-총재생산과정(총유통 과정)을 따라 구성되며, 특히 총유통 과정(자본과 이윤)에서 총괄된다는 것이다. 이는 자본 일반이 원래 이 3개의 장으로 구성된다는 점에

이해할 수 있다.

50 이와 관련해 오카 미노루岡稔의 다음 비판이 적절하다고 생각한다. "유통 과정의 현상이 모두 잠재적으로는 이미 생산과정에서 일어난다는 것은 일반적으로 사실이다. 그러나 이것은 유통 과정의 문제를 전부 생산과정의 문제로서 취급해야 함을 의미하지는 않는다. 공황이란 현상이 이미 생산과정에서 일어난 것이 유통 과정에서 표면화한 것이라는 점은 올바르지만, 그러나 그것은 실현될 수 없는 그러한 잉여가치가 생산되었다는 점에 이미 공황 발생의 원천이 있다는 것이지 실현되지 않는 잉여가치는 실제로 생산되지도 않았다고 하는 것은 아니다."(岡稔, 1983: 122-123).

서 특별히 새로운 것도 아니며, 『자본』에서 이 구성은 주지하다시피 전 3권의 체계, 특히 '제1권 제7편 축적론-제2권 제3편 재생산론-제3권 제3편 이윤율의 경향적 저하 법칙'의 축적론 체계에 반영되어있다. 마르크스는 여기서 공황의 문제를 유통 과정의 실현 문제로 파악하고, 재생산과정 또는 재생산론에서 분석되는 가치와 잉여가치 실현의 복잡한 연관 관계로부터 일층의 공황 가능성의 발전을 논한 후, 이 과정을 '완료된' 자본의 관점에서, 즉 총유통 과정에서 이윤 개념으로 총괄한다는 방식으로 공황론의 체계를 구상하고 있다. 이런 체계는 마치 재생산론에서 실현의 문제가 있더라도 이윤율의 경향적 저하 법칙에서 공황을 총괄한다는 것처럼 해석되어 마르크스의 공황론은 과잉생산 공황이 아니라 이윤율 저하 공황이라고 주장하거나 또는 기껏해야 실현 공황을 이윤율 저하 공황으로 종합하려는 절충론적 공황론을 주장하는 논거처럼 보인다. 그러나 이러한 해석은 (확대된) 자본 일반 또는 자본의 일반적 분석의 수준에서의 공황론 전개의 의미를 잘못 이해한 결과라 할 수 있다. (확대된) 자본 일반 또는 자본의 일반적 분석의 수준에서의 축적론은 현실 경쟁의 매개를 거치지 않고서는 직접 현실 공황의 설명에 적용할 수 없다는 것, 이것이 문제의 핵심이다. 따라서 이윤율의 경향적 저하 법칙에서 공황을 총괄한다 하더라도 그것을 어떻게 총괄하는가가 공황론의 핵심 문제다.

4.

현실 경쟁론과
산업 순환론으로서의 공황론

이제 마지막으로 이 문제를 보다 상론하도록 하자. 유통 과정에서의 실현 문제가 이윤 개념으로 총괄되어야 한다는 것은 공황론의 전개에 있어 의문의 여지가 없는 올바른 수순인데, 문제는 이렇게 총괄하는 분석 수준이 어느 수준인가에 따라 그 총괄의 방식과 의미가 달라진다는 것이다. 이윤율 저하 공황론만 총유통 과정에서 이윤 개념으로 총괄하는 게 아니라 과잉생산 공황론도 이윤 개념으로 과잉생산을 총괄한다. 이윤율 저하 공황론은 이를 다음과 같이 이해한다. 먼저 생산과정에서는 실현과 공황의 문제에 어떤 새로운 요소도 추가하지 않는다는 것은 단순하게 생산과정에서는 잉여가치가 생산되었을 뿐이고 그것의 이윤으로의 실현은 아직 문제가 되지 않는다는 의미일 뿐이다. 잉여가치의 이윤으로의 실현은 유통 과정의 문제이며, 더욱이 이윤 또는 평균이윤이라는 범주 자체는 총유통 과정에 대응하는 것이다.(오해를 피하기 위해 첨언한다면, 이윤이란 범주는 유통 과정의 종결점이자 총유통 과정의 출발점이다.) 생산된 잉여가치가 이윤 또는 평균이윤으로 실현되는 총유통 과정에서 그대로 이윤으로 실현되든가 또는 평균이윤으로 실현된다면(즉 이윤으로 총괄된다), 이 경우 잉여가치를 그대로 실현한 이윤 수준의 총자본에 대비한 비율, 즉 이윤율(가치 이윤율, 가치 관계가 가격 관계로 그대로 실현될 경우의 이윤율)의 수준 여하가 자본축적의 계속 여하를 결정하게 된다. 만약 이것이 낮은 수준의 이윤율이어서 축적을 계속할 정도의 유인을 가져오지 못한다면, 이는 자본의 위기이고 축적의 둔화와 공황을 가져올 것이다.(이윤율 저하를 상쇄하는 요인들을 고려해서 공황론을 구성한다 하더라도 이런 설명이 달라지는 것은 아니다.) 이 경우 공황은 유통 과정에서 잉여가치의 이윤으로의 실현 곤란 때문에 비롯된 것이 아니라 생산과정에서 충분한 잉여가치가 생산되지 못했기 때문에 발생한다. 여기서 생산과정에 공황의 새로운 요소가 없다는 위의 문장은 생산과정에서 충분한 잉여가치가 생산되지 못한 것이 공황의 원인이지만, 아직 유통 과정과 총유통 과정에서 이윤으로 실현되어 낮은 이윤율로 나타나지 않았기 때문에, 생산과정에서는 이것이 아직 공황의 요소가 아니었다는 의미가 된다. 이런 해석은 이윤율의 경향적 저하 법칙으로써 공황을 설명하는 이론을 기초한다. 여기서는 축적 과정에서 끊임없이 유통 부문의 교란이 있지만, 이는 가격기구에 의해 끊임없이 정정되기 때문에 가치·생산가격 관계는 시장가격 관계와 등치 된다고 상정하고 있다.

과잉생산 공황론은 이와 다르게 설명한다. 만약 유통 과정과 총유통 과정에서 가치와 잉여가치의 실현이 가치 관계를 그대로 반영하는 것이 아니라 왜곡과 자립화가 진행된다면(즉 유통부문의 끊임없는 일시적 교란이 정정되지 않고 오히려 불균형이 누적되어서 '가치·생산가격≠시장가격'의 상황이 전개된다면), 충분한 잉여가치가 생산되었음에도 불구하고(즉 가치 이윤율이 위기가 아님에도 불구하고) 수요 부족이나 과잉생산으로 인해 상품 가치가 그대로 실현되지 못해 낮은 이윤(율)을 가져오거나 또는 반대로 잉여가치는 충분하게 생산되지 못했지만(가치 이윤율이 위기임에도 불구하고) 초과 수요나 과소 생산으로 인해 높은 이윤(율)을 실현할 수도 있다. 여기서 실현된 이윤(율)은 앞서와 마찬가지로 잉여가치의 생산과 실현의 통일, 생산과정과 유통 과정의 통일로서 총유통 과정에서 파악된 범주이지만, 그러나 이 이윤(율)은 이윤율 저하 법칙 자체에서 파악된 가치 이윤율이 아닌 시장가격 이윤율(수급 관계 여하에 따라 가치 관계로부터 가격 관계가 이탈하고 괴리하는 경우 시장가격으로 산정한 이윤율)이라는 점에서 앞의 해석과 다르다. 이 이윤율이 하락해서 축적의 위기, 공황을 야기한다면, 즉 충분한 잉여가치가 생산되었지만 과잉생산으로 그 잉여가치가 그대로 실현되지 못했다면, 이는 생산과정에서 비롯된 위기가 아니라 유통 과정에서의 실현 문제에서 비롯된 것이라 하지 않을 수 없다. 또는 유통 과정의 문제는 잠재적으로 생산과정의 문제이므로 여기서도 공황이 생산과정의 문제라고 강변한다면, 그것은 岡稔(1983)이 말한 바처럼 실현될 수 없는 잉여가치가 생산과정에서 너무 많이 생산되었기 때문이라고 말할 수 있다.

앞서도 말한 바처럼 『잉여가치학설사』에서 마르크스가 구상한 자본 일반에서의 공황론 체계나 『자본』의 이념적 평균에서의 축적론 체계는 '가치·생산가격=시장가격'을 상정하는 것이다. 거기서는 가치로부터 가격의 일상적인 괴리나 경기변동에 따른 순환적인 괴리를 추상하여 자본주의의 운동 법칙이 서술되고 있다. 이렇게 이념적 평균의 추상 수준이라 함은 자본주의의 일상적 운동이나 순환적 운동이 아닌 장기적 경향을 서술하는 수준을 말한다. 그렇다면, '가치·생산가격=시장가격'의 관계를 상정하고 생산된 잉여가치가 그대로 실현되는 경우의 가치 이윤율이 하락하는 문제(즉 이윤율의 경향적 저하 법칙)는 자본주의의 경향적 위기 또는 장기적 위기를 말하는 것으로서 이를 직접 산업 순환과 주기적 공황을 설명하는 데 적용하는 것은 오류라 하지 않을 수 없다.[51] 마르크스가 자본 일반의 수준에서 공황론의 체계를 구상하

---

51 이와 관련해서 이윤율의 경향적 저하 법칙에서 문제가 되는 이윤율이 일반적 이윤율이라는 점도 지적할 필요가 있다. 일반적 이윤율은 생산가격의 형성을 가져오는 개념인데, 생산가격은 자본의 관점에서 자본주의의 재생산을 균형시키는 개념이므로, 여기에는 부문 간 수급 균형이 상정되어있다. 즉, 산업 순환과 공황에서 문제가 되는 순환 국면에서의 수급의 변화와, 가치와 생산가격으로부터 시장가격의 순환적 괴리 같은 현상들은 이 개념에서는 추상되어 있다. 그러므로 이 개념의 이윤율로써 산업 순환과 공황에서의 현실 이윤율을 설명하려 한다는 것은 원천적으로 잘못된 시도일 수밖에 없다. 이윤율 저하설을 논하는 대부분의 논자는 이 중요한 문제에 대해 인식조차 하지 못한다. 이윤율의 경향적 저하 법칙에서 논하는 일반적 이윤율의 경향적 저하와, 산업 순환 및 주기적 공황에서 문제가 되는 시장가격 이윤율의 순환적 운동 간의 개념적 구별과 그 의의에 대해서는 특히 高木 彰(1986: 307-316), 種瀬茂(1986)을 참조하기 바란다.

면서 자본과 이윤이라는 총유통 과정에서 총괄, 보완해야 한다고 서술한 문장은 이렇게 한정적인 의미로 이해하여야 하지, 이윤율의 경향적 저하 법칙으로 현실 공황을 총괄한다는 의미이어서는 안 된다. 여기서의 공황론 체계는 이렇게 한정된 체계로 남아있다. "그 때문에 '표식' 분석에서 보인 '불균등 발전'의 경쟁 과정에서의 발현인 '일반적 이윤율의 경향적 저하'의 과정도 불균형적인 경과를 관통해서 관철하는 장기적 경향으로서 이른바 이상적 평균의 장기적 경과를 보인다고 할 수 있다. 이 장기적 경향 자체로부터 직접 자본에 의한 생산의 제한을 나타낼 수는 없다. 그 모순은 보다 더 전개해서 나타내야 한다. 『자본론』 제3부 제3편 제15장이 이 해명을 언급하고 있다. … 그러나 그것은 내적 모순의 전개를 언급하고 있다고는 해도 자본에 의한 무제한적 생산의 확장이 어떻게 해서 과잉을 생산할 수 있는가를 나타내지는 않는다. 그것은 '내적 구조'의 평균적 양상을 분석하고 있는 제3부에서는 직접적 대상이 될 수 없다."(種瀬茂, 1986: 85-86). 이 분석 수준에서의 공황 서술은 자본과 이윤을 고려하지만 '가치=시장가격'의 관계를 상정하고 있기 때문에 공황론의 고유한 주제인 현실 경쟁과 과잉생산을 논할 수 없고, 그러한 한에서 불완전할 수밖에 없는 것이다.(이는 『자본』의 이념적 평균 수준의 서술, 말하자면 이념적 평균에서의 공황론에 한정되어 있다는 말이다.) 따라서 공황론은 이로부터 더 나아가 과잉생산과 '가치·생산가격≠시장가격' 하에서의 현실적 이윤을 파악하는 경쟁론의 매개를 거쳐 일층 전개하지 않으면 안된다. "…현실적 공황은 단지 자본주의적 생산의 현실적 운동, 경쟁, 그리고 신용으로부터만 서술할 수 있다.…"(*Theorien* 2: 513).[52]

이윤율의 경향적 저하 법칙을 현실 공황과 연관시키기 위해서는 이와 같은 경쟁론의 매개가 필요하다.[53] 이렇게 현실 경쟁과 수급 변화 그리고 시장가격 및 시장가격 이윤율의 변동을 분석함으로써 비로소 이념적 평균하에서 상정한 재생산의 균형과 '가치·생산가격=시장가격'의 관계가 산업 순환의 국면에서 어떻게 파괴되어 일반적 이윤율이 시장가격 이윤율로 구체화되는가, 또 어떻

---

52 『잉여가치학설사』에서든 『자본』에서든 총유통 과정에서 공황의 총괄이 이렇게 한정적인 것과 마찬가지로 유통 과정에서 공황 가능성의 발전도 한정적이다. 재생산표식에서 과잉 생산의 문제는 다만 가능성으로 서술될 뿐이다. 현실 공황으로의 발전은 여기서도 추상되어 있다. "그러나 [재생산표식에서의 -인용자] 그러한 일련의 조화 관계는 기본적으로 장기적 추세로 실현되는 법칙이고 반드시 주기적 공황의 계기가 될 듯한 것을 검출한 것은 아니며, 거기에서는 실질적인 관점의 상위가 있다. 즉, 표식론도 공황론도 가치 및 잉여가치의 생산이 아니라 그 실현 문제를 대상으로 한다는 점에서는 동일하지만, 전자는 재생산의 균형 조건을 전제해서 그때 관철되는 일련의 법칙을 탐구한 것임에 대해, 후자는 자본주의의 기본 모순을 공황이란 형태의 실현 문제로서 발현시키는 그러한 특수한 기구를 문제로 한다. … 즉, 표식론의 차원에서 공황을 문제로 할 수는 있지만, 그러한 한 공황은 결국 조화의 파괴와 그 회복이라는 극히 추상적, 일반적 형태로밖에 파악되지 않는다. 왜냐하면 거기에는 공황에 의해 회복되지 않으면 안 되는 그러한 부조화와, 부단하게 발생하는 일상적인 부조화를 구별할 기준이 없기 때문이다. 다시 말해 거기에는 공황으로서 폭발하는 그러한 부조화의 일반적 가능성이 있을 뿐이며, 그러한 부조화를 초래하는 특수한 요인도, 기구도 아직 주어져 있지 않기 때문이다."(岡稔, 1983: 126-127).

53 이 경우도 물론 공황의 원인으로서 이 법칙을 연관시키는 것이 아니고 이 법칙의 관철 과정에서 어떻게 산업 순환과 공황이 발생하는가를 설명하는 문제다.

게 시장가격 이윤율의 급락으로부터 공황이 현실화되는가를 설명할 수 있다. 다시 말하지만, 생산된 잉여가치 그대로 실현된 이윤율, 즉 가치 이윤율 또는 생산가격으로 실현된 일반적 이윤율은 자본주의의 이념적 평균에서 파악한 추상적 개념이며, 실제적으로는 한편에서 산업 부문 간 경쟁을 통해 형성되는 평균이윤율이고 다른 한편에서 산업 순환에서의 시장가격 이윤율을 평균한 이윤율, 즉 일종의 중장기적인 수치이다. 물론 이윤율 저하 법칙을 규정하는 요소들(무엇보다 자본의 유기적 구성, 잉여가치율, 회전율 등)의 변동에 따라 이 가치 이윤율도 장기적으로 변동하는데, 어떤 시기에는 상승하고 어떤 시기에는 하강할 수 있다. 그러나 가치 이윤율이 높든 낮든 어떤 시기에도, 예컨대 제2차 세계대전 종전 후 장기 번영의 시기처럼 가치 이윤율이 상승하거나 높은 수준에 있는 시기에도 시장가격 이윤율의 주기적 저하와 주기적 공황은 10년 주기로 예외 없이 관철하는 바, 이는 주기적 공황을 가져오는 시장가격 이윤율의 저하가 이념적 평균하의 생산과정 위기에서 비롯되는 문제가 아니라 현실 경쟁하 유통 과정의 불균형과 과잉생산 그리고 시장가격 이윤율의 급락에서 비롯되는 문제라는 것을 분명히 한다.[54] 여기에 현실 경쟁론과 산업 순환론의 고유한

---

54 가치 이윤율이 하강하는 시기는 자본주의가 특히 구조 위기에 빠지는 시기로서 이 시기 주기적 공황들은 심화하고, 반면 가치 이윤율이 상승하는 시기는 자본주의가 장기 호황을 구가하는 시기로서 이때 주기적 공황들은 약하게 관철한다. 이렇게 보면, 가치 이윤율의

의의가 있다. 현실 경쟁과 신용에 관한 특수한 연구와 과잉생산
공황이 발전하는 구체적 계기들에 대한 분석을 통해 비로소 공황
론의 반복되는 낡은 쟁점을 해명하고 공황론의 일층의 진전을 기
대할 수 있을 것이다.

변동을 무매개적으로 현실 이윤율의 변동으로 이해해서 주기적 공황을 설명하는 이윤율
저하설은 방법론적으로 장기적 변동과 주기적 변동을 혼동하는 것이며, 실천적으로는 구
조 위기와 주기적 위기를 혼동하는 것으로 귀결된다.

곽노완, 2008, 「플랜 논쟁의 21세기적 지평: 로스돌스키에 대한 하인리히의 비판을 중심으로」, 〈마르크스주의 연구〉 제9호, 2008.

김성구 편, 1983, 『공황론 입문』, 돌베개.

김성구, 2008, 「정치경제학 비판 플랜과 『자본』: 이른바 플랜 논쟁에 대하여」, 〈마르크스주의 연구〉 제9호, 2008.

김성구 , 2017, 『금융 위기 이후의 자본주의』, 나름북스.

비탈리 비고츠키/알렉산드르 체푸렌코, 1993, 「『자본』과 『그룬트리세』」, 〈이론〉 제7호, 1993.

岡稔, 1976, 『資本主義分析の理論的諸問題』, 新評論.

岡稔, 1983, 「공황이론의 문제점」, 김성구 편, 1983, 『공황론 입문』, 돌베개.

高木 彰, 1986, 『恐慌·産業循環の基礎理論研究』, 多賀出版.

高木幸二郎, 1979, 『恐慌論体系序説』, 大月書店.

古川正紀, 1983, 「산업 순환과 가치법칙」, 김성구 편, 1983, 『공황론 입문』, 돌베개.

谷野勝明, 1998, 「マルクス恐慌理論の形成」, 富塚良三·吉原泰助 編, 1998, 『恐慌·産業循環』(下), 有斐閣.

谷村智輝, 2014, 「再生産論と恐慌論: 到達点と課題」, 守健二, 2014, 『恐慌論の論点と分析』, 創風社.

宮川実, 1993, 『恐慌と産業循環』, 社會科學書房.

吉原泰助, 1990, 「わが国における〈再生産論〉論争」, 富塚良三·井村喜代子 編, 1990, 『資本の流通·再生産』, 有斐閣.

吉原泰助, 1997, 「「経済学批判」全体系のプランと恐慌論体系の構成」, 富塚良

三・吉原泰助 編, 1997, 『恐慌・産業循環』(上), 有斐閣.

吉原泰助, 1998, 「恐慌論体系の構成に関する諸学説」, 富塚良三・吉原泰助 編, 1998, 『恐慌・産業循環』(下), 有斐閣.

富塚良三, 1962, 『恐慌論研究』, 未來社.

富塚良三, 1997, 「『資本論』体系と恐慌論体系」, 富塚良三・吉原泰助 編, 1997, 『恐慌・産業循環』(上), 有斐閣.

富塚良三・吉原泰助 編, 1997, 『恐慌・産業循環』(上), 有斐閣.

富塚良三・吉原泰助 編, 1998, 『恐慌・産業循環』(下), 有斐閣.

富塚良三・井村喜代子 編, 1990, 『資本の流通・再生産』, 有斐閣.

山田盛太郎, 1948, 『再生産過程表式分析序論』, 改造社.

松橋透, 1990, 「不均衡化過程の動学的展開」, 富塚良三・井村喜代子 編, 1990, 『資本の流通・再生産』, 有斐閣.

松橋透, 1998, 「産業循環に関する諸学説」, 富塚良三・吉原泰助 編, 1998, 『恐慌・産業循環』(下), 有斐閣.

松石勝彦, 1979, 「『資本論』と資本一般説」, 〈経済学研究〉(一橋大年報) 22.

松石勝彦, 1986, 「あとがき」, 種瀬茂, 1986, 『競争と恐慌』, 有斐閣.

玉垣良典, 1985, 『景気循環の機構分析』, 岩波書店.

市原健志, 1990, 「マルクス以降の再生産論の展開」, 富塚良三・井村喜代子 編, 1990, 『資本の流通・再生産』, 有斐閣.

宇高基輔・南克已, 1959, 「資本論における恐慌理論の基本構成」, 〈土地制度史学〉4号.

伊藤誠, 1983, 「공황의 원리론」, 김성구 편, 1983, 『공황론 입문』, 돌베개.

林直道, 1976, 『恐慌の基礎理論』, 大月書店.

井村喜代子, 1980, 『恐慌・産業循環の理論』, 有斐閣.

種瀬茂, 1986, 『競争と恐慌』, 有斐閣.

八尾信光, 1998, 『再生産論・恐慌論研究』, 新評論.

Bukharin, N. I. 1925, "Der Imperialismus und die Akkumulation des

Kapitals", *Unter dem Banner des Marxismus*, Jg. 1, Heft 1–2. [Tarbuck, K. J. ed., 1972, *The Accumulation of Capital - An Anti-Critique & Imperialism and the Accumulation of Capital*, Monthly Review Press.]

Fine, B. & Harris, L. 1979, *Rereading Capital*, The Macmillan Press [국역: B. 파인·L. 해리스, 1985,『현대 자본주의 입문』, 한울.]

Heinrich, M. 2004, *Kritik der politischen Ökonomie*, Schmetterling Verlag [국역: 미하엘 하인리히, 2016,『새로운 자본 읽기』, 꾸리에북스.]

Hoffmann, J. 1983, *Überproduktion, Unterkonsumtion, Depression*, VSA.

Itoh, M. 1980, *Value and Crisis: Essays on Marxian Economics in Japan*, Pluto Press.[국역: 伊藤誠, 1988,『가치와 공황: 일본의 마르크스주의 경제학』, 비봉출판사.]

Mandel, E. 1975, *Late Capitalism*, NLB.

Maksakovsky, P. V. 1929/2009, *The Capitalist Cycle: An Essay on the Marxist Theory of the Cycle*, Haymarket Books.

Marx, K. 1962, *Das Kapital Bd. 1*, *MEW* 23.

Marx, K. 1963, *Das Kapital Bd. 2*, *MEW* 24.

Marx, K. 1964, *Das Kapital Bd. 3*, *MEW* 25.

Marx, K. 1965, 1967–1968, *Theorien über den Mehrwert, MEW* 26.1–3.

Marx, K. 1983, *Ökonomische Manuskripte 1857/1858[Grundrisse]*, *MEW* 42.

Marx an Engels, 2. April 1858, *MEW* 29.

Marx-Engels-Gesamtausgabe, MEGA II.3.1.

Müller, A., 2002, "Marxistische Konjunkturforschung – einige methodische Überlegungen", *Z. Zeitschrift Marxistische Erneuerung*, Nr. 49.

Müller, A. 2009, *Die Marxsche Konjunkturtheorie*, PapyRossa.

Oelssner, F. 1956,『経済恐慌』, 大月書店.

PROKLA u. a., 1986, *Kontroversen zur Krisentheorie*, VSA.

Reinhold, O. 1977, *Die Wirtschaftkrisen*, Dietz Verlag Berlin.

Rosdolsky, R. 1968, *Zur Entstehungsgeschichte des Marxschen 'Kapital':
Der Rohenhwurf des 'Kapital' 1857-58*[국역: 로만 로스돌스키, 2003,
『마르크스의 자본론의 형성』, 백의.]

Sweezy, P. M. 1942, *The Theory of Capitalist Development*, Monthly
Review Press.

Wright, E. O. 1977, "Alternative Perspectives in Marxist Theory of
Accumulation and Crisis", Schwartz, J. 1977, *The Subtle Anatomy of
Capitalism*, Goodyear Publishing Co.

3장

투간-바라노프스키와
룩셈부르크 표식에 대한 비판적 해설

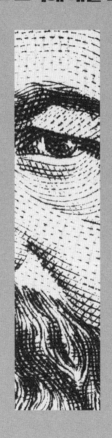

1.
표식 논쟁사에서 투간-바라노프스키와
룩셈부르크 표식의 의의

투간-바라노프스키(이하 투간으로 약칭함)와 룩셈부르크의 표식은 19세기 말~20세기 초이래 1930년대까지 진행된 재생산표식 논쟁사 전체를 관통하는 대표적인 논쟁 대상이었다. 양자는 표식 논쟁의 두 극단, 각각 조화론과 붕괴론을 대표하였고, 전체 논쟁사는 기본적으로 양자의 논쟁 구도를 벗어나지 못했으며, 양자의 오류를 올바로 인식하지 못했고, 동일한 오류가 반복되었다. 따라서 두 표식의 검토를 통해 표식 논쟁사의 핵심적 쟁점을 해명할 수 있다.[55]

투간의 표식은 1901년 투간 저서(러시아판, 1894년)의 독일어 번역본과 함께 논쟁의 중심으로 떠올랐다. 투간은 마르크스의 잉여가치론을 비판하면서도 마르크스의 표식을 개조하여 균형 표식을 작성했고, 부문 간 비례성만 유지하면 소비와 관계없이 확대재생

---

[55] 투간과 룩셈부르크를 둘러싼 당대의 마르크스주의자들의 비평과 논쟁은 레닌, 부하린 같은 일부 논자를 제외하면 대부분 투간과 룩셈부르크의 표식의 이론적 오류가 무엇인지 이해하지 못했고, 주로 표식의 가정 또는 결론의 현실성 여하에 초점이 맞춰져 있었다. 간략하게나마 이 논쟁사에 대해서는 岡稔(1976: 1장), 市原健志(2000: 2장)를 참조하기 바란다.

산이 균형을 유지한다고 주장하였다. 나아가 투간은 또 다른 표식을 통해 심지어 노동자의 소비가 감소해도 부문 간 비례성이 유지된다면 확대재생산이 가능하다는 것을 보이고자 하였다. 이는 마르크스 표식의 왜곡임에도 불구하고 그는 자신의 실현 이론을 '고전파의 교리(판로 이론)와 마르크스의 재생산 분석의 종합'이라고 하였다.(Tugan-Baranovski, 1901: 27). 룩셈부르크는 마르크스의 재생산표식이 투간의 결론을 가져온다고 마찬가지로 마르크스의 표식을 오해하고, 이는 『자본』 제2권이 초고 성격의 불완전한 저작이기 때문이라고 생각하였다. 룩셈부르크에 따르면 마르크스의 표식은 II부문의 축적률이 균형 조건을 유지하도록 I부문의 축적률에 종속되어있고, 또 『자본』 제1권에서 분석한 자본축적의 현실적 경향, 즉 자본의 유기적 구성의 고도화와 잉여가치율의 상승도 빠져있다. 그래서 룩셈부르크는 양 부문의 축적률이 균등하고 또 자본의 유기적 구성의 고도화와 잉여가치율의 상승을 가정하는 자신의 표식을 작성하고, 이 표식에서 생산재 부족, 소비재 과잉이라는 불균형을 끌어냄으로써 자본주의는 '제3자'(비자본주의 경제)의 수요 없이는 발전할 수 없다는 붕괴론적 전망을 제출하였다.(Luxemburg, 1913).

하지만 룩셈부르크의 표식도 투간과 마찬가지로 마르크스의 방법론을 인식하지 못하고 마르크스의 표식을 자의적으로 개작한 것이었다. 룩셈부르크는 투간의 균형 표식을 올바로 비판, 극복할 수 없었다. 투간의 균형 표식도 룩셈부르크의 불균형 표식도 모두 오류였던 것이다. 뿐만 아니라 룩셈부르크의 불균형 표식은 소비 제한에 의한 축적의 붕괴(이른바 과소소비설)라는 통상적인 평가와 달리 생산재 부족, 소비재 과잉이라는 불비례를 논증한 것이어서 투간의 극복이기는커녕 오히려 투간의 재판일 뿐이었다. 두 부문 표식의 차원에서는 생산과 소비의 불균형도 부문 간 불균형(불비례)으로서만 나타나기 때문에, 과소소비를 불비례의 특수한 경우라고 하는 비판 또는 반론이 나올 수밖에 없다.

한편 룩셈부르크의 불균형 표식을 비판하고 균형 표식을 논증하겠다는 바우어의 표식(Bauer, 1913)도 실은 균형 표식이 아니라 불균형 표식이었다. 룩셈부르크의 가정을 그대로 전제한 바우어의 표식(다만 룩셈부르크와 다르게 잉여가치율은 일정하다고 가정)은 룩셈부르크 표식과 마찬가지로 소비재 과잉/생산재 부족의 결과를 가져오지만, 이 불균형을 II부문으로부터 I부문으로의 자본 이동을 통해 해결하려고 하였다. 하지만 소재적 연관을 고려하면 이 자본 이동은 불가능한 것이어서 표식의 불균형은 해소될 수 없음에도 불구하고, 바우어는 당찮게도 자신의 표식이 균형 표식이라고 주장하고 자본주의하에서 잉여가치 실현의 문제는 없다고 하는 투간의 조화론을 지지하였다. 결국 바우어는 룩셈부르크의 오류를 극복하지 못했고, 자신의 의도, 주장과 달리 룩셈부르크와 마찬가지로 소비재 과잉/생산재 부족이라는 결론을 계승하였다.

또한 바우어 표식을 계승한 그로스만(Grossmann, 1929)도 이 표식이 불균형 표식임을 인식하지 못하고 부문 간 불균형과 실현 문제는 존재하지 않는다는 바우어의 결론을 수용해서 아예 실현 문제를 검토하지 않는 표식, 즉 한 부문 총계 표식으로써 자본주의의 붕괴를 논증하고자 하였다. 따라서 바우어 표식을 35년도까지 연장해서 표식의 붕괴를 논증했다는 그로스만 표식은 바우어의 오류 위에 입각한 것이어서 근본적으로 잘못된 것이다. 그로스만 표식에서 붕괴는 정확하게 말하면 부문 간 불균형(소비재 과잉/생산재 부족)의 심화에서 비롯되는 것이지, 그로스만의 주장처럼 부문 간 균형 위에서 축적할 잉여가치가 부족해서 발생하는 것이 아니다.[56]

이렇게 1930년대 그로스만 논쟁에 이르기까지 레닌과 부하린 등 일부의 비판적 논자들을 제외하면, 비판자도, 계승자도 모두 투간과 룩셈부르크의 오류로부터 벗어나지 못하고 논쟁이 반복되었음을 볼 수 있다. 더구나 투간의 추가 표식은 균형 표식이 아니라 실은 불균형 표식이고, 이 표식의 불균형을 투간이 부문 간 자본 이동을 통해 해결하고자 한 것임을 인식하면, 룩셈부르크 표식의 불균형을 바우어가 부문 간 자본 이동으로써 해결하고자 했던 것, 다시 말해 룩셈부르크-바우어(-그로스만)의 논쟁은 완전히 투

---

56 이에 대해서는 김성구(2014) 참조.

간 표식의 재판이라는 점이 분명해진다. 바우어와 그로스만이 투간 표식을 변호한 것도 이런 맥락에서 보면 일관된 것이다. 이로써 투간과 룩셈부르크 논쟁이 재생산표식 논쟁사를 관통하는 핵심적인 쟁점이었고, 상반되는 결론과 입장에도 불구하고 투간과 룩셈부르크는, 그리고 이 논쟁의 오류를 답습하는 비판자들과 계승자들도 모두 동일한 오류 위에 입각한 것이었음을 이해할 수 있다. 이런 점에서 투간-룩셈부르크 논쟁의 비판적 이해는 표식 논쟁사 전체를 올바로 파악하기 위한 관건이 된다.

오늘날은 표식 논쟁사에서 투간과 룩셈부르크 모두 잘못된 것이라고 비판하고 정리하는 게 일반적 평가지만, 일본 마르크스주의 논쟁을 제외하면 정작 이들 표식의 어떤 점이 잘못되었는지, 근본 오류가 무엇인지 제대로 해명되지 못했다. 이는 투간 표식과 룩셈부르크 표식 자체가 어떻게 작성되었는지는 검토하지 않고, 대부분 그 가정 또는 결론의 현실성 문제를 둘러싸고 논쟁하였기 때문이다. 보다 근본적인 문제는 투간도, 룩셈부르크도 재생산표식과 관련한 마르크스의 방법론을 올바로 이해하지 못했다는 데 있다. 그러면 마르크스의 방법론은 무엇인가, 마르크스의 균형 표식의 의미는 무엇인가, 먼저 이 문제를 명확히 하고 투간과 룩셈부르크의 표식을 비판하도록 하자.

2.
마르크스의 재생산표식과
표식의 방법론

주지하다시피 마르크스의 다음 표식[57]은 가변자본과 불변자본의 구성 비율이 1:5이고 잉여가치율은 100%라는 가정 위에서 작성되었다. 마르크스는 여기서 I부문의 잉여가치의 절반이 축적되고 II부문의 축적은 양 부문 간 교환이 균형을 취하도록 배치하면서 표식을 전개하고 있다. 제1년도 확대재생산표식은 다음과 같다.

제1년도 말 연간 생산물

I. 5000c + 1000v + 1000s = 7000

II. 1430c + 285v + 285s = 2000

제1년도 말에 I부문 자본가가 잉여가치의 절반 500s를 축적하고 자본 구성 비율이 1:5, 그리고 양 부문 교환이 균형을 이루도

---

57 『자본론』 제2권 제3편에서 마르크스가 제시한 확대재생산표식의 두 개의 사례 중 두 번째 사례를 말한다.(마르크스, 2004: 627).

록 하면 I부문과 II부문의 축적을 위한 생산물의 재배치는 다음과 같게 된다.[58]

제1년도 말 축적을 위한 재배치

I. $(5000c + 417s)c + \mathbf{(1000v + 83s)v} + \mathbf{500s} = 7000$

II. $\mathbf{(1430c + 153s)c} + (285v + 31s)v + 101s = 2000$

* 강조 표시 부분이 양 부문 간 균형 교환 관계를 나타냄. 아래도 마찬가지임.

위와 같이 축적이 이루어지면 제2년도 말 연간 생산물은 다음과 같게 된다.

제2년도 말 연간 생산물

I. $5417c + 1083v + 1083s$

II. $1583c + 316v + 316s$

제2년도 말에도 같은 방식으로 축적이 이루어진다면 축적을 위

---

58   이하 마르크스의 설명을 축약해서 II 부문의 재배치 결과만 표시해 놓았다.

한 생산물의 재배치와, 그에 따른 제3년도 말의 연간 생산물은 다음과 같다.

제2년도 말 축적을 위한 재배치

I. (5417c + 452s)c + **(1083v + 90s)v + 541s**

II. **(1583c + 132s)c** + (316v + 26s)v + 158s

제3년도 말 연간 생산물

I. 5869c + 1173v + 1173s

II. 1715c + 342v + 342s

마찬가지로 제3년도 말 축적을 위한 생산물의 재배치와 제4년도 말 연간 생산물… 이렇게 표식은 계속 전개될 것이다.[59]

---

59 표식의 제1년도 (말), 2년도 (말)은 물리적인 또는 실제적인 연도를 가리키는 게 아니다. 마르크스는 이와 관련하여 "한 해의 재생산"(마르크스, 2004: 543, 548)이라든가 "여러 해의 흐름 속의 한 해"(마르크스, 2004: 548)라고 말하고 있긴 하지만, 이는 설명의 편의를 위한 것으로 보인다. 이하에서 설명하는 바처럼 표식은 이념적 평균에서 서술하고 있기 때문에, 이 표식은 산업 순환을 넘어 산업 순환을 관통하는 평균적인 관계에 입각해 있고, 따라서 표식의 제1년도란 하나의 산업 순환의 평균적 관계를 나타내고 있다. 즉 제1년도는 산업 순환 10년의 평균치며, 다음 연도는 그다음 10년간의 평균적인 변화가 반영되어있다. 그

마르크스의 표식을 둘러싼 재생산 논쟁은 대체로 이 표식이 전제한 가정의 적절성 여하와 관련해서 전개되었다. 즉, 자본의 유기적 구성이 일정하다는 가정, 잉여가치율이 불변이라는 가정, 양부문의 교환관계가 균형이라는 전제, 이를 위해 II부문의 축적률을 I부문의 축적률에 종속시켰다는 것, 『자본』의 다른 부분들에서의 서술과 다른 이런 가정과 전제가 과연 타당한 것인지, 그렇지 않고 가정과 전제를 현실화시켜도 표식 분석에서의 마르크스의 결론이 변호 될 수 있는 건지, 이런 쟁점을 둘러싸고 논자에 따라 다른 가정, 다른 표식, 다른 결론이 제출되었다.

마르크스의 표식은 이런 가정, 전제만이 아니라 그밖에도 여러 가정과 전제들에 입각해 있다. 오카 미노루에 따르면 "재생산표식에 고유한 전제들은 2개의 그룹으로 나뉜다. 하나는 자본 구성 불

렇지 않고 제1년도, 2년도, 3년도를 1산업 순환의 실제적인 연도를 나타낸다고 이해하면, 산업 순환의 연년의 운동은 이념적 평균과 균형으로부터의 실제적인, 순환적인 이탈을 보이기 때문에, 연년의 재생산표식은 항상 불균형 표식이어야 하고, 이는 다름 아니라 표식의 균형 전제를 침해하는 것이 된다. 한편 표식의 c는 투하된 불변자본 전체가 아니라 그중 연간 생산에서 마모되고 갱신되는 부분만 나타내고 투하된 불변자본 전체는 표식에 나타나 있지 않다. 이 때문에 김수행(2006, 130, 137-138)처럼 표식의 c:v를 자본의 유기적 구성이라 할 수 있는지, s/(c+v)를 이윤율이라 할 수 있는지 같은 문제가 제기될 수 있다. 그러나 김수행의 주장과는 달리 이게 심각한 문제는 아니다. 사회의 전체 투하된 불변자본의 가치를 특정하게 가정하면 자본의 유기적 구성과 이윤율의 크기가 확정되기 때문에 문제는 간단하게 해결된다. 예컨대 井村喜代子(1980) 참조.(마르크스의 표식에 있어서는 투하된 불변자본 전체가 연간 생산에서 모두 마모된다고 가정하고 있어 이런 문제가 제기되지 않는다.) 다만 재생산표식 논쟁사에서 대부분의 논자가 이 문제를 명시적으로 밝혀놓지 않은 건 문제라 할 수 있다.

변 또는 균등(2부문 간 균등)의 가정, 잉여가치율 불변·균등의 가정, 자본회전 기간의 다양성 사상 등으로 대표되는 일군의 전제이며, 다른 하나는 2부문 분할, 외국무역 추상, 재생산과정의 균형적 진행 등으로 대표되는 일군의 전제다. 전자는 일단 단순화를 위한 추상이라고 할 수 있다. 왜냐하면 이 가정들은 분명히 현실의 특징을 무시하고 있고, 이 가정들을 설정함으로써 표식은 그만큼 현실에서 멀어지지만, 반면 이 가정들을 폐기해도 표식 분석이 완전히 불가능해지는 것도 아니고, 이 가정들에 기초한 분석의 성과가 근본적으로 변하는 것도 아니며, 단지 표식의 조작이 더욱 복잡해질 뿐이기 때문이다. 그에 반해 후자의 가정은 단지 단순화를 위한 가정으로 볼 수 없다. 왜냐하면 이 가정들을 제거하면, 표식 분석은 단순히 복잡해질 뿐만이 아니라, 오히려 분석이 일반적으로 불가능해질지 모르거나, 적어도 이 전제들에 기초한 분석의 성과가 근본적으로 바뀐다고 생각되기 때문이다. 따라서 표식 분석에서 후자 형태의 추상은 전자와 비교하여 훨씬 본질적인 의의를 지닌다고 할 수 있다."(岡稔, 1976: 38).

이렇게 보면 마르크스 표식에 있어 유기적 구성의 불변·균등이나 잉여가치율의 불변·균등의 가정은 『자본』의 다른 부분에서의 서술에 맞춰 현실화할 수 있는 가정이고, 그에 따라 표식의 분석도 보다 현실 자본주의의 발전 경향을 반영하게 된다고 할 수 있지만, 재생산의 균형적 진행, 즉 양 부문 교환관계의 균형이라는 가정은 표식의 현실화라는 이름하에 폐기하거나 조작할 수 있는 대상이 될 수 없다. 다시 말해 마르크스 표식에 유기적 구성의 고도화나 잉여가치율의 증가, 또 양 부문 간 유기적 구성의 차이 등은 도입할 수는 있지만, 그럼으로써 양 부문 간 균형의 파괴를 가져오는 것은 폐기해선 안 되는 표식의 근본 전제를 훼손하는 것이다. 투간이나 룩셈부르크, 바우어에서의 문제는 바로 마르크스 표식의 두 가지 상이한 성격의 가정과 전제를 구별하지 못하고 바꿔서는 안 되는 가정을 자의적으로 변경해서 표식을 작성했다는 점이다.[60] "투간, 룩셈부르크 및 바우어에서 나타나는 표식의 왜곡이 모두 마르크스 표식의 본질적 전제의 변경과 관련되어 있다는 점은 특징적이다. 즉 투간 및 바우어에서의 다른 부문 투자(2부문 분할의 실질적 부정), 룩셈부르크에서의 '제3자'가 그것인데, 이 조야한 오류의 근저에 놓인 가장 섬세한 오류는 표식의 균형에 대한 취급 방식의 문제이다."(岡稔, 1976: 39).

마르크스 표식에서의 양 부문 간 교환의 균형은 일반식으로 나타내면 $V_1 + Mk_1 + Mv_1 = C_2 + Mc_2$가 된다.($V_1$: I부문 가변자본, Mk_1:

---

60 이들만이 아니라 레닌을 제외하면 표식 논쟁에서 대부분의 논자가 이런 문제를 올바로 인식하지 못했다. 논쟁을 평가하는 로스돌스키나 호워드와 킹(Howard & King, 1989)도 마찬가지다. 특히 로스돌스키는 『자본』에 있어 자본 일반과 다수 자본의 구별 같은 방법론의 문제에 주목하였으나, 유기적 구성의 고도화를 통해 표식의 균형을 파괴하는 룩셈부르크의 표식은 변호하고 균형을 전제한 레닌의 유기적 구성 고도화 표식은 조화론이라고 비판하는 등 방법론적 혼란을 드러냈다.(Rosdolsky, 1968: 30. Kapitel).

I부문 자본가 소비, Mv_1: I부문 추가적 가변자본, C_2: II부문 불변자본, Mc_2: II부문 추가적 불변자본).[61] 마르크스는 위의 확대재생산표식에서 II부문의 축적률을 종속변수로 해서 이 균형식이 달성되도록 그렇게 II부문의 축적률을 결정하였다. 다시 오카 미노루의 주장을 들어보면, "주지하다시피 마르크스는 확대재생산표식을 전개할 때 I부문의 축적률 및 한계 유기적 구성을 먼저 결정하고, V_1, Mk_1, Mv_1의 실현에 조응하여 Mc_2의 크기가 수동적으로 결정되도록 하며, 이어서 II부문의 한계 유기적 구성을 결정하고 Mc_2의 크기에 조응하여 Mv_2의 크기를 결정함으로써, 양 부문 간 교환과 축적을 완결시켰다. 따라서 마르크스의 표식 전개에서 Mk_2는 이른바 일종의 잔여 잉여이며, II부문의 잉여가치 중 몇 퍼센트가 결국 축적되는지는 명시적으로 나타나지 않는다. … 그런데 중요한 것은 마르크스의 경우에 $V_1 + Mk_1 + Mv_1 = C_2 + Mc_2$라는 관계가 하

---

61 통상 양 부문 균형식은 표식에서 생산과 소비의 균형 조건으로 이해하지만, 일정한 생산력 수준하에서의 생산 부문 간 특정한 '기술적·경제적 연관성'(부하린)을 고려하면, 생산과 소비의 균형을 위해서는 양 부문 교환에 나오지 않고 I부문 내부에서만 거래되는 불변자본과 추가적 불변자본, 즉 C_1, Mc_1이 어떤 임의의 값을 취할 수 있는 게 아니라는 건 분명하다. 다시 말해 생산과 소비의 균형 조건은 양 부문 교환식만으로는 충분하지 않고 생산 부문 간 기술적, 경제적 연관성에 규정되는, 양 부문 구성에 대한 특정한 조건을 추가적으로 요구한다. 이러한 문제의식하에 富塚良三(1962)은 확대재생산에서의 생산과 소비의 내적 연관을 유지하는 '균형 축적 궤도'와 '균형 축적률'의 개념을 제시하고 나아가 생산과 소비의 균형 관계가 파괴되는 'I부문의 자립적 발전'을 구별함으로써 재생산론 논쟁을 새롭게 촉발한 바 있다. 이와 관련한 일본에서의 논쟁에 대해서는 松橋透(1990), 吉原泰助(1990)을 참조하라.

나의 결론으로서 나왔다는 점이다. 요컨대 축적이 원활하게 이루어지도록(다시 말하면 II부문 축적률을 조정 요인으로 삼아) 표식을 조작하면, 결국 $V_1 + Mk_1 + Mv_1 = C_2 + Mc_2$라는 관계가 성립함을 알 수 있다. 따라서 이 등식은 균형의 전제에 의존하고 있다고는 해도, 그 자체는 단순한 전제(postulation)는 아니고, 일정한 방법으로 연역된 결론적인 명제이다."(岡稔, 1976: 41-42).

그러면 마르크스는 왜 표식의 균형을 전제했을까, 이런 질문이 제기될 수밖에 없다. 재생산표식에서 균형의 전제는 오카 미노루의 지적처럼 마르크스가 가치법칙을 전제한 것과 동일한 차원, 동일한 맥락이다.(岡稔, 1976: 42). 『자본』에서는 자본의 일반적 분석 또는 자본의 이념적 평균 수준에 조응해서 재생산의 일상적 교란이나 경기순환에 따른 불균형을 추상하고 재생산의 균형을 상정한 것이다. 가치법칙에 있어서도 마르크스는 가치로부터 가격의 일상적 괴리나 경기순환에 따른 이탈과 괴리를 추상하고 상품들의 가격은 가치 관계에 조응한다고 수요와 공급의 균형 상태를 상정했던 것이다. 방법론적으로 말하자면 『자본』 제1권과 2권의 가치법칙에서 상정한 '가치=시장가격' 또는 수요와 공급의 균형은, 어떻게 사회적 총생산물의 가치와 잉여가치가 부문 내 교환과 부문 간 교환을 통해 가치대로 실현될 수 있는가를 규명하는 제2권 제3편의 재생산표식의 분석에 의해 재정립된다고 할 수 있다.[60] 또한 마르크스가 『자본』에서 이처럼 가치법칙과 재생산의 균형을 상정한 것은 모델의 단순한 가정 또는 전제가 아니라 자본주의가 경향적으로 재생산의 균형을 유지하며 발전한다고 분석한 결과를 이념적 평균이라는 추상 수준에서 서술한 것이기 때문이다. 즉 마르크스는 『자본』의 서술에 앞서 이미 『자본』 이후에 서술할 현실 경제의 분석을 통해 자본주의의 실제적 과정은 그 무정부적 성격으로 인해 가치와 가격의 부단한 불균형, 재생산의 일상적 불균형 속에서 전개될 뿐 아니라, 경기순환에 따른 가치로부터 가격의 순환적 불균형과 이탈, 그리고 재생산의 순환적 불균형 속에서 전개되지만, 공황을 통한 폭력적인 조정을 통해 경기순환의 이념적 평균에서는 재생산의 균형과 '가치=시장가격'의 관계를 상정할 수 있다고 파악하였다. 따라서 『자본』에서 가치법칙의 전제나 재생산의 균형은 논란의 대상이 될 문제가 아니라 자본주의의 실제적 과정에 대한 추상의 결과인 것이다.[63]

---

62   또는 방법론적으로 이렇게 볼 수도 있다. "마르크스는 『자본』 제1권에서 축적을 '추상적으로, 직접적 생산과정의 단순한 계기로서' 취급할 때, 그는 '자본이 유통 과정을 정상적인 방식으로 통과하는 것으로 전제하고', '축적이 일어나는 한, 자본가는 생산된 상품의 판매와 그 판매에 의해 얻은 화폐의 자본으로의 재전환에 성공하는 것이'라고 말했다. 이 관점은 제2권 제3편의 경우에는 다음처럼 변경되었다고 생각한다. 즉, 여기서는 자본이 그 유통 과정을 통과하는 '정상적인 방식'의 내용이 해명되어, 자본가가 생산된 상품의 판매와 그 판매에 의해 얻은 화폐의 자본으로의 재전환에 '어떻게 성공하는가'를 규명하는 것에 주안점이 놓여 있다. 그러나 이 경우에도 전환과 재전환에 '성공하는 것' 자체가 전제된 것이며, 이 가능성 자체가 문제가 되지는 않는다."(岡稔, 1976: 44-45).

63   레닌도 똑같은 맥락에서 마르크스의 표식을 이념적 평균에서 파악한 '추상적 실현 이론'으로서 해석하였고, 이러한 추상은 가치론에서 수요와 공급의 균형을 전제하는 것과 마찬가

지라고 주장하였다. Lenin(1899b: 66-67, 77) 참조. 레닌은 투간-룩셈부르크 논쟁에 앞서 일찌감치 러시아에서 인민주의자와의 논쟁에서 마르크스의 방식을 따라 자본의 유기적 구성이 고도화하는 불균등 발전 표식을 제시하였다. 당시 레닌 나이 23세였다. 레닌의 불균등 발전 표식은 다음과 같다.(Lenin, 1893: 75ff)〔제2년도 II부문 축적을 위한 재배치에서의 사소한 계산 오류에서 비롯되는 제3년도 및 제4년도 II부문 생산물과 사회 총생산물에서의 잘못된 수치는 여기에서 정정했음.〕잉여가치율은 100%, I부문 축적률은 50%로 가정하며, 축적되는 자본의 유기적 구성은 다음처럼 고도화된다.

제1년도 자본 구성		추가 자본의 구성(mc: mv)		
		제1년도	제2년도	제3년도
I부문	4 : 1	9 : 1	20 : 1	25 : 1
II부문	2 : 1	5 : 1	8 : 1	10 : 1

그러면 각 연도 축적을 위한 재배치와 다음 연도의 생산은 다음과 같게 된다. 축적을 위한 재배치에서 양 부문 간 교환의 균형을 전제하고 있어 이 표식은 균형 표식이다.

제1년도: I $4000c + 1000v + 1000m = 6000$
    II $1500c + 750v + 750m = 3000$
        I 1000m의 50% → 500m = 450c + 50v............9 : 1
        II   60m = 50c + 10v.................5 : 1
제2년도: I $4450c + 1050v + 1050m = 6550$
    II $1550c + 760v + 760m = 3070$
        I 1050m의 50% → 525m = 500c + 25v............20 : 1
        II   56m = 50c + 6v.................약 8 : 1
제3년도: I $4950c + 1075v + 1075m = 7100$
    II $1600c + 766v + 766m = 3132$
        I 1075의 50% → 537.5m = 517.5c + 20v...........약 25 : 1
        II   35.5m = 32.5c + 3v................약 10 : 1
제4년도: I $5467.5c + 1095v + 1095m = 7657.5$
    II $1632.5c + 769v + 769m = 3170.5$

이러한 관점에서 보면 룩셈부르크처럼 재생산표식의 균형을 문제 삼는 것은 실은 가치론과 가치법칙 자체를 부정하는 것이 된다. 이념적 평균에서 재생산표식의 불균형을 주장하는 건 자본주의하에서 부문 간 교환관계가 이념적 평균에서 불균형이라고 주장하는 것이고, 그럴 경우 '가치＝시장가격'이라는 가치법칙은 실현될 수 없기 때문이다. 가치론과 가치법칙을 부정한다는 것은 마르크스 경제학의 토대를 부정하는 것이어서 재생산표식의 균형에 대한 룩셈부르크의 문제 제기는 실로 심각한 이론적 오류가 아닐 수 없다. 덧붙여 말한다면, 룩셈부르크의 불균형 표식은 통상 과소소비론의 토대라 하는데, 수요의 부족으로 가치와 잉여가치의 실현 불가능을 주장하는 과소소비론도 당연히 가치법칙과 양립할 수 없다. 이념적 평균에서 표식의 불균형, 소비 수요 부족에

그리고 각 부문의 생산은 다음처럼 불균등하게 성장한다. 즉 제I부문이, 그중에서도 생산수단 생산을 위한 생산수단 부문이 가장 빠르게 성장한다.(괄호 안 수치는 %임).

연도	제I부문	생산수단 생산을 위한 생산수단	소비수단 생산을 위한 생산수단	제II부문	사회 총생산물
1	6000(100)	4000(100)	2000(100)	3000(100)	9000(100)
2	6550(109.2)	4450(111.3)	2100(105)	3070(102.3)	9620(106.9)
3	7100(118.3)	4950(123.8)	2150(107.5)	3132(104.4)	10232(113.7)
4	7657.5(127.6)	5467.5(136.7)	2190(109.5)	3170.5(105.7)	10828(120.3)

의한 소비재 과잉이라면, 언제나 '가치=시장가격'이 실현되지 않는다는 건 너무도 당연하다. 많은 논자가 혼란스러워하는 것이지만, 가치법칙을 부정하는 룩셈부르크의 이른바 과소소비론과 그 이론적 토대인 불균형 표식이 마르크스의 실현 이론 및 공황 이론과 아무 관련이 없는, 그 왜곡이라는 것도 이것으로부터 분명해진다.[64]

---

64 가치 실현 및 과잉생산 문제에 관한 이런 이론적 차이에 대해서는 또한 부하린의 다음 설명을 참조하라. "I. (세이 등) **조화(론)의 주창자**와 그 **옹호자들**: 전반적 과잉생산은 존재하지 않는다. II. **시스몽디주의자, 나로드니키, 로자 룩셈부르크**: 언제나 전반적 과잉생산이 존재해야 한다. III. **정통파 마르크스주의자**: 전반적 과잉생산은 **때때로** 불가피하다(**주기적 공황**). 또는 다른 연관에서 말하면, I. **투간-바라노프스키, 힐퍼딩** 등: 공황은 개별 생산 부문 간 불비례로부터 기인한다. 소비 요소는 여기서 어떤 역할도 하지 않는다. II. **마르크스, 레닌, 그리고 정통파 마르크스주의자**: 공황은 사회적 생산의 불비례로부터 기인한다. 그러나 소비 요소는 이 불비례의 하나의 구성 요소를 이룬다."(Bukharin, 1925: 225).

3.

투간-바라노프스키 표식 비판

  다음은 Tugan-Baranovski(1901: 18, 21-22)에서 제시된 표식인데, 마르크스 표식과 달리 사회적 생산을 세 부문으로 분할한 표식이어서 다소 복잡하지만, 단순재생산도, 확대재생산도 모두 균형인 표식이다. 특히 확대재생산표식에서는 마르크스와 달리 축적률을 양 부문 공히 50%로 가정했는데도 균형 표식이 된 이유는 여하튼 부문 간 균형 조건이 유지되도록 특정 변수들을 종속변수로 해서 그 수치를 결정했기 때문일 것이다. 이 균형 조건은 우선 단순재생산으로부터 확대재생산 제1년도로의 이행에서 부문 간 교환이 균형을 유지하도록 제3부문의 불변자본과 가변자본을 조정함으로써 달성되었다. 그 결과 제3부문은 생산물 가치가 절반으로 감축되어 확대재생산이 아니라 오히려 축소재생산이 이루어졌다. 확대재생산에서는 제1년도로부터 매 연도에 부문 간 균형이 유지되도록 그렇게 표식이 작성되어있다.[65]

---

65 확대재생산표식에서 제1년도 제1부문의 불변자본(표식의 수치 예에서 840)을 A_I라 표시하면, 이 표식의 균형을 다음처럼 일반적으로 살펴볼 수 있다. 일반적으로 표시한 이 표식의 제1년도 말 생산은 다음과 같다.

  I $A_I p + (A_I/2)a + (A_I/2)r$
  II $(A_I/2)p + (A_I/4)a + (A_I/4)r$

〈투간-바라노프스키의 표식〉[66]

표식 I	단순재생산
제 1 부문 제 2 부문 제 3 부문	$720p+360a+360r=1440$ $360p+180a+180r=720$ $360p+180a+180r=720$
표식 II	확대재생산

III $(3A_1/14)p+(3A_1/28)a+(3A_1/28)r$

그리고 제1년도 말에 제2년도 생산을 위한 축적의 재배치는 다음처럼 부문 간 균형 관계를 유지한다.

I $(A_1+A_1/6)p+(A_1/2+A_1/12)a+(A_1/4)rk$

II $(A_1/2+A_1/12)p+(A_1/4+A_1/24)a+(A_1/8)rk$

III $(3A_1/14+A_1/28)p+(3A_1/28+A_1/56)a+(3A_1/56)rk$

* rk는 잉여가치 중 자본가의 소비분임. 또 강조체, 이탤리체, 밑줄체의 쌍들은 부문 간 교환을 나타냄.

$(A_1+A_1/6)=A_2$라 하면 제2년도 말 생산은 I $A_2p+(A_2/2)a+(A_2/2)r$(II부문, III부문도 그에 따라 마찬가지 관계)이 되어 제1년도 말 생산과 동일한 표식 구성이 된다. 따라서 제2년도 이후에도 동일한 비례관계하에서 균형 축적이 진행된다.

66 투간은 마르크스의 표식에 따라 표식을 작성했다면서도 마르크스의 잉여가치론은 오류라면서 마르크스의 개념 사용을 거부하고 있다. 즉 생산수단이나 노동력이나 모두 잉여가치를 생산한다는 점에서 모두 가변자본이라 명해야 한다는 것이다. 그래서 마르크스의 불변자본, 가변자본, 잉여가치 대신 투간은 생산수단 가치(p), 임금(a), 잉여생산물 가치(r)로 표시하고 있다.(Tugan-Baranovski, 1901: 18). 잉여가치론이 오류인 근거를 투간은 이윤율의 경향적 저하 법칙이 오류라는 점과 이윤율의 균등화 법칙으로부터 찾고 있다.(Tugan-Baranovski(1901: 208ff). 이렇게 마르크스의 노동가치론은 승인하면서도, 또는 정확하게 말하면 노동가치론이든 주관적 가치론(한계효용이론)이든 상관없다고 하면서 잉여가치론은 비판하던(Tugan-Baranovski, 1901: 208, 226) 투간은 후에 노동가치론도 비판하고 부르주아 경제학의 주관적 가치론으로 돌아선다.

제 1 년도	제 1 부문 제 2 부문 제 3 부문	$840p+420a+420r=1680$ $420p+210a+210r=840$ $180p+90a+90r=360$
제 2 년도	제 1 부문 제 2 부문 제 3 부문	$980p+490a+490r=1960$ $490p+245a+245r=980$ $210p+105a+105r=420$
제 3 년도	제 1 부문 제 2 부문 제 3 부문	$1143_{1/3}p+571_{2/3}a+571_{2/3}r=2286_{2/3}$ $571_{2/3}p+285_{5/6}a+285_{5/6}r=1143_{1/3}$ $245p+122_{1/2}a+122_{1/2}r=490$

1) 1부문: 생산재, 2부문: 노동자용 소비재, 3부문: 자본가용 소비재
2) p: 생산수단 가치, a: 임금, r: 잉여생산물 가치
3) 잉여가치율=100%, (각 부문) 축적률=50%, 유기적 구성 불변을 가정

　이 표식에서 보는 바와 같이 확대재생산에 따라 사회적 총생산은 사회적 총소비와 함께 매년 증가하는데, 투간은 단순재생산과 확대재생산을 비교하면서 사회적 총생산과 사회적 총소비의 연관을 끊고, 이에 근거해서 다음과 같은 그 유명한 결론을 끌어낸다. "사회적 자본의 단순재생산과 확대재생산의 비교로부터 다음과 같은 최고로 중요한 결론, 즉 자본주의경제에서는 상품에 대한 수요가 어떤 의미에서는 사회적 소비의 총량으로부터 독립되어있다는 결론을 끌어낼 수 있다. 즉 '건전한 상식'의 관점에서 보면 얼마나 불합리해 보일지라도, 사회적 소비의 총량이 감소하고 동시에 상품에 대한 사회적 총수요가 증대하는 것은 가능하다. 사회적 자본의 축적은 소비 수단에 대한 사회적 수요의 축소와 동시에

상품에 대한 사회적 총수요의 증가를 가져온다. 표식I(단순재생산)에서 소비 수단에 대한 사회적 수요는 1,440(노동자 소비 720과 자본가 소비 720)이었고, 모든 상품에 대한 수요는 2,880이었다. 자본이 축적되는 경우(표식 II)에는 제2년도에 1,400 가치의 소비 수단(노동자용 소비 수단 980, 자본가용 소비 수단 420)이 생산되었는데, 생산된 상품 총량의 가치는 3,360에 달한다. 상품 전체(소비 수단과 생산수단)는 우리가 본 바와 같이 제3년도의 사회적 소비와 생산에 의해 흡수되었다. 따라서 표식II의 제2년도 사회적 상품생산 전체는 표식I의 그것과 비교해서 명백히 증가했으나 소비 수단의 생산은 감소했고, 그러나 그 때문에 수요와 공급의 균형이 교란되는 건 조금도 없었다."(Tugan-Baranovski, 1901: 25).

단순재생산표식과 확대재생산표식을 비교해서 이런 결론을 끌어내는 것 자체는 물론 잘못이다. 이런 오류는 곧 카우츠키K. Kautsky에 의해 반박되었는데, 투간은 카우츠키의 비판을 염두에 두고 새로운 표식을 제출하면서 자신의 주장을 다시 입증하고자 하였다. "카우츠키는 말한다: '투간의 표식은 우리에게 공황 없이 소비가 감소할 수 있는 단지 하나의 유일한 경우, 즉 단순재생산으로부터 확대재생산으로의 이행의 경우를 보여준다. 이 유일한 경우가 투간에 있어서는 자본주의 현실의 전형이 되고 있다. 그러나 그것은 현실에서는 일어나지 않는 거나 마찬가지인 경우다.' (Kautsky, "Krisentheorien", 4, Die Neue Zeit, 1901, S. 116.) 카우츠키가 결코 일어나지 않는 거나 마찬가지인 유일한 경우라고 말한 것이 이제 내 생각으로는 자본주의 발전의 내재적 법칙을 형성한다. 나는 임금이 항상 상당히 감소하고 자본가의 소비는 증가하지 않을 때의 자본의 축적이라는, 외견상 내 이론에 가장 불리한 경우를 분석할 것이다."(Tugan-Baranovski, 1905: 223). 이렇게 제시된 투간의 추가 표식이 다름 아닌 다음 표식이다.

〈투간-바라노프스키의 추가 표식〉[67]

		임금이 감소하고 비생산적인 자본가 소비가 불변인 경우의 확대재생산
제 1 년도	제 1 부문 제 2 부문 제 3 부문	1632p+544a+544r=2720 408p+136a+136r=680 360p+120a+120r=600
제 2 년도	제 1 부문 제 2 부문 제 3 부문	1987.4p+496.8a+828.1r=3312.3 372.6p+93.2a+155.2r=621 360p+90a+150r=600
제 3 년도	제 1 부문 제 2 부문 제 3 부문	2585.4p+484.6a+1239r=4309 366.9p+68.9a+175.5r=611.3 360p+67.5a+172.5r=600

투간에 따르면 이 표식에서 임금은 매년 25%씩 하락하고, 자본가 소비는 불변이다. 그리고 제1년도의 축적률은 25%이고 나

---

67   Tugan-Baranovski(1905: 224-225).

머지는 자본가에 의해 소비되며, 이 소비량은 제2년도 이래 불변이다. 임금 감소에 따른 이윤량 증대와 자본가 소비의 불변으로 제2년도부터 축적률은 높아진다. 또한 제1년도에 세 부문 모두 p와 a의 크기는 3:1이고 a와 r의 크기는 같다.(말하자면 잉여가치율은 100%다.) 제2년도에는 임금이 25% 감소하기 때문에 제3부문 임금은 120에서 90으로 감소하고 그만큼 이윤은 120에서 150으로 높아지며, 자본가 소비는 불변이어서 제3부문 생산은 그대로 600이고 생산수단 가치도 360 그대로가 된다. 제3년도도 이와 같은 변화에 따른다. 그리고 p와 a의 비율은 연도에 따라 증대한다.[68] 투간에 의하면 이 표식은 균형표식이다. 왜냐하면 우선 제1년도 말에 생산수단은 2,720(단위: 백만 마르크)이 생산되었고, 이 생산수단은 제2년도의 확대재생산에 사용되는데, 세 부문의 생산수단 요구액은 $1,987.4+372.6+360=2,720$으로 생산수단의 공급과 수요는 일치하고, 또 제1년도에 노동자용 소비재 생산액은 680이고 제2년도의 세 부문의 임금 자본(노동자용 소비재 수요)은 $496.8+93.2+90=680$이어서 노동자용 소비재의 공급과 수요도 일치하며, 나아가 제1년도에 자본가용 소비재

---

68 Tugan-Baranovski(1905: 223-224). 투간은 이 표식이 확대재생산표식이라고 하지만, 이런 가정들에 따르면 제1부문만 확대재생산이고 제2부문은 축소재생산이며 제3부문은 단순재생산이다. 기본적으로 기묘한 표식이라고 하지 않을 수 없다.

는 600만큼 생산되었고 제2년도에 세 부문에서 소비될 자본가의 소비 수요는 600이어서 자본가용 소비재의 수요와 공급도 일치하기 때문이다.[69] 이러한 균형은 매 연도 임금 자본, 따라서 노동자의 소비가 감소하는데도 총사회적 생산물은 증대하는 속에서 달성된 것이다. 표식에서 보는 바처럼 임금 자본은 800(제1년도)에서 680(제2년도), 621(제3년도)로 감소하는 반면, 사회적 총생산은 2,720+680+600=4,000(제1년도)에서 4,533.3(제2년도), 5,520.3(제3년도)으로 증가하고 있다. 다시 말해 "사회적 생산의 확대와 사회적 소비의 감소가 손에 손을 잡고 나란히 나아간다. 그러나 생산물의 공급과 수요가 완전한 균형하에 있다."(Tugan-Baranovski, 1905: 226). 이로부터 투간은 자신에 대한 카우츠키의 비판을 반박하면서 임금과 사회적 소비의 감소에도 불구하고 자본주의 생산의 확대가 어떤 난관도 갖지 않고 진행할 수 있다고 주장한다. "생산의 확대, 따라서 생산수단의 생산적 소비가 인간의 소비를 대신하고, 마치 경제가 인간에게 복무하는 게 아니라 인간이 경제에 복무하는 것처럼 모든 게 원활하게 나아간다. 이것은 바로 … 자본주의적 경제의 근본적인 패러독스다."(Tugan-

---

69 Tugan-Baranovski(1905: 225-226). 제1년도에 생산한 잉여가치는 세 부문 합해서 800인데, 제1년도 말의 축적률은 25%라고 가정했으므로 그중 600이 자본가의 소비로 돌려진다. 따라서 제2년도의 자본가용 소비재의 수요는 600이 된다.

Baranovski, 1905: 227).

급기야 투간은 한 명의 노동자가 생산수단 전체를 작동시키는 극단적인 경우까지 상정하고, 그런 경우에도 생산수단의 가치가 완전하게 실현될 수 있다고 주장하기에 이른다. "만약 모든 노동자가 기계에 의해 대체되고 단 한 사람의 노동자만 남고 없어진다면, 이 유일한 노동자가 엄청난 양의 기계를 작동시키고, 그것에 의해 새로운 기계와 자본가의 소비 수단을 생산할 것이다. 노동자계급은 사라질 것이지만, 그것은 자본의 가치 증식 과정을 조금도 교란시키지 않을 것이다."(Tugan-Baranovski, 1905: 230). 이런 도발적이고 놀랄만한 투간의 주장은 당연히 격렬한 비판과 논쟁을 야기할 수밖에 없었는데, 오카 미노루에 따르면 카우츠키를 비롯해서 부댕L. B. Boudin, 판네쿠크A. Pannekoek, 룩셈부르크 등 당대의 마르크스주의자들의 투간 비판에도 불구하고 대부분의 논자는 투간 표식의 비현실적이고 자의적인 구성을 지적했을 뿐, 투간 표식이 마르크스의 표식과 어떻게 다른지, 표식 구성에서의 이론적 오류가 무엇인지 규명하지 못했으며, 투간은 이들의 비판이 자신의 이론의 논리적 결함을 입증하지 못했다며 자신의 주장을 고수하였다. 투간은 〈신시대Die Neue Zeit〉 지면("Gesunder Menschenverstand und Wissenschaftliche Wahrheit", 제26권 제1책 제19호, 1908: 오카 미노루의 부정확한 출처 정정했음)에서 부댕의 비판을 반박하면서 자신의 주장이 '건전한 상식'의 견지로부터는 어떻게 불합리하게 보인다 해도 그것은 의연히 '과학적 진리'라고 선언하였다.(岡稔, 1976: 16-18).

투간은 이 표식을 이렇게 균형 표식이라고 주장하지만, 실은 앞의 표식과 달리 이 추가 표식은 균형 표식이 아니다. 투간에 있어서는 추가 표식의 작성 과정에 대한 설명이 빠져있어 이를 둘러싼 많은 논쟁에도 불구하고 투간 표식을 제대로 이해하는 논자가 별로 없는 실정이다. 그런데 투간은 외견상 이 표식에서 균형이 달성되지 않은 것처럼 보일지 모르지만, 실은 그렇지 않다면서 부연 설명을 하고 있다.(Tugan-Baranovski, 1905: 226-227). 먼저 이 설명을 따라가는 게 투간의 표식 작성을 이해하는 데 도움이 된다. 또 이를 통해 그의 주장과 달리 이 표식이 왜 균형일 수 없는가도 비판적으로 살펴볼 수 있다. 여기에서 문제는 제1부문, 제2부문, 제3부문 각각의 생산물의 공급과 수요의 일치가 문제가 아니라(앞서 본 바처럼 이건 균형이다) 이게 부문 간 교환의 균형도 충족하느냐를 살펴보는 것이다. 투간에 의하면 제1년도에 제1부문에서 생산된 생산수단은 2,720이고, 이 중 제2년도의 생산수단 생산을 위해 이 부문에서 사용되는 생산수단은 1,987.4, 따라서 2,720-1,987.4=732.6이 제2부문과 제3부문의 생산물과의 교환을 위해 제공된다. 반면 제2년도를 위해 제2부문과 제3부문의 생산물에 대한 제1부문의 수요는 496.8(임금 자본)+408(자본가 소비, 가정에 따라 제1년도 잉여생산물 가치 544의 75%)=904.8이다. 그러면 그 차액(904.8-732.6=172.2)만큼 1부문은 다른 두 부문에 판매(공급)하는 것보다 이들 부문으로부터 구매(수요)하는 게 더 많아서 균형은 파괴된다. 제1부문은 어떻게 이 차액만큼 더 구매할 수 있을까? 투간은 이게 외관상의 문제일 뿐이고 실은 그렇지 않다고 한다. 왜냐하면 임금 감소와 자본가 소비 불변의 조건하에서 제2부문과 제3부문에 투자된 자본은 감소가 불가피해서 팽창하는 제1부문으로 이동하고, 또 제2부문과 제3부문의 축적분도 제1부문으로 투자되기 때문이라는 것이다. 즉 제2년도에 제2부문의 실물 및 임금 자본 감소분 78.2〔실물 자본 감소 35.4(=408-372.6)+가정에 따른 임금 자본 감소 34(=136×0.25)+임금 자본 추가 감소 8.8(=136×0.75-93.2)〕, 제3부문의 임금 자본 감소분 30, 그리고 제1년도 이윤 중 제2부문에서 자본화되는 이윤 34 및 제3부문에서 자본화되는 이윤 30, 도합 172.2가 제1부문 투자로 돌려져서 앞의 차액 문제가 해결된다는 것이다.

결국 처음 볼 때 느끼는 투간 표식의 기기묘묘한 구성의 비밀은 제2부문과 제3부문으로부터 제1부문으로의 자본 이동에 있음을 알 수 있다. 왜 제2부문이 축소재생산을 하는지, 제3부문이 왜 단순재생산인지, 이제 그 이유가 밝혀졌다. 투간은 이를 통해 부문 간 교환의 불균형이 해결되고 표식의 균형이 달성된다고 하지만, 그러나 투간의 주장처럼 정말 부문 간 교환의 균형이 달성되는 건 아니다. 왜냐하면 투간은 부문 간 교환의 가치 측면만 고려하고 사용가치(소재) 측면은 간과하고 있기 때문이다. 후에 보는 바처럼 이런 부문 간 자본 이동을 통해서도 소재적 측면을 고려하면 재생산의 균형은 달성될 수 없다. 투간의 이 표식에 대해서는 일찍이 야마다 모리타로山田盛太郎가 근본적인 비판을 가한 바 있다. 山田盛太郎(1948: 215-218)에 따르면 투간 표식의 특이한 가정과 관계 때문에 이 표식에서는 아예 재생산 자체가 이루어질 수 없다는 근본적인 문제가 있다고 한다. 즉 제1년도에 제1부문에서 생산한 생산수단(2,720)은 모두 제2년도의 확대재생산에 충용되는 것이어서 제2년도 생산 개시 전에 부문 내, 부문 간 교환이 완료되어야 하고, 반면 제1년도에 제2부문에서 생산된 노동자용 소비재(680)는 모두 제2년도의 임금 자본에 의해 구매되고, 제3부문의 자본가용 소비재(600)도 모두 제2년도에 소비하는 것으로 되어 있어 제2년도 개시 전에 제2부문과 제3부문은 제1부문과 교환을 위해 공급할 수 있는 노동자용 소비재와 자본가용 소비재가 일체 없게 된다. 그러면 부문 간 교환은 불가능하다는 것이다. 또한 두 부문의 소비재가 모두 제2년도에 소비되는 것이라면, 제1년도에 노동자와 자본가는 도대체 무엇으로 생존하느냐는 문제도 지적한다.[70] 따라서 야마다 모리타로는 투간의 방식이 아니라 마르크

---

70   야마다 모리타로山田盛太郎의 이런 비판은 잘못된 것 같다. 이 문제에 관한 한, 투간의 방식도 결국은 마르크스의 방식과 다르지 않다. 즉, 양자 모두 당해 연도의 생산물은 당해 연

스의 관점, 즉 가치 및 소재 두 측면으로부터 각 연도의 생산물이 당해 연도의 불변자본과 가변자본의 보전 및 자본가 소비 그리고 다음 연도의 축적에 어떻게 배치되느냐는 관점에 따라 투간 표식에서의 부문 간 교환의 난관과 재생산의 불균형을 논증하였다.(山田盛太郎, 1948: 218-222).

하지만 야마다 모리타로는 자본 이동의 문제를 포함하여 투간 표식을 검토하진 않았다. 따라서 이하에서는 먼저 투간 표식이 어떻게 작성되었는가를 이해할 수 있도록 투간의 가정과 방식을 따라 투간 표식을 규명하고, 나아가 이렇게 하더라도 재생산의 소재적 측면을 고려하면, 부문 간 자본 이동을 반영한 투간 표식도 재생산의 균형을 달성하지 못한다는 점을 밝혀낼 것이다. 먼저 제1년도 생산과, 투간 표식의 가정에 따라 부문 간 자본이동을 고려한 제1년도 말 제2년도 축적을 위한 재배치는 다음과 같다.

제1년도 생산

도의 단순재생산과 다음 연도의 축적을 위해 사용하도록 되어있다. 예컨대 투간은 제1년도에 생산된 생산수단(2,720)은 모두 제2년도의 확대재생산(I 1,987.4+II 372.6+III 360)을 위해 사용한다고 하지만, 제1부문의 1,987.4는 실은 제1년도의 마모분(단순재생산) 1,632에 제2년도 축적을 위한 부분 355.4를 더한 것이다. 이 추가 표식에서는 자본 이동이 있고, 그 결과 제2부문과 제3부문이 축소재생산 내지 단순재생산을 하고 있어 두 부문에서는 그 관계가 명확하진 않지만, 기본적으로 같은 방식으로 작성되어있다. 추가 표식이 아니라 앞의 표식(세 부문 모두 확대재생산)에서의 투간의 설명(Tugan-Baranovski, 1901: 23-24)을 보면 보다 명백하게 확인할 수 있다.

제1부문 1632p+544a+544r=2720

제2부문   408p+136a+136r=680

제3부문   360p+120a+120r=600

제1년도 말 축적을 위한 재배치(부문 간 자본 이동을 포함)

제1부문 (1632+355.4)p + (408+88.8)a+ 408rk =(2720+172.2)

$\qquad$ (408=544x0.75)

제2부문 (408-35.4)p   + (102-8.8)a + 102rk =(680-112.2)

$\qquad$ (102=136x0.75)

제3부문   360p   + 90a   +90rk =(600-60)

$\qquad$ (90=120x0.75)

* rk는 잉여생산물 가치 중 자본가의 소비 부분

　부문 간 자본 이동 부분을 소재 형태로 보면 제2부문에서 노
동자용 소비재 112.2(제2년도 실물 자본 감소 35.4, 가변자본 감소
136x0.25+8.8=42.8, 축적되지 않는 부분 34, 도합 112.2), 제3부문
에서 자본가용 소비재 60(제2년도 가변자본 감소 120x0.25=30, 축
적되지 않는 부분 30, 도합 60)이 제I부문으로 이동, 투자된다. 표

식에 나타난 바에 의하면 이 자본 이동은 다음처럼 진행될 것이다. 제2부문 자본가와 제3부문 자본가는 각각 112.2의 노동자용 소비재와 60의 자본가용 소비재를 판매해서 확보한 화폐자본 172.2(=112.2+60) 중 제1부문에서 실물 자본 구입에 83.4, 노동력 구입에 88.8을 투자함으로써 이 화폐자본을 동일한 금액의 실물 자본과 임금 자본으로 전화하게 된다. 이러한 재배치에 따라 축적이 진행되면 이제 다음과 같이 투간 표식의 제2년도 생산이 나온다.

제2년도 생산

제1부문 $1987.4p+496.8a+828.1r=3312.3$

제2부문 $372.6p+93.2a+155.2r=621$

제3부문 $360p+90a+150r=600$

---

* 제2년도 잉여가치율은 세 부문 모두 크게 증가한 것으로 되어있다.

　같은 방식으로 제2년도 생산으로부터 제3년도 생산으로 축적을 전개할 수 있다. 투간의 설명에서는 '부문 간 자본 이동을 포함한 제1년도 말 축적을 위한 재배치'가 빠져 있어 이 표식이 어떻게 작성된 것인지, 어떻게 제2년도 생산이 나왔는지 이해하기가 어려웠다. 투간의 가정과 방식에 따라 이렇게 축적을 위한 재배치를 명시적으로 작성해 놓으면, 이제 투간 표식이 어떻게 작성된 것인지 완전하게 이해할 수 있게 된다. 그런데 다음 문제는 이게 정말 균형 표식인가 하는 것이다. 재생산의 소재 측면에 유의하면서 이 문제를 검토해보자.

'자본 이동을 포함하는 축적을 위한 재배치'를 보면, 제1년도 말에 제1부문에서는 제2년도 생산을 위해 355.4의 추가적 실물 자본이 축적되어야 하는데, 생산수단 형태로 존재하는 제1부문의 잉여생산물 가치 중 축적에 사용되는 크기는 544x0.25＝136밖에 안되기 때문에, 이것만으로는 이런 축적은 불가능하다. 그럼 투간은 어떻게 이 축적을 가능하게 했을까? 그건 한편에서 제1부문의 임금 자본 감소와 그것의 실물 자본으로의 전환, 다른 한편에서 제2부문과 제3부문으로부터 제1부문으로의 자본 이동을 통해 메워졌다. 축적을 위한 재배치에서 보는 바처럼 제1부문에서 임금 자본 감소에 따라 실물 자본으로 전환되는 자본은 136이고, 제2부문과 제3부문으로부터 제1부문으로의 이동되는 자본 172.2중에서는 83.4가 실물 자본으로, 88.8이 임금 자본으로 투자되었다. 따라서 제1부문의 추가적 실물 자본은 355.4(＝136+136+83.4)가 된다. 하지만 이런 계산은 가치 측면에서만 가능한 것이고, 소재 측면에서 보면 이런 축적은 불가능하다.

우선 제1부문에서 감소되는 임금 자본을 추가적 실물 자본 축적으로 돌릴 수가 없다. 왜냐하면 제1년도 생산에서 제1부문의 임금 자본 전체(544)가 제2부문과 교환을 통해 제1년도의 노동자용 소비재 구매로 나가야 하므로 544 전체가 소재 측면에서 보면 노동자용 소비재 생산을 위한 생산수단이기 때문이다. 이 부문에서 다음 연도 임금 자본이 136만큼 감소한다고 해도 노동자용 소비재 생산을 위한 생산수단을 생산재 생산을 위한 생산수단으로 전용하기는 불가능하다. 또한 제2부문으로부터 제1부문으로 이동하는 자본(112.2)과 제3부문으로부터 제1부문으로 이동하는 자본(60)으로도 추가적 실물 자본 축적에 사용할 수 없다. 왜냐하면 제1부문에는 제1부문 자본가의 잉여생산물 가치 544 중 추가 축적으로 나가는 136 외에 추가 축적을 위한 잉여의 생산재 생산용 생산수단 자체가 없기 때문이다. 따라서 이동되는 자본 172.2 중 투간이 실물 자본에 투하된다고 하는 83.4도 실물 자본으로 전화될 수 없다.(물론 부문 간 이동하는 제3부문의 개별 자본가가 생산재 생산을 위한 생산수단을 구매할 수는 있겠지만, 그만큼 기존의 제1부문 자본가가 구매할 수 없어서 제1부문 전체로서는 추가적 축적을 위한 생산재 생산용 생산수단을 제공할 수가 없다.)

결국 부문 간 자본 이동을 통해서도 제2년도 생산을 위해 추가적으로 요구되는 실물 자본(생산재 생산을 위한 생산수단) 355.4 중 최대 136(제1부문 잉여생산물 가치 중 축적되는 부분)만 공급될 뿐이며, 이는 부문 간 자본 이동이 있기 전과 똑같은 상태다. 즉 부문 간 자본 이동은 소재 보전의 문제를 고려하면 자본 이동 전의 재생산의 불균형 문제를 조금도 해결하지 못하는 것이다.[69] 그러면 위에서 본 '자본 이동을 포함하는 축적을 위한 재배치' 자체가 성립하지 않고, 이로부터 투간의 제2년도 생산도 나올 수 없으며, 잘못된 전제에 입각한 투간의 결론과 주장 모두가 원천적으로 잘못된 것이다. 이렇게 투간의 추가 표식은 균형 표식이 아니라 불균형 표식이다. 투간은 마르크스 표식에서 재생산의 가치 측면만 고찰하고 소재 측면은 간과했던 것이다. "한마디로 말하면 투간의 표식은 부문 분할과 가치 구성의 의의를 부정해버리는 것이다."(山田盛太郞, 1948: 222).

투간은 자신의 표식에서 자본주의하 생산과 소비의 연관을 끊고 소비로부터 독립해서 생산이 무한정 확대될 수 있다는 점을 보이고자 하였지만, 자신의 표식을 따르더라도 그런 생산과 축적은 가능한 게 아니었다. 마르크스의 재생산표식은 오히려 사회적 총생산물의 각 구성 부분의 가치 및 소재 보전에서 생산과 소비, 생산적 소비와 개인적 소비, 그리고 생산재 부문과 소비재 부문이

---

71 이상의 서술에서는 복잡성을 피하기 위해 '제1부문으로 이동하는 제2부문과 제3부문 자본($172.2 = 112.2 + 60$)의 화폐 형태로의 전화(상품 가치의 실현)와 제1부문에의 투자'에 따르는 부문 내 및 부문 간 교환에 대한 가치 및 소재 보전 양 측면으로부터의 분석은 생략하였다. 이것까지 명시적으로 검토하면 투간의 추가 표식에서는 위에서 살펴본 제1부문의 추가적 실물 자본 축적만이 아니라 부문 간 교환 모두가 수요와 공급의 균형을 유지하지 못한다는 게 더욱 분명하게 드러날 것이다.

기술적, 경제사회적으로 결정되는 일정한 관계하에서 어떻게 유기적으로 연관되어있는가를 보여준 것이었다. 마르크스 표식의 관점을 이해하지 못하면 투간 표식의 오류를 제대로 파악할 수 없다. 당대의 마르크스주의 재생산 논쟁에서 투간의 논리적 결함을 논파하지 못한 것은 대부분 논자가 마르크스의 관점을 이해하지 못했다는 것을 말해준다. 당시 마르크스의 관점을 올바로 견지한 논자는 레닌과 부하린 같은 일부 논자에 지나지 않았다. 레닌은 상품 실현 문제와 관련한 이른바 『자본』 제2권과 제3권 사이의 모순에 대한 투간의 해석(제3권의 서술이 잘못되었다는 것, 즉 비례성만 보장되면 상품 가치의 실현은 문제가 없다는 것)을 비판하면서 다음처럼 명료하게 생산과 소비의 관계를 정리하였다. "'사회의 소비력'과 '다양한 생산 부문 간의 비례성'은 어떤 분리되고 자립적인, 서로 결합되지 않은 조건들이 결코 아니다. 반대로 소비의 일정한 상태는 비례성의 한 요소다."(Lenin, 1899a: 49). 그럼에도 당대의 마르크스주의 논쟁에서 레닌은 무시되거나 또는 투간과 같은 동류로서, 다시 말해 레닌의 '추상적 실현 이론'은 투간의 조화론과 같은 것으로 왜곡, 비판되었는데, 당대의 논쟁이 잘못된 것임을 감안하면, 이는 어쩌면 당연한 것인지도 모르겠다.

4.
룩셈부르크 표식 비판

룩셈부르크는 자신의 저서 서두에서 재생산의 문제를 어떻게 검토해야 하는가에 대해 방법론적으로 중요한 접근 방식을 언급한다. "자본주의적 재생산의 문제를 순수한 형상에서 서술하기 위해서는 오히려 바로 그 주기적 경기 변동과 공황을 추상해야만 한다. 어떻게 이상하게 보인다 해도 이게 전적으로 합리적인 연구 방법이고, 과학적으로 통용되는 유일한 연구 방법이다. 가치 문제를 순수하게 서술하고 해결하기 위해서는 가격의 변동을 추상해야만 한다. … 바로 똑같은 것이 자본주의적 총자본의 재생산 문제에 대해 해당한다. … 전체 순환의 평균에서 우리는 재생산의 어떤 중간치를 얻는다. 이 평균은 단순히 이론적인 관념의 표상이 아니라 실제적이고 객관적인 상태이기도 하다. … 우리가 이하에서 자본주의적 재생산을 말한다면, 그건 언제나 하나의 순환 내에서의 경기변동의 중간 합성력으로서 나타나는 평균으로 이해해야 한다."(Luxemburg, 1913: 14-15). 즉 룩셈부르크에 있어서도 재생산표식은 자본주의 발전의 이념적 평균의 문제로서 접근해야 하는 것이다. 그런데 룩셈부르크는 후에 보는 바처럼 자신의 표식에서 소비재 과잉으로 인한 재생산의 불균형을 논증하고 있으므로, 룩셈부르크에 따르면 자본가와 노동자 두 계급으로만 구성되는 자본주의 생산은 이념적 평균에서 가치와 잉여가치의 실현이 불가능하며, 비자본주의적 수요, 이른바 제3자가 존재하지 않는 한 자본주의 발전은 불가능하다. 나아가 룩셈부르크는 자신의 표식의 결론으로부터 비자본주의적 시장을 찾아 해외로 팽창하는 '제국주의의 경제적 뿌리'를 해명하고, 그럼에도 불구하고 비자본주의적 시장의 소멸에 따른 자본주의 붕괴의 필연성을 논증하고자 한다.[72]

마르크스는 제2절에서 본 바처럼 자본주의의 이념적 평균에서 재생산표식의 균형을 전제했는데, 룩셈부르크는 마르크스의 확대재생산표식의 균형적 전개가 단지 덧셈 뺄셈의 수학적 연습의 결과가 아닌가 하는 의문을 제기한다.(Luxemburg, 1913: 91). 표식의 균형은 수요와 공급의 일치를 상정하는 자본주의의 이념적 평균 또는 자본의 일반적 분석의 수준에서 표식이 작성된 데에 따른 방법론적 전제이며, 룩셈부르크처럼 이를 문제 삼고 비판하는 것은 이 방법론을 이해하지 못하는 대표적인 오류 중 하나이다. 마르크스의 확대재생산표식은 I부문 자본가의 축적에 대해 부문 간 교환이 균형을 이루도록 II부문 자본가의 축적이 종속적

---

72 참조삼아 말한다면, 룩셈부르크는 이 저작 이전의 이른 시기에 베른슈타인과의 유명한 수정주의 논쟁 책자에서는 이와 달리 '자본주의 경제의 **점증하는** 무정부성'에서 자본주의 붕괴의 필연성을 찾았다.(Luxemburg, 1899: 375).

으로 결정되도록 구성되어있다.(이는 물론 표식의 균형 조건을 유지하는 한 방식일 뿐이고 다른 방식들도 가능하다.) 룩셈부르크도 이를 인식하고 'IIc 증가분=Iv 증가분+Imk 증가분'이 '마르크스 축적 표식의 수학적 토대'임을 지적하면서 다른 어떤 숫자 예도 가능하다고 한다.(Luxemburg, 1913: 97-98). 하지만 룩셈부르크에게 있어 문제는 수학 공식이 아니다. "우리는 이제 자본주의 축적의 이 엄격한 규칙이 실제 관계에 상응하는지 여하를 검토해야만 한다." (Luxemburg, 1913: 98). 룩셈부르크가 제기하는 실제 관계, 그것은 곧 지불 능력 있는 수요의 문제를 말한다.

"실제로 축적이 행해지기 위해서는 … 또 하나의 다른 조건, 즉 상품에 대한 지불 능력이 있는 수요의 확장이 필요하다. 마르크스 표식에서 생산의 계속적인 확대의 토대가 되는 이 끊임없이 증가하는 수요는 어디에서 유래하는가?"(Luxemburg, 1913: 102). 또는 "축적되는 잉여가치에 대한 수요가 어디에 있나, 또는 마르크스가 정리한 바처럼, 축적되는 잉여가치를 지불하기 위한 화폐가 어디서 오는가?"(Luxemburg, 1913: 111-112). 사실 문제가 아닌 이 문제로부터 룩셈부르크는 원을 돌듯 빠져나오지 못하고, 동일한 문제 제기가 룩셈부르크의 저작 곳곳에서 반복되고 있다. 룩셈부르크가 제기하는 문제는 다음과 같은 것이다. 잉여가치의 일부가 축적된다면, 축적을 통해 생산하는 상품에 대한 수요가 그 전에 있어야 하는데, 자본가와 노동자만을 상정하는 자본주의 생산에서 이 수요가 어디에서 나오냐는 것이다. 마르크스의 표식에 따르면 I부문에서 축적이 먼저 일어나는데, 그러면 생산수단의 생산이 증가하고, 이 생산수단은 II부문에서 생활 수단의 생산을 위해 사용되며, 이 증대된 생활 수단은 I부문의 축적을 위해 추가 고용된 노동자의 소비를 위해 필요하다. 그러나 룩셈부르크에 의하면 이건 해답이 아니라 "원에서 돌고" 있는 것이다. "단지 더 많은 노동자를 유지하기 위해 더 많은 소비 수단을 생산하고, 또 단지 더 많은 노동자를 고용하기 위해 더 많은 생산수단을 생산하는 것은 자본주의적 관점에서 보면 불합리한 것이다."(Luxemburg, 1913: 102). 생산을 위한 생산이라는 '이 지치지 않는 회전목마'가 자본주의 현실의 이론적 반영이고 마르크스 학설의 현실적 결론이라고 가정하는 건 투간의 입장에 속하는 것이라고 비판한다.(Luxemburg, 1913: 285). 그러나 이건 룩셈부르크의 주장과 달리 원에 갇혀 있는 것도 아니고, 자본주의적 관점에서 불합리한 것도 아니며, 단순한 회전목마도 아니다. 원에 갇혀있는 것은 마르크스가 아니라 오히려 룩셈부르크다. 자본가는 노동자를 부양하기 위해 축적을 하는 게 아니라 이윤 생산을 위해 축적하는 것이다. 더 많은 이윤 생산을 위해 축적을 하고 이 축적은 상품(생산재와 소비재 모두)에 대한 추가 수요를 창출해서 축적을 통해 증대된 상품과 잉여가치의 실현을 가능하게 한다. 이게 도대체 무슨 문제가 되는가?

주지하다시피 단순재생산이든 확대재생산이든 마르크스는 잉여가치 실현을 위한 자본가의 화폐 소유를 전제해서 실현 문제를 해결했다. "축적이 확대재생산의 형태로 진행되는 한, 그것은 분명 화폐유통과 관련해서 어떤 새로운 문제도 제기하지 않는다. … 일반적 대답은 다시 똑같다. … 보다 큰 가치를 가진 보다 큰 상품량의 유통을 위해 요구되는 추가적인 화폐는, 지불의 청산이든 동일한 화폐 조각의 유통을 신속하게 하는 수단을 통해서든 유통 화폐량의 절약을 제고하든가 또는 퇴장 형태로부터 유통 형태로의 화폐의 전환을 통해서 조달되어야 한다. … 이 모든 수단으로도 충분하지 않다면, 추가적인 금 생산이 행해져야 한다.…"(MEW 24, 345-347). 즉, 마르크스에게 있어서는 자본가계급이 축적을 위한 화폐를 소유하고 있다고 전제하고, 화폐의 환류를 통해 결과로서 이 전제가 실현되며, 축적에 따른 자본가 소유의 화폐량 증대는 화폐의 퇴장과 재투입이라는 상품유통의 법칙과 화폐유통의 법칙에 따라 이루어지고, 결국에는 금 부문의 생산 증대에 의해 이루어진다는 것이다. 그럼에도 룩셈부르크는 화폐의 원천, 자신의 말로 정확하게 말하면, 축적되는 잉여가치의 수요가 어디에 있나라는 문제(마르크스에게 있어서는 이미 해결된 문제)에 대해 마르크스가 결국에는 해결책을 찾지 못했다고 하고, 이 문제와 관련한『자본』제2권의 재생산 분석 실패의 원인으로『자본』제2권이 완성된 저작이 아니라 미완성의 초고라는 점을 고려해야 한다고 덧붙인다.(Luxemburg, 1913: 133). 또한『자본』제2권의 재생산표식과 제3권 제15장의 생산과 소비의 모순 간에 모순을 지적하고, 제2권에서는 제3권의 모순을 배제하고 있다고 한다.(Luxemburg, 1913: 292).

이처럼 룩셈부르크는 투간을 비판하지만 기본적으로 투간과 같은 맥락에서 마르크스 표식이 생산과 소비의 균형을 가져온다고 이해하고, 자본의 유기적 구성 불변, 잉여가치율 불변 등 마르크스 표식의 가정을 문제 삼는다. 룩셈부르크는 이 가정들이 마르크스 학설의 다른 부분과 모순된다면서 유기적 구성 고도화와 잉여가치율 증가 그리고 양 부문 모두에서의 균등한 축적률을 가정한 자신의 표식을 제시하고, 이로부터 자본축적의 불가피한 결과로서 생산재 부족과 소비재 과잉을 논증하고자 하였다.(Luxemburg, 1913: 285ff). 룩셈부르크의 표식은 다음에서 보는 바처럼 제1년도는 마르크스 표식과 동일하고, 또한 각 연도 제1부문, 제2부문 잉여가치와 생산물 가치도 마르크스 표식과 동일하다. 그러나 자본의 (한계) 유기적 구성은 5:1, 6:1, 7:1, 8:1의 비율로 연도에 따라 상승하고, 잉여가치율은 양 부문이 동일하지 않지만 연도에 따라 증가하며, 양 부문의 축적률은 모두 50%로 되어 있다(단 제1년도 축적률은 양 부문 모두 마르크스 표식과 동일하다).

〈로자 룩셈부르크의 표식〉[73]

제 1 년도	제 1 부문 제 2 부문	5000c+1000v+1000m=7000 1430c+285v+285m=2000
제 2 년도	제 1 부문 제 2 부문	$5428 4/7 c+1071 3/7 v+1083m=7583$ $1587 5/7 c+311 2/7 v+316m=2215$
제 3 년도	제 1 부문 제 2 부문	5903c+1139v+1173m=8215 1726c+331v+342m=2399
제 4 년도	제 1 부문 제 2 부문	6424c+1205v+1271m=8900 1879c+350v+371m=2600

이 표식의 전개를 이해하기 위해 제1년도 말 축적을 위한 재배치(제2년도 축적을 위한 한계 유기적 구성은 6:1)를 보면 다음과 같다.

제1년도 말의 축적 배치

I $5000c+1000v+500mk+428 4/7 mc+71 3/7 mv=7000$

II $1430c+285v+101mk+157 5/7 mc+26 2/7 mv=2000$

---

* 제1년도 제2부문 축적률은 예외적으로 64.6%, 이하 연도에서는 50%

그러면 제2년도 생산은 룩셈부르크 표식처럼 다음과 같게 된다.

---

73   Luxemburg(1913: 287).

제2년도 생산

I $5428_{4/7}c + 1071_{3/7}v + 1083m = 7583$

II $1587_{5/7}c + 311_{2/7}v + 316m = 2215$

    같은 방식으로 표식의 제3년도, 제4년도 생산을 볼 수 있다. 교환을 매개하는 화폐유통을 차치하고 양 부문 교환관계를 보면, 제2년도 생산을 위해 제1부문은 $1571_{3/7}(=1000v + 500mk + 71_{3/7}mv)$의 생산재를 공급하고 동일한 금액의 소비재를 구매하고자 하는데, 제2부문은 $1587_{5/7}(=1430c + 157_{5/7}mc)$의 소비재를 공급하고 동일한 금액의 생산재를 구매하고자 한다. 그러면 이 교환은 $16_{2/7}$의 생산재 부족과 동일 금액의 소비재 과잉으로 불균형이 된다. 표식의 결과에 대해 룩셈부르크는 다음처럼 말한다. "축적이 이 같은 방식으로 일어난다면, 제2년도에는 16만큼, 제3년도에는 35만큼, 제4년도에는 88만큼 생산수단의 부족이 생기고, 동시에 제2년도에는 16만큼, 제3년도에는 35만큼, 제4년도에는 88만큼 소비 수단의 과잉이 생긴다."(Luxemburg, 1913: 287). 즉, 자본의 유기적 구성이 고도화하고 잉여가치율이 증가하며 축적률이 양 부문 동일하면, 재생산표식이 불가피하게 불균형에 빠진다는 것이다. 사실 룩셈부르크 표식의 불균형도 그 가정들 속에 이미 예정된 것이다. 제1부문과 제2부문 축적률이 모두 50%로 동일한데 한계 유기적 구성이 계속

높아지면 낭연히 생산재는 부족해지고 소비재는 과잉이 될 수밖에 없다.(잉여가치율이 증대하더라도 오히려 제2부문 잉여가치율이 제1부문보다 약간 더 높은 수준이므로 이런 경향을 바꿀 수 없다.) 그러면 소비재 생산을 줄이고 생산재 생산을 증대하도록 양 부문 축적률의 조정이 필요한데, 룩셈부르크 표식에서는 양 부문 축적률의 균등이 가정으로서 전제되어있어 불가능하다.

그러나 오카 미노루岡稔가 지적하는 바처럼, "마르크스의 표식이 불균형에 빠지지 않는 것은 그가 유기적 구성 및 착취율을 불변이라고 가정했기 때문이 아니라, 제2부문의 축적이 제1부문의 축적에 조응하여 행해진다고 가정했기 때문이다.(요컨대 마르크스에게 있어서는 제1부문이 언제나 잉여가치의 50%를 자본화한다고 가정되고 있지만, 제2부문의 축적률은 하등 앞서 정해지는 것이 아니고 제1부문 축적에 따라 수동적으로 정해지도록 되어있다.) 따라서 룩셈부르크의 표식이 불균형을 가져온 것은 룩셈부르크가 유기적 구성 및 착취율 상승을 가정했기 때문이 아니라, 제1부문과 제2부문의 축적률을 사전에 모두 50%로 결정했기 때문이다. 양 부문의 유기적 구성과 착취율 및 축적률은 부문 간 교환식($V_1 + M_{k1} + M_{v1} = C_2 + M_{c2}$)을 매개로 상호 연관되어있다. 따라서 베네딕트O. Benedikt가 시사하듯이 표식의 균형을 유지하기 위해서는 위의 변수들 중 어느 하나만은 가정에 의해 사전에 정하는 것이 아니라, 이 식에 의해 결정되도록 하지 않으면 안 된다. 룩셈부르크는 이 점을 무시하였다."

(岡稔, 1976: 21). 야마다 모리타로山田盛太郎는 정말 소비재 과잉이 발생하는가를 물으면서 룩셈부르크와 달리 I부문, II부문 잉여가 치율이 동일하고 II부문 축적률이 I부문 축적에 따라 조정되도록 가정하고 표식을 전개한다. 그러면 야마다 모리타로가 제시한 이 표식은 마르크스의 방식을 따르게 되어 균형을 유지한다. 룩셈부르크와의 비교를 위해 야마다 모리타로의 제1년도 표식만 가져오면 다음과 같다.

제1년도 말의 축적 배치(야마다 모리타로)

I. $5000c+1000v+500mk+428_{4/7}mc+71_{3/7}mv=7000$

II. $1430c+285v+120mk+141_{3/7}mc+23_{4/7}mv=2000$

룩셈부르크의 표식에서 소비재 과잉으로 나타난 $16_{2/7}mc(+2_{5/7}mv=19)$ 가 II부문 자본가의 개인 소비로 처리되어 균형 표식이 된 것이다. 그에 따라 $16_{2/7}mc$만큼의 생산재 수요도 없어져서 생산재 수급도 균형을 이룬다. 이를 통해 야마다 모리타로는 마르크스의 재생산 표식이 미완성이어서 현실적 가정을 도입하면 표식의 균형이 파괴된다는 룩셈부르크의 주장은 "결정적인 오류"라고 지적한다.[72] 마르크스 방식으로 표식을 작성하면 자본의 유기적 구성의 고도화를 표식에 도입해도 표식의 균형은 유지되는데, 그것이 다름 아닌

앞서 본 레닌의 불균등 발전 표식이다. 유기적 구성의 고도화에 설령 잉여가치율의 증대까지 가정해도 결과는 마찬가지다.

룩셈부르크는 잉여가치의 절반을 상승하는 한계 유기적 구성에 따라 기계적으로 축적에 배치함으로써 자신의 불균형 표식을 작성하였는데, 룩셈부르크의 표식을 더 분석해보면 사실 룩셈부르크가 배치한 바에 따라 축적이 진행될 수 있는 것도 아니어서 룩셈부르크 표식은 기본적으로 잘못 작성된 것이다. 앞서 본 바처럼 룩셈부르크 표식대로 제2년도에 축적을 하기에는 $16_{2/7}$의 생산재가 부족하고 동일 금액의 소비재가 과잉이다. 제2부문은 제2년도에 룩셈부르크의 축적 배치에 따라 축적을 할 수 없게 되고, 따라서 제2년도 생산도 룩셈부르크 표식과 같을 수가 없다. 즉, 제2부문에서 $16_{2/7}$만큼 생산재가 부족하면 불변자본 축적은 $1430c + 157_{5/7}mc$로 진행되지 못하고 $1430c + 141_{3/7}mc$가 되며, 그에 따라 가변자본 축적도 $285v + 26_{2/7}mv$가 아니라 $285v + 23_{4/7}mv$가 되어 추가로 소비재 $2_{5/7}$가 과잉으로 남는다.(제2부문의 축적률이 정해져 있어 이건 제2부문의 소비로 전화될 수 없다. 그렇다고 축적되지도 못해 룩셈부르크가 가정한 제2부문 축적률도 지킬 수 없다.) 따라서 소비재 과잉은 $16_{2/7}mc + 2_{5/7}mv = 19$가 된다. 제2년도의 축적은 다음처럼 진행될 것이다.

---

74   山田盛太郎(1948: 233이하) 참조.

제1년도 말 축적을 위한 재배치

I $5000c + 1000v + 500mk + 428_{4/7}mc + 71_{3/7}mv = 7000$

II $1430c + 285v + 101mk + 141_{3/7}mc + 23_{4/7}mv = 1981$(소비재 과잉 19)

그러면 제2년도 제2부문 생산은 다음처럼 룩셈부르크 표식과 다르게 된다.(그에 따라 마찬가지로 제3년도, 제4년도 제2부문 생산도 룩셈부르크 표식과 다를 것이다.)

제2년도 생산

I $5428_{4/7}c + 1071_{3/7}v + 1083m = 7583$

II $1571_{3/7}c + 308_{4/7}v + 316m = 2196$

이 경우 제1부문의 생산재 공급과 소비재 수요는 $1571_{3/7}$, 제2부문의 소비재 공급과 생산재 수요도 $1571_{3/7}$이어서 생산재와 소비재가 외견상 수급 균형이지만, 제2부문의 소비재 과잉으로 인해 이건 부문 간 균형 교환이 아니다. 또한 과잉 소비재 $16_{2/7}mc$는 생산재로 전화되어야 할 것인데, 이에 필요한 생산재는 존재하지 않으므로 생산재도 실은 불균형 상태다. 요컨대 제2부문

의 소비재 과잉으로 인해, 또 이 과잉생산물을 축적으로 전화할 수 있는 I부문 생산재의 부족으로 인해 제2부문의 이 가치량($16_{2/7}mc+2_{5/7}mv=19$)은 축적될 수 없는데도 룩셈부르크는 이런 문제를 표식 작성에서 고려하지 않고 축적되는 것처럼 자신의 가정에 따라 기계적으로 표식을 전개한다. 룩셈부르크는 가치 기준의 생산재 부족에도 불구하고 생산재의 사용가치량은 기술 진보와 함께 증가하므로 계속적인 축적에 충분한 생산재량을 가정할 수 있다고 하지만(Luxemburg, 1913: 287), 이는 틀린 말이다. 여기서 문제는 가치 기준의 양 부문의 교환관계가 깨져서 발생한 생산재 부족을 말하는 것이다. 이건 기술 진보로 동일한 가치량이 얼마나 더 많은 사용가치로 표시되든 상관없는 문제다. 이렇게 룩셈부르크 표식에 있어서는 불균형의 논증에 앞서 이 표식이 자의적으로 작성된 잘못된 표식임을 이해해야 하며, 당연히 이 표식에 근거한 룩셈부르크의 결론과 주장도 잘못된 것이 아닐 수 없다.[75]

룩셈부르크 표식과 그 주장에 대해서는 엑슈타인G. Eckstein, 베네딕트, 바우어O. Bauer 등 당대 대다수 논자가 비판적이었고, 룩셈부르크는 자신의 반비판 책자(Luxemburg, 1921)를 통해 이들을

---

75 룩셈부르크 표식과 다르게 제2부문에서 과잉 소비재가 다음 연도에 축적되지 못한다면, 소비재 생산은 매 연도에 룩셈부르크 표식의 수치보다 작게 되어 결국에는 수급 관계가 역전되고, 룩셈부르크의 주장과 달리 이번에는 생산재 부족/소비재 과잉이 아니라 생산재 과잉/소비재 부족의 사태가 발생할 것이다.

전방위로 논박, 반박하고 자신의 주장을 적극 변호하였다. 레닌 (Lenin, 1913: 71)은 룩셈부르크의 저작이 엄청나게 잘못된 것이고 마르크스를 왜곡했다며 엑슈타인과 바우어 등의 룩셈부르크 비판에 동조하였다. 또한 코민테른 내에서의 룩셈부르크 논쟁을 계기로 부하린의 룩셈부르크 비판이 이어졌으며, 이후에도 슈테른베르그F. Sternberg, 드 프리스A. de Vries, 헤르첸슈타인A. Herzenstein, 로라L. Laurat 등 룩셈부르크의 옹호자와 비판자들 사이에 일련의 논쟁이 있었다. 여기에선 이 논쟁에 더 이상 들어갈 여유가 없고, 간략하나마 岡稔(1976: 22이하)을 참조하기 바란다. 전반적으로 룩셈부르크를 둘러싼 논쟁도 투간을 둘러싼 논쟁과 마찬가지로 재생산표식에 대한 마르크스의 방법을 오해함으로써 동일한 오류가 반복되고 난타전과 같은 소모적 논쟁이 벌어졌다. 투간과 룩셈부르크의 오류에 대해서는 부하린(Bukharin, 1925)의 탁월한 비판이 주목할 만하다. 부하린, 레닌 등 당대의 러시아 마르크스주의자들이 독일 마르크스주의자들보다 이론적으로 뛰어났음을 엿볼 수 있다. 부하린의 비판을 통해 재생산에서의 생산과 소비의 관련을 어떻게 이해해야 하는가 하는 쟁점을 올바로 이해할 수 있을 것이다.

　룩셈부르크 표식과 관련한 마지막 중요한 문제는 룩셈부르크 표식과 과소소비 공황론에 관한 문제다. 룩셈부르크는 특별히 공

황과 경기순환에 관한 이론을 제시하진 않았지만[76], 룩셈부르크
표식의 결론과 관련해서 대표적인 과소소비론자로 알려져 있다.[77]
그런데 룩셈부르크는 재생산표식이 공황과 경기순환을 추상한 수
준, 즉 자본주의의 이념적 평균에서 서술한 것이라 했으므로, 룩
셈부르크에 따르면 자본주의는 이념적 평균에서 생산재 부족과
소비재 과잉으로 재생산의 균형이 불가능하다. 이것이 의미하는
바는 자본주의 재생산은 경향적으로, 또 항상적으로 양 부문이
불균형하다는 것이다. 이로부터 공황을 말한다면, 그건 항상적 공
황이 될 수밖에 없다. 또한 룩셈부르크가 소비재 과잉을 말하더라
도 생산재는 부족하기 때문에, 이로부터 과소소비 공황론을 끌어
낼 수도 없다. 과소소비론은 노동자의 과소소비로 인해 소비재도
과잉, 생산재도 과잉이라고 주장하기 때문이다. 이건 전반적 과잉
생산이 아니라 소비재 과잉생산과 생산재 과소 생산, 즉 부문 간
불비례와 부분적 과잉생산일 따름이다. 물론 룩셈부르크가 자신

---

76 투간은 원래 공황에서의 실현 문제를 검토하기 위해 재생산표식을 분석하고 표식론을 공
    황론의 토대로 삼아 경기순환론으로서 공황론을 전개했지만(즉 투간에 있어서는 공황론이
    목표), 룩셈부르크는 주기적 공황이 아니라 자본주의의 평균적 관계하에서 실현 문제 검토
    를 목표로 삼았다. 그래서 룩셈부르크에 있어서는 표식론에서 공황론에 대한 언급은 별로
    없다.

77 그럼에도 룩셈부르크 자신은 카우츠키에 대한 비판에서도 보는 바처럼 마르크스가 과소
    소비론을 조롱한 것을 논거로 해서 과소소비론이라는 명칭에 비판적이다.(Luxemburg,
    1921: 449).

의 표식으로부터 어떻게 경기순환과 공황을 전개할 수 있는지는 룩셈부르크에 남겨진 이론적 문제이겠지만, 이상의 관점으로부터 룩셈부르크의 표식론과 연관해서 공황론을 평가한다면, 룩셈부르크의 공황론은 통설과 달리 과소소비론이 아니라 오히려 불비례설이라고 해야 옳을 것이다. 룩셈부르크는 투간의 균형 표식을 비판하고 불비례설을 논박하고자 했지만, 실은 불균형 표식을 작성하고도 투간의 불비례설을 논증한 셈이다. 룩셈부르크는 자신의 표식으로부터 생산재 부족과 소비재 과잉이라는 부문 간 불균형, 즉 투간의 불비례를 끌어내고서도 이를 수요 부족에 의한 잉여가치의 실현 곤란으로 오해하였다. 그러나 룩셈부르크와 투간의 불비례설은 중요한 점에서 차이가 있다. 투간이 (잘못된) 균형 표식을 근거로 자본주의는 이념적 평균에서 실현의 모순 없이 발전할 수 있고, 다만 불비례로 인해 주기적으로 공황이 일어날 뿐이라고 주장한 것과 달리, 룩셈부르크는 불비례의 문제를 자본주의의 이념적 평균의 관계에서 논증함으로써 경기순환의 국면에 관계없이 자본주의는 언제나 부문 간 불균형에 빠지고(그러면 원리적으로 호황에 대한 설명도 불가능하다) '제3자'의 수요 없이는 재생산의 균형, 균형적 축적이 불가능하다고 주장한 것이다.[78] 마르

---

78 이 문제에 관한 룩셈부르크와 마르크스의 이론적 차이에 대한 부하린의 설명도 같은 맥락이다. "우리는 마르크스와 룩셈부르크가 문제를 제기하는 방식에서의 전체적인 차이를 알

크스의 방법론에 따르면 표식론의 수준에서는 부문 간의 불균형과 생산과 소비의 모순을 추상적인 수준에서만 논할 수 있고, 전반적 과잉생산은 현실 경쟁론과 공황론의 수준에서나 전개할 수 있다. 따라서 표식론 수준에서는 균형이 전제되어있고, 전반적 과잉생산은 잠재적으로만 포착할 수 있을 뿐 현실화될 수 없는 것이다. 룩셈부르크는 이런 방법론을 이해하지 못해 표식론과 공황론 모두에서 혼란과 오류를 피할 수 없었다.

아야만 한다. **마르크스**에 따르면, 축적과 실현 그리고 확대 생산은 가능하다. 그러나 그 과정은 순조롭게 진행되지 않고 모순들, 즉 자본주의 체제의 항상적 변동에서 드러나는 모순들과, 격렬한 경련으로 표현되는 모순들 속에서 그 과정을 완료한다. 결국 자본주의적 재생산과정 자체는 자본주의적 모순들의 확대재생산을 나타낸다. **로자 룩셈부르크**에 따르면, 사태는 완전히 다르다. 그녀에 따르면 잉여가치의 실현과 축적 그리고 확대재생산은, 순수한 자본주의사회를 다루고 있는 한, 절대적으로 **불가능**하고, 어느 정도는 애초부터, 선험적으로 불가능하다. 마르크스에 따르면 자본주의 체제의 '비약'과 경련의 형태로, 모순들의 **폭발** 형태(과잉생산 공황)로 나타나는 것이 룩셈부르크에 의해서는 문제의 본성상 경기순환의 어떤 순간에서도 항상 나타나는 것으로 간주된다."(Bukharin, 1925: 203). 부하린과, 또 레닌도 이렇게 마르크스의 재생산표식과 공황의 관계를 올바로 이해하였지만, 현실 경쟁을 매개로 해서 재생산론으로부터 공황론을 어떻게 전개해야 하는가에 대해서는 합당한 답변을 주지 못했다. 레닌은 현실 경쟁을 통한 표식론과 공황론의 매개를 모호하고 추상적인 방식으로 언급했을 뿐이었다(Lenin, 1899b: 78).

5.

보론:

투간-바라노프스키의 산업 순환론과 공황론

투간의 공황론은 통상 불비례설로 알려져 있고 또 불비례설이란 생산 부문 간 불균형, 즉 재생산표식에서의 균형의 파괴로 공황을 설명하는 이론이다. 투간은 표식과 공황의 연관을 다음처럼 밝히고 있다. "우리는 사회적 생산의 비례적 발전의 경우에는 수요는 상품 공급 자체에 의해 창출된다는 것을 보았다. 그러나 완전한 비례성을 달성하기에는 극복할 수 없는 난관[자본주의 생산의 무정부성: 인용자]이 그 자체에 포함되어있다. 사회적자본의 비례적 배분 이외의 모든 다른 배분은 일부 상품의 과잉생산으로 이어진다. 그러나 모든 생산 부문은 서로 밀접하게 연관되어있기 때문에, 일부 상품의 부분적 과잉생산은 쉽게 전반적 상품 과잉생산으로 전화된다. 상품 시장은 팔리지 않는 상품들로 넘쳐나고 가격 폭락이 뒤따른다."(Tugan-Baranovski, 1901: 31). 그러나 투간의 불비례설이 균형의 파괴는 곧 공황이라는 식으로 그렇게 소박한 형태의 공황론은 결코 아니다. 투간은 독자적인 균형 표식을 제시해서 대표적인 조화론자로 분류되지만(조화론은 부문 간 비례성을 계획적으로 유지하는 한에서라는 전제가 있다), 그러나 자본주의 생산의 무정부성으로 인해 현실적으로 자본주의의 비례적이고 조화로운 발전은 불가능하고, 따라서 자본주의 생산은 언제나 부문 간 불균형에 빠질 수밖에 없지만, 그것이 곧 공황은 아니며, 자본주의 공황은 대략 10년 주기로 반복한다고 한다. 다시 말해 투간에 있어서 공황론은 재생산표식으로부터 직접 전개되지 않고 어디까지나 산업 순환으로서 공황론이다. "자본주의의 발전은 그것이 상승과 하강, 호황과 불황이라는 서로 잇따르는 시기로 구성된다는 의미에서, 즉 그 궤도가 순환을 형성한다는 의미에서, 주기적이다. 산업 순환은 대략 (단지 대략적으로만) 10년간이다. … 그럼 공황의 주기성은 무엇에 의해 야기되는가? 우리가 서술한 바에 따르면 공황은 자본주의 생산양식의 두 개의 모순. 즉 첫째, 생산수단이 생산에 참여하지 않는 사람들의 소유이고 직접적 생산자들에게는 생산수단이 결여되어있다는 것과, 둘째, 개별 공장에서 생산은 조직되어있는 반면 사회적 생산은 무정부적이라는 것으로부터 일어난다. 이 모순들이 불가피하게 자본주의경제를 공황으로 가져간다. 그러나 무엇으로부터 공황이 주기적으로 반복하는가? 이건 아직 설명되어야 한다. 산업 순환이 가장 명료하고 가장 현저하게 나타나는 한 나라, 즉 영국에서의 공황의 역사가 우리에게 귀납적 방식으로 이 주기성의 원인을 확증할 가능성을 제공한다." (Tugan-Baranovski, 1901: 233-234).[79]

---

79 투간은 "인간의 필요를 충족시켜주기 위한 수단으로서의 생산과, 자본 창출의 기술적

다시 말해 투간은 공황 내지 불황의 주기적 반복 메커니즘을 이론적으로 전개하는 것이 아니라 역사적인 공황의 분석, 즉 공황사의 분석을 통해 해명하려고 한다. 고바야시 마사나리小林賢齊는 이를 '공황사론'으로서의 공황론으로 특징짓고 있다.(小林賢齊, 1998: 137). 즉 현실 공황의 역사에서 경기순환과 관련된 주요 요인들, 즉 선철 가격, 철도 건설, 투기, 주식회사 설립 붐, 고정자본 투자, 은행의 귀금속 잔고, 대부자본과 이자율 운동 등을 포착하고 그 경험적 현상들의 연관을 그려내고자 한다.(Tugan-Baranovski, 1901: 236ff). 그에 따르면 경기순환은 무엇보다 선철 가격의 운동에 완전하게 반영되고 있고, 고정자본 투자는 경기순환에 따라 주기적으로 변동하며, 호황 국면에서의 실물 자본의 투자는 불황 국면에서의 자유 대부자본(놀고 있는 대부자본)의 축적과 이자율/할인율의 저락 그리고 화폐시장에서의 투기에 근거하고 있다. 대부자본의 실물 자본으로의 투자와 전화는 첫걸음만 어려울 뿐이지 투자와 생산의 확대는 생산부문 간 연관 관계로 인해 전체 경제에 걸쳐 수요와 생산의 확대를 가져오며 상품 가격의 상승, 고이윤과 함께 투기가 준동한다. 그러나 호황 국면에서 대부

요소로서 생산, 즉 **자기 목적**으로서의 생산 사이의 모순"을 "자본주의 경제 질서의 근본 모순"이라고 하였고, 위의 첫째 모순으로 서술한 모순을 그 사회적 표현이라고 하였다.(Tugan-Baranovski, 1901: 27-28).

자본은 점차 소진되고 축적을 통해 새로 창출된 신규 자본도 모두 투자로 전화되는 등 대부자본의 수급 관계가 역전되어 대부자본의 수요가 대부자본의 공급을 초과하며 이자율이 등귀하게 된다. 그리고 대부자본의 고갈과 이자율의 등귀는 주식시장 붕괴의 확실한 신호로 작용하지만, 통상 실제 공황에 앞서 주식시장은 먼저 붕괴하며, 주식시장의 붕괴에도 불구하고 생산자본의 창출은 점진적으로 진행되기 때문에 산업의 호황은 당분간 계속되다가 붕괴한다. 산업의 공황은 상품 가격의 하락에서 표현되며 가격 하락에 직접적인 원인이 있다. "상품 가격의 주기적 변동을 해명하는 것이 동시에 공황의 주기성을 해명하는 것임에 틀림없다." (Tugan-Baranovski, 1901: 249).

투간은 호황 국면에서의 고정자본의 확대 투자와 생산 확대가 부문 간 비례성을 넘어 진행됨으로써 호황의 종료와 공황의 발발은 고정자본의 과잉생산에서 비롯되며, 생산 부문 간 상호 의존 관계 때문에 고정자본의 과잉생산이라는 이 부분적 과잉생산이 전반적 과잉생산으로 발전된다고 한다. 이렇게 그의 공황론은 불비례설이지만, 이 불비례설은 단순하게 생산 부문 간 불균형으로부터 직접 주기적 공황을 설명하는 게 아니라 산업 순환을 분석하고 호황 국면에서의 불비례의 발전과 그것의 공황으로의 폭발, 다시 말해 산업 순환의 한 국면으로서의 주기적 공황을 설명한다는 점에서 세련된 형태를 갖추고 있다. 이 과정을 투간은 다음처럼 요약, 정리하고 있다. "이전에 축적된 자본은 결국에는 소모될 것이다. 상승 국면에서 사회의 신규 고정자본(das stehende Kapital)이 창출된다. 사회 전체 산업은 독특한 방향을 취한다. 즉, 생산수단의 생산이 전면으로 나아간다. 선철, 기계, 도구, 선박, 건설자재가 이전보다 더욱 거대한 양으로 요구되고 생산된다. 결국에는 신규 고정자본이 완성된다. 신규 공장, 선박, 주택이 건설되고 신규 철도 노선이 실행된다. 그러나 이제 신규 주식회사 설립이 감소된다. [투간에 있어 이는 곧 신규 고정자본 창출의 감소를 의미하므로: 인용자] 고정자본의 요소들을 구성하는 모든 자재에 대한 수요는 제한을 받게 된다. 생산의 배분은 비례성을 잃게 된다. 즉, 신규 주식회사 설립이 감소하였기 때문에 기계, 도구, 선철, 벽돌, 건축용 재목은 이전보다 적게 요구된다. 그러나 생산수단의 생산자들은 자신의 자본을 자신의 사업으로부터 끌어낼 수 없고, 게다가 건축물, 기계 등의 형태로 투자된 자본량은 생산의 계속을 요구하기 때문에(그렇지 않으면 놀고 있는 자본은 조금도 이자수익을 내지 못한다), 생산수단의 과잉생산이 발생한다. 모든 생산 부문의 상호 의존성의 결과로 부분적 과잉생산은 전반적 과잉생산이 되고, 모든 상품의 가격은 하락하며, 전반적인 사업 정체가 나타난다. … 따라서 이 전반적 과잉생산의 원인은 … 상이한 생산 부문들 간 비례성의 결핍에 있다. 화폐 및 신용거래 영역에서의 교란은 비례성 결핍이라는 토대 위에서 발생하는 부차적인 현상일 뿐이다."(Tugan-Baranovski, 1901: 249-250). 투간은 이 불비례가 호황 국면에서의 생산 부문 간 불균등한 성장과 주식시장에서의 투기에 의해 강화된다고 덧붙이고, 이로써 산업 순환은 공황 국면으로 넘어가고 공황을 통한 자본 일부의 파괴를 통해서만 비례성을 회복할 수 있으며, 불황 국면에서 다시 자유 대부자본이 축적되고 새로운 번영 국면이 뒤따르면서 산업 순환이 반복된다고 한다.(Tugan-Baranovski, 1901: 250-251).

이상 투간은 공황사의 분석을 통해 주기적 공황의 경험적 현상들과 그 연관 관계를 밝히고자 하였지만, 이는 주기적 공황의 이론적 구성에서도 주목할 만한 요소들이어서 투간의 공황론은 부르주아 경기순환론뿐 아니라 마르크스주의 공황론의 발전에서도 커다란 기여를 한 것으로 평가된다.[80] 특히 그가 주목한 경기순환에서의 고정자본 투자의 의의, 호황 및 불황 국면에서의 수급 관계의 변화와 가격 변동, 유휴자본의 축적과 신용 제도의 역할, 이

---

80 고바야시 마사나리에 따르면 공황의 근본 원인에 대해 과소소비설의 입장에서 투간을 비판하는 슈미트나 카우츠키도 산업 순환 및 공황의 주기성에 대한 설명에서는 투간을 긍정적으로 수용하고 적극적으로 평가한다고 한다. 투간은 자신의 이론(재생산론과 공황론)이 이처럼 상이한 평가를 받는 것에 대해 프랑스어판(1913)에서 양자의 이론은 유기적으로 연관되어 있으므로 공황론을 승인한다면 그 논리적 기초인 재생산론(이른바 판로 이론)도 승인해야 한다고 주장하였다. 투간의 공황론과 경기 순환론은 그 후 슈피토프, 바우어, 힐퍼딩, 카셀, 하이에크, 케인스에 이르는 논쟁사에서 주요한 위치를 차지하고 있고, 나아가 콘드라티에프나 슘페터의 장기 순환론에도 영향을 미쳤다고 한다. 小林賢齊(1998: 143이하) 참조.

자율의 변동, 주식 투기 등은 마르크스주의 공황 이론의 구성에서 간과해서는 안 될 결정적으로 중요한 요소들이다. 그러나 투간의 경험적 연관의 구성에서는 이론적 연관의 결여 때문에 그 인과관계의 구성이 명확하지 않고, 심지어 전도될 위험도 크다. 예컨대 호황 말기 공황으로의 전환에서 '대부자본의 핍박과 이자율 등귀-투자수요 감소-생산재 과잉'이라는 투간의 설명 방식은 인과관계가 전도된 것이다. 호황 말기에 이자율이 등귀하긴 하지만 초과수요의 존재로 인해 이윤율도 높기 때문에, 이자율 등귀만으로 투자수요가 감소하지는 않는다. 투자수요의 감소는 이윤율 저하에 의해 촉발되며, 이윤율 저하와 이자율 등귀 그리고 임금 등귀가 투자수요를 감소시킨다. 또한 은행의 신용 회수가 신용 경색을 심화시키고 이자율이 급등하게 된다. 그런데 이윤율 저하는 생산재의 과잉생산이 이미 현재화하기 시작한 후에 일어나기 때문에, 호황 말기 공황으로의 전환은 '생산재 과잉-이윤율 저하-이자율 등귀-투자수요 감소-신용 회수-이자율 급등-과잉생산과 공황'이라는 연관하에서 전개된다.

또한 불비례가 전반적 과잉생산으로 발전하는 메커니즘도 이론적으로 해명되어야 한다. 불비례는 다만 부분적 과잉생산을 야기한다. 그런데 공황에서의 문제는 일상적 불비례, 일상적인 부분적 과잉생산이 아니라 주기적 과잉생산이 문제다. 투간은 호황 말기의 부분적 과잉생산(생산수단의 과잉생산)이 전반적 과잉생산으로 발전한다고 한다. 그런데 문제는 산업 순환의 다른 국면에서의 부분적 과잉생산은 왜 전반적 과잉생산으로 발전하지 않느냐 하는 것이다. 투간은 일상적 불비례와 주기적 과잉생산을 구별하고 있긴 하지만, 왜 일상적 불비례가 가격기구의 작용에도 불구하고 수급 균형을 회복하지 못하고 주기적으로 과잉생산으로 발전하는가를 설명하지 못한다. 이와 관련한 다카야마 미츠루高山滿의 다음 비판이 문제의 핵심이다. "따라서, '부분적 과잉생산'이 '일반적 과잉생산의 원인'이며 '사회적 노동의 배분에서의 균형의 결여'라고 투간은 단정한다. '부분적 과잉생산'의 '일반적 과잉생산'으로의 전화 논리의 단순함도 그렇지만, 여기에는 자본주의경제의 가격기구와 사회적 생산관계에 대한 투간의 인식 결여가 확연히 드러난다. 즉 '빵'의 과잉생산으로 가격이 하락하면 당연히 이윤이 감소하기 때문에, '빵'의 생산은 보류되며, 반대로 '포'의 경우는 가격 상승(상대적 공급 부족) → 이익 증대에 의해 공급을 증대시키려고 한다. 이렇게 전자에서는 과잉이 점차적으로 해소되고, 가격도 회복하는 데 반해, 후자의 경우는 반대로 공급 증가와 함께 일단 상승한 가격도 하락하므로, '일반적 과잉생산' → '일반적 가격 하락'=공황에 들어가기 전에, 상대적 과잉과 과소가 일찌감치 조정되어 버릴 것이다."(高山滿, 1998: 192).

이와 관련하여 산업 순환에 따른 가격 변동 메커니즘도 규명되어야 할 문제다. 투간의 설명은 이에 대해서도 경험적 서술에 머무르고 있다. 이는 가치법칙이 산업 순환에서의 가격 변동을 통해 어떻게 관철되는가를 분석하는 문제이다. 가치법칙은 통상적으로 이해하는 바처럼 가치와 가격의 끊임없는 괴리가 가격기구의 작동을 통해 끊임없이 균형으로 회복되는 방식으로 관철되지 않고, 경기순환을 따라 가치로부터 가격의 순환적 괴리와 누적 그리고 공황을 통한 폭력적인 조정의 방식으로 관철되며, 그럼으로써 경향적으로만, 하나의 산업 순환의 이념적 평균으로서만 '가치=가격'의 관계를 회복한다. 이를 이론적으로 파악해야만 왜 가격기구의 작동에도 불구하고 호황 국면에서의 불균형의 누적 과정이 가능한지, 또 그 불균형이 어떻게 공황을 통해 폭력적으로 정정되는지를 이해할 수 있다. 호황 말기의 전반적 과잉생산으로 발전하는 생산수단 과잉은 다름 아닌 이런 방식으로 작동하는 가격기구의 소산이다. 가격기구는 불균형을 정정하는 게 아니라 불균형을 누적, 심화시키고 전반적 과잉생산과 공황으로 인도한다. 또한 가격기구의 이와 같은 불균형화 작용의 이면에는 호황을 견인하는 기본 요소인 고정자본 투자의 특별한 성격(고정 자본 수요와 공급의 비대칭성 및 고정자본 공급의 비탄력성)이 자리 잡고 있으며, 신용 제도와 주식시장을 통한 투자 자본의 동원 및 상업자본의 매개와 투기가 이 불균형의 누적 과정을 현실적으로 뒷받침한다. 이렇게 호황기 현실 경쟁에 의해 추동되는 고정자본 투자와, 고정자본 수요와 공급 간의 시간적 간격에 따른 고정자본 초과수요와 가격 등귀 간 상승 작용, 그에 따른 과잉투자와 과잉생산, 이를 뒷받침하는 신용 제도와 주식시장, 그리고 결국에는 고정자본의 현실적 공급에 따른 고정자본 초과 공급으로의 전환에서 이 불비례와 과잉생산은 가격기구에 의해 조정되지 못하는 전반적 과잉생산과 가격 폭락 그리고 공황으로 발전하는 것이다.

김성구, 2014, 「바우어-그로스만 표식의 혼란과 오류」, 〈마르크스주의 연구〉 제 33호.

마르크스, K. 2004, 『자본론』 II, 제1개역판, 비봉출판사.

김수행, 2006, 『자본주의 경제의 위기와 공황』, 서울대학교출판부.

岡稔, 1976, 『資本主義分析の理論的諸問題』, 新評論.

高山滿, 1998, 「ヒルファデイングの恐慌·産業循環論」, 富塚良三·吉原泰助 編, 1998, 『恐慌·産業循環』(下), 有斐閣.

吉原泰助, 1990, 「わが国における〈再生産論〉論争」, 富塚良三·井村喜代子 編, 1990, 『資本の流通·再生産』, 有斐閣.

富塚良三, 1962, 『恐慌論研究』, 未來社.

山田盛太郎, 1948, 『再生産過程表式分析序論』, 改造社.

小林賢齊, 1998, 「ツガン恐慌·産業循環論とその批判」, 富塚良三·吉原泰助 編, 1998, 『恐慌·産業循環』(下), 有斐閣.

市原健志, 2000, 『再生産論史研究』, 八朔社.

松橋透, 1990, 「不均衡化過程の動学的展開」, 富塚良三·井村喜代子 編, 1990, 『資本の流通·再生産』, 有斐閣.

Bauer, O. 1913, "Die Akkumulation des Kapitals", *Die Neue Zeit* 31(1).〔영문 번역: King, J. E. 1986, "Otto Bauer's Accumulation of Capital(1913)", in *History of Political Economy*, 18: 1.〕

Bukharin, N. I. 1925, "Der Imperialismus und die Akkumulation des Kapitals", *Unter dem Banner des Marxismus*, Jg. 1, Heft 1-2. 〔Tarbuck, K. J. ed., 1972, *The Accumulation of Capital - An Anti-Critique & Imperialism and the Accumulation of Capital*, Monthly

Review Press.]

Grossmann, H. 1929, *Das Akkumulations- und Zusammenbruchsgesetz des kapitalistischen Systems (Zugleich eine Krisentheorie)*, Leipzig.[일어 완역본: ヘンリ-ク グロ-スマン, 1932, 『資本の蓄積並に崩壊 の理論』改造社. 영어 축약본:: Grossmann, H. 1992, *The Law of Accumulation and Breakdown of the Capitalist System*, Pluto Press.]

Howard, M. C. & King, J. E. 1989, *A History of Marxian Economics, Volume I, 1883-1929*, Macmillan Education.

Lenin, W. I. 1893, "Zur sogenannten Frage der Märkte", *LW* 1.

Lenin, W. I. 1899a, "Notiz zur Frage der Theorie der Märkte", *LW* 4.

Lenin, W. I. 1899b, "Noch einmal zur Frage der Realisationstheorie", *LW* 4.

Lenin, W. I. 1913, "An die Redaktion des *Sozial-Demokrat*", *LW* 35.

Luxemburg, R. 1899/1987, *Sozialreform oder Revolution?*, Rosa Luxemburg, *Gesammelte Werke Band* 1/1.

Luxemburg, R. 1913, *Die Akkumulation des Kapitals, Rosa Luxemburg Gesammelte Werke*, Bd. 5.

Luxemburg, R. 1921, *Die Akkumulation des Kapitals oder Was die Epigonen aus der Marxschen Theorie gemacht haben. Eine Antikritik, Rosa Luxemburg Gesammelte Werke*, Bd. 5.

Rosdolsky, R. 1968, *Zur Entstehungsgeschichte des Marxschen 'Kapital'. Der Rohenhwurf des 'Kapital' 1857-58*[국역: 로만 로스돌스키, 2003, 『마르크스의 자본론의 형성』, 백의.]

Tugan-Baranovski, M. I. 1901, *Studien zur Theorie und Geschichte der Handelskrisen in England*, Jena.

Tugan-Baranovski, M. I. 1905, *Theoretische Grundlagen des Marxismus*, Leipzig.

4장

바우어-그로스만 표식의
혼란과 오류

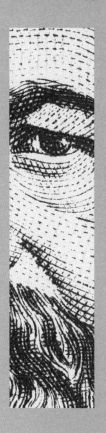

1.
문제 제기

주지하다시피 재생산표식 논쟁은 20세기 전반기 마르크스주의 논쟁을 주도한 대표적인 논쟁이다. 재생산표식 논쟁사는 대체로 3라운드를 거쳐 진행되었다.[81] 투간 바라노프스키가 제1라운드의 논쟁을 대표한다면, 룩셈부르크와 바우어는 제2라운드의 논쟁을 대표한다. 반면 부하린과 그로스만은 제3라운드, 즉 종말기 논쟁의 대표자다.[82] 그중에서 그로스만의 표식은 바우어 표식에 입각한 것임에도 불구하고 표식의 결론은 양자가 완전히 상이하고 대립적이었다. 통상적인 평가에 따르면 바우어는 이론적, 정치적으로 투간 바라노프스키, 힐퍼딩을 잇는 조화론의 전통에 있고, 그로스만은 룩셈부르크를 잇는 붕괴론을 대표한다. 나아가 표식 논쟁은 공황론 논쟁과 밀접한 관련하에 전개되었는데, 조화론자의 공황론은 불비례설에 입각해 있고, 반면 붕괴론자인 룩셈부르크는 과소소비설, 그리고 그로스만은 이윤율 저하설을 주장하는 것

---

81 岡稔(1976: 1장) 참조. 市原健志(2000: 2장)는 19세기 말 러시아에서의 재생산 논쟁, 투간-바라노프스키를 둘러싼 논쟁, 룩셈부르크를 둘러싼 논쟁, 1920년대 논쟁 등 네 개의 논쟁을 통해 논쟁사를 개관한다.

82 관련 문헌은 다음과 같다. Tugan-Baranowsky(1901; 1905), Lenin(1893; 1897; 1899a; 1899b; 1899c), Hilferding(1910), Luxemburg(1913; 1921), Bauer(1913), Bucharin(1925), Grossmann(1929).

으로 평가한다.

　그러나 바우어와 그로스만이 동일한 표식에 입각해 있다는 점을 감안하면, 양자 사이의 이런 전면적인 대립은 올바른 결론이 아니며, 또한 이런 대립을 부각하는 평가도 잘못된 것으로 생각된다. 그로스만은 제4년도까지 전개된 바우어 표식을 단순하게 제35년도까지 연장해서 바우어의 조화론적 결론을 뒤집고 붕괴 법칙을 주장했다. 하지만 바우어-그로스만 표식을 면밀하게 검토하면, 이들의 표식은 단순하게 표식을 연장했는가 아닌가 하는 단순하고 사소한 부주의의 문제가 아니라 보다 근본적인 문제를 안고 있다. 통상 이해하는 것과 달리 바우어의 표식은 균형 표식이 아니라 불균형 표식이며, 따라서 그 표식으로부터 조화론을 논증할 수 있는 게 아니다. 바우어 표식을 계승한 그로스만은 바우어 표식의 이런 문제를 전혀 인식하지 못했고, 단순히 표식을 연장함으로써 조화론을 극복할 수 있다고 믿었다. 뿐만 아니라 그로스만은 바우어 표식의 붕괴, 즉 완전고용 축적의 붕괴를 어이없게도 자본주의의 붕괴와 종말로 해석함으로써 붕괴론 논쟁을 극적으로 희화화하였다. 이런 관점에서 보면, 문제는 조화론과 붕괴론의 대립이 아니라 바우어도 그로스만도 자신의 표식의 오류를 올바로 인식하지 못해 양자의 결론, 즉 조화론과 붕괴론은 모두 잘못되었다는 것이다.[81]

　재생산표식 논쟁은 조화론자든 붕괴론자든 대개 마르크스의 재생산표식과 그 변용을 둘러싸고 전개되었다. 이와 달리 그로스만은 마르크스의 이윤율의 경향적 저하 법칙으로 붕괴론을 논증하였고, 전후 서구의 신정통파(?)의 가교를 잇는 것으로 평가되곤 한다.[84] 그래서 그로스만의 시도는 분명 붕괴 논쟁에 대한 독자적인 기여라 생각할 수도 있다. 왜냐하면 재생산표식의 균형 여하로 붕괴 여하를 논하는 것은 그 자체 이론적 오류이고 마르크스의 방법론에 대한 몰이해를 표현하는 것이기 때문이다. 이념적 평균이라는 방법론적 수준에서는 재생산표식의 균형은 그 자체 전제되어있다. 붕괴론 논쟁 자체는 이 글의 대상이 아니지만[85], 자본주의 체제의 위기와 붕괴는 재생산표식이 아니라 그로스만의 주장처럼 이윤율의 경향적 저하 법칙과 관련된 것이다. 그러나 그렇다고 해서 그로스만의 논증이 마르크스의 방법론을 올바로 이해한 것은 아니다. 그로스만은 자신의 표식이 균형의 전제를 파괴

---

83 당대의 표식 논쟁에서도 이미 바르가E. Varga나 베네딕트O. Benedikt 등에 의해 바우어의 균형 표식과 이에 입각한 그로스만 표식의 이런 오류가 지적되고 비판되었다. 이들에 따르면 바우어-그로스만 표식은 비현실적인 가정(바르가)이 문제이고 표식의 결론을 이미 예정한 전제(베네딕트)가 문제였던 것이다. 小澤光利(1981: 145-146), 岡稔(1976: 30) 참조.

84 예컨대 마르크스의 붕괴론, 그로스만에 의한 그 정교화, 매틱P. Mattick의 위기론 그리고 전후 1970년대 마르크스주의 복권 세대로 이어지는 이론사적 흐름에 주목하는 케네디T. Kennedy의 평가를 보라. Grossmann(1992: xi).

85 장기파동론과의 연관하에서 고찰하는 것이지만, 자본주의 붕괴론에 대한 논쟁사는 市原健志(2001), 小澤光利(2010) 참조.

한 불균형 표식임을 인식하지 못했고, 또 이윤율의 경향적 저하 법칙으로 붕괴 법칙을 논증한 것도 아니다. 스위지(Sweezy, 1956: 211)도 지적하는 바처럼 그로스만의 붕괴 법칙은 마르크스의 이윤율 경향적 저하 법칙과는 아무 관련도 없다. 바우어 표식에 입각한 그로스만의 붕괴론도 여전히 재생산표식 논쟁의 오류 위에 세워져 있다. 결국 그는 당대 논쟁의 오류로부터 전혀 벗어나지 못했고, 게다가 재생산표식의 붕괴를 이윤율의 경향적 저하 법칙으로 덧칠함으로써 이 법칙까지 왜곡하였다.[86]

재생산표식 및 공황 논쟁과 관련하여 세대를 반복하는 구미권 마르크스주의의 이론적 혼란에 비교하면, 무엇보다 일본 마르크스주의 경제학계의 성과가 주목할 만하다.[87] 여기에선 마르크스

---

86 오자와 미츠도시小澤光利는 재생산 논쟁의 종말기에 마르크스의 재생산론을 곡해하고 오용한 논자로서 또는 룩셈부르크 계열의 기계적·숙명론적 붕괴론자로서 그로스만을 위치지우는 통상적인 평가가 틀린 것은 아니지만 불충분하다며 표식론을 넘어 보다 긍정적으로 그로스만에 대한 방법론적 검토를 요구한다. 小澤光利(1981: 142 이하) 및 小澤光利 (1998) 참조. 하지만 위에서 언급한 바처럼 그로스만의 붕괴론은 마르크스의 이윤율의 경향적 저하 법칙도 곡해한 것이어서 방법론적 관점에서도 그로스만을 변호할 수는 없다. 사실 투간과 그로스만은 표식 논쟁사의 양 극단에서 대표적인 난센스를 보여주는 인물이다. 이런 점에서 그로스만에 대한 岡稔(1976: 1장)의 신랄한 평가가 틀린 것이 아니다. 또한 같은 맥락에서 첨언하면, 1929년에 그로스만의 저서가 간행되었다 하더라도, 이 저서는 같은 해에 발생한 세계 대공황과는 이론적으로도, 실증적으로도 아무 상관이 없다.

87 논쟁사에 대한 대표적인 영미권 문헌으로는 Sweezy(1956), Rosdolsky(1968), Howard & King(1989)을 들 수 있다. 스위지는 과소소비론 또는 절충주의적 공황론에 입각해 있지만, 그로스만 뿐 아니라 룩셈부르크 표식도 오류라고 비판하는 등 상당히 균형 잡힌 관점에서 붕괴 논쟁을 개관하고 있다. 그러나 각 논자의 재생산표식 자체를 검토

의 정치경제학 비판의 방법론에 근거하여 표식론의 의의, 표식론과 공황론 또는 붕괴론과 공황론의 관계 등 핵심적 쟁점에 대한 논쟁사적 혼란이 극복될 수 있었다. 이 글은 이런 성과 위에서 바우어-그로스만 표식의 비판적 검토를 통해 표식 논쟁사에 대한 구미권의 통설적인 견해를 넘어 이들의 혼란과 오류를 규명하고, 양자의 조화론과 붕괴론의 대립은 잘못 설정된 것임을 밝히고자 한다. 또한 그로스만의 표식이 통상적인 평가와 달리 자본주의의 붕괴와 종말을 논증한 것도 아니고, 이윤율의 경향적 저하 법칙으로 자본주의 붕괴를 설명한 것도 아니라는 점을 분명히 할 것이다.

하지는 않는다. Sweezy(1956: ch. 11). 이에 반해 로스돌스키는 근본적으로 마르크스의 재생산표식에 대해 방법론적으로 오해하고 있다. Rosdolsky(1968: 30. Kapitel). 즉, 재생산표식에 기술 진보와 자본의 유기적 구성의 고도화 등을 도입하면 표식의 불균형이 불가피하다는 것이다. 이러한 이해 방식은 이념적 평균하에서 재생산의 균형을 상정한 마르크스의 방법과 다른 것이다. 기술 진보와 유기적 구성의 고도화는 자본주의 발전의 이념적 평균에 속하기 때문에, 이들 요소의 도입에도 표식은 균형을 상정해야 한다. 또한 기술 진보와 유기적 구성의 고도화가 이념적 평균에 속하지 않는다면, 이윤율의 경향적 저하 법칙도 이념적 평균에 속하지 않는 게 된다. 이러한 오해가 로스돌스키에 있어 조화론과 붕괴론의 평가에 토대가 되기 때문에, 그는 투간-레닌(?)-바우어의 조화론적 전통을 신랄하게 비판하고, 룩셈부르크-그로스만의 붕괴론을 적극적으로 평가하고자 한다. 납득할 수 없게 레닌을 조화론의 경향으로 파악하는 것도 이런 방법론적 오해에 기인한다. 호워드와 킹도 후에 보는 바처럼 재생산표식의 방법론에 대한 올바른 이해가 결여되어있다. 반면 일본 문헌은 방대하다. 무엇보다 富塚良三・吉原泰助(1997-1998)에 그 성과가 집약되어있다.

2.
바우어 표식의
혼란과 오류

바우어 표식의 목적은 직접적으로는 마르크스의 확대재생산표식에 대해 룩셈부르크가 제기한 난점, 즉 마르크스 표식의 균형은 비현실적인 가정 때문이고 잉여가치 중 축적되는 부분은 비자본주의적 영역이 존재하지 않는 한 실현될 수 없다는 주장이 과연 올바른 건지 여하를 검증하겠다는 것이다.(Bauer, 1986: 91). 그래서 바우어는 양 부문의 축적률이 균등하고 자본의 유기적 구성이 고도화하는 룩셈부르크 표식의 가정들을 그대로 전제하는 표식을 작성하였고, 이런 현실적인 가정하에서도 실현의 문제 없이 자본의 축적이 원활하게 진행된다는 것을 보이고자 하였다.[88] 다른 한편 바우어는 자본주의하에서도 인구 증가에 조응해서 자본의 축적이 행해지지 않으면 안 된다고 주장한다. 물론 자본주의하에서는 사회주의에서와 달리 양자의 균형을 보장하는 계획 기관이 존재하지 않는다. 따라서 바우어는 일단 **"인구 증가와 균형을 유지하기 위해서 자본축적은 어떻게 행해져야 하는가"**(같은 글: 92,

---

88 다만 룩셈부르크의 표식에서는 잉여가치율의 상승을 가정한 반면, 바우어의 표식에서는 잉여가치율 불변이 가정되어있다.

강조는 바우어) 하는 문제를 규명하고, 그다음 "이 균형 조건의 교란이 어떤 효과를 가져오는지"(같은 글: 92) 파악하고자 하였다. 다시 말해 바우어의 표식은 이중적인 의미의 균형 조건, 즉 부문 간 균형(I부문과 II부문의 균형 또는 생산과 소비의 균형) 및 자본축적과 인구 증가의 균형(완전고용하의 축적)을 전제하고자 했던 것이다.[89]

바우어는 다음과 같은 가정 위에서 표식을 작성하였다. 즉, 인구 증가는 연 5%로 하고, 균형을 유지하기 위해 가변자본 또한 연 5%로 성장하며, 생산력의 발전에 따라 불변자본은 가변자본보다 더 빠르게 성장하므로 불변자본은 연 10%로 성장하고, 잉여가치율은 100%로 불변이다. 따라서 매년 잉여가치량은 가변자본 크기와 같다. 그리고 제1년도에 양 부문 불변자본이 200,000이고 가변자본이 100,000이라면, 잉여가치량은 100,000이다. 불변자본은 10%, 가변자본은 5% 성장한다고 했으므로, 제1년도 말

---

89 바우어는 균형 상태하에서의 자본주의의 장기 성장을 검출하는 표식의 분석에 기초해서 산업 순환과 공황의 분석으로까지 나가고 있다. 따라서 균형의 파괴로서 공황에 관한 이론은 바우어에게 있어 두 가지로 전개된다. 부문 간 균형의 파괴로서 불비례설과, 자본축적과 인구 증가 사이의 불균형으로서 노동력 애로설이 그것이다. 그러나 바우어 표식의 균형의 이중적 의미와, 또 이에 근거한 바우어의 두 개의 공황론을 올바로 평가하는 논자는 찾아보기 힘들다. 그래서 바우어의 공황론은, 잘못된 평가지만, 둘 중 하나의 공황론으로 분류되곤 한다. 통상적으로는 불비례설로 분류되는데, 伊藤誠(1988: 5장)에서는 노동력 애로설의 선구자로 분류된다. 이와 같은 평가는 바우어 자신이 두 개의 공황론을 종합하지 못하고 두 개의 논문(Bauer, 1913, 1904)에서 각각 다른 공황론을 제시한 것에도 기인한다고 할 수 있다.

에 불변자본은 20,000, 가변자본은 5,000만큼 축적되어야 하고, 총축적액은 25,000, 따라서 자본가 소비는 75,000이 된다. 이런 가정하에서 진행되는 4년도 동안의 축적 과정을 표시하면 다음 〈표1〉, 〈표2〉와 같다. 이 경우 축적률은 〈표3〉처럼 증대한다.[90]

〈표1〉 연도별 불변자본과 가변자본

	불변자본	가변자본
1년도	200,000	100,000
2년도	220,000	105,000
3년도	242,000	110,250
4년도	266,000*	115,762

* 4년도 불변자본액은 정확하게 계산하면 266,200이다.

---

90 이하 표들도 특별한 언급이 없는 한 Bauer(1986)에서 가져온 것이다. 바우어는 자신의 표식을 4년도까지 전개했다. 산업 순환과 공황에 관한 바우어의 설명에서 보는 바처럼, 여기서 각 연도는 경제 진행의 실제 연도가 아니라 1산업 순환의 평균을 의미하고, 따라서 바우어 표식은 4개 산업 순환, 대략 40년의 기간을 상정하는 것이다. 바우어의 표식만이 아니라 재생산표식 논쟁에서 검토하는 모든 표식에서 말하는 연도란 이런 의미의 것인데, 많은 논자가 이 연도를 경기상의 실제 연도로 잘못 이해하곤 하였다. 재생산표식 논쟁이 오랜 기간 오류와 혼란으로 얼룩진 것도, 표식론과 공황론의 차원을 혼동한 것도, 그 주요한 이유의 하나는 이러한 오독 때문이다.

〈표2〉 연도별 추가 축적과 자본가 소비로의 잉여가치의 배분

	총잉여가치	자본가 소비	불변자본 추가축적	가변자본 추가축적
1년도	100,000	75,000	20,000	5,000
2년도	105,000	77,750	22,000	5,250
3년도	110,250	80,539	24,200	5,511
4년도	115,762	83,374	26,600	5,788

〈표3〉 연도별 축적률

	축적률(근사치)
1년도	25%
2년도	26%
3년도	27%
4년도	28%

바우어에 따르면 총자본은 〈표4〉와 같이 사회적 생산의 양 부문으로 배분된다. 물론 이와 같은 제1년도의 부문 구성은 숫자 예의 형식을 취한 바우어의 가정이다.

〈표4〉 제1년도 말 축적을 위한 배치

	생산수단 산업 부문(I)	소비재 산업 부문(II)	생산 총계
불변자본(c)	120,000	80,000	200,000

191

가변자본(v)	50,000	50,000	100,000
잉여가치 중 소비 부분(k)	37,500	37,500	7,5000
잉여가치 중 축적 부분:			
불변자본 축적 부분(α)*	10,000	10,000	20,000
가변자본 축적 부분(β)	2,500	2,500	5,000
총계	220,000	180,000	400,000

* 원래 바우어 표식에서는 불변자본 축적 부분을 κ로 표시했으나 k와 혼동될 것 같아 여기서는 α로 표시한다.

이러한 배분은 곧 제1년도 말 축적을 위한 배치를 규정하며, 제2년도의 생산은 이에 입각해 다음과 같이 될 것이다.

I부문: $130,000c_1 + 52,500v_1 + 52,500m_1 = 235,000$

II부문: $90,000c_2 + 52,500v_2 + 52,500m_2 = 195,000$

〈표4〉의 배치는 일단 부문 간 균형 조건식 II($80,000c_2+10,000\alpha_2$)=I($50,000v_1+37,500k +2,500\beta_1$)을 충족하고 있으므로 바우어의 표식은 제1년도에서 균형 표식이라 할 수 있다. 다만 이러한 균형은, 룩셈부르크가 반비판하는 것처럼(Luxemburg, 1921: 461), 양 부문 공히 한계 유기적 구성은 4:1이고, 나아가 II부문의 불변자본 성장률이 I부문의 그것보다 더 높다는 비현실적이고 기이한 가정에 근거한 것이다.(가변자본 성장률은 양 부문 모두 동일하다.)[89] 문제는 이와 같은 배치가 제2년도의 균형 조건을 파괴한다는 점이

다. 그 때문에 바우어는 균형을 유지하기 위해서는 II부문의 잉여가치 축적 부분의 일부가 I부문으로 이전되지 않으면 안 된다고 생각하고, 축적을 위한 배치를 수정했던 것이다. 바우어의 말을 들어보면, "생산의 양 부문에서 축적된 잉여가치가 다음 연도에 동일 부문에서 생산적으로 투자되는 것은 불가능하다. 왜냐하면 자본의 유기적 구성의 고도화가 진행되면 소비재 산업으로부터 생산수단 생산으로의 자본의 이동이 요구되기 때문이다. 따라서 우리는 **소비재 산업에서 축적된 잉여가치의 얼마만큼의 부분이 생산수단 생산으로 이전되어** 그 확장을 위해 사용되어야 하는가를 계산해야만 한다."(Bauer, 1986: 94-95, 강조는 바우어).

그러면 왜 제1년도 말의 축적의 배치(《표4》)가 제2년도에 불균형을 가져오는가? 이는 다음처럼 〈표5〉(보충표)를 만들어보면, 명확하게 드러난다. 제1년도의 축적의 배치에 따라 제2년도에 생산이 진행되면, 소비재 공급은 195,000이고, 반면, 소비재 수요는 188,000(=105,000+77,750+5,250)이 된다. 또한 생산수단 수요는 242,000(=220,000+22,000)이고, 생산재 공급은 235,000이다. 따라서 소비재는 과잉 공급되고 생산수단은 초과수요가 발생해 제2년도에 재생산의 균형 조건은 파괴되는 것이다. 바우어는 이런 불

---

91 룩셈부르크는 또한 기술 진보에도 불구하고 잉여가치율이 일정하다는 바우어 가정의 오류도 지적한다.(Luxemburg, 1921: 469).

균형을 정정하기 위해서 제1년도의 축적이 〈표4〉와 같이 진행되면 안 된다면서, II부문 잉여가치 축적 부분 중 일부를 I부문의 축적으로 돌리기 위해 II부문으로부터 I부문으로의 자본이동을 상정하게 된다. 이렇게 보면, 결국 원래의 바우어 표식은 불균형 표식인 셈이다. 이 불균형은 바우어가 표식의 균형이라는 전제 조건을 무시하고 자의적인 가정하에서 표식을 구성했기 때문이다. 바우어는 마르크스의 표식이 자의적으로 구성되었다고 하는 로자의 비판(주지하다시피 이 비판은 잘못된 것인데)을 염두에 두고 자신의 표식은 어떤 자의성도 갖고 있지 않다고 주장하지만(같은 글: 96), 바우어 표식의 가정들 자체가 이미 자의성을 내포하고 있는 것이다.

〈표5〉〈보충표〉〈표4〉에 따른 제2년도 말 생산과 다음 연도를 위한 축적의 배치*

	생산수단 산업부문(I)	소비재 산업부문(II)	생산 총계
불변자본(c)	130,000	90,000	220,000
가변자본(v)	52,500	52,500	105,000
잉여가치 중 소비 부분(k)	**	**	77,750
잉여가치 중 축적 부분:			
불변자본 축적 부분(α)*	**	**	22,000
가변자본 축적 부분(β)	**	**	5,250
총계	235,000	195,000	430,000

그래서 바우어는 소비재 산업의 공급량이 소비재 수요 188,000 이 되도록 자본이동을 통해 제1년도의 축적을 위한 배치를 수정하였고, 이렇게 수정된 재배치에 따른 제2년도의 생산과 (바우어의 기본 가정들에 따른) 다음 연도를 위한 축적의 배치를 〈표6〉에서 볼 수 있다.[92] 그리고 이런 방식으로 제4년도까지 전개한 바우어의 표식이 〈표7〉에 정리되어있다. 〈표7〉의 표식은 다음과 같이

---

92 바우어의 설명(Bauer, 1986: 95)과는 좀 다르게 그 계산은 다음과 같이 할 수 있다. 재생산의 균형을 유지하기 위한 II부문의 추가적인 불변자본 축적액을 x라 하면, 한계 유기적 구성이 4:1이므로, 추가적인 가변자본 축적액은 $x/4$가 된다. 따라서 1년도 말 축적의 재배치는 다음과 같다. II: $(80,000+x)c+(50,000+x/4)v$. 잉여가치율은 100% 불변이므로 2년도 II부문 생산은 $(80,000+x)c+(50,000+x/4)v+(50,000+x/4)m$이며, 이 생산량이 소비재 공급량이고 소비재 수요 188,000과 같아져야 균형을 달성할 수 있다. 즉, $(80,000+x)c+(50,000+x/4)v+(50,000+x/4)m=188,000$. 이로부터 $x=5,333$. $x/4=1,333$. 즉 II부문은 〈표4〉에서처럼 추가 불변자본 10,000, 추가 가변자본 2,500 만큼 축적하지 않고, 각각 5,333, 1,333만큼만 축적하며, 그 차액 5,834는 I부문에서의 축적을 위해 I부문으로 이동한다. I부문에서도 한계 유기적 구성은 4:1이므로, 이것은 추가 불변자본 4,666, 추가 가변자본 1,167로 분할되어 I부문에서 추가적으로 축적된다. 그러면 수정된 1년도 말의 축적의 재배치는 다음과 같게 된다.
I $120,000c+50,000v+37,500k+(10,000+4,666)\alpha+(2,500+1,167)\beta$
II $80,000c+50,000v+37,500k+(10,000-4,666)\alpha+(2,500-1,167)\beta$
→
I $120,000c+50,000v+37,500k+14,666\alpha+3,667\beta$
II $80,000c+50,000v+37,500k+5,333\alpha+1,333\beta$
따라서 2년도의 생산과, 다음 연도를 위한 축적의 배치는 〈표6〉과 같게 된다.

작성된 것이다. 표식의 제1년도는 〈표4〉를 그대로 옮겨놓은 것이다. 그런데 이와 같은 축적 배치는 제2년도에 불균형을 가져오므로 자본이동을 통해 각주 92)와 같은 방식으로 제1년도의 축적은 재배치되어야 한다. 그 재배치에 따른 제2년도 생산과 (바우어의 기본 가정들에 따른) 제3년도 생산을 위한 축적의 배치는 〈표6〉이고, 이것이 〈표7〉의 제2년도의 수치인 것이다. 마찬가지로 제2년도의 이와 같은 축적 배치대로 축적이 진행되면 제3년도의 재생산은 불균형에 빠지기 때문에,[93] 여기서도 다시 부문 간 자본이동을 통해 제2년도의 축적은 재배치가 되어야 하고, 이렇게 재배치를 통해 이루어진 제3년도의 생산과 제4년도를 위한 축적의 배치가 〈표7〉의 3년도에 그대로 나타나 있다. 따라서 〈표7〉의 각 연도 표식은 균형을 유지하도록 축적이 배치되어있지만, 그에 따라 축적이 진행되면 다음 연도에 불균형에 빠지므로 축적의 재배치가 요구된다고 한다. 따라서 바우어의 이 표식은 실제로는 불균형 표식이다. 그 때문에 자본이동을 통한 조정이 필요했던 것이고, 따라서 이 표식은 다음 연도의 균형을 위한 실제 축적의 배치가 아

---

93 바우어의 가정들에 의하면 3년도의 소비재 수요는 〈표2〉로부터 보는 바와 같이 110,250v+80,539k+5,511β=196,300이며, 〈표7〉의 2년도의 축적의 배치에 따라 생산이 진행되면, 제3년도의 소비재 공급은 96,090c+53,900v+53,900m=203,890이 되어 소비재 공급 과잉이 된다.

니다.[94] 다음 연도의 균형을 위한 자본이동을 통한 각 연도의 실제 축적의 재배치[예컨대 각주 92)에서 강조체로 표시한 표식]는 표식에 나와 있지 않고(다음 연도의 c와 v를 통해 읽을 수 있을 뿐이다), 표식의 각 연도에는 수정된 재배치에 따른 다음 연도의 생산과 (바우어의 기본 가정들에 따른) 그다음 연도의 축적을 위한 배치가 나타나 있을 뿐이다. 따라서 〈표7〉의 각 연도 표식은 기이하게 구성되어있다. 즉, 전년도의 자본이동과 축적의 재배치를 통해 결정된 당해 연도의 c와 v와, 그런 c와 v를 통해 당해 연도에 생산된 m의 다음 연도를 위한 축적의 배치라는 두 부분으로 구성되어 있는데, 후자는 그러나 실제의 배치가 아니라 자본이동을 통해 수정되어야 하는 것이다.

〈표6〉 제1년도 말의 재배치에 따른 제2년도 말 생산과 제3년도를 위한 축적의 배치*

	생산수단 산업 부문(I)	소비재 산업 부문(II)	생산 총계
불변자본(c)	134,666	85,334	220,000
가변자본(v)	53,667	51,333	105,000
잉여가치 중 소비 부분(k)	39,740	38,010	77,750
잉여가치 중 축적 부분:			

94　이 때문에 이 표에서 각 연도의 (c+α)와 (v+β)가 다음 연도의 c와 v의 값과 다른 것이다.

불변자본 축적 부분(α)*	11,244	10,756	22,000
가변자본 축적 부분(β)	2,683	2,567	5,250
총계	242,000	188,000	430,000

* 바우어가 따로 설명을 하고 있지는 않지만, 제3년도를 위한 축적의 배치는 다음과 같은 수순으로 이루어진다. 먼저 양 부문의 가변자본 성장률은 공히 5%라 했으므로 양 부문의 가변자본 축적 부분은 각각 (가변자본×0.05)다. 또한 양 부문의 한계 유기적 구성도 같다고 했으므로 양 부문의 불변자본 축적 부분은 각각 {가변자본 축적 부분×(22,000/5,250)}이 된다. 그리고 잉여가치율은 100%로 불변이니까 양 부문의 잉여가치는 가변자본의 크기와 같고, 여기서 불변자본 축적 부분과 가변자본 축적 부분을 빼면 잉여가치 중 자본가 소비 부분이 나온다.

〈표7〉 바우어의 표식

	c	v	k	α	β	총계
1년도〔표4〕						
I부문	120,000	50,000	37,500	10,000	2,500	220,000
II부문	80,000	50,000	37,500	10,000	2,500	180,000
(합계)	200,000	100,000	75,000	20,000	5,000	400,000
2년도〔표6〕						
I부문	134,666	53,667	39,740	11,244	2,683	242,000
II부문	85,334	51,333	38,010	10,756	2,567	188,000
(합계)	220,000	105,000	77,750	22,000	5,250	430,000
3년도						
I부문	151,048	57,576	42,070	12,638	2,868	266,200
II부문	90,952	52,674	38,469	11,562	2,643	196,300
(합계)	242,000	110,250	80,539	24,200	5,511	462,500

4년도	
I부문	169,124+61,738+44,465+14,186+3,087=292,600
II부문	96,876+54,024+38,909+12,414+2,701=204,924
(합계)	266,000+115,762+83,374+26,600+5,788=497,524

　바우어 표식에서 보다 근본적인 문제는, 오카 미노루(岡稔, 1976: 24)와 이치하라 겐지(市原健志, 2000: 93)가 비판하는 바처럼, 재생산표식의 두 부문 분할의 의의와 소재 연관을 고려하면, 부문 간 자본이동을 통해 〈표6〉의 제2년도 생산을 가져오도록 〈표4〉의 제1년도 축적의 배치를 수정하는 것이 불가하다는 점이다. 〈표4〉에서 II부문의 잉여가치 50,000과, 축적을 위한 부분 12,500은 모두 소비재의 형태로 존재한다. 바우어는 12,500 중 5,833(=4,666+1167)을 II부문에서 축적하지 않고 I부문으로 이전한다고 하지만, I부문에서의 축적을 위해서는 우선 4,666 크기의 소비재가 아니라 그만큼의 생산수단이 요구된다. 그러나 I부문에서는 추가 축적을 위해 필요한 추가적인 생산수단이 존재하지 않는다. I부문은 II부문으로부터의 자본이동 전의 축적을 위해 이미 10,000α를 사용하기 때문에, II부문으로부터의 추가 투자를 위한 생산수단은 전혀 존재하지 않게 된다. 따라서 소비재 형태로 존재하는 II부문의 잉여가치는 I부문으로 이동해 투자될 수 없는 것이다. 결국 자본이동을 통해 II부문 잉여가치의 일부가 I부문에서

축적된다는 바우어의 주장은 일종의 망상인 셈이다.[95] 결론적으

---

95 룩셈부르크도 이와 관련해서 자본이동에 따른 I부문 4,666, II부문 1,167의 과잉에 대한
    바우어의 해결 방식을 비판하는데(Luxemburg, 1921: 461 이하), 호워드와 킹은 바우어
    에 대한 룩셈부르크의 이 같은 비판을 오류라고 한다.(Howard & King, 1989: 121). 하지
    만 여기서 오류는 룩셈부르크가 아니라 호워드와 킹 쪽에 있다. 룩셈부르크와 바우어는
    모두 마르크스 표식의 전제와 방법에 대한 근본적인 오해 위에서 상호 간에 난타전을 벌이
    기 때문에 양자 간 논쟁에는 합당한 비판과 오류가 뒤엉켜있었다. 이 문제와 관련한 룩셈부
    르크의 합당한 반론이 묻히는 것도 이런 사정과 무관하지 않다. 명확한 이해를 위해서 문
    제를 보다 상세하게 살펴보도록 한다. 각주 92)에서 본 바처럼 제1년도 축적의 재배치를
    위한 바우어의 표식은 다음과 같다.
    I 120,000c + 50,000v + 37,500k + (10,000+4,666)α + (2,500+1,167)β
    II 80,000c + 50,000v + 37,500k + (10,000-4,666)α + (2,500-1,167)β
    그러나 소재적 연관을 고려하면 이런 재배치를 통한 I부문 축적의 증대는 불가능하다. 먼
    저 I부문 자본가 v+k+β=90,000에 해당하는 화폐를 지출해서 II부문 소비재 c+α
    =90,000을 구매한다고 하자. 그러면 II부문 자본가 수중에 화폐 90,000이 들어오고,
    이 크기의 소비재는 I부문에서 소비되어 없어진다. II부문 자본가가 이제 c+α=85,334
    만큼 축적하면(그러면 수중의 화폐는 4,666이 된다), I부문에서 생산재 85,334가 실현되고
    4,666만큼 판매 불능, 과잉이 발생한다. 만약 II부문 자본가가 자본이동을 통해 수중의 화
    폐로 I부문 과잉분을 구매하는 방식으로 투자한다면, 생산재 과잉은 해소되는데, 하지만
    이 경우 이 과잉 생산재는 소재 형태로 보면 '소비재 생산을 위한 생산재'이다. 즉 I부문에
    서 축적을 위해 필요한 '생산재 생산을 위한 생산재'는 존재하지 않는다. 반면, II부문 자본
    가가 4,666α만큼 불변자본 축적을 덜 하면 1,167β만큼 가변자본 축적을 줄여야 해서 II
    부문에서 1,167만큼 소비재가 과잉이 된다. II부문 자본가가 새로 화폐를 투입해서 I부문
    의 과잉 생산재를 축적하기 위한 가변자본을 지출하면(그리고 노동자들이 이 화폐로 II부문의
    과잉 소비재를 구매하면) 이 소비재 과잉도 해소된다. 그러나 앞서 본 바처럼 추가 불변자본
    과 추가 가변자본의 이 결합은 소재 형태로 보면 소비재 생산만 할 수 있는 것이므로 자본
    이동을 통해 I부문의 축적이 증대할 수는 없다. 결국 자본이동을 가정해도 돌아돌아 결과
    는 자본이동이 없는 경우와 똑같은 결과를 가져온다. 자본이동이 없는 경우 바우어 표식
    은 불균형이었고, 이제 자본이동을 통해서도 표식의 불균형은 정정될 수 없음이 분명해졌
    다. 만약 바우어가 이런 결과는 자신이 원하던 것이 아니라고 추가 지출을 통한 자본이동
    을 중단한다면, I부문의 생산재 과잉 4,666과 II부문의 소비재 과잉 1,167은 해소되지 않
    는다.
    또는 다른 방식의 화폐 환류를 상정할 수도 있다. 만약 II부문 자본가가 먼저 85,333의

로 각주 92)에서와 같은 수정된 재배치는 불가능하며, 그에 따라 〈표6〉과 같은 제2년도의 생산도 불가능하고, 나아가 〈표7〉의 바우어의 재생산표식 전체가 파탄날 수밖에 없다.

II부문으로부터 I부문으로의 자본이동에 따른 이와 같은 재생산표식의 불균형은 1년도 말의 (수정된) 축적을 위한 재배치(각주 92)로부터도 읽을 수 있다. 여기서 양 부문 간 교환의 균형 조건은 충족되지 못한다는 점에 주목하자. 수정된 재배치를 다시 옮겨 놓으면, 다음과 같다.

I 120,000c + 50,000v + 37,500k + 14,666α + 3,667β

II 80,000c + 50,000v + 37,500k + 5,333α + 1,333β

양 부문의 교환관계를 보면, I(50,000v + 37,500k + 3,667β) ≠ II(80,000c + 5,333α)가 되어 자본이동을 고려한 실제 축적의 재배

화폐로 I부문 생산재 85,333을 구입하면, I부문에서는 4,666의 생산재 과잉이 발생한다. 그리고 I부문에서 이 화폐로 (부문 간 교환을 위해 공급되는) II부문 85,333의 소비재를 구매해서 이 크기의 소비재는 없어진다. 그러면 I부문에 4,666의 과잉 생산재, II부문 4,666의 과잉 소비재가 남는다. 또한 II부문 추가 불변자본이 4,666만큼 감소했기 때문에 추가 가변자본도 1,167만큼 감소해서 II부문 소비재 1,167의 과잉이 발생한다. II부문 자본가가 자본이동을 위해 추가 화폐로 I부문 과잉 생산재 4,666을 구매하면, I부문에서 이 추가 화폐로 II부문 과잉 소비재 4,666을 구매할 수 있다. 또 추가 불변자본 4,666이 기능하기 위해서는 또 다른 새로운 화폐가 1,167의 추가 가변자본에 지출되어야 하고, 이 화폐로 II부문의 과잉 소비재 1,167도 실현된다. 그러면 과잉 문제가 모두 해소되는데, 그러나 이 경우 문제는 I부문 과잉 생산재는 소비재 생산을 위한 생산재이므로 이 생산재의 구매로 I부문에서 추가 축적이 일어날 수는 없다는 점이다. 따라서 바우어가 이런 축적을 자신이 원하던 축적이 아니라고 중단한다면, I부문 과잉 생산재 4,666, II부문 과잉 소비재 4,666+1,167은 해소될 수 없다.

치는 부문 간 불균형에 입각해 있다. 이렇게 바우어는 자신의 원래의 불균형 표식을 자본이동을 통해 균형 표식으로 만들고자 하였으나, 이것 또한 불균형 표식인데, 바우어 자신은 그릇되게도 그것을 균형 표식으로 오해하였다. 바우어의 말을 들어보면, "동일한 방식으로 우리는 〈표7〉을 이용해서 제1년도만이 아니라 모든 계속되는 연도에 양 부문 생산물의 전체 가치는 어떤 교란도 없이 판매되고 총잉여가치가 실현된다는 것을 확신할 수 있다. 잉여가치의 축적 부분이 실현될 수 없을 것이라는 룩셈부르크 동지의 가설은 따라서 오류다."(Bauer, 1986: 100). 바우어는 룩셈부르크의 오류를 올바로 극복할 수 없었고, 자신의 표식에서도 실은 재생산의 균형을 논증할 수 없었다.[96]

결론적으로 요약하면, 바우어는 표식의 작성에서 이중, 삼중의 오류를 범하였다. 바우어는 첫째, 표식의 균형이라는 전제 조건을 무시하고 자의적인 가정하에 불균형 표식을 작성하였고, 둘째, 재생산표식의 소재적 연관을 고려하면, 소비재 형태로 존재하는 II부문의 잉여가치가 I부문의 생산수단 투자를 위해 I부문으로 이동할 수 없음에도 불구하고, I부문으로의 자본이동을 통해 재생

---

96   이런 관점에서 보면, 바우어 표식의 오류를 인식하지 못하고 그 오류 위에서 바우어 표식이 일종의 균형성장 이론인지 여하를 정차방정식을 사용해서 검토하는 Orzech & Groll(1983)과 같은 글은 사실 쓸데없는 작업에 지나지 않는다.

산의 균형(균형 표식)을 달성하고자 하였으며, 셋째, 자본이동을 상정한 재생산표식은 그러나 부문 간 균형 조건을 파괴해서 불균형 표식임에도 불구하고(즉 다시 부문 간 자본이동이 필요함에도 불구하고) 이를 균형 표식이라고 주장하였던 것이다.[97]

다음 절의 그로스만 표식으로 넘어가기 전에, 바우어의 표식이 말하는 균형의 의미를 다시 한번 명확히 할 필요가 있다. 왜냐하면 그로스만은 바우어의 표식을 균형 표식이라고 그대로 차용하면서도 균형의 의미를 바우어와 다르게 사용하기 때문이다. 바우어 표식의 균형이란 첫째, 양 부문 간 균형이 유지된다는 것을 의미하고, 둘째, 자본축적이 노동력의 자연적 증가를 모두 흡수할 수 있도록, 즉 완전고용을 유지할 수 있도록 그렇게 진행된다는

---

97 이른바 균형 표식으로서 바우어 표식의 결함과 오류에 대해 이치하라는 다음처럼 지적한다. ①기술진보에 따라 양 부문의 자본구성과 부문 구성이 고도화되는데도 잉여가치율은 불변이다. ②이런 전제하에서는 축적률이 매년 상승함에 따라 자본가의 소비가 저하하고 35년도에 자본가의 소비율은 마이너스가 된다.(즉 자본가는 아사한다.) ③양 부문의 자본구성이 상이함에도 불구하고, 즉 양 부문의 이윤율이 상이함에도 불구하고 양 부문의 축적률이 균등하며, 따라서 처음부터 재생산의 불균형의 발생이 전제되어있다. ④이런 전제로부터 발생하는 표식의 불균형을, 교환을 동반하지 않는 생산물의 이동을 통해 해결하려는 방법은 표식 전개의 원칙을 무시한 오류이며 허구에 지나지 않는다. 나아가 노동자 인구의 증가율에 자본축적을 조응시키는 것에도 근본적인 문제가 있다. 즉, ①노동생산성의 발전으로 노동자 고용에 필요한 화폐액은 점차 감소하기 때문에, 노동자 인구의 증가율과 가변자본 증가율은 결코 일치할 수 없다. ②자본축적은 노동자 인구를 상대적으로 과잉으로 만들고, 자본의 가치 증식에 적합한 범위내로 임금을 저하시키는 경향을 갖는다.(市原健志, 2000: 94-95).

것을 의미한다.[98] 그로스만은 바우어 표식의 균형을 첫 번째 의미로만 파악하였고, 완전고용 축적 경로라는 두 번째 의미의 균형은 인식하지 못했다. 그 때문에 그는 바우어 표식의 차용과 단순한 연장을 통해 자본축적의 붕괴를 논증하였다고 주장할 수 있었던 것이다. 그는 제35년까지 표식을 연장하면 완전고용을 위한 축적이 불가능하다는 바우어 표식의 함의를 황당하게도 자본주의 축적의 붕괴로 해석하였다. 완전고용을 위한 축적이 불가능하다고 해서 자본주의가 붕괴한다면, 자본주의는 벌써 몇십 번이고 붕괴했을 것이다. 또한 앞서 본 바처럼 바우어의 표식은 첫 번째 의미에서의 균형 표식도 아니고, 실은 불균형 표식이다. 바우어는 자신의 주장과 달리, 또 자신의 의도와 달리 자신의 재생산표식에서 부문 간 균형 및 생산과 소비의 균형은 달성될 수 없다는 것을 보여주었다. 그럼에도 불구하고 바우어는, 또 바우어의 비판자나 바우어의 계승자도 모두 그의 표식의 이런 성격을 올바로 이해하지 못했다. 첫 번째 의미의 균형이 성립하지 않는다면 사실상 표식 전개가 가능하지 않기 때문에, 두 번째 의미의 균형도 달성될 수 없다. 즉 부문 간 불균형하에서 과잉생산이 존재하는데, 완

---

98 바우어 표식의 두 번째 의미의 균형으로부터 우리는 이 표식이 자본주의 현실에 조응하는 축적 경향을 표현하는 것이 아니라는 점을 알 수 있다. 그것은 말하자면, 완전고용 성장 경로 또는 잠재적 성장 경로를 말하는 것이다.

전고용하의 자본축적 경로는 결코 달성될 수 없는 것이다. 그로스만은 바우어 표식의 이러한 오류를 인식하지 못했을 뿐 아니라 이 표식을 부당하게도 자본주의의 붕괴 문제와 연관시킴으로써 오류의 답습을 넘어 혼란을 더욱 증폭시켰다.

3.

그로스만 표식:

바우어 표식의 오류의 계승과 기괴한 붕괴 법칙

1) 바우어 표식으로부터 붕괴론으로

그로스만의 문제의식은 자본주의의 주기적 공황과 붕괴를 논증하는 것이다. "우리는 자본주의 재생산과정이 어떻게 경제 과정 그 자체에서 비롯되는 원인들의 결과로서 필연적으로 순환적인, 따라서 주기적으로 반복되는 확장과 하강의 운동 형태를 취하는지, 그리고 결국에는 그것이 자본주의 체제의 붕괴로 이어지는지를 보여야 한다."(Grossmann, 1992: 60). 자본주의 현실에서는 주기적 공황의 반복 속에서 붕괴의 경향이 발전하겠지만, 추상으로부터 구체로 전개되는 이론적 서술에서는 그 순서가 반대로 되어야 한다. 그로스만에 있어서도 그러하다. 그는 베른슈타인, 카우츠키, 투간, 룩셈부르크, 바우어, 힐퍼딩 등 선행하는 붕괴론 논쟁을 비판하면서『자본』의 방법에 기초해서 붕괴론을 설명해야 한다고 주장한다. 즉 마르크스주의 축적과 붕괴론을 재구성하고, 먼저 순수한 형태에서 붕괴 법칙을, 그다음에 순수 형태에서의 붕괴 법칙을 수정하는 상쇄 경향을 파악한다는 것이다. 마르크스의 붕괴론의 토대를 그로스만은『자본』제3권 제3편 이윤율의 경향적 저하 법칙에서 찾고 있다. 즉 마르크스가 붕괴 법칙을 명확하게 서술하지는 않았지만, 그에 필요한 모든 요소를 특정화했기 때문에, 더 이상의 특별한 증명 없이 가치법칙에 입각해서 붕괴 법칙을 전개할 수 있다면서, 해당 개소로부터 마르크스를 인용하고 있다.(같은 책: 59). "이 과정은 … 상쇄 요인들이 … 작용하지 않는다면, 자본주의적 생산을 곧 붕괴시킬 것이다."(『자본론』 III(상): 296).

그러면 문제는 상쇄 경향의 추상을 가정하고, 어떻게 축적이 자본주의 생산의 붕괴를 가져오는가를 파악하는 것이다. 여기에는 특별한 방법론이 요구된다고 한다.(Grossmann, 1992: 60 이하). 즉 가격 변동을 추상해서 가격 불변을 가정한다. 정확하게 말하면 수요와 공급의 일치, 가치와 가격의 일치를 상정한다. 이는 마르크스의 추상의 방법을 따르는 것이며, 자본 일반과 현실 경쟁의 구별에 입각한 것이다. "[수요와 공급의 불비례로부터 생겨나는: 인용자] 그러한 교란들은 경쟁의 현상들이고, 이는 자본주의의 '추세선' 자체가 아니라 추세선으로부터의 이탈을 설명하는 것을 도와준다. 마르크스에게 있어 이 현상들은 '경쟁의 현혹적인 외관'이고, 그 때문에 마르크스는 일반적 경향들을 조사할 때 경쟁의 운동을 추상한다. 이 일반 경향들이 확립되면 발전의 기본선으로부터의 주기적인 이탈 또는 주기적 공황을 설명하는 것은 쉬운 일이다. 이런 의미에서 마르크스주의 축적과 붕괴론은 동시에 공황론이다."(같은 책: 69). 이러한 추상 수준 위에서 "우리가 명확히 해야 할 기본 문제는 이윤이 자본축적에 의해 어떻게 영향을 받고 또 역으로 자본축적은 이윤에 의해 어떻게 영향받는가 하는 것이다."(같은 책: 61). 이로부터 그로스만의 축적론의 근본적 문제 제기가 제출된다. "이런 방법론적 토대로부터 시작해서 재생산과 정에 대한 자본축적의 영향이 무엇인가를 질문할 수 있나? 상정된 균형은 장기에 지속될 수 있나, 아니면 균형에 파괴적인 영향을 미치는 새로운 계기들이 축적 과정에서 출현하나?"(같은 책: 67).

일단 자본 일반이라는 추상 위에서 가격 변동을 추상하고 자본 축적 과정을 분석한다는 그로스만의 출발점은 올바른 것이지만, 그러나 그가 후에 현실 경쟁과 가격 변동을 도입해서 경기변동을 설명하는 것만은 아니다. 그로스만은 현실 경쟁의 차원이 아니라 자본 일반의 차원에서, 즉 가격 변동이 아니라 가치 변동의 차원에서 산업 순환을 전개하기도 한다. 예컨대 "…신용, 가격 등의 변화에 의해 만들어지는 모든 변동을 분석에서 배제하는 형태의 경기순환의 문제. 그것[균형의 가정]은 단지 잉여가치의 양적 변화에 대한 자본축적의 영향만을 분석한다."(같은 책: 65). 그래서 그로스만은 후에 자본 일반을 상정한, 따라서 가격 변동과 산업 순환을 넘어 평균적으로 관철되는 재생산의 경향을 나타내는 재생산표식에서의 변화를 직접 산업 순환의 운동으로 해석한다.(같은 책: 106-110). 이 경우 그에게 있어서는 경쟁론을 매개로 하여 축적론(추세선)으로부터 공황론(주기적 이탈)으로의 전개를 도모하는 것이 아니라 직접적으로 '붕괴론은 동시에 공황론'이 된다. 이는 마르크스의 방법론에 대한 기본적인 오해가 아닐 수 없다.

뿐만 아니라 그로스만은 자본 일반의 수준에서 이윤율의 경향적 저하 법칙에 의거해 붕괴 법칙을 논증할 수 있다고 하면서도 정작 붕괴론의 논증은 이윤율의 경향적 저하 법칙이 아니라 재생산표식으로부터 전개한다. 이하에서 보는 바처럼 마르크스의 이윤율의 경향적 저하 법칙은 그로스만의 붕괴론 논증과 아무 관련이 없다. 그로스만의 붕괴론 논증의 출발점은 바우어의 표식이다. 그는 단순하게 바우어 표식의 연장을 통해 바우어가 몰랐다는 결론, 즉 자본주의의 붕괴를 논증하였다. 그로스만에 따르면 바우어의 표식은 룩셈부르크가 마르크스의 재생산표식에서 문제로 삼았던 결점의 어느 하나도 나타내지 않는다. 그로스만은 바우어 표식의 가정들을 수용하고, "바우어 표식에 반영된 종류의 동학 균형의 토대 위에서 축적이 진행된다"(같은 책: 69)고 가정한다. 그로스만은 바우어 표식의 균형의 의미, 즉 이 균형은 실은 불균형이고 이에 대한 바우어의 이중, 삼중의 오해에서 비롯된 것이라는 점을 전혀 인식하지 못한다. 그에 따라 그는 양 부문 간 교환의 문제를 더 이상 문제 삼지 않고 바우어의 두 부문 표식 대신 하나의 총부문 표식으로써 논의를 전개한다. 그리고 그가 한 일은 바우어의 표식을 연장한 것밖에 없고, 여기에 이윤율의 경향적 저하 법칙으로써 덧칠했을 뿐이다. "우리는 시스템의 전개를 훨씬 긴 시간에 걸쳐 살펴보아야 한다. 바우어는 이것을 하지 않았다. 그는 그 계산을 단지 4개의 생산 순환에 한정했다. 이것이 그의 잘못의 원천이다. … 바우어가 충분히 긴 시간에 걸쳐 자신의 시스템 전개를 따라갔다면, 그는 그 시스템이 필연적으로 붕괴한다는 것을 곧 알아챘을 것이다."(같은 책: 74).

〈표8〉 그로스만에 의해 연장된 바우어 표식

연도	c	v	k	a_c	a_v	AV	k/s(%)	a/s(%)	s/(c+v)(%)
5	292,600 +	121,550[1] +	86,213 +	29,260 +	6,077	= 535,700	70.9	29.1	29.3
6	321,860 +	127,627 +	89,060 +	32,186 +	6,381	= 577,114	69.7	30.3	28.4
7	354,046 +	134,008 +	91,904 +	35,404 +	6,700	= 622,062	68.6	31.4	27.4
8	389,450 +	140,708 +	94,728 +	38,945 +	7,035	= 670,866	67.35	32.7	26.5
20	1,222,252 +	252,961 +	117,832 +	122,225 +	12,634	= 1,727,634	46.6	53.4	17.1
21	1,344,477 +	265,325 +	117,612 +	134,447 +	13,266	= 1,875,127	44.3	55.7	16.4
25	1,968,446 +	322,503 +	109,534 +	196,844 +	16,125	= 2,613,452	33.9	66.1	14.0
34	4,641,489 +	500,304 +	11,141 +	464,148 +	25,015	= 5,642,097	0.45	99.55	9.7
35	5,105,637 +	525,319 +	0 +	510,563 +	14,756*	= 6,156,275	0		9.3
36									

1) 그로스만 표식에서는 121,500으로 되어있는데 여기서 바로잡았음.
* 필요액: 26,265, 부족액: 11,509.

그로스만 표식은 〈표8〉에 나와 있다.(Grossmann, 1992: 75). 이

표에서 제35년도에 축적을 위한 잉여가치는 부족하고 자본가 소비는 0이 되어 마침내 축적이 붕괴한다. 그리고 그는 다음과 같은 계산하에서 제36년도가 작성된다고 명시하고 있다: 1. 이용 가능한 불변자본은 5,616,200, (이용 가능한 인구에 상응하는) 가변자본은 551,584; 2. 기능하는 불변자본은 5,499,015(?), (활동인구에 조응하는) 가변자본은 540,075; 과잉 불변자본은 117,185(?), (과잉인구에 상응하는) 가변자본 부족은 11,509.

그러면, 제36년도는 다음과 같다고 한다.[99]

---

99 영역판 그로스만 표식의 제35년도, 36년도 수치는 잘못된 것이어서 정정과 보충 설명이 필요하다. 그건 본문에서 내가 (?)로 표시한 부분이다. 일역판(グロ-スマン, 1932: 151)에는 그로스만의 계산 방식이 나와 있는데, 그에 따르면 다음과 같은 수순으로 계산된 것이다. 제36년도 이용 가능한 불변자본은 5,616,200, (이용 가능한 인구에 상응하는) 가변자본은 551,584인데, (활동 인구에 조응하는)가변자본은 540,075이므로 기능하는 불변자본의 크기 c(36)는 5,499,015가 된다. 즉 5,616,200:551,584=c:540,075, c=(5,616,200×540,075)/551,584=5,499,015. 그래서 그로스만은 제35년도의 이용 가능한 추가 불변자본 510,563 중 393,378만 제36년도에 투입하고 117,185는 과잉 불변자본으로 처리했다. 호워드와 킹(Howard & King, 1989: 319)도 이런 계산으로 이 부분을 설명하고 있다. 하지만 그로스만의 이 계산은 잘못된 것이다. 비례계산은 제36년도의 불변자본과 가변자본에 대해서가 아니라 제35년도의 추가 불변자본과 추가 가변자본에 대해서 행해져야 하기 때문이다. 제36년의 불변자본과 가변자본은 제35년도의 추가 불변자본과 추가 가변자본의 크기가 결정된 후에야 확정되는 것이다. 그 계산은 다음과 같다.
불변자본 연 10%, 가변자본 연 5% 증가한다는 그로스만 표식의 가정에 따르면 제35년도에는 추가 불변자본 510,563 추가 가변자본 26,265가 되어야 하지만, 생산된 잉여가치는 525,319밖에 없으므로, 추가 가변자본은 14,756밖에 되지 않는다. (그리고 자본가 소비는 0이 된다.) 결국 추가 가변자본은 11,509만큼 부족하게 되고, 이에 상응하는 만큼 노동력 과잉이 발생한다. 뿐만 아니라 추가 가변자본이 부족하면 이번에는 추가 불변자본도 모두 투입될 수 없어 불변자본도 과잉이 불가피해진다. 기능할 수 있는 추가 불변자본 a_c는 510,563:26,265=a_c:14,756로부터 계산된다. 즉, a_c(35)=(510,563×

36 $5,499,015+540,075^{2)}+0+540,075^{**}+0^{***}$

2) 그로스만 표식에서는 540,319로 되어있는데, 잘못된 것이므로 여기서 정정하

14,756)/26,265=286,840. 따라서 제35년도는 다음처럼 배치된다.

35: 5,105,637+525,319+0+286,840+14,756=5,932,552〔+불변자본 과잉 223,723〕

표식의 가정에 따른 제35년도의 추가 자본 소요량은 불변자본 510,563 가변자본 26,265이므로, 자본과부족은 불변자본 과잉 223,723 가변자본 부족 11,509(이에 상응하는 만큼 노동력 과잉)가 된다. 이렇게 불변자본 과잉은 그로스만의 계산(117,185)과 다르다. 그러면 제36년도도 그로스만의 표식과 다르게 된다.

36: 5,392,477+540,075+0+540,075+0

그로스만의 표식은 또한 생산물의 소재 형태를 간과한 문제도 있다. 여기에서도 이게 문제가 된다. 설명을 위해 예를 하나 들어보자. 예컨대 잉여가치 중 과잉 불변자본을 자본가 소비로 돌린다면, 그 배치는 다음처럼 달라질 것이다.

35: 5,105,637+525,319+223,723+286,840+14,756=6,156,275

이 경우에도 불변자본과 가변자본 각각 연 10%, 5% 증가라는 표식의 (균형적 성장) 가정은 깨지지만, 자본가의 소비는 다시 증가한다. 자본가의 아사로 축적이 붕괴되는 결과도 나타나지 않는다. 그러나 이런 예가 가능한지 여하는 잉여가치의 소재 형태를 고려해야 알 수 있다. 잉여가치를 추가 불변자본과 추가 가변자본 그리고 자본가 소비로 분할할 때는 잉여가치의 소재 형태가 문제가 된다. 축적 시에 잉여가치의 총합이 아니라 먼저 I부문과 II부문의 잉여가치가 각각 얼마인가가 고려되어야 한다. 그러나 앞서 본 바처럼 양 부문을 합친 그로스만의 총계 표식에서는 이게 전혀 문제가 되지 않는다. 물론 앞서 말한 바처럼 그로스만 표식이 입각한 바우어의 양 부문 표식에서도 문제는 마찬가지다. 이렇게 잉여가치의 소재 형태를 고려하지 않는다면, 과잉 불변자본을 가변자본으로 전용할 수도 있기 때문에, 위의 표식처럼 추가 가변자본을 14,756으로 고정시킬 필요도 없다. 다른 배치를 위한 온갖 숫자 놀음이 가능한 것이다. 이렇게 잉여가치의 소재 형태를 고려하지 않은 것은 그로스만 표식의 중대한 오류지만, 여기서는 일단 그로스만의 표식을 그대로 따라가면서 이 표식에 나타난 수치상의 오류만 정정하고 넘어가도록 한다.

였음.
** 부족액: 21,545(=5,616,200×10%-540,075)
*** 부족액: 27,003(=540,075×5%-0)
(제36년도 총부족액: 21,545+27,003=48,548)

2) 그로스만의 붕괴론과
마르크스의 이윤율의 경향적 저하 법칙

그로스만 표식의 붕괴론적 결론, 즉 제35년도(!)의 자본주의 붕괴라는 결론에는 통상 기계적 붕괴론이라는 비판이 따라다닌다. 물론 여기에는 그로스만 측에서의 반론도 있다. 케네디(Grossmann, 1992: 16)에 따르면, 그로스만의 표식을 자본주의 붕괴 경향에 대한 수학적 증명으로 간주해서는 안 된다고 한다. 그건 추상적 모델에서의 결론일 뿐이고, 이로부터 직접 실제의 붕괴를 말하는 건 마르크스의 추상 수준을 이해하지 못한다는 것이다. 또한 35년은 단지 숫자 예에 지나지 않는다. 추상적 이론의 결론은 가정의 구체화를 통해, 상쇄력의 도입을 통해 비로소 현실 과정을 설명할 수 있다고 한다. 이런 점에서 그로스만에 의거해서 자본주의의 실제 붕괴 연도를 예측하고자 하는 시도는 그로스만의 의도와도 다른 허무맹랑한 짓이라 하지 않을 수 없다. 그로스만 스스로도 자신의 이론을 계급투쟁과 무관한 자동 붕괴론이라고 주장하는 논자들에 반대하면서 자본주의 붕괴의 객관적 및 주관적 요소의 상호작용을 말하기도 한다. 자신의 붕괴론은 '언제 그리고 어떤 조건하에서 그러한 객관적인 혁명적 상황이 일어날 수 있고 일어날 것인지를 보여주기' 원한다는 것이다.(Grossmann, 1969: 88). 그러나 그로스만 자신의 반박을 감안해서 추상적인 이론 모델 수준에서 그의 붕괴론을 검토해도, 이 붕괴론은 완전한 오류이며, 재생산표식과 이윤율의 경향적 저하 법칙에 대한 오독에 근거하고 있다는 비판을 피할 수 없다.

그로스만의 표식에서 축적의 붕괴는 축적을 위한 잉여가치의 부족 때문에 일어난다. 뿐만 아니라 축적이 붕괴한다는 제35년도에도 이윤율은 여전히 9.3%다. 제36년도에도 이윤율은 8.9%다. 그로스만은 이윤율의 경향적 저하 법칙으로 자본주의 붕괴를 설명하겠다고 했지만, 제35년도의 붕괴 상황은 결코 이 법칙으로 설명할 수 없다. 이윤율의 경향적 저하 법칙은 유기적 구성 고도화의 축적으로 그것에 따른 상쇄 경향(잉여가치율의 증대와 불변자본의 감가 등)의 작용에도 불구하고 일반적 이윤율이 경향적으로 저하한다는 것을 나타내며, 이 경우 축적의 진행으로 가변자본과 잉여가치는 여전히 증대하고, 다만 총자본에 대한 잉여가치의 비율 즉 이윤율이 저하할 뿐이다. 따라서 높은 이윤율 하 잉여가치 부족에서 비롯되는 제35년도의 축적의 붕괴는 이윤율의 저하 법칙으로 설명할 수 없는 것이다. 그로스만도 표식에서 이윤율의 저하에도 불구하고 자본은 급속하게 확장하고 있음을 지적하고, "이렇게 바우어의 표식은 이윤율의 저하가 축적의 가속과 결합된 경우"(Grossmann, 1992: 76)라고 말한다. 이런 축적하에서 이윤율 저하는 이윤의 절대량 증가를 동반한다면서, 즉 이윤량 증대에 의해 보상받는다면서, 그로스만은 이런 이윤율 저하가 왜 위기인가를 묻는다. "달리 말하면 이윤율 저하는 자본주의에 대한 실제적인 위협인가?"(같은 책: 72). 위협이 아니라는 말이다. 4년도 표식까지 전개된 바우어 표식은 이게 위기가 아님을 보여주는데 (즉 축적 기금과 자본가 소비 기금이 모두 절대적으로 증가한다는 것), 자신은 바우어 표식으로부터 연도를 확장함으로써 축적의 한계를 보여주겠다고 했던 것이다. "이로부터 이 체제는 틀림없이 붕괴할 것이다. … 기존의 모든 생계수단은 축적에 충당되어야 하기 때문에, 자본가계급은 자신의 개인적 소비를 위해 아무것도 남겨 놓은 게 없다. 그럼에도 불구하고 다음 연도를 위해 이 체제를 재생산하는데 요구되는 가변자본의 축적에서 여전히 11,509가 부족하다. … 바우어의 가정들은 더 이상 유지될 수 없다. 제35년도부터는 가정된 조건하에서 어떤 더 이상의 자본축적도 전혀 의미가 없을 것이다."(같은 책: 76). 왜냐하면 과잉자본은 더 이상 이윤을 생산하지 못하고 기능하지 못하기 때문이라는 것이다. 결국 그로스만에게 있어 자본주의 붕괴는 이윤율의 저하 법칙 때문이 아니라 축적을 위한 잉여가치의 부족 때문에 일어나는 것이고, 이런 사태는 이윤율 저하가 이윤량의 증대에 의해 보상받지 못하고 오히려 이윤량의 감소를 동반하는 경우에 발생한다. 즉 그로스만에 따르면, 이와 같은 과잉 축적 단계에서의 이윤율 저하는 자본축적의 초기 단계에서의 이윤율 저하와 다르다는 것이다. "…그러나 어떤 한계를 넘어서면 이윤율 저하는 자본가 소비를 위해 책정된 잉여가치의 감소(우리의 표식에서 이는 제21년도에 일어난다), 그리고 곧 그 후에는 축적에 충당될 잉여가치 부분의 감소를 동반한다." (같은 책: 76). 그리고는 다음과 같은 마르크스의 언급을 덧붙인다. "이윤율의 저하는 이번에는 이윤량의 절대적 감소를 수반할 것이다. … 그리고 감소된 이윤량은 증대된 총자본에 대해 계산되어야 할 것이다."(『자본론』III(상): 302-303). 이렇게 그로스만의 자본주의 붕괴론은 마르크스의 이윤율의 저하 법칙이 아니라 마르크스의 이른바 '자본의 절대적 과잉생산'이라는 개념을 근거로 해서 구성된 것이다.

그러면 이윤량 증대를 동반하는 이윤율 저하의 순조로운 축적에서 어떻게 이윤량 감소를 동반하는 이윤율 저하의 축적, 즉 과잉 축적으로 돌변하나? 이에 대한 설명이 이제 문제가 된다. 그로스만은 자본의 절대적 과잉생산이란 개념에 의지해서 그 설명을 주고 있다. 마르크스에 의하면 자본의 절대적 과잉생산이란 자본축적과 노동력의 추가 고용에도 불구하고 임금의 급속한 상승으로 이윤이 0 또는 오히려 하락하는 특별한 상황을 나타내는 것이다.(『자본론』III(상): 302). 그것은 산업 순환상의 공황 국면에서나 상정할 수 있는 현상이고, 그래서 마르크스도 축적의 위기를 설명하면서 이를 극단적인 하나의 경우로서 언급했을 뿐이다. 그러나 그로스만이 문제로 하는 바우어 표식에서 붕괴의 문제는 산업 순환상의 공황이 아니라 장기적 발전에서의 위기 문제이며, 따라서 이 위기의 설명을 위해 자본의 절대적 과잉생산의 개념을 가져올 수는 없는 것이다. 그로스만은 자본주의의 장기 위기와 순환적 위기를 방법론적으로, 이론적으로 구별하지 못하고 양자의 설명을 혼동하고 있다.[100] 그 결과 당연한 것이지만, 그로스만이 말하는 과잉 축적 단계에서의 이윤율 저하는 마르크스의 자본의 절대적 과잉생산 개념과 전혀 상관이 없다. 그로스만은 여기서 전혀 어

---

100 다시 말하지만, 자본주의의 장기 위기는 『자본』 제3권 제3편의 이윤율의 경향적 저하 법칙과 관련해서 설명해야 한다. 그런데 이윤율의 경향적 저하란 일반적 이윤율의 단선적 저하를 말하는 게 아니라 장기적 변동을 포괄하는 것이다. 즉 일반적 이윤율은 상쇄력 여하에 따라 장기적으로 일정한 시기에 상승할 수도 있지만 경향적으로는 결국 하락한다는 말이다. 이윤율이 장기적으로 개선되는 국면에서는 자본주의의 장기 번영이 도래한다. 이 국면에서는 축적이 왕성하게 진행되기 때문에, 축적에 따른 자본의 유기적 구성의 고도화와 이윤율의 저하에도 불구하고 총자본과 가변자본의 축적이 더 빠르게 진행되어 이윤량의 증대가 동반된다. 반면 이윤율의 장기적 하락과, 그에 따른 장기 침체가 지배하는 국면에서는 축적의 둔화가 불가피하고, 자본의 유기적 구성의 고도화와 이윤율 저하 장기 침체의 정도에 따라 이윤량의 감소를 동반할 수도 있다. 이윤율의 경향적 저하 법칙이란 생산력의 일층의 진보와 함께 경향적으로 이 후자의 국면이 지배한다는 것이다. 이는 다름 아니라 『자본』 제1권 제7편에서 유기적 구성의 고도화와 상대적 과잉인구를 동반하는 자본축적의 일반적 법칙에 대응하는 제3권에서의 축적론의 결론이다. 여기서 이윤율의 경향적 저하와 자본주의의 장기 침체에 동반하는 이윤량 감소는 위의 자본의 절대적 과잉생산의 경우처럼 산업 순환 국면에서 노동력가치를 넘어가는 임금 상승 때문이 아니라 이념적 평균의 추상 수준, 즉 '노동력가치=임금'의 가정하에서 생산력의 발달에 기인한 자본

울리지 않는 개념을 마르크스로부터 끌어대고 있는 것이다.[101]

자본의 절대적 과잉생산에서는 자본축적에도 불구하고 이윤이 감소하다는 것, 그 때문에 축적이 붕괴된다는 것이라면, 그로스만의 붕괴 법칙에서는 자본축적에 따라 이윤은 증대하지만, 이 이윤이 노동력 증가를 모두 고용할 정도의 축적을 하기에는 부족하기 때문에 축적이 붕괴된다는 것이다. 전자에서는 이윤이 감소하고, 후자에서는 이윤이 증대하는 상황이다. 또 전자에서는 이윤의 감소로 축적의 위기가 오는 상황이고, 후자에서는 이윤이 증대하는데도 완전고용을 유지할 수 없어서 붕괴가 온다는 것이다. 〈표 8〉에서 보는 바와 같이 제36년도에도, 또 그 이후에도 잉여가치의 절대량은 감소하지 않기 때문에, 자본의 절대적 과잉생산이 일어나는 경우는 발생하지 않는다. 따라서 자본축적의 붕괴도 발생하지 않는다. 제36년도에는 추가 가변자본이 0이므로 추가 불변자본 540,075도 사용될 수 없고(즉 과잉자본으로 남는다), 실제 축적은 일어나지 않는다. 따라서 제37년도 이후의 재생산 규모는 제36년도 수준에서 변하지 않는다. 이윤도 동일한 수준에서 계속 생산된다. 이는 그로스만이 말하는 바와 같은 축적의 붕괴, 자본주의의 붕괴가 아니라 동일한 수준의 재생산(과잉자본 및 과잉인구의 누

구성의 변동에서 비롯된 것임에 유의해야 한다.

101 Howard & King(1989: 331)에서도 이런 비판들을 볼 수 있다.

적을 동반하는)을 의미할 뿐이다. 결국 그로스만은 통상 오해하는 바처럼 마르크스의 이윤율의 경향적 저하 법칙에 따라 자본주의의 붕괴를 논한 것도 아니고, 그렇다고 자본의 절대적 과잉생산으로 붕괴를 논하는 것도 아니다. 축적을 위한 잉여가치가 부족하다는 것, 자본가가 소비할 게 없어 아사한다는 것이 그로스만이 설명하는 축적의 붕괴 요인이다.[102] 그로스만에 있어 축적의 붕괴 요인은 사실 축적을 위한 잉여가치의 부족보다는 자본가의 소비 몫이 없어진다는 것에 있다. 그는 잉여가치가 모두 축적에 충용되고 자본가 소비가 사라진다면 축적은 불가능하게 될 것이라고 한다. 이런 경우는 자본가의 관점에서 보면 아무 의미가 없는 것이어서 "왜 자본가들이 축적을 하느냐는 질문이 필연적으로 제기된다"(Grossmann, 1992: 81)는 것이다. 이런 설명 방식은 이윤을 위한 축적이라는 마르크스의 이해 방식을 뒤집어 놓은 것이고, 완전한 난센스가 아닐 수 없다.[103]

---

102 "(바우어의) '붕괴론' 비판의 표식이 (그로스만의) '붕괴론'의 기초가 되었다. 그리고 그 결과는 그로스만의 의도에 반해 '이윤율의 경향적 저하법칙'을 원용할 필요도 없이 계속되는 연도에서의 바우어 표식의 전개만으로 자본주의 '붕괴'의 필연성을 '논증'해버린 것이다. 자본가의 소비가 0이 되는 절대적인 한계점에서 '자본주의는 붕괴한다'!"(市原健志, 2000: 106).

103 이렇게 그로스만의 붕괴 법칙이 마르크스의 이윤율의 경향적 저하 법칙과 별 관련이 없다고 하면, 그로스만이 마르크스의 이 법칙을 복원시켜 전후 서구 마르크스주의에서 이윤율 저하설에 입각한 공황론이 발전하는 토대가 되었다는 주장도 잘못된 것이다. 뿐만 아니라 이윤율의 경향적 저하 법칙은 자본축적의 장기적 경향과 위기를 다루는 것이기 때문에,

설령 그로스만의 주장을 따른다 하더라도, 자본가 소비가 문제라면 축적의 규모를 줄이고 자본가 소비를 마련하면 그만인 것을 가지고 그로스만은 요란스럽게 자본주의의 붕괴를 운운한다. 예컨대 제36년도의 잉여가치 540,075를 그로스만과 다른 방식으로 사용한다면(앞서 말한 바처럼 그로스만은 잉여가치의 소재 형태를 문제시하지 않기 때문에, 추가 축적과 자본가 소비의 다양한 배치가 가능하다), 제36년도 이후에도 여전히 축적이 가능할 뿐 아니라 자본가가 아사할 이유도 없다. 그로스만이 말하는 바의 축적을 위한 잉여가치가 부족하다는 것의 실제적인 의미는 다만 완전고용을 위한 축적이 불가능하다는 것, 즉 과잉인구와 과잉자본이 발생한다는 것뿐이며, 이는 자본주의의 붕괴와는 전혀 관련이 없다. 실로 그로스만도 이런 상황을 염두에 두고 있다. 실제로는 자본가들이 제35년도 이전부터 이미 이런 붕괴 경향을 타개하기 위해 표식의 가정들을 깨서 임금을 삭감하고 축적 규모를 줄여 과잉자본과 과잉인구가 발생한다는 것이다.(Grossmann, 1992: 82). 이런 상황은 결코 자본축적이 붕괴하고 자본주의가 종말을 고하는 상황은 아니다. 이렇게 그로스만의 말에 따르더라도 자본주의 붕괴론은 근거가 없는 것이다.

이를 주기적 공황의 원인으로 설명하려는 구미권 마르크스주의 이론은 그로스만과 마찬가지로 근본적인 방법론적 오류를 범하고 있다.

3) 붕괴론의 잘못된 구성: 전제의 오류와 결론의 오독

그로스만이 의존하고 있는 바우어 표식은 투간이나 로자 등 재생산표식 논쟁사에서 보는 다른 논자들의 표식과 달리 표식의 구성과 전개가 명확하게 설명되어있다.[104] 그 때문에 이 표식의 오류도 명확하게 읽을 수 있다. 그럼에도 그로스만은 바우어 표식의 이중, 삼중의 오류를 전혀 인식하지 못했다. 그로스만은 바우어의 오류가 단지 그 표식을 4년도까지만 전개한 것에 있다고 지적하고, 이 표식을 36년까지 전개하여 그로부터 제35년도부터 축적을 위한 잉여가치의 부족이라는 축적의 붕괴를 끌어냈다. 그로스만은 이로부터 자본주의의 붕괴를 논증했다고 주장한다. 하지만 베네딕트도 지적한 바처럼[105] 축적의 붕괴는 사실 바우어 표식의 가정들에 의해 이미 전제된 것이다. 인구 증가율과 가변자본 증가율이 같고, 유기적 구성의 고도화에 따라 불변자본의 증가율이 더 높고, 잉여가치율은 불변이라면, 언제가 되든 조만간 축적을 위한 잉여가치는 부족하고 자본가의 소비는 불가능하게 될 수밖에 없다.[106] 그로스만은 붕괴 논증에서 바우어의 표식을 균형 표식으

---

104 재생산 논쟁에서 표식 구성과 전개에 대해 명확한 설명을 주는 논자는 무엇보다 맑스의 방식을 따라 표식을 전개한 레닌이다. Lenin(1893) 참조.

105 각주 83) 참조.

106 $k=m-(a_c+a_v)$, m은 매 순환 평균 5% 성장, a_c는 10% 성장, a_v는 5% 성장하면, k는 감소할 수밖에 없고, 언젠가는 0, 나아가 (–)가 된다. 바우어-그로스만 표식의 예를 상정하

로 받아들였으며, 그 때문에 그는 바우어의 두 부문 표식을 더 이상 검토하지 않고, 사회적 생산물의 총계 부문만을 가져와서 결국 총부문 표식의 전개를 통해 이런 결론을 도출했다. 그는 두 부문 표식에서 사회적 생산물의 재생산 문제를 가치적, 소재적 측면에서 분석한다는 재생산표식론의 고유한 문제를 올바로 인식하는 것 없이 바우어의 잘못된 표식에 근거해서 자본주의의 실현 문제는 존재하지 않는다고 파악하고, 총부문 표식만으로 자본주의의 축적 경향을 논증하고자 하였다. 바우어의 표식은 실은 불균형 표식이므로, 그로스만이 바우어의 표식을 올바로 파악했다면, 바우어의 표식을 비판하고 다른 균형 표식에 근거해서 자신의 붕괴론을 전개했든가, 아니면 바우어의 표식이 불균형 표식임을 인식하고 표식의 불균형, 즉 가치와 잉여가치 실현의 모순으로부터 자본주의의 붕괴를 논증해야 했을 것이다.

설령 바우어의 표식을 바우어를 따라 균형 표식이라 간주한다 해도 그 균형 표식의 의미는 다음과 같은 것으로 파악해야 한다. 즉, 자본축적은 한편에서 인구 증가를 모두 생산과정에 흡수할 수

면, n년도의 자본가 소비 k는 다음과 같다. $k_n = m_n - (a_{cn} + a_{vn}) = 100{,}000 \times (1 + 0.05)^{n-1} - \{200{,}000 \times (1 + 0.1)^{n-1} \times 0.1 + 100{,}000 \times (1 + 0.05)^{n-1} \times 0.05\}$. 이로부터 $k_n = 100{,}000 \times (0.95 \times 1.05^{n-1} - 0.2 \times 1.1^{n-1})$. 따라서 n이 증대함에 따라 k는 처음에 커지다가 점차 감소하며 결국에는 (-)가 된다. 즉, 자본가들이 소비를 못해 아사하는 사태가 발생하는 것이다. 市原健志(2000: 93-94)에도 동일한 계산이 나와 있다. $k_n = 0$가 되는 n값은 $n = 34.494...$다. 즉 35년도부터 자본가 소비는 (-)가 된다.

있도록 그렇게 가변자본이 성장하고, 다른 한편에서 이 가변자본의 성장과 생산력의 발전에 조응하여 불변자본이 성장하며, 이런 성장을 가능하게 하는 부문 간 자본 이동이 이루어진다는 것이다. 그러나 이러한 방식의 자본축적은 마르크스가 그렸던 자본축적의 법칙과는 전혀 다른 것이다. 바우어와 달리『자본』제1권 축적론에서 마르크스가 끌어낸 자본축적의 일반적 법칙에 따르면, 유기적 구성의 고도화를 동반하는 자본축적은 생산과정으로부터 노동력을 축출해서 한편에서 거대한 생산수단의 축적과 다른 한편에서 산업예비군과 상대적 과잉인구의 축적이라는 모순적 경향을 가져온다. 자본축적의 목적은 증가하는 인구에 일자리를 제공해주는 게 아니라 최대한의 이윤 획득과 자본으로의 재전화에 있고, 이를 위한 생산력의 고도화를 통해 상대적 과잉인구가 창출되는 것이다. 이렇게 바우어가 그린 표식의 세계는 자본주의 축적의 현실적 가정을 토대로 했다는 자신의 공언과 달리 현실의 자본축적 경향을 완전하게 자의적으로 왜곡한 것이며, 오히려 마르크스의 자본축적의 일반적 법칙을 뒤집어놓고 있다. 그로스만은 바우어 표식의 이런 문제도 인식하지 못했다.

바우어의 균형 표식은 제35년도까지 연장하면 균형의 전제가 파괴되고 축적의 붕괴가 일어난다고 그로스만은 주장한다. 그러면 이러한 가정 위에서 도출된 그로스만의 자본축적의 붕괴가 무엇을 의미하는지도 분명할 것이다. 그것은 그로스만의 주장과는 달리 자본축적이 정지되고 자본주의가 붕괴한다는 혁명적인 전망을 의미하는 것이 결코 아니다. 그렇게 주장하는 것은 그로스만의 표식을 완전하게 잘못 파악한 것이다. 그로스만 스스로가 표식의 결론의 의미를 제대로 이해하지 못했다. 그로스만의 표식은 단순히 바우어 표식의 연장이기 때문에, 그로스만의 자본축적 붕괴의 의미를 올바로 이해하기 위해서는 다시 앞서 말한 바우어 표식의 전제를 되새겨야 할 것이다. 그 연장 선상에서 파악하면, 그로스만의 붕괴의 법칙이란, 자본주의가 자연적 인구 증가율로 증대하는 노동인구를 모두 생산과정에 고용할 수 있을 정도의 그런 축적(말하자면 완전고용의 축적)을 해나가면, 제35년도부터는 이런 축적을 감당할 수 있는 잉여가치가 부족하게 되고 자본가의 소비는 0이 되어야 한다는 것이다. 그러나 이런 법칙은 현실의 자본축적 경향과는 아무 관련이 없고, 따라서 현실의 자본축적이 붕괴할 거라는 전망도 근거가 없는 것이다. 현실의 자본축적은 완전고용을 위한 축적이 아니고, 또 자본가 소비를 위한 축적도 아니며, 축적의 동인은 오로지 이윤의 획득에 있다. 자본가는 생산된 잉여가치 중 자신들의 소비를 뺀 부분을 매년 축적 기금으로 돌리며, 이렇게 다년에 걸쳐 쌓여진 축적 기금을 생산력의 발전과 유기적 구성의 고도화에 조응하여 불변자본과 가변자본으로 분할해서 축적에 사용할 뿐이다. 따라서 이념적 평균을 상정하면, 잉여가치가 부족해서 축적이 이루어지지 않는 경우는 자본주의에서 발생하지 않는다. 유기적 구성 고도화 방식의 축적은 불가피하게 생산과정으로부터 노동력을 상대적으로 방출하게 되고, 이는 노동인구의 자연 증가와 맞물려서 상대적 노동인구의 과잉을 초래하게 된다. 이것이 마르크스의 자본축적의 일반 법칙이고, 또한 자본축적의 현실적 경향이다. 이런 방식의 축적은 이윤율의 경향적 저하 법칙에 의해서 장기적으로 위기적 경향을 가져올 뿐이다. 이와 달리 그로스만은 자본주의가 완전고용을 달성하는 데 필요한 잉여가치와 축적 기금이 부족해서 붕괴한다고 주장한다. 그러나 자본주의가 완전고용을 유지하지 않고 실업을 용인하면(오히려 이 가정이 현실이고 이윤 추구라는 자본의 목적에 합치한다), 잉여가치와 축적 기금이 부족할 이유도 없고, 또 자본주의가 붕괴할 필연성도 존재하지 않는다. 그로스만에 대한 스위지의 적절한 비판처럼(Sweezy, 1956: 212-213) 과잉자본과 실업이 발생한다고 해서 결코 자본주의가 붕괴하는 것은 아니다.

4.

맺음말

이상에서 바우어 표식의 오류와 혼란 그리고 그로스만에 의한 오류와 혼란의 계승, 나아가 그에 입각한 그로스만의 기괴한 붕괴론의 구성까지 비판적으로 살펴보았는데, 이를 통해 바우어와 그로스만의 표식론에 대한 기존의 통설적인 견해도 크게 잘못된 것임이 분명해졌다. 통상 바우어와 그로스만 표식에 대한 비판은 주로 이 표식이 전제한 비현실적인 가정들에 집중되었고, 정작 이 표식의 작성과 구성에서의 근본적 오류는 인식하지 못했다. 그 때문에 가정들을 얼마나 현실성 있게 수정할 수 있느냐 여하에 따라 이 표식의 현실적 의의도 인정할 수 있는 것처럼 평가되고, 그 위에서 조화론이냐 붕괴론이냐 하는 양자 표식의 이론적, 정치적 함의가 토론되었던 것이다. 하지만 바우어 표식이 마르크스 표식의 전제를 훼손하고, 명백히 구성상의 근본 오류를 안고 있으며, 이 표식이 균형 표식이 아니라 불균형 표식임이 분명해진 이상, 문제는 가정들의 현실성 문제가 아니라 이 표식에 입각한 일체의 토론은 근본적으로 잘못되었다는 점이다. 더구나 바우어 표식의 구성상의 오류 여하는 이론적 또는 정치적 관점에 따라 달라지는 것이 아니라 바우어의 작성 논리를 따라 명쾌하게 규명할 수 있는 것이어서 사실 더 이상의 논란의 여지도 없다. 따라서 바우어의 조화론도, 그로스만의 붕괴론도 모두 오류이다. 마찬가지로 이들의 이론에 입각해 자본주의의 발전이나 붕괴를 논하는 것도 모두 오류라 할 것이다.

바우어와 그로스만 표식의 가정들에 대해서는 구미권 문헌에서도, 일본 문헌에서도 일반적으로 지적하는 문제다. 그러나 핵심적인 문제는 가정들이 비현실적이냐 아니냐가 아니라 마르크스의 방법론에 따라 마르크스 표식의 전제와 구성 방식을 이해하는 것이다.[107] 첫째로, 마르크스는 '자본의 일반적 분석'이라는 이념적 평균하에서 『자본』 전 3권을 서술하고 있기 때문에, 제2권의 재생산표식은 '가치=가격'이라는 가치대로의 상품 실현을 전제한 위에서 재생산의 균형을 상정하고 그 연관 구조를 해명하고 있다. 레닌에 따르면 그것은 '추상적 실현 이론'(Lenin, 1899c: 66-67)을 나타낼 뿐이다. 따라서 표식의 가정들은 현실적이냐 아니냐의 문제가 아니라(마르크스 표식의 가정들도 사실 모두 비현실적이다), 도입된 그 가정들이 표식의 균형을 파괴해서는 안 된다는 점이 핵심적인 문제다.[108] 둘째로, 재생산의 균형과 연관에 대한 분석은 가치적 관

---

107 마르크스 표식의 가정과 전제 조건에 대해서는 岡稔(1976: 2장), 마르크스 표식에 대한 체계적인 설명에 대해서는 山田盛太郞(1948) 참조.

108 이런 점에서 『자본』 제3권의 '가치의 생산가격으로의 전화와 일반적 이윤율의 형성' 문제를 재생산표식에서 고려하지 않았기 때문에 로자든 바우어든 표식과 공황 논쟁의 결론이 잘못되었다는 그로스만의 비판(Grossmann, 1932)은 적합하지도 않고 방법론적으로 오류다.

점과 소재적 관점에서 통일적으로 고찰되기 때문에, 재생산표식은 양자의 측면에서의 균형을 상정하고 있다. 표식 논쟁에서는 이두 가지 핵심 문제를 이해하는 것이 관건인데, 표식 논쟁사의 당사자들도, 또 이를 평가하는 구미권 문헌도 대체로 이 문제를 올바로 이해하지 못했다. 그 때문에 표식 논쟁에서 자의적인 가정을 통해 한편에서 룩셈부르크처럼 불균형 표식을 작성할 수 있었던 것이고, 또 다른 한편에서 투간과 바우어 그리고 그로스만처럼 자의적으로 균형 표식을 제시한 논자들도 자신의 표식이 불균형 표식임을 인식할 수 없었던 것이다.

재생산 논쟁과 관련하여 일본 마르크스 경제학이 가져온 이론적 성과는 바로 이 두 가지 핵심 문제를 마르크스의 정치경제학 비판의 방법에 따라 마르크스 표식의 이론적 관건으로서 해명했다는 점이다. 그 위에서 일본의 마르크스 경제학은 착종을 거듭해온 표식 논쟁사를 올바로 정리할 수 있었고, 나아가 표식론과 공황론, 표식론과 붕괴론 그리고 붕괴론과 공황론의 관계를 둘러싼 혼란들을 정리하고 그에 대한 이론적 발전을 도모할 수 있었다. 이 글은 기본적으로 이러한 이론 성과를 토대로 한 것이며, 마르크스 표식의 균형의 전제와, 가치 및 소재적 측면에서의 재생산의 균형이라는 두 가지 관점으로부터 무엇보다 바우어 표식의 불균형을 명시적으로 논증하고자 하였다. 바우어 표식이 소재적 측면으로부터 불균형 표식임을 명시적으로 상세하게 규명한 것은 이 글의 고유한 기여라고 생각한다. 나아가 바우어 표식에 입각한 그로스만 표식도 불균형 표식임을 명백히 하고, 불균형 표식을 균형 표식으로 오해해서 붕괴론을 전개하는 그로스만의 근본적 오류를 지적한 것도 이 글의 이론적 기여라 할 것이다. 그로스만의 붕괴론이 마르크스의 이윤율의 경향적 저하 법칙이나 자본의 절대적 과잉생산과 상관없는 것이라고 비판한 것은 이론사적으로 보면 새로운 건 아니다. 하지만 그로스만 비판의 이 측면은 일본 문헌에서도 주요하게 부각된 것 같지는 않아 나름대로 의미가 있다. 바우어와 그로스만 표식에 대한 체계적인 비판은 무엇보다 한국 마르크스주의의 현실에서 특별한 의미가 있다고 생각한다. 왜냐하면 우리나라에서는 주로 구미권 문헌에 의존한 채 표식 논쟁의 이론사를 올바로 수용하지 못하고, 그 이론적 공백 속에서 그로스만에 대한 자의적인 주장과 근거 없는 과대망상만 볼 수 있기 때문이다.[109] 이 글은 원래 이와 같은 한국의 이론 상황을 극복하는 데 기여하고자 작성한 것이다. 물론 이상의 표식론 비판을 완성하기 위해서는 표식론에 근거한 바우어와 그로스만의 공황론에 대한 검토도 불가피한 것이지만, 여기에선 이 문제까지 다룰 수가

---

109 우리나라의 황량한 이론 상황을 감안하면 무엇보다 유승민의 최근 학위논문을 참조하고 싶다. 유승민(2013)은 일본의 재생산표식 논쟁사의 문헌에 기반해서 재생산 논쟁의 주요 쟁점들을 객관적으로, 또 비판적으로 정리하고 있어 이 주제와 관련한 국내 연구의 진전을 위해 의미 있는 성과가 아닌가 하는 생각이다.

없었다. 다만 이들의 표식론의 오류로부터 이들의 공황론 또한 근본적으로 잘못된 것임은 두말할 것도 없다. 바우어와 그로스만의 공황론에 대해서는 다른 글을 기약할 수밖에 없다.

참고 문헌

마르크스, K. 2004, 『자본론』 III(상), 제1개역판, 비봉출판사.

유승민, 2013, 『자본주의 발전 및 붕괴와 공황에 관한 연구 – 재생산표식 논쟁을 중심으로』, 연세대학교 경제학 박사 학위논문.(2013. 12.)

岡稔, 1976, 『資本主義分析の理論的諸問題』, 新評論.

富塚良三·吉原泰助 編. 1997-1998, 『恐慌·産業循環』(上), (下), 有斐閣.

山田盛太郎, 1948, 『再生産過程表式分析序論』, 改造社.

小澤光利, 1981, 『恐慌論史序説』, 梓出版社.

小澤光利, 1998, 「バウアおよびグロスマンの恐慌論」, 富塚良三·吉原泰助 編, 1998, 『恐慌·産業循環』(下), 有斐閣.

小澤光利, 2010, "長期波動論と「資本主義の全般的危機論」: 再考 – マルクス経済学史の射程から", http://prof.mt.tama.hosei.ac.jp/~mitozawa/newpage11.htm

市原健志, 2000, 『再生産論史研究』, 八朔社.

市原健志, 2001, 『資本主義の發展と崩壞』, 中央大学出版部.

Bauer, O. 1904, "Marx' Theorie der Wirtschaftskrisen", *Die Neue Zeit*, 23. Jahrg., Bd. 1.

Bauer, O. 1913, "Die Akkumulation des Kapitals", *Die Neue Zeit* 31(1).〔영문 번역: King, J. E. 1986, "Otto Bauer's Accumulation of Capital(1913)", in *History of Political Economy*, 18: 1.〕

Bucharin, N. I. 1925, "Der Imperialismus und die Akkumulation des Kapitals", *Unter dem Banner des Marxismus*, Jg. 1, Heft 1-2. 〔Tarbuck, K. J. ed., 1972, *The Accumulation of Capital - An Anti-Critique & Imperialism and the Accumulation of Capital, Monthly*

Review Press.]

Grossmann, H. 1929, *Das Akkumulations- und Zusammenbruchsgesetz des kapitalistischen Systems (Zugleich eine Krisentheorie)*, Leipzig.[일어 완역본: ヘンリーク グロースマン, 1932,『資本の蓄積並に崩壊 の理論』改造社. 영어 축약본: Grossmann, H. 1992, *The Law of Accumulation and Breakdown of the Capitalist System*, Pluto Press.]

Grossmann, H., 1932, "Die Wert-Preis-Transformation bei Marx und das Krisenproblem", http://marxists.org/archiv/grossmann/1932/xx/wert-preis.htm

Grossmann, H., 1969, *Marx, die klassische Nationalökonomie und das Problem der Dynamik*, EVA/Europa Verlag.

Hilferding, R. 1910, *Das Finanzkapital.*[국역: 김수행·김진엽 역, 1994,『금융자본』, 새날.]

Howard, M. C. & King, J. E. 1989, *A History of Marxian Economics, Volume I, 1883-1929*, Macmillan Education.

Itoh, M. 1980, *Value and Crisis: Essays on Marxian Economics in Japan*, Pluto Press.[국역: 伊藤誠, 1988,『가치와 공황: 일본의 마르크스주의 경제학』, 비봉출판사.]

Lenin, W. I. 1893, "Zur sogenannten Frage des Märkte", *LW* Bd. 1.

Lenin, W. I. 1897, "Zur Charakteristik der ökonomischen Romantik", *LW* Bd. 2.

Lenin, W. I. 1899a, *Die Entwicklung des Kapitalismus in Rußland*, *LW* Bd. 3.

Lenin, W. I. 1899b, "Notizen zur Frage der Theorie der Märkte", *LW* Bd. 4.

Lenin, W. I. 1899c, "Noch einmal zur Frage der Realisationstheorie", *LW* Bd. 4.

Luxemburg, R. 1913, *Die Akkumulation des Kapitals, Rosa Luxemburg Gesammelte Werke*, Bd. 5.

Luxemburg, R. 1921, *Die Akkumulation des Kapitals - Eine Antikritik, Rosa*

Luxemburg Gesammelte Werke, Bd. 5.

Orzech, B. & Groll S. 1983, "Otto Bauer's scheme of expanded reproduction: an early Harrodian growth model", *History of Political Economy* 15: 4.

Rosdolsky, R. 1968, *Zur Entstehungsgeschichte des Marxschen 'Kapital': Der Rohenhwurf des 'Kapital' 1857-58*[국역: 로만 로스돌스키, 2003, 『마르크스의 자본론의 형성』, 백의.]

Sweezy, P. M. 1956, *The Theory of Capitalist Development*, Monthly Review Press.

Tugan-Baranowsky, M. 1901, *Studien zur Theorie und Geschichte der Handelskrisen in England*, Jena.[2011, Nabu Press.]

Tugan-Baranowsky, M. 1905, *Theoretische Grundlagen des Marxismus*, Leipzig.

5장

바우어와 그로스만의
공황론 비판

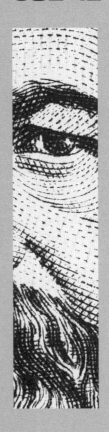

1.

재생산표식과 공황론:
방법론의 문제

마르크스의 재생산표식으로써 자본주의의 붕괴와 공황 여하를 설명하고자 한 20세기 전반기의 재생산표식 논쟁은 전반적으로 다음과 같은 점에서 방법론적 오류를 드러내었다.[110] 첫째, 마르크스의 재생산표식은 이념적 평균이라는 추상 수준에서 작성되어 표식의 하나의 전제로서 균형이 상정된 것이기 때문에, 표식의 균형 여하로 자본주의의 붕괴 여하를 논증해서는 안 된다. 그럼에도 붕괴 논쟁은 표식의 균형 여하를 논증하는 데 집중되었던 것이다. 표식의 균형이 전제되었다고 해서 자본주의 붕괴가 부정되는 것도 아니며, 또 붕괴를 논증하기 위해 불균형 표식을 작성하는 것은 표식의 전제를 파괴하는 자의적인 가정을 도입하기 때문이다. 둘째, 표식론과 공황론은 상이한 분석 수준에 속하기 때문에 재생산표식으로부터 직접 과잉생산 공황을 설명하는 것은 오류가 아닐 수 없다. 재생산표식은 이념적 평균의 분석 수준에서 서술되는 반면, 주기적 과잉생산 공황은 현실 경쟁론의 차원에서 전

---

110 표식 논쟁사에 대해서는 오카 미노루(岡稔, 1976), 이치하라 겐지(市原健志, 1990, 2000), 유승민(2013) 참조.

개된다. 따라서 현실 경쟁론을 매개로 해서만 재생산표식의 부문 간 연관과, 생산과 소비의 모순으로부터 과잉생산 공황으로의 발전을 설명할 수 있다. 하지만 표식 논쟁에서는 많은 논자가 표식론으로써 직접 공황론을 전개하고자 하였다. 셋째, 자본주의 붕괴 경향과 주기적 공황은 서로 연관되어있기는 하지만, 그 자체로 다른 쟁점이기 때문에 양자를 동일한 차원에서 논하는 것도 마찬가지로 오류다. 마르크스는 자본주의 붕괴를 재생산표식이 아니라 이윤율의 경향적 저하 법칙으로 설명하였고, 이 법칙은 자본주의 자체의 체제적 위기 또는 이행의 위기를 표현하는 것이다. 반면 주기적으로 발생하는 과잉생산 공황은 마르크스에 따르면 한편에서 무정부적 생산의 성격과, 다른 한편에서 생산과 소비의 대립적 발전에서 비롯된 것이고, 순환적 축적 리듬과 주기적 공황은 자본주의 체제가 발전하는 특유의 모순적 형태를 표현한다. 물론 이윤율 저하가 관철되는 체제적 위기하에서 주기적 공황은 격화되거나 만성화된다.

마르크스 표식과 공황의 방법론적 문제를 올바로 인식한 것은 아니지만, 그러나 몇몇 논자들에서는 방법론적 오류에서 벗어난 주목할 만한 성과도 제출되었다. 무엇보다 레닌은 마르크스의 확대재생산표식에서 논란이 되었던 유기적 구성 불변의 가정 대신에 유기적 구성의 고도화를 도입했지만, 마르크스의 표식 작성의 방법을 따라 표식의 균형을 전제한 유기적 구성 고도화 표식을 제시하였다. 이 표식은 표식 논쟁에서 유일하게 마르크스의 방법을 따른 올바른 표식이었다. 그러나 레닌에게서도 표식론과 공황론의 분석 수준의 차이의 문제, 즉 현실 경쟁론을 매개로 표식론으로부터 어떻게 주기적 과잉생산 공황론을 전개하는가의 문제는 해결되지 못했다. 반면 마르크스 표식의 전제를 파괴하는 자의적인 가정을 통해 균형 표식을 작성한 투간과 바우어는 룩셈부르크와 마찬가지로 표식론의 전형적인 오류를 보여준 것이었지만, 그러나 이들은 재생산표식의 균형 여하로부터 직접 주기적 공황을 설명하지 않고 경기순환론으로서 주기적 공황론을 전개하였다. 마르크스주의 문헌에서는 힐퍼딩과 함께 이들이 경기순환론으로서 공황론을 전개한 선구자적 논자로서 알려져 있다. 하지만 투간의 공황론(불비례설)은 표식론과 관련한 이론적 설명이라기보다는 역사적, 경험적 설명으로 치우쳤고, 바우어의 공황론도 불비례설과 노동력 부족설이 종합되는 것 없이 따로 노는 등 한계를 갖는 것이었다.111 나아가 그로스만은 표식론을 토대로 진행된 붕괴 논쟁

---

111 독자적인 재생산표식을 제시한 건 아니지만 주기적 공황론의 발전과 관련해서는 힐퍼딩
     (Hilferding, 1994)의 기여가 주목할 만하다. 힐퍼딩은 불비례설의 가장 정교한 형태의 공
     황론을 제출했는데, 물론 방법론상의 혼란에서 완전히 벗어난 건 아니었다. 하지만 그의
     논지는 비판적으로 고찰하면 과잉생산 공황론의 기본 메커니즘을 설명하는 주요 요소들
     을 거의 포괄하고 있어 불비례설만이 아니라 과잉생산 공황론의 발전에서도 커다란 기여
     를 한 것으로 평가된다. 이에 대해서는 다카야마 미츠루(高山滿, 1998), 유승민(2013) 참
     조.

을 비판하고 마르크스의 이윤율의 경향적 저하 법칙으로써 붕괴론을 논증하고자 했다는 점에서 붕괴 논쟁의 새로운 지평을 열었다고 할 수 있다. 그렇지만 그의 붕괴론은 실은 이 법칙이 아니라 바우어의 표식에 근거한 것이어서 그 또한 표식론의 차원에서 자본주의 붕괴를 논한 당대 논쟁의 오류를 답습한 것이었다. 뿐만 아니라 그는 붕괴론 수준에서는 바우어 표식의 방법적 오류 위에 입각해 있었고, 공황론 수준에서는 '붕괴론=공황론'이라는 식으로 붕괴론과 공황론의 차원을 구별하지 못했다. 결국 통상 알려진 것과는 다르게 그가 이윤율 저하 법칙으로써 붕괴론을 논증한 것도 아니었고, 또 이 법칙으로 주기적 공황을 설명한 것도 아니었다.

주지하다시피 바우어(Bauer, 1913)는 투간-룩셈부르크 논쟁에 개입해서 룩셈부르크를 비판하는 이른바 균형 표식을 작성하였다. 투간과 룩셈부르크는 모두 『자본』 제2권 제3편의 재생산표식이 초고 성격의 미완의 것이라는 점을 인식하였다. 그럼에도 투간은 제2권의 재생산표식의 균형과, 제3권의 과잉생산 공황에 관한 마르크스의 서술이 모순되고 제3권의 서술은 잘못된 것이라고 주장한 반면, 룩셈부르크는 투간과는 반대로 제3권의 서술이 맞고 제2권의 재생산표식은 오류라고 주장하였다. 하지만 제2권의 재생산표식과 제3권의 과잉생산 공황의 서술은 실은 현실 경쟁론을 매개하면 모순이 아닌 것이다. 제3권에서의 과잉생산에 관한 마르크스의 언급은 제3권의 수준에서도 추상되어있는 현실 경쟁론 수준의 분석이 단지 선취되어 나타난 것이며, 이런 서술이 제3권에 남아있게 된 것은 다만 제3권의 초고적 성격을 말해줄 뿐이다. 따라서 이른바 제2권과 제3권의 모순은 마르크스의 오류가 아니라 투간과 룩셈부르크 모두 마르크스의 방법을 올바로 이해하지 못했기 때문에 비롯된 것이었다. 투간은 마르크스 표식을 자의적으로 조작하여 소비의 감소에도 불구하고 사회적 수요와 사회적 생산이 확대하는 균형 표식을 작성하였다. 이에 대해 룩셈부르크는 마르크스의 재생산표식에 『자본』 제1권 제7편에서 분석한 자본축적의 현실적 경향, 즉 유기적 구성의 고도화 등을 도입하고 양부문의 축적률을 균등하게 하면 표식의 불균형(생산재 부족/소비재의 과잉)이 불가피함을 자신의 표식에서 논증하고자 하였다. 이에 대해 바우어는 룩셈부르크의 가정을 따라 자본축적의 현실적 경향 등을 표식에서 가정해도 표식의 부문 간 균형은 유지된다며 룩셈부르크 표식을 비판하고 투간의 결론을 지지하였다. 그러나 바우어의 표식 또한 마르크스 표식의 전제를 훼손하는 자의적인 표식이었고, 룩셈부르크(Luxemburg, 1921)도 반비판하는 바와 같이 실은 균형 표식이 아니라 불균형 표식이었다. 따라서 그가 주장한 자본주의 발전의 조화설은 표식적 논거를 갖지 못한 것이었다. 그로스만은 바우어 표식의 이런 근본적 오류를 인식조차 하지 못했고, 다만 바우어 표식의 균형은 제4년도까지만 표식을 전개한 데서 비롯된 것으로 파악하여 바우어 표식을 제35년도까지 연장함으로써 표식의 불균형[112]과 자본주의의 붕괴를 논증했다고 주장했다. 결국 그로스만은 바우어 표식의 오류 위에 입각해서 쓸데없는 작업을 했던 것이고, 더군다나 이 결과를 가당치도 않게 마르크스의 붕괴 법칙으로서 해석하고자 했던 것이다. 이런 점에서 바우어가 자신의 표식으로부터 조화론을 주장한 것도, 또 그로스만이 동일한 표식으로부터 붕괴론을 주장한 것도 모두 표식의 오류로부터 끌어낸 잘못된 결론이었다.

바우어와 그로스만은 동일한 표식으로부터 자본주의의 발전과 붕괴에 관한 상이한 결론을 끌어내었을 뿐 아니라 표식론으로부터 공황론의 전개도 전혀 상이하였다. 우선 바우어는 표식론으로부터 직접 공황론을 전개하지는 않고 현실 경쟁론을 매개로 하여 공황론을 경기순환론으로서 발전시킨 반면, 무엇보다 자본 일반과 현실 경쟁의 방법론적 구별을 강조한 그로스만은 정작 공황론의 전개에서 양자의 추상 수준을 완전히 혼동하고 표식론 차원에서 공황론을 전개하였다. 즉 그로스만에게 있어서는 '붕괴론=공황론'이었던 것이고, 결국 그의 표식이 축적의 역사적 경향을

---

112 여기서 그로스만이 말하는 불균형이란 생산 부문 간 균형의 파괴가 아니라 인구 증가와 가변자본 성장간의 균형의 파괴를 말한다. 그로스만은 바우어 표식에서 생산 부문 간 균형은 달성된다고 파악하여 더 이상 이를 문제 삼지 않고 양 부문 합산 표식의 전개를 통해 이른바 붕괴 법칙을 논증하였다.

나타내는 것인지 아니면 경기순환을 나타내는 것인지도 혼란스럽게 되었다. 바우어는 자신의 표식으로부터 축적과 노동인구 사이의 주기적 불균형으로부터 주기적 공황을 설명하는 노동력 부족설을 제시한 반면, 그로스만은 표식에서의 이른바 붕괴 경향을 이윤율의 경향적 저하 법칙으로 각색해서 해석하고 공황 또한 이 법칙의 관철에서 비롯되는 것이라며 이윤율 저하설을 제출하였다. 그러나 정확하게 말하면 바우어 표식에 입각한 그로스만의 공황론은 이윤율 저하설도 아니었다.

이렇게 바우어와 그로스만은 동일한 표식으로부터 자본주의의 전망에 대한 상이한 결론과, 또 자본주의 공황에 관한 상이한 이론을 제출하였다. 하지만 양자 모두 동일한 표식의 공통 오류에 입각해 있다는 점에서, 양자의 표식론과 공황론은 근본적으로 모두 잘못된 것이다. 즉, 표식론이 오류이고 공황론이 그 표식론에 근거하고 있다면, 공황론도 오류일 수밖에 없다. 하지만 공황론은 그 자체로 표식론과 다른 독자적인 이론 영역이므로 이들의 공황론 자체를 검토할 필요가 있다. 그러나 바우어와 그로스만에 대한 비판과 논쟁은 대개 표식론에 집중되어있고, 이들의 공황론을 상세하게 분석, 비판한 글은 찾아보기 힘들다.[113] 이런 이론적

---

113 예컨대 마르크스와 마르크스주의 공황 이론의 형성과 역사를 상당 정도 포괄하여 검토하는 클라크(Clarke, 2013)에서도 바우어와 그로스만의 공황론에 대해서는 별 언급이 없다.

상황을 감안해서 이 글에서는 바우어와 그로스만의 산업 순환론과 공황론의 전 체계를 비판적으로 조명하고 그 방법론적, 이론적 오류와 논리 모순을 상론할 것이다. 이들의 공황론에 대한 비판적 고찰을 통해 한편에서는 표식론과 공황론의 관련에 대한 잘못된 이해 방식을 보다 명확하게 드러낼 수 있으며, 다른 한편에서는 현실 경쟁론을 매개로 하는 주기적 공황론의 발전 계기들도 다시 확인할 수 있다. 이하에서는 바우어-그로스만의 표식을 전제해서 더 이상 표식론의 오류를 문제 삼지 않고 다만 이 표식 위에서 전개되는 이들의 공황론을 비판적으로 검토하고자 한다.[114]

대체로 이 책은 관련 문헌을 따라 그 내용을 소개하는 방식으로 서술되어있고, 공황 이론에 대한 체계적 이해의 관점이 제시되어있지는 않다. 오자와 미츠도시(小澤光利, 1998), 오르제흐와 그롤(Orzech & Groll, 1991), 킹(King, 2013)은 보기 드물게도 바우어와 그로스만의 공황론 자체를 주제로 하고 있지만, 거기서도 바우어와 그로스만의 논지를 따라가는 간략한 소개만을 접할 수 있다. 다만 킹(King, 2013)에서는 바우어의 과소소비 모형이 비판적으로 검토되고 있다.

114 바우어-그로스만 표식의 방법적, 구성적 오류에 대한 자세한 비판에 대해서는 김성구(2014)를 참조하라. 오르제흐와 그롤(Orzech & Groll, 1983: 533)에 따르면, 바우어는 자신의 표식에 대한 그로스만의 비판에 대해 어떤 답변도 제출하지 않았다고 한다. 반면 그로스만은 자신의 붕괴론에 대한 여러 비판에 대해 반박하였는데, 이 반론들은 대체로 적절하지도 않고 또 지적된 사항들을 무책임하게도 자신의 오류가 아니라 바우어의 오류로 돌리고자 하였다. 이에 대해서는 그로스만(Grossmann, 1929-1932) 참조. 또한 그는 바우어 표식이 비현실적 가정들에 입각한 것이라 비판하고, 자신의 붕괴론은 바우어 표식에서 도출된 게 아니라 마르크스의 『자본』 플랜의 방법론을 적용한 결과라며 바우어 표식과 자신을 등치시키고 싶지 않다고 했다. 그로스만 자신은 다만 바우어 표식에 따르더라도 균형이 아니라 불균형(=붕괴)이 그 귀결이라는 것을 보이고자 했다는 것이다. 매틱 앞으로의 그로스만의 편지(1931. 6. 21), Grossmann(1969: 85ff) 참조. 게다가 전형 문제와 표식론의 관계에 대한 그로스만의 문제 제기를 보면, 여기서도 방법론적 오류가 그대로

2.
산업 순환론으로서 바우어의 공황론:
노동력 애로설의 구성과 오류

산업 순환론의 토대가 되는 바우어의 1913년 표식은 〈표1〉과 같다(Bauer, 1986: 96). 이 표식은 인구 증가율과 가변자본의 성장률을 동일하게 연 5%로 하는 반면, 불변자본 성장률은 연 10%, 그리고 잉여가치율은 100% 불변으로 가정하였다. 따라서 이 표식에서 자본의 유기적 구성은 고도화된다. 또한 제1년도의 불변자본은 I부문 120,000, II부문 80,000, 가변자본은 I부문 50,000, II부

드러나 있다. 가치의 생산가격으로의 전화와 일반적 이윤율의 형성 문제를 고려하지 않았기 때문에 바우어(와 룩셈부르크)의 표식 및 공황 논쟁의 결론이 잘못되었다는 그로스만의 비판(Grossmann(1932), 小澤光利(1981: 162 이하))은 근본적으로 잘못된 것이다. 왜냐하면 표식론 수준에서는 생산가격과 일반적 이윤율, 그리고 이윤율의 경향적 저하 법칙을 논할 수 없기 때문이다. 기본적으로 그로스만은 설령 『자본』 제3권의 경쟁론(경쟁 일반)의 수준에서 생산가격으로써 재생산표식을 수정하더라도 자본의 일반적 분석 수준에서는 표식의 균형이 훼손되지 않는다는 것을 이해하질 못했다. 또한 그는 공황론과 관련하여 정말 중요한 것은 제3권 수준에서의 생산가격과 일반적 이윤율의 형성이 아니라 이를 넘어가는 현실 경쟁 수준에서의 불균형의 누적과 공황을 통한 폭발의 문제라는 것도 이해하지 못했다. 뿐만 아니라 그가 바우어와 룩셈부르크를 비판할 처지도 아닌 것이다. 왜냐하면 그로스만 자신도 전형 문제를 고려하지 않고 바우어 표식을 따라 표식론 수준에서 이른바 자본주의 붕괴를 추상적으로 논증했기 때문이다. 그로스만은 자본들의 경쟁을 통해 현실로 접근하는 중간 단계로서 표식론을 상정한 것이라 주장하지만, 그가 이 잠정적인 결론으로부터 더 나아가서 생산가격의 개념으로 일반적 이윤율의 운동을 분석함으로써 표식론에서의 자신의 붕괴론 결론을 경쟁론의 수준에서 수정하거나 확인하는 작업을 한 것도 아니었다.

문 50,000이며, 양 부문의 축적률은 동일하다고 가정되어있다. 바우어에 따르면 이 표식은 균형을 유지한다고 하는데, 여기서 균형은 이중적인 의미를 갖고 있다. 첫째로, 그것은 인구 증가와 가변자본 성장이 같은 비율로 증가하므로 인구 증가를 모두 흡수한다는 완전고용 축적[115]이라는 의미이고, 둘째로 I부문과 II부문의 교환관계가 균형이라는, 즉 실현 문제는 존재하지 않는다는 의미이다. 여기서 두 번째 의미의 균형은 II부문의 잉여가치의 일부가 I부문으로 이동해서 투자된다는 자의적인 가정을 통해 달성된 것이다. 그러나 이런 자본이동은 재생산표식의 소재적 연관을 무시한 것으로서, II부문의 잉여가치가 I부문에 투자될 수 없는 것임에도 불구하고, 바우어는 이를 통해 양 부문의 교환관계가 균형을 유지한다고 주장하였다. 이런 점에서 바우어의 표식은 그의 주장과는 달리 균형 표식이 아니라 불균형 표식이었다. 그런데 바우어가 이를 균형 표식이라고 상정했더라도 산업 순환과 공황론은 이 이중의 균형으로부터의 이탈과 조정으로서 전개하지 않으면 안 된다. 하지만 1913년 논문에서 바우어는 두 번째 의미의 균형은 차치하고 오로지 첫 번째 의미의 균형(완전고용 축적)만을 문제 삼고 산업 순환

---

115 바우어는 표식 작성에서 기존 노동력도 완전고용 상태인가를 밝히지는 않았지만, 자연적인 인구 증가를 가변자본의 성장으로 모두 흡수해야 한다는 가정의 취지를 보면, 기존 노동력도 완전고용 상태라고 상정한 것으로 보인다.

과 공황론을 전개하고 있는데, 이는 그의 산업 순환과 공황론의 근본적 한계라 할 수 있다.[116]

〈표1〉 바우어의 재생산표식[*]

	c	v	k	α	β	총계
1년도						
I부문	120,000	+50,000	+37,500	+10,000	+2,500	=220,000
II부문	80,000	+50,000	+37,500	+10,000	+2,500	=180,000
(합계)	200,000	+100,000	+75,000	+20,000	+5,000	=400,000
2년도						
I부문	134,666	+53,667	+39,740	+11,244	+2,683	=242,000
II부문	85,334	+51,333	+38,010	+10,756	+2,567	=188,000
(합계)	220,000	+105,000	+77,750	+22,000	+5,250	=430,000
3년도						
I부문	151,048	+57,576	+42,070	+12,638	+2,868	=266,200
II부문	90,952	+52,674	+38,469	+11,562	+2,643	=196,300
(합계)	242,000	+110,250	+80,539	+24,200	+5,511	=462,500
4년도						
I부문	169,124	+61,738	+44,465	+14,186	+3,087	=292,600
II부문	96,876	+54,024	+38,909	+12,414	+2,701	=204,924
(합계)	266,000	+115,762	+83,374	+26,600	+5,788	=497,524

[*] c: 불변자본, v: 가변자본, k: 잉여가치 중 소비 부분, α: 불변자본 축적 부분, β: 가변자본 축적 부분

---

116   이 때문에 이치하라는 이 논문을 검토하면서 바우어의 산업 순환과 공황론을 재생산론과 실현론이 없는 공황론이라고 비판한다. 이치하라 겐지(市原健志, 2000: 95) 참조.

인구 증가에 조응하는 가변자본의 성장으로 완전고용 축적이 일어난다는 위의 표식의 균형은 어디까지나 이념적 평균의 관계에서 설정된 것이다. 현실적인 자본축적의 경로는 이 균형 축적 궤도로부터의 끊임없는 이탈과 조정 과정이다. 바우어에 따르면 자본주의 경제는 이 균형축적 궤도로부터 '과잉 축적'과 '과소 축적'이라는 상방 이탈과 하방 이탈을 반복적으로 교대해가면서 전개되는데, 이로부터 호황과 공황의 주기적 반복이 설명된다. 이러한 설명 방식은 일단 그가 재생산표식의 균형 여하로부터 직접 공황을 설명하는 당대의 표식 논쟁의 오류로부터 벗어나 공황을 산업순환의 문제로서, 주기적 공황으로서 전개한다는 것을 말해준다. 이렇게 표식론의 수준과 공황론의 수준을 구별하고 그 연관을 밝힌다는 점에서, 바우어는 표식론의 수준과 공황론의 수준을 혼동하고 표식론의 차원에서 직접 공황론을 전개한 그로스만보다 올바른 관점을 제시하였다. 과잉 축적과 과소 축적에 대한 바우어의 서술을 통해 그의 산업 순환론을 살펴보도록 하자.

먼저 과소 축적과 그 극복 과정에 대해 바우어는 다음처럼 쓰고 있다. "그러나 축적과 인구 증가 사이의 이 균형은 단지 축적률이 충분히 빠르게 성장해서 자본의 유기적 구성의 증대에도 불구하고 가변자본이 인구와 같은 비율로 증대할 때만 … 유지될 수 있다. 축적률의 증가가 이 요구보다 뒤처지면, 가변자본의 증가는 일자리를 찾는 사람들의 증가보다 뒤처질 것이다. 그때 발생하는

상태를 **과소 축적**이라고 부를 수 있다. 과소 축적의 첫 번째 효과
는 **산업예비군**의 형성이다. 인구 증가의 일부는 실업인 채로 남는
다. 실업 프롤레타리아는 임금에 압박을 가한다. **임금은 하락하
고 잉여가치율은 상승한다.** … 상대적으로 감소된 가변자본에도
불구하고 전체 노동인구가 고용을 찾을 때까지. … 이렇게 일어나
는 생산물 가치 분배에서의 변화는, 기술 진보의 표현인 자본의
유기적 구성의 증대와 함께 **노동력가치가 하락되었고 상대적잉
여가치**가 창출되었다는 사실에 의해 야기되었다. 축적률이 불변
이고 잉여가치율이 증대하였다면, 잉여가치의 축적 부분 또한 증
가했을 것이다. 따라서 가변자본을 증대시키기 위해 사용되는 잉
여가치량도 증가한다. **가변자본의 성장과 인구 성장 사이의 균
형이 회복될 때까지** 잉여가치량은 이런 경로로 계속 증가해야 한
다."(Bauer, 1986: 104-105.)[117] 나아가 과소 축적과 극복 과정은 경

---

117 위의 인용문에 이어 바우어는 축적률과 관련해서 두 가지 개념을 구별해서 사용하고 있다.
즉, 잉여가치의 축적되는 부분과 총잉여가치 사이의 비율$((\alpha+\beta)/m)$이라는 자본가적 축
적률과, 잉여가치의 축적되는 부분과 총생산물의 가치$(v+m)$ 사이의 비율$((\alpha+\beta)/(v+m))$
이라는 사회적 축적률.(v+m은 총생산물의 가치가 아니라 가치생산물이다. 바우어가 잘못 쓴 것
이다.) 바우어의 재생산표식에서 축적의 문제는 자본가적 축적률로써만 고려되었는데, 한
번도 거론하지 않았던 사회적 축적률이란 개념을 느닷없이 산업 순환의 분석에 사용한다.
물론 양자는 서로 연관되어있다. 여하튼 과소 축적과 그 극복은 다시 쓰면 이렇게 된다.
"사회적 축적률이 너무 낮다면, 산업예비군이 생기고, 임금은 하락하며, 잉여가치율은 증
대된다. 그래서 자본가적 축적률이 불변이어도 사회적 축적률은 증대한다. 왜냐하면 자본
가적 축적률이 불변이면, 사회적 축적률은 잉여가치율과 함께 증가하기 때문이다.(사회적
축적률과 자본가적 축적률의 관계를 다음처럼 정리하면 쉽게 이해될 수 있다. 사회적 축적

기순환에서 주기적으로 반복되는 국면, 과정인 것이다. "따라서 자본주의 생산양식은 그 자체 내에, 축적이 인구 증가에 뒤처질 때 축적을 인구 증가에 다시 적응시키는 메커니즘을 내포하고 있다. … 자본의 유기적 구성의 고도화가 진전되면 몇 번이고 되풀이해서 과소 축적이 야기된다. 과소 축적은 몇 번이고 되풀이해서 잉여가치율 증대에 의해 극복된다. 그것은 **산업 순환에서 주기적으로 반복되는**, 그러나 언제나 단지 **일시적인 국면**일 뿐이다."(같은 글, 105). 요컨대 바우어에 따르면 자본의 유기적 구성의 고도화에 의해 축적률이 균형 축적률보다 떨어지면 과소 축적 상태가 발생한다. 그리고 '과소 축적→실업과 임금 하락→잉여가치율 증대→잉여가치량과 가변자본 증대'의 메커니즘을 통해 가변자본 성장과 인구 증가 사이의 균형이 회복되며, 이 과정이 산업 순환에서 주기적으로 반복된다는 것이다.

마찬가지로 과잉 축적과 극복 메커니즘도 다음과 같은 방식으로 설명될 수 있다. 축적률이 균형 축적률보다 높아지면 과잉 축적의 상태에 빠진다. 그러면 '과잉 축적→노동력 부족→임금

률=$(\alpha+\beta)/(v+m)=\{(\alpha+\beta)/m\}/\{(v/m)+1)\}$=자본가적 축적률/$\{(1/$잉여가치율$)+1\}$: 인용자.) 산업예비군의 압력하에서 잉여가치율은 증가하고, 그와 함께 사회적 축적률은, 유기적 구성의 고도화에도 불구하고 가변자본이 노동력과 같은 비율로 성장하기에 충분할 만큼 사회적 축적률이 커질 때까지 증가한다. 이렇게 되면, 산업예비군은 흡수되고, 축적과 인구 증가 사이의 균형은 회복된다."(Bauer, 1986: 105).

등귀와 잉여가치율 하락→잉여가치량과 가변자본 감소의 메커니즘을 통해 가변자본 성장과 인구 증가 간 균형이 다시 회복된다. 하지만 과잉 축적으로부터 균형으로의 회복은 공황 없이 달성될 수는 없을 것이다. 즉 과소 축적의 경우는 극복 메커니즘을 통해 균형의 회복으로 이어지는 반면, 과잉 축적은 순조롭게 균형으로 회복되는 게 아니라 공황의 폭력적인 조정과 이어지는 불황(과소 축적)을 통해 비로소 균형이 달성된다. 다시 말해 '과잉 축적→임금 등귀와 잉여가치율 하락→이윤율/이윤량 하락→공황→과소 축적→가변자본과 노동자 인구 간 균형'의 과정을 거친다. 그러면 산업 순환은 '과잉 축적→공황→과소 축적→균형'의 과정으로 반복된다. 바우어의 말을 직접 들어보면, "사회적 축적률의 증대는 결국 가변자본이 인구보다 더 빠르게 증가하는 점에 도달한다. 우리는 이런 게 발생하는 상황을 **과잉 축적**이라고 부른다. 그러나 과소 축적처럼 과잉 축적도 언제나 산업 순환에서의 일시적 국면일 뿐이다."(같은 글, 105). 바우어는 이 과잉 축적을 마르크스의 자본의 절대적 과잉생산과 연관시키고 있다(같은 글, 105-106).[118] 마르크스에 따르면 자본의 절대적 과잉생산이란 자

---

118 바우어는 자본의 절대적 과잉생산을 주기적 공황과 연관시키는 반면, 그로스만은 이를 붕괴 법칙과 연관시킨다. 그런데 그로스만에 있어 붕괴는 후에 보는 바처럼 곧 공황이므로 양자 모두 자본의 절대적 과잉생산을 공황과 연관시킨다고 할 수 있다.

본축적과 노동력의 추가 고용에도 불구하고 임금이 급속히 상승해서 이윤이 0 또는 오히려 하락하는 특별한 경우를 말한다(『자본론』III(상): 302). 바우어에 의하면 "현실적으로 이 적응은 마르크스가 묘사한 절대적 한계에 도달하기 전에 일어날 수 있다. 축적률이 너무 크면, 산업예비군은 신속하게 흡수되고, 임금은 상승하며, 잉여가치율과 함께 사회적 축적률이 하락한다. 그럼으로써 가변자본의 성장을 다시 한번 늦추고, 축적이 인구 증가에 적응하는 것을 달성한다. 더욱이 과잉 축적의 상태에서 이윤율은 매우 빠르게 하락한다. 이윤율은 설령 축적과 인구 증가가 균형을 이루더라도 자본의 유기적 구성이 고도화되는 결과 하락한다. 과잉 축적의 경우처럼 유기적 구성의 고도화에 잉여가치율의 하락이 동반되면 이윤율은 더욱 빠르게 하락한다. '수요를 증대시킴으로써 가격과 이윤의 증가를 야기한 경향에 대항해서 위에서 언급한 이윤율 저하 경향이 관철되는' 순간에 '공황이 시작된다.'[119] 공황과 그에 따른 산업 불황에서 축적률은 강력하게 감소하고 가변자

---

119 이는 바우어가 힐퍼딩(Hilferding, 1910: 823)으로부터 인용한 것인데, 공황의 발발을 설명하는 이 인용은 잘못된 것이다. 힐퍼딩에서는 가격 등귀에 따른 이윤 증가가 시장 상황의 변화에 의해 역전되는 상황을 말하는 것이어서 '생산가격=시장가격'을 상정한 이윤율의 경향적 저하 법칙으로 이 이윤율저하를 설명하는 것은 잘못이다. 힐퍼딩도 이를 혼동하였는데, 더군다나 바우어는 힐퍼딩과 달리 자신의 산업 순환론에서 가격 변동을 분석하지도 않으면서 잘못된 이 문장을 그대로 인용한 것이다. 바우어는 재생산표식에서 '가치=시장가격'을 전제하였고, 산업 순환론에서도 가격 변동은 추상하면서 단지 임금 변동(노동력가치로부터 시장 임금의 이탈)만을 고려했을 뿐이다.

본의 성장은 다시 한번 인구 증가에 뒤처진다."(Bauer, 1986: 106). 그리고 "과소 축적처럼 과잉 축적 또한 자본주의 생산양식 자체의 메커니즘에 의해 되풀이해서 만들어진다. 자본주의 생산양식에는 **자본 축적이 인구 증가에 적응하는 경향**이 존재한다."(같은 글, 106).

이상 과소 축적과 과잉 축적의 설명으로부터 바우어의 산업 순환론은 완결된다. 그는 다음처럼 산업 순환론을 총괄하고 있다. "자본주의 세계 경제를 전체로서 보면, 축적이 인구 증가에 적응하는 경향은 산업 순환에서 명백하다. 번영은 과잉 축적이고, 그것은 공황에서 파괴된다. 잇따르는 불황은 과소 축적의 시기이고, 불황 자체가 번영의 재개를 위한 조건을 만드는 한, 그것 또한 종료한다. **번영, 공황 그리고 불황의 주기적 교대는, 자본주의 생산양식의 메커니즘이 자동적으로 과잉 축적과 과소 축적을 만들고 자본축적이 반복해서 인구 증가에 적응한다는 사실의 경험적 표현이다.**"(같은 글, 107). 다시 말해 바우어의 산업 순환론은 '번영(과잉 축적) → 임금 상승 → 공황 → 불황(과소 축적) → 임금 하락 → 균형 회복'으로 요약할 수 있다.

그러나 바우어의 산업 순환론은 그 토대가 되는 균형 축적 궤도 자체가 현실의 축적 과정을 이념적 평균에서 포착한 것이라기보다는 현실과 무관하게 자의적으로 구성된 것이어서 산업 순환의 설명에서도 근본적인 문제를 안고 있다. 바우어의 표식은 이념적 평균에서 자본축적이 인구 증가에 조응하도록 구성되어있어 완전고용을 상정하고 있는데, 이는 마르크스가 『자본』 제1권 제 7편의 이념적 평균에서 파악한 축적의 법칙, 즉 상대적 과잉인구 를 동반하는 유기적 구성 고도화 축적을 완전히 뒤집어놓은 것이 다.[120] 그 때문에 바우어가 그리는 산업 순환의 양상, 즉 '호황= 과잉 축적', '불황=과소 축적', 그리고 '회복/균형=완전고용'이라 는 양상도 현실의 실제 산업 순환에 비추어보면 크게 어긋날 수 밖에 없다. 현실의 산업 순환을 보면, 임금과 고용은 경기 후행 지 표라서 경기회복 국면에서도 실업률은 상당히 높은 수준이고 호 황 국면의 끝 무렵에나 비로소 완전고용이 달성된다. 산업 순환 의 이념적 평균에서는 바우어의 주장과 달리 언제나 실업과 과잉 인구가 존재한다. 뿐만 아니라 바우어의 산업 순환론은 현실 경쟁 론의 수준에서 전개되면서도 경쟁을 통한 수요와 공급의 변화, 그 에 따른 가치 또는 생산가격으로부터 시장가격의 괴리 등의 문제 가 산업 순환에서 행하는 역할을 전혀 검토하지 못한다. 이는 바 우어가 자신의 표식의 이중적 균형의 의미를 올바로 이해하지 못

---

120 바우어의 표식에서 축적의 한계는 없다. 인구 증가율을 특정하게 가정하면, 그에 상응하 는 완전고용 축적 경로가 그려져 있다. 자본주의는 산업 순환을 통해 과잉 축적과 과소 축 적을 반복하지만, 적응 메커니즘을 통해 반복해서 표식의 균형을 회복한다. 따라서 바우어 의 이념적 평균에 있어 축적의 한계는 다만 인구 증가율 자체에 의해서만 규정된다. **"한 국 가 내에서 생산자본의 확장은 언제나 이용 가능한 노동력에 의해 제한된다."**(Bauer, 1986: 107).

하고 부문 간 균형의 문제를 추상한 채 산업 순환론을 전개했던 데서 비롯된 것이다.[121] 이 때문에 산업 순환에 대한 그의 설명은 이념적 평균과 현실 경쟁이라는 상이한 분석 수준이 뒤섞여있고 논리적 모순과 혼란으로 점철되어있다. 이런 모순과 혼란은 당대의 논쟁에서도 특히 룩셈부르크의 반 비판을 통해 신랄하게 비판된 바 있는데, 방법론적 관점에서 보면 이는 사실 산업 순환론 자체가 전개되기도 어렵다고 할 만큼 근본적인 결함이라 하지 않을 수 없다.[122]

먼저 과소 축적에 대한 바우어의 설명 방식에 따르면 이런 조정 과정에서는 불황이라는 순환 국면의 지속적 과정은 있을 수 없고

---

121 바우어 표식의 이중적 균형 중 인구 증가와 가변자본 성장을 같게 해서 완전고용을 상정하는 균형은 현실 자본주의의 이념적 평균을 올바로 반영하지 못하는 것이다. 따라서 후에 보는 바처럼 이런 의미의 균형을 배제하고 부문 간 균형만 고려한 재생산표식으로부터 산업 순환과 공황을 전개한 1904년의 바우어 논문이 보다 올바른 공황론 관점에 입각해 있다.

122 룩셈부르크는 이를 방법론적 문제로 인식하지는 못했지만 바우어의 혼란과 논리 모순을 정확하게 지적하였다. Luxemburg(1921: 485 이하) 참조. 그는 마르크스의 축적론을 뒤집은 바우어의 축적론에 대한 비판과 함께 바우어의 과소 축적 및 과잉 축적과 산업 순환의 혼란을 비판하면서 바우어와 마르크스가 어떻게 다른가를 드러내고자 하였다. 무엇보다 산업 순환 분석에서 수요 변화와 가격 및 이윤 변동의 문제, 상품 수요와 상품 판매의 문제가 바우어에서 결여되어있다는 점이 비판되었고, 나아가 바우어와 달리 마르크스에서는 유기적 구성 고도화가 과소 축적이 아니라 과잉 축적을 유발한다는 것, 과소 축적으로부터 균형으로의 회복 과정의 설명에서 바우어가 노동력가치와 임금의 변화를 혼동한다는 것, 그리고 과잉 축적에 대한 바우어의 개념(호황 국면의 자본 과잉과 노동력 부족)과 마르크스의 개념(공황 국면의 자본 과잉과 노동력 과잉)은 전혀 다른 상반된 것이라는 점 등이 지적되었다.

다만 일상적인 조정이 있을 뿐이다. 왜냐하면 과소 축적으로 임금이 하락하면 잉여가치율/잉여가치량의 증대와 가변자본 증대로 곧 다시 고용의 증가와 임금 상승이 일어나므로 과소 축적의 상황이 지속될 수 없기 때문이다. 과잉 축적에 대해서도 마찬가지다. 여기에서도 과잉 축적 국면은 일정 기간 지속될 수 없다. 과잉 축적으로 임금이 등귀하면 곧바로 잉여가치율과 잉여가치량 그리고 가변자본 감소로 다시 임금은 감소하고 잉여가치율은 증대하기 때문이다. 말하자면 끊임없는 조정인데, 그러면 호황기의 불균형의 누적과 공황을 통한 폭발을 설명할 수 없게 된다. 공황이란 불균형의 누적이 이윤율의 갑작스러운 하락으로 폭발하는 것이다. 바우어의 메커니즘에서는 이윤율 하락이 곧바로 조정을 받기 때문에 갑작스러운 하락을 볼 수가 없다. 순환 국면이 지속될 수 없다는 것은 다시 말해 경기순환 자체가 소멸한다는 말이고, 결국 현실의 자본 축적은 균형 축적 궤도로부터의 순환적 운동(상방 이탈의 지속과 누적, 폭력적 조정 그리고 하방 이탈의 지속과 누적)이 아니라 이 궤도로부터의 끊임없는 이탈과 즉각적인 조정이라는 일상적 운동을 하게 된다. 그래서 표식론의 문제를 차치하면 바우어의 공황론은 균형론적 가치법칙의 작동에 입각한 우노 학파의 노동력 애로설로 접근한다.

그러면 이와 같은 방법론적 오류 때문에 바우어의 산업 순환 설명이 어떻게 모순적이고 혼란스러운가 보도록 하자. 바우어는 자본의 유기적 구성의 고도화의 결과로 과소 축적이 야기된다고 하면서 과소 축적이 극복되는 과정을 두 가지 상이한 분석 수준을 뒤섞어서 설명하고 있다. 즉, 한편에서는 유기적 구성 고도화로 가변자본의 축적이 균형 축적률보다 뒤처져서 노동에 대한 수요가 인구 증가보다 적게 되고 그에 따라 실업과 임금 하락으로 잉여가치율과 잉여가치량이 증대하여 균형이 회복된다고 하고, 다른 한편에서는 유기적 구성 고도화로 노동력가치가 하락하고 상대적잉여가치가 생산되어 잉여가치율과 잉여가치량이 증대함으로써 균형이 회복된다고 한다. 노동력가치와 임금(시장가격)의 괴리로부터 일어나는 잉여가치율/잉여가치량의 변화는 현실 경쟁과 산업 순환의 문제이고, '노동력가치=임금'을 전제한 위에서 설명하는 상대적잉여가치 개념은 이념적 평균에서의 문제이기 때문에, 바우어처럼 산업 순환의 설명에서 양자의 효과를 뒤섞어놓는 것은 방법적 오류가 아닐 수 없다. 양자의 효과를 산업 순환에서 단순하게 합산하는 것도 마찬가지로 오류이므로, 어떻게 해도 바우어의 오류를 변호하기는 어렵다. 산업 순환의 문제는 그런 게 아니라 이념적 평균에서 파악한 가치 관계 또는 생산가격 관계가 현실 경쟁 속에서 어떻게 시장가격의 운동으로 구체화되고, 또 노동력가치와 잉여가치가 가격 텀의 임금과 이윤의 변동으로 전개되는가를 분석하는 것, 즉 추상으로부터 구체로의 상향의 과제인 것이다.

공황의 설명에서도 마찬가지 문제가 제기된다. 바우어는 자본의 유기적 구성의 고도화에 따른 이윤율의 저하가 과잉 축적의 시기에 잉여가치율 하락과 중첩되어 이윤율 저하가 가속된다는 식으로 공황의 발발을 설명한다. 바우어의 과잉 축적의 상태에서 이윤율의 하락은 노동력 고갈과 임금 상승 때문이었는데, 여기에 유기적 구성 고도화로 인한 이윤율 저하가 중첩되어 이윤율이 급락한다는 것이다. 여기에서도 현실 경쟁과 이념적 평균의 관계가 혼동되어있다. 유기적 구성의 고도화에 따른 이윤율의 저하로 과잉 축적과 공황을 설명하는 것은 잘못된 것이다. 유기적 구성의 고도화와 이윤율의 저하 경향은 말 그대로 이념적 평균에서 파악한 경향적 법칙이고 장기적 법칙이어서 산업 순환의 변화를 설명할 수 없는 것인데도, 바우어는 이를 인식하지 못하고 산업 순환의 설명에 직접 원용하고자 한다. 그러다 보니 모순적인 논리에 부딪힐 수밖에 없다. 바우어는 과소 축적의 시기에 유기적 구성의 고도화 때문에 가변자본이 저하해서 노동자 수요 감소, 임금 저하 그리고 이윤율 상승이 일어난다고 해놓고, 이제 과잉 축적의 설명에서는 유기적 구성 고도화 때문에 이윤율이 저하한다고 반대의 주장을 하고 있다. 산업 순환의 설명에서 바우어의 모순과 오류는 이렇게 명백하고, 결국 과잉 축적으로부터 이윤율의 급락과 공황으로의 전환은 설명되지 못하고 있다.

이런 모순과 오류는 근본적으로 자본주의의 이념적 평균과 현실 경쟁의 방법론적 구별과, 산업 순환 분석에서의 현실 경쟁론의 독자적인 의의에 대한 바우어의 몰이해에 기인하는 것이다. 바우어가 가정한 양 부문 교환의 균형(이것 또한 불균형임에도 불구하고 균형이라고 바우어가 잘못 파악한 것이지만)이란 이념적 평균의 관계이고, 현실 경쟁에서는 수급 관계의 불균형과 누적, 가치 또는 생산가격으로부터 시장가격의 순환적 괴리를 통해 산업 순환이 전개된다. 따라서 산업 순환의 분석에서는 수급 관계의 변화와 시장가격의 변동 그리고 시장가격 텀에서의 이윤과 임금의 변동을 종합적으로 분석하는 것이 무엇보다 중요하다. 산업 순환론의 고유한 문제가 바로 여기에 있음에도 불구하고 바우어의 설명에서는 이 분석이 심각하게 결여되어있다. 이 때문에 이념적 평균의 관계와 현실 경쟁의 변화가 이론적 매개 없이 직접적으로 뒤섞임으로써 위와 같은 모순적인 설명과 오류가 불가피했던 것이다.[123] 이렇게 보면, 바우어가 표식론(이념적 평균)과 현실 경쟁의 차원을 구별하고 경쟁론 수준에서 산업 순환을 전개한다는 앞서의 평가는

---

[123] 이른바 자본의 절대적 과잉생산 개념을 둘러싼 혼란도 사실 이런 방법론의 문제에 기인한다. 호황기에 가격, 이윤, 임금이 모두 상승하는 국면에서 임금 상승으로 이윤이 하락한다는 절대적 과잉생산은 논증할 수 없는 것이다. 바우어는 과잉 축적의 시기를 마르크스의 이 개념에 연관시키고 있지만, 그는 가격 등귀는 배제하고 '임금 상승 → 이윤 감소'를 주장했을 뿐이다. 사실 자본의 절대적 과잉생산은 임금 상승으로 이윤이 감소해서 일어난다기보다는 호황 말기 과잉생산과 가격 하락에 의해 야기되는 것이다. 이와 달리 호황기에는 임금 상승에도 불구하고 가격 등귀 때문에 이윤은 증대한다.

절반만 타당한 것이다.[124]

---

124 그로스만의 산업 순환론으로 넘어가기 전에 바우어에게 있어 공황과 산업 순환론의 정치
적 의의에 대해서는 적극적으로 평가하고 싶다. 왜냐하면 바우어 표식에 대해서는 그 조
화론적 결론 때문에 통상 자본주의 변호론으로 비판받고 있지만, 바우어 자신은 공황론을
근거로 해서 자신에 대한 변호론 비판을 반박하기 때문이다. "이런 정식화가 자본주의에
대한 변호로 해석될 수는 없다. 왜냐하면 자본의 변호론자들은 소비 능력이 생산과 함께
자동적으로 증대한다(!)는 축적의 무제한적 성격을 증명하길 원하는 반면, 우리는 축적
의 한계(인구 증가에 의한 축적의 근본적 제한: 인용자)를 폭로하기 때문이다. 변호론자들
은 전반적 공황의 불가능성을 증명하고 싶어 하는 반면, 우리는 축적의 법칙이 오직 전반
적 공황과, 그에 따른 실업, 임금 삭감, 대중의 고통 증대, 그리고 노동자 대중의 비통과 분
노의 증대를 통해서만 작동할 수 있다는 것을 보여준다."(Bauer, 1986: 108). 또한 제국주
의적 팽창과 관련한 모순과 위기의 심화, 정치적 변혁에 대해서도 바우어는 동일한 취지의
주장을 하고 있다.(같은 글, 109) 참조. 바우어나 힐퍼딩 등 불비례설을 주장하는 조화론자
들의 이와 같은 공황론에 의거한 조화론 비판은 아마도 1920년대 힐퍼딩의 조직 자본주
의론에 의해 매개되어 비로소 퇴조하고 진정한 조화론(자본주의 공황과 붕괴의 부정)으로 발
전하는 것 같다. 이와 관련해서는 오하시 쇼이치(大橋昭一, 1999) 참조. 다만 바우어는 후
에 보는 바처럼 말년에도 자본주의 공황의 불가피성을 견지하였다.

3.
그로스만의 이른바 '붕괴론=공황론'이라는 오류:
붕괴 법칙과 산업 순환론의 혼동과 착종

그로스만은 자본축적과 공황의 분석에서 누구보다 마르크스의 방법론을 강조한다(Grossmann, 1992: 59 이하). 그에 따르면 먼저 순수한 형태에서 축적의 법칙, 즉 붕괴 법칙을 논증하고, 다음에 이를 수정하는 상쇄 경향을 파악함으로써 현실의 축적 경향에 접근할 수 있다는 것이다. 그리고 자신의 이와 같은 분석은 마르크스의 이윤율의 경향적 저하 법칙에 근거한 것이라고 그로스만은 주장한다. 상쇄 경향을 추상하고 붕괴 법칙을 논증하기 위해서는 자본 일반과 현실 경쟁의 방법론적 구별이 요구된다면서 붕괴 법칙은 수급 변화와 가격 변동을 추상한 자본 일반의 수준에서 전개된다고 한다. 그로스만에 의하면 이 붕괴 법칙이 자본주의 발전의 추세선을 규정하는 것이고, 현실 경쟁과 수급 변화는 다만 추세선으로부터의 이탈과 산업 순환을 설명할 뿐이다. 이 때문에 그는 '축적과 붕괴론은 동시에 공황론'이라고 주장하는데, 이런 설명은 방법론적으로 여러 가지 문제를 내포하고 있다.

첫째, 상쇄 경향은 단순하게 현실 경쟁론의 문제가 아니다. 즉 상쇄 경향과 주기적 공황의 분석 수준은 상이한 것이다. 마르크스가 언급하는 상쇄 경향 중에는 자본의 일반적 분석 수준에 속하는 것도 있고, 현실 경쟁론에 속하는 것도 있으며, 나아가 국제 무역과 세계시장에 속하는 것도 있다(김성구, 2008b). 자본의 일반적 분석 수준과 나아가 국제무역에 속하는 요인들은 추세선의 결정에 관계하는 것이므로, 상쇄 경향은 단순하게 자본주의 추세선으로부터의 이탈을 규정하는 게 아니라 추세선 자체의 수정도 포함하는 것이다. 이런 점에서 상쇄 경향을 현실 경쟁론으로 축약하고 산업 순환의 문제로 파악한 그로스만의 관점은 오류라 하지 않을 수 없다. 둘째, 산업 순환과 공황론이란 현실 경쟁을 통해 축적의 법칙(추세선)으로부터 주기적으로 이탈하는 과정을 고유한 분석 대상으로 하는 것이어서 자본 일반을 상정한 축적론과는 분석 수준도 다르고 대상도 다르다. 이 때문에 '축적론은 동시에 공황론'이라는 그로스만의 주장은 근본적으로 잘못된 것이다. 물론 그로스만의 이 주장도 자본 일반(축적론)으로부터 상향해서 산업 순환과 공황의 구체적 분석으로 나아간다는 의미로 이해해야 한다고 변호할 수 있을지 모른다. 그러나 후에 보는 바처럼 그로스만은 자본 일반을 상정한 위에서 전개한 붕괴 법칙으로부터 직접 주기적 공황을 설명함으로써 그가 실제로 '붕괴론=공황론'이라는 관점을 갖고 있음을 여지없이 보여주었다. 그로스만의 공황론은 표식론과 공황론을 방법론적으로 구별하고 있는 바우어의 공황론에 비해서도 훨씬 뒤떨어지는 수준이 아닌가 한다. 셋째, 마르크스의 방법론에 따르면 이윤율의 저하 법칙 자체와 상쇄력을 고찰한 뒤에 현실 경쟁론의 차원에서 경기순환과 공황의 문제를 전개하는 게 올바른 순서다. 이에 반해 그로스만은 이윤율의 저하 법칙과 무관하게 바우어 표식의 연장을 통해 붕괴 법칙을 논증한 후 붕괴 법칙과 동일한 차원에서 주기적 공황을 다루면서 또 동시에 공황을 상쇄력의 문제로서 위치 지운다. 따라서 그에 있어서는 붕괴법칙과 공황론 그리고 상쇄력이 모두 동일한 차원의 문제가 된다. 이는 자본 일반과 현실 경쟁의 구별을 강조하는 자신의 방법론을 무색하게 만드는 것이고, 마르크스의 방법론에 대한 그로스만의 전적인 혼란을 드러내는 것이다.[125]

---

125 이런 혼란은 그로스만의 플랜 변경설의 오류와도 밀접한 연관을 갖고 있다. 그로스만은 마르크스의 정치경제학 비판 체계 6부 플랜이 『자본』의 체계로 변경되면서 폐기되었다며 이른바 플랜 변경설을 최초로 제기하였다. 이에 대한 간략한 소개와 비판은 富塚良三·吉原泰助(1997: 6 이하) 참조. 이런 플랜 변경설을 따르면 『자본』을 넘어가는 현실 경쟁과 산업 순환의 독자적 분석을 불가능하게 하고, 그 결과 산업 순환을 서술할 수 없는 이념적 평균의 체계인 『자본』에서 산업 순환의 설명을 시도하는 혼란에 빠질 수밖에 없다. 정치경제학 비판 플랜과 상향 과정에서의 공황론의 전개에 대해서는 김성구(2008a, 2008c), 정성진 (2012) 참조. 정성진은 이 글에서 구 정통파의 플랜 불변설(정확하게 말하면 플랜 부분 변경설)을 비판하고 있는데, 독점 문제를 논외로 한다면 실은 정통파의 견해에 접근하는 플랜 관점을 보여준다. 그렇다면 정성진의 비판 대상은 정통파가 아니라 오히려 비정통파의 전면적인 플랜 변경설이어야 한다. 정성진은 우노 학파와 그로스만의 플랜 변경설을 오류라고 올바르게 비판하지만, 로스돌스키의 플랜 변경설에 대해서는 비판을 삼가고 호의적이다.

〈표2〉 그로스만에 의해 연장된 바우어 표식

연도	c	v	k	a_c	a_v	AV	k/s(%)	a/s(%)	s/(c+v) (%)
5	292,600 +	121,550[1] +	86,213 +	29,260 +	6,077	= 535,700	70.9	29.1	29.3
6	321,860 +	127,627 +	89,060 +	32,186 +	6,381	= 577,114	69.7	30.3	28.4
7	354,046 +	134,008 +	91,904 +	35,404 +	6,700	= 622,062	68.6	31.4	27.4
8	389,450 +	140,708 +	94,728 +	38,945 +	7,035	= 670,866	67.35	32.7	26.5
20	1,222,252 +	252,961 +	117,832 +	122,225 +	12,634	= 1,727,634	46.6	53.4	17.1
21	1,344,477 +	265,325 +	117,612 +	134,447 +	13,266	= 1,875,127	44.3	55.7	16.4
25	1,968,446 +	322,503 +	109,534 +	196,844 +	16,125	= 2,613,452	33.9	66.1	14.0
34	4,641,489 +	500,304 +	11,141 +	464,148 +	25,015	= 5,642,097	0.45	99.55	9.7
35	5,105,637 +	525,319 +	0 +	510,563 +	14,756*	= 6,156,275	0		9.3
36									

1) 그로스만 표식에서는 121,500으로 되어있는데 여기서 바로잡았음.
* 필요액: 26,265, 부족액: 11,509.

그러면 그로스만의 논지를 따라 구체적으로 그의 산업 순환
론을 보도록 하자. 먼저 추상적인 이론 모델 수준에서 파악한
순수한 형태에서의 축적 법칙(붕괴론)은 〈표2〉의 그로스만 표식
(Grossmann, 1992: 75)에 의해 총괄되어있다. 이 표식은 앞에서 본
바우어 표식을 단순히 연장한 것이다. 제35년도에 가면 인구 증
가 연 5%, 가변자본 성장 연 5%, 불변자본 성장 연 10%라는 바
우어 표식의 가정, 즉 자본의 유기적 구성 고도화하에서의 완전

고용 축적은 유지될 수 없어 축적은 붕괴된다. 이 가정을 유지하기에는 잉여가치가 충분하지 않아 자본가 소비가 0이 되더라도 완전고용을 유지하기 위한 가변자본이 부족하기 때문이다. 그로스만은 당치않게도 이로부터 자본주의의 붕괴와 종말을 주장했지만, 여기에선 이런 주장의 오류를 문제 삼는 게 아니라 산업 순환과의 관련 문제를 다루는 것이다. 그로스만은 순수한 형태에서의 축적 법칙의 이 결론을 마르크스의 과잉 축적 및 '자본의 절대적 과잉생산' 개념과 연관지우면서 "경제순환에 관한 마르크스주의 이론"(같은 책: 77)인 것으로 파악하였다. 즉, 자본축적의 붕괴, 자본주의의 붕괴에 관한 자신의 이론을 현실 경쟁론의 매개 없이 직접 산업 순환과 공황을 설명하는 이론으로 상정하고 있다. 이는 표식론 또는 붕괴론과, 공황론의 이론적 차원을 완전히 혼동함으로써 표식론에서 곧바로 산업 순환상의 국면 변화를 설명하는 것이다. 그로스만은 앞에서 바우어 표식이 동학 균형의 토대 위에서 축적이 진행된다는 가정하에 세워진 것이라고 지적하면서 이념적 평균에서의 추세와, 현실 경쟁에서의 주기적인 이탈과 공황을 구별하는 방법론적 의의를 강조하였다(같은 책: 69). 그런데 여기에서 그는 그 의의를 완전히 망각하고 혼란에 빠져버렸다. 그래서 그는 제35년도의 과잉인구와 과잉자본의 발생을 앞에서는 자본주의 발전 경향의 종결점(붕괴)이라고 했다가 여기에선 산업 순환(!)의 종결 국면(공황)인 것처럼 서술하고 있다(같은 책: 77 이하). 산업 순환에 관한 후의 설명을 보면(같은 책: 103 이하), 그로스만이 표식론과 공황론을 완전히 혼동하고 있음은 부정할 수 없는 사실이다.

산업 순환에 대한 그로스만의 혼란스러운 설명은 축적과 붕괴 그리고 공황에 관한 유명하지만 기이한 그래프에서 더욱 분명하게 드러난다. 여기서는 붕괴가 곧 공황이라는 주장과 함께 공황이 상쇄력이라는 주장까지 뒤엉켜서 붕괴와 공황 및 상쇄력이 이론적 연관을 상실한 채 착종되어있다. 우선 '마르크스의 붕괴론은 또한 공황론이다'라는 소제목 하에 그려진 두 개의 그래프(〈그림1〉, 〈그림2〉, 같은 책: 84)는 무엇을 나타내는지 알 수 없는 정체불명의 것이다. 기본적으로 그림의 좌표축에 대한 설명이 없어 그래프를 이해할 수가 없기 때문이다.[126] 일단 이 문제를 차치하고 그로스만의 설명을 따라 붕괴와 공황 그리고 상쇄력의 관계를 보도록 한다. 그로스만은 〈그림1〉에서 상쇄 경향이 없다면, 정확하게 결정될 수 있는 특정한 수준(Z)에서 체제의 붕괴로 이어진다고

---

126 일어 완역본(グロースマン, 1932)에서도 두 개의 그림에 대한 설명은 영어 축약본과 동일하다. 즉 영어판에서 이 부분이 축약되어 이해할 수 없는 그래프가 된 게 아니라는 말이다. 〈그림1〉에 대한 그로스만의 설명을 그대로 옮겨 놓는다면 다음과 같다. "OX와 OY의 좌표 체계(〈그림1〉)에서 OX선이 '정상적 가치 증식'의 조건을, 그리고 OZ가 이 균형 조건에 조응하는 축적 선을 나타낸다면, 가치 증식의 위기는 축적선으로부터 ZS 방향으로의 이탈로서 표시할 수 있다. 이는 체제의 기본 경향 또는 그 '추세'인 붕괴로의 경향일 것이다." (Grossmann, 1992: 84). 이게 그림에 대한 설명의 전부인데, 이로부터 누가 이 그림에서 그로스만이 말하는 바를 이해할 수 있겠는가? 또한 〈표2〉의 그로스만 표식과 〈그림1〉이 어떤 관련 하에 있는 건지도 전혀 알 수가 없다.

한다. 하지만 상쇄 경향이 있다는 것이다. 이를 고려하면 〈그림2〉와 같게 된다. 즉, 과잉 축적은 r_1에서 시작하고 Z_1에서 붕괴하지만 (그래프에서 이는 Z_1-o_1에 의해 표시된다), 상쇄력 X_1을 통해 이 체제는 o_1-X_1(도대체 이게 뭐지?) 수준에서 새로운 균형으로 되돌려진다. Z_1에서의 이 붕괴는 곧 공황을 의미한다. 그러면 o_1-r_2 구간에서는 균형하 축적, r_2, Z_2에서 붕괴가 다시 시작하고, 이렇게 붕괴와 공황이 반복한다. 그로스만에 따르면 상쇄 경향 때문에 붕괴 경향은 Z_1, Z_2, Z_3 점에서 반복해서 중단되고, 붕괴 경향은 단선적인 ZS로 묘사될 수 없고, 단편적인 선들(O-Z_1-o_1, o_1-Z_2-o_2, o_2-Z_3-o_3…)로 해체된다. 이렇게 붕괴 경향은 외관상 독립된 일련의 순환들, 즉 산업 순환으로 분열되는데, 이는 다만 붕괴 경향의 항

〈그림 1〉 　　　　　　　　　　　〈그림 2〉

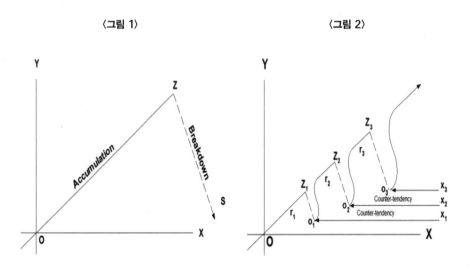

상적인, 주기적인 관철 형태일 뿐이라고 한다. "마르크스에 따르면 공황은 단지 붕괴경향이 일시적으로 중단되고 그 완전한 실현이 억제되는 형태이기 때문에, 마르크스의 붕괴론은 따라서 그의 공황론의 필수적인 토대이자 전제다. 이런 의미에서 모든 공황은 자본주의의 추세로부터의 일시적인 일탈이다."(같은 책: 85).

그림에 대한 그로스만의 설명이 불명확하기 때문에 그림에서 붕괴 법칙이나 산업 순환이나 모두 명확하진 않지만, 그의 산업 순환론은 대체로 위와 같이 요약할 수 있다. 하지만 이런 수준에서도 이 산업 순환론의 혼란과 오류는 그대로 드러나 있다. 그로스만은 〈그림2〉에서 공황을 추세선으로부터의 이탈이라고 말하면서 호황의 이탈에 대해서는 말하지 않는다. 오히려 호황은 추세선을 따르는 균형(!)으로서 설명되는데, 이는 경기순환에 대한 그로스만의 완전한 몰이해를 보여주는 것이다. 왜냐하면 호황 또한 추세선으로부터의 상방 일탈이어야 하기 때문이다. 그로스만은 후에 이런 설명이 가격 운동을 추상한 수준에서의 고찰에 기인하는 것이라 하면서(같은 책: 111) 대부자본과 이자율 운동을 표식론에 도입하고 산업 순환을 보다 구체적으로 설명한다(같은 책: 112 이하). 이에 대한 설명 또한 오류이고 자의적인 내용이지만, 거기서는 〈그림3〉(같은 책: 115)에서 보는 바처럼 호황 과정을 추세선으로부터의 상방 일탈로 그리고 있다.[125] 그로스만은 추상 수준의 상위의 문제라고 주장하지만, 두 개의 서로 다른 그림은 실은 양립

할 수 없는 것이다. 즉, 호황이 자본 일반의 수준에서는 '가치=가격'을 가정한 추세선을 따라 전개되고, 현실 경쟁과 산업 순환에서는 가치와 가격의 괴리 하에서 추세선으로부터 상방으로 이탈하는 식으로 설명하는 것은 마르크스의 방법론을 잘못 파악한 것이다. 이런 식의 변명은 공황의 설명에서 곧바로 궁색해질 수밖에 없다. 〈그림2〉에서 그로스만은 '가치=가격'을 상정한 자본 일반 수준에서 공황을 논하고 있다면서도 공황을 추세선으로부터의 하방 이탈이라고 설명하지 않았던가? 결국 그로스만은 '가치=가격'을 상정한 자본 일반의 분석 수준에서는 호황이나 공황 등 산업 순환의 국면은 추상되고 다만 산업 순환의 이념적 평균으로서 추세선만 나타나며, 현실 경쟁에 매개된 산업 순환의 분석 수준에서 비로소 추세선으로부터 상방, 하방으로 이탈하는 호황과 공황 국면이 서술된다는 점을 이해하지 못했던 것이다.

〈그림3〉에서 호황 과정을 추세선으로부터 상방 일탈로 그린다고 해서 그로스만이 현실 경쟁과 수급 변화를 분석해서 호황 과정을 수급의 누적적 괴리와, 가격의 가치로부터의 상방 일탈로 설명하는 것은 아니다. 호황 과정 중 가격은 가치에 상응하는 불변의 수준이라고 한다(같은 책: 136). 호황 국면에서 수급 균형이

---

127 영역본(Grossmann, 1992)의 〈그림 3〉에서는 일역본(グロ-スマン, 1932)과 달리 Z_1과 Z_2가 뒤바뀌어 있다. 여기서의 그림은 일역본에 따른 것이다.

유지된다는 〈그림2〉의 주장은 여기서도 유지되는 것이다. 그러면 〈그림3〉의 상방 이탈도 사실 말할 수 없는 것이다. 결국 그에게 있어 산업 순환론은 가치법칙에 대한 균형론적 이해 방식에 입각해있다고 할 수 있다. 이러한 설명 방식에서 표식은 경향의 서술만이 아니라 또한 산업 순환을 묘사하는 것이 되고, 그럼으로써 그로스만에게서 표식과 산업 순환의 추상 수준의 차이는 완전히 사라지게 된다. 결국 표식에서 그로스만이 붕괴를 논한 건줄 알았는데, 여기 와서 보면 그건 공황인 것이다.[128] 또는 정확하게 말하면 상쇄력을 논하지 않는다면 표식의 제35년도는 붕괴지만, 상쇄력도 고려하고 있다면, 그건 공황을 말한다. "이런 상쇄 영향들이 작용하기 시작하면 자본의 가치 증식은 다시 확립

---

128 표식과 산업 순환 그리고 공황에 대한 이와 같은 이해 방식에 대해서는 다카기 코지로高木幸二郞의 다음과 같은 비판이 적절할 것이다. "이에 반해 약진과 번영으로부터 공황을 거쳐 정체로, 즉 공황 자체와 특히 경기순환의 불황 국면으로의 산업적 운동의 후퇴는 (마르크스가 제시한) 확대재생산표식에는 물론, 일반적으로 (균형적 관계를 표시하는 경우의) 재생산표식에는 표현되지 않는다."(高木幸二郞, 1979: 234). "말할 것도 없이 논리적 전개의 서술 체계상의 단계를 무시하고 이 간단한 표식에 경쟁과 신용 제도를 포괄한 자본주의적 생산의 전체 과정이, 그리고 그 완전한 구체성을 갖고 야기되는 공황이 표현될 수 있다고 생각하는 것은 물론 망상에 속한다."(高木幸二郞, 1979: 235). 그로스만에 대한 타네세 시게루種瀬茂의 다음 비판도 똑 같은 맥락이다. "다른 한편 이 법칙[이윤율의 경향적 저하 법칙: 인용자]으로부터 직접, 자본의 과잉 축적을 토대로 해서 곧바로 붕괴의 필연성을 논증하려고 하는 그로스만의 분석은 기계론적 오류를 범하게 되었다. 그로스만은 … 공황도 하나의 중지된 붕괴 경향으로서 동일한 논거에 의해 해명된다. 이처럼 자본의 축적, 이윤율의 저하로부터 직접 붕괴 및 공황을 이론화한다고 하면, '이윤율의 경향적 저하 법칙'의 의의는 너무나 기계론적으로 이해되어버린다고 해야 할 것이다."(種瀬茂: 1986: 72-73).

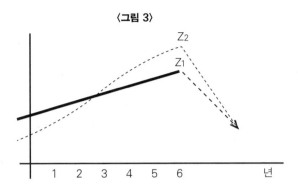

〈그림 3〉

되고 자본축적은 확대된 토대 위에서 다시 시작할 수 있다. 이 경우 붕괴 경향은 방해를 받고 일시적인 공황의 형태로 나타난다. 따라서 공황은 … 붕괴로 가는 하나의 경향이다."(같은 책: 131). 그로스만은 붕괴 경향이 공황에 의해 주기적으로 중단된다 해도 자본축적과 함께 최종 붕괴로 향한 메커니즘이 작동된다고 한다. 상쇄 경향이 약화되거나 중단되면 붕괴 경향은 최종 위기(공황)로서 관철된다는 것이다.

그로스만은 자신의 표식에서 붕괴 연도를 수식으로도 나타내었다(같은 책: 97). 자본주의의 붕괴는 자본가의 소비가 완전히 사라지는 시점, 즉 $k=0$이 되는 연도에 일어나는데, 그 연도 n은 다음과 같다: $n=\log\{(s-a_v)/(\Omega \times a_c)\}/\log\{(100+a_c)/(100+a_v)\}$. 따라서 붕괴 연도 n은 4개의 조건, 변수에 달려있다. 자본의 유기적 구성

(Ω), 불변자본 축적률(a_c), 가변자본 축적률(a_v), 잉여가치율(s).[129] 이 조건들(표식의 가정들)이 바뀌면 표식의 붕괴 연도가 달라진다. 따라서 상쇄 경향이 작용해서 이 조건들이 변하면 붕괴 연도는 늘어질 수가 있지만, 최종적인 붕괴 경향은 막을 수 없다고 한다. 그런데 산업 순환과 공황을 논하면서 그로스만은 이제 이 붕괴 연도는 다만 산업 순환(호황)의 길이일 따름이라고 말한다. "앞에서 제출한 공식이 확장 국면의 지속 기간을 결정하는 요인들을 정확하게 특정화한다. … **나는 바우어의 재생산표식을 사용해서 확장 국면의 길이가 어떻게 이 요인들의 변동에 따라 단축되거나 연장되는가를 보일 것**이다."(같은 책: 106, 강조는 인용자). 첫 번째 예로서 그로스만은 자본의 유기적 구성을 들고 있다. 바우어가 유기적 구성의 초기 수준을 더 높다고 가정했다면, 예컨대 (200,000c+100,000v가 아니라) 200,000c+25,000v라면, 그래서 잉여가치의 저수지가 더 작았다면, 자본가의 소비 k가 제1년도부터 하락하기 시작할 것이므로 자본주의 체제는 훨씬 일찍 붕괴할 것

---

129 앞의 〈표2〉를 보면 a_c, a_v, s는 모두 절대치의 값을 가리켰는데, 이 수식에서는 동일한 기호가 모두 비율, 즉 퍼센티지를 나타내고 있어 주의를 요한다. 그로스만의 붕괴 연도 결정식 자체는 수학적 검토가 필요할지 모르지만, 경제학적으로는 검토할 필요가 없는 사소한 것이다. 왜냐하면 그로스만 표식은 바우어의 양 부문 표식의 구성 오류, 즉 바우어 표식이 균형 표식이 아니라 실은 불균형 표식이라는 점을 인식하지 못하고 그 위에서 합산 표식만으로 작성된 잘못된 표식이기 때문이다. 합산 표식의 전제가 잘못된 것이므로 이 합산 표식의 붕괴 연도를 수학적으로 결정한다는 위의 식은 경제학적으로 보면 당연히 아무 쓸모가 없는 수식일 뿐이다.

이라고 한다. 그로스만이 제시한 다음 표식(〈표3〉, 같은 책: 107)에서 보면, 제5년도에 이미 체제는 붕괴한다. 그런데 그로스만은 이를 주기적 공황으로 파악하고 제1년도부터 제5년도까지를 확장 국면이라고 해석한 것이다. 자본의 유기적 구성의 초기 값이 커지면 확장 국면은 35년으로부터 5년으로 단축(?!)된다고 말이다. 이제 그로스만이 〈그림 2〉에서 왜 호황이 추세선을 따르는 균형이라고 했는지 보다 분명해진다. 제35년도에 붕괴하든 제5년도에 붕괴하든 그때까지는 산업 순환의 확장 국면이고, 이 확장 국면은 그에 의하면 재생산표식상의 균형을 유지하고 있기 때문이다. 그로스만은 그밖에도 다른 세 가지 예를 검토하는데 여기서 더 이상 언급할 가치는 없을 것이다. 이로부터 끌어낸 그로스만의 결론은 다음과 같다: "요약하면 상승 국면의 길이 또는 붕괴 따라서 공황으로의 하강이 일어나는 시점은 4개의 가변적인, 그러나 양립 가능한 요소, 즉 자본의 유기적 구성 수준, 잉여가치율, 불변자본 축적률 그리고 가변자본 축적률의 함수다."(같은 책: 110). 이는 앞서 말한 붕괴 연도의 결정 요인들과 동일하다. 붕괴와 산업 순환 그리고 공황에 관한 그로스만의 혼란을 여지없이 보여주는 것이다. 이렇게 그로스만에 있어서는 자본주의의 붕괴도, 주기적 공황도 바우어 표식의 귀결일 뿐이고, 마르크스의 이윤율의 경향적 저하 법칙과는 하등 상관이 없다.

〈표3〉 보다 높은 유기적 구성에서의 표식

연도	c	v	k	a_c	a_v	
1	200,000 +	25,000 +	3,750 +	20,000 +	1,250 =	250,000
2	220,000 +	26,250 +	2,938 +	22,000 +	1,312 =	272,500
3	242,000 +	27,562 +	1,984 +	24,200 +	1,378 =	297,124
4	266,000 +	28,940 +	893 +	26,600 +	1,447 =	323,800
5	292,600 +	30,387 +	0 +	29,260 +	1,519 =	
				부족액=392*		

* 제5년도에 축적 요구액은 (29,260+1,519)인데(불변자본 연 10%, 가변자본 연 5% 성장을 가정) 잉여가치량은 30,387이므로(잉여가치율 100% 불변의 가정), 축적의 부족액은 392, 자본가의 소비도 0이 된다.

재생산표식의 각 연도는 산업 순환의 실제 연도가 아니라 하나의 산업 순환의 평균적 관계, 즉 10년 순환의 평균에 조응하는 것이고, 따라서 하나의 산업 순환을 평균적으로 관통하는 이념적 경로를 표현하는 것이다. 이를 경기순환의 실제적인 연도로 파악해서 표식의 제n년도에 공황이 일어난다고 해석하는 것은 그로스만이 표식의 의의와 추상 수준을 완전하게 잘못 이해한다는 것을 보여준다. 그런데 다른 곳에서 그로스만은 다음처럼 표식의 방법론을 올바르게 지적하기도 했다. "룩셈부르크의 비판은 단지 마르크스의 방법론적 절차의 기본적 측면들을 이해하지 못해 일어났을 것이다. 마르크스의 재생산표식은 평균적인 축적 라인, 즉 축적이 양 부문에서 비례적으로 일어나는 이념적인 정상 궤도를 나타낸다. … 단지 어떤 가능성의 범위에서의 이념적 궤도를 나타내는 모델을 자본의 실제적 궤도에 대한 정확한 기술로 간주한 것이 룩셈부르크의 오류다."(같은 책: 118). 결국 룩셈부르크의 마르크스 표식 비판을 반비판하면서 그로스만이 표식의 방법론을 환기시키는 것도 반비판을 위한 빈말일 뿐이다. 왜냐하면 앞에서 본 바와 같이 정작 그 자신도 룩셈부르크와 똑같은 오류를 범하고 있기 때문이다. 참조 삼아 지적한다면, 룩셈부르크도 표식의 방법론을 잘못 이해한 것만은 아니었다. 룩셈부르크도 자신의 저작 서두(Luxemburg, 1913: 13-14)에서 표식이 산업 순환의 이념적 평균을 서술하는 것이라고 올바로 지적했으면서도, 이념적 평균에서 추상적으로 상정된 실현 문제, 즉 이념적 평균에서는 문제가 되지 않는 이 실현 문제를 저작 전체에서 끊임없이 문제로 삼았던 것이다.

4.

보론:

그로스만의 초기 공황론과 바우어의 두 가지 공황론(?)

 이상에서 동일한 바우어 표식에 근거한 바우어와 그로스만의
공황론을 비판적으로 살펴보았다. 하지만 바우어도, 그로스만도
이것과는 다른, 또 다른 공황론도 제시한 바 있기 때문에 이에 대
해서도 간략하게나마 언급하지 않으면 안 된다. 바우어는 이미
1904년 논문에서 재생산표식에 근거하여 불비례설을 제시한 바
있었는데, 위에서 본 1913년 논문의 공황론(노동력 부족설)에서는
그것과의 어떤 연관도 언급한 바가 없어 그에 있어서는 사실 두
개의 공황론이 따로 존재한다. 1904년 논문에서도 그의 불비례설
은 단순하게 공황을 표식의 균형 여하로써 표식으로부터 직접 설
명한 것이 아니라 현실 경쟁을 매개로 한 산업 순환론으로서의 공
황론이었다. 즉 거기서도 그의 공황론은 나름대로 발전된 형태를
갖추었다. 반면, 잘 알려지진 않았지만, 그로스만도 마르크스주의
자로서의 초기에는 이윤율 저하설이 아닌 불비례설로 자본주의
공황을 설명하였다. 그것은 바우어와 달리 상당히 조잡한 형태의
불비례설이었다. 쿤(2009)에 따르면 이 초기의 공황론이 1929년
저작의 공황론으로 발전한 것이라 하지만, 그로스만에게 있어 불
비례설의 지양과 이른바 이윤율 저하설로 발전하는 이론적 과정

은 명확하지 않다.

먼저 1919년 그로스만의 글(Grossman, 1919)은 짧은 글임을 감안해도, 또 그가 사회주의로의 정치적 지향성을 띠기 시작한 초기의 글임을 감안해도, 공황론에 관한 인식은 매우 낮은 수준이었다. 이를 요약하면, 첫째, 자본주의의 재생산과 관련하여 그로스만은 투간과 바우어의 재생산표식이 올바른 수학적 형태를 갖춘 것이라 평가하면서 공황을 불비례 공황으로 파악하였다. 이 시기 그로스만의 공황론은 조화론자들의 공황론이었고, 후의 붕괴론에 입각한 공황론, 즉 이른바 이윤율 저하설의 관점과 다른 것이었다. 둘째, 그로스만은 그러나 가격기구를 통한 사후적인 조정을 근거로 하여 조화론을 주장하는 것은 근거가 없는 것이라고 조화론자들을 비판하였다. 즉 불비례설을 주장해도 그것은 조화론이 아니라 오히려 조화론을 비판한 것이었다. 그런데 그로스만의 비판과는 달리 투간도, 바우어도, 그리고 힐퍼딩도 실은 가격기구의 작동을 근거로 주기적 공황을 부정하는 게 아니었다. 오히려 이들은 가격기구의 작동에도 불구하고 주기적으로 왜 공황이 발생하는가를 부문 간 불균형의 관점에서 설명하고자 했던 것이다. 결국 그로스만은 조화론을 비판하면서도 조화론자의 공황론을 제대로 이해하지 못하였다. 이런 혼란스러운 비판은 그로스만이 조화론과 공황론을 구별하지 못하고 혼동했기 때문으로 보인다. 조화론은 자본주의가 I부문과 II부문의 교환관계의 균형 속에서 장기적으로 실현의 문제 없이 발전할 수 있다고 주장하는 것인데 반해, 공황론은 산업 순환 속에서 주기적으로 발생하는 불균형과 모순의 폭발을 설명하는 것이다. 그로스만뿐 아니라 많은 논자가 혼동하는 것이지만, 조화론과 공황론은 분석 차원이 다른 상이한 문제이다. 투간과 바우어에서 보는 바처럼 이들이 조화론을 주장한다고 해서 꼭 자본주의가 공황 없이 발전한다는 식으로 공황론을 부정하는 것은 아니다. 심지어 바우어는 표식 논쟁에서는 조화로운 자본주의의 발전을 주장했어도 앞의 각주 124)에서 언급한 바와 같이 주기적 공황의 반복과 심화 속에서 자본주의는 붕괴로 나아간다고 주장하였다. 셋째, 그로스만은 조화론자들의 공황론을 비판하면서도 정작 이에 대한 그의 인식은 조화론자들의 수준보다도 떨어지는 조야한 것이었다. 그는 불비례와 주기적 공황의 연관에 대한 설명을 주지 못한 채 쳇바퀴 돌듯 이 문제에 갇혀있었다. 즉 그에 따르면 자본주의적 재생산은 가치적(이윤적) 관점과 소재적/기술적 관점이라는 이중적 비례를 요구하는데, 양자의 운동은 서로 다른 것이고 양자가 일치하는 건 우연일 뿐이므로 자본주의하에서 불비례는 항상적이고 피할 수 없다는 것이었다. 이렇게 그로스만은 자본주의의 항상적 불균형을 지적하는 수준에 머물고 있었던 반면, 조화론자들은 이로부터 항상적인 공황을 주장하지 않고 불균형의 발전에 입각한 주기적 공황론을 전개하였다.

한편 1904년 바우어의 논문(Bauer, 1935)은, 주요 주제인 표식론의 연장선에서 부차적으로 현실 경쟁과 공황론을 다룬 1913년 논문과 달리 공황론 자체가 주요 대상이었다. 여기서도 표식의 균형 조건을 도출하고 그 위에서 산업 순환에서의 균형 조건의 파괴와 공황을 설명한다. 그렇지만 표식의 균형 조건을 파악하는 방식과 공황의 원인은 두 개 논문에서 상이하다. 1913년 논문에서는 축적되는 자본의 부문 간 이동, 즉 II부문으로부터 I부문으로의 잉여가치의 이전을 통해, 1904년 논문에서는 잉여가치 중 축적되지 않고 유휴화되는 부분을 통해 부문 간 균형이 달성된다. 앞서 말한 바처럼 이런 방식의 균형 조건은 바우어가 표식의 방법론을 잘못 이해했던 것에서 기인한다. 전자에서는 표식의 소재적 측면을 이해하지 못했고, 후자에서는 잉여가치의 유휴화를 전제하는 한 균형을 상정할 수 없다는 것을 이해하지 못했다. 뿐만 아니라 두 개 논문에서 공황론은 크게 변화했다. 또는 그의 공황론이 변했다기보다는 바우어가 두 개 논문에서 공황의 두 개 원인을 각각 고찰했다고 할 수 있다. 1913년 논문에서 바우어는 표식의 이중적인 측면에서의 균형 조건(부문 간 균형/생산과 소비의 균형과, 완전고용하의 축적)을 파악하고도 공황의 문제에서는 산업 순환에서의 전자의 불균형 과정은 고려하지 않고 후자의 불균형만 문제 삼았다. 반면 1904년 글에서는 완전고용 축적을 고려하지 않는 재생산표식에 근거하여 공황과 산업 순환의 문제를 생산 부문 간 불균형(양 부문 표식의 경우 이는 곧 생산과 소비의 불균형이다)의 문제로서 파악하였다. 이렇게 보면 그의 공황론은 표식론에 입각하여 산업 순환에서의 부문 간 불균형과 노동력 고갈의 두 가지 요인으로 설명한다고 종합할 수 있지만, 바우어는 다만 두 개의 논문에서 각각 하나의 측면만 고찰함으로써 그 자신이 양자를 종합하는 체계적인 경기순환론을 제시한 것은 아니었다.[130]

---

130 이렇게 보면 이토 마코토(伊藤誠, 1988: 122 이하)가 바우어의 공황론을 1913년 논문에만 근거해서 노동력 부족설의 원조로 위치 지우고 바우어가 불균형 공황론과 과소소비설적 공황론을 부정한 것으로 파악한 것은 일면적이고 잘못된 것이다. 또한 바우어의 공황론은 이토가 의존하고 있는 우노 고조의 공황론(노동력 부족설)과도 상이하다. 이토도 지적하는 바처럼 바우어의 공황론은 『자본』 제2권의 재생산표식에 근거하고 있는 반면, 우노의 공황론은 재생산표식을 배제하고 제1권의 축적 법칙과 제3권 제15장의 자본의 절대적 과잉생산에 입각해 있다. 뿐만 아니라 우노의 공황론이 가치법칙에 대한 균형론적 관점하에서 가치와 가격의 균형을 전제한 반면, 1904년 논문에서 보는 바처럼 바우어의 공황론은 방법론적 오류가 있기는 하지만 산업 순환에서 가치 관계로부터 가격 관계의 괴리 문제를 고찰하였다. 전반적으로 공황론 논쟁에서 바우어의 두 개의 공황론을 모두 다루는 논자는 상당히 드문 것 같다. 스위지조차도 자신의 주저(Sweezy, 1956) 제10장 부록에서 과소소비론에 대한 수학적 논증을 시도하면서 그것이 기묘하게도 1936년의 바우어의 마지막 저작(Zwischen zwei Weltkriegen?『양차대전 사이에서?』)에 근거한 것이라고 흥미롭다 하였다. 그런데 오자와 미츠도시(小澤光利, 1998), 오르제흐와 그롤(Orzech & Groll, 1991), 킹(King, 2013)에서는 두 개의 공황론이 모두 소개되어있다. King(2013)의 부록에서는 스위지가 언급한 바우어의 과소소비 모형도 볼 수 있다. King(2013)에 따르면, 바우어는 1932-34년의 미완성 초고(Manuskript zur Wirtschaftskrise『경제 공황에 대한 초고』)에서 이윤율 공황과 (과소)소비 공황이라는 두 개의 상이한 유형의 공황을 거론하였고, 1936년의 저작에서도 배타적인 두 개의 공황론을 구별하였는데, 킹은 이를 일종의 칼날 모형knife-edge model이라고 명명할 수 있다고 한다. 즉, 전자는 임금이 너무 높아 잉여가치율과 이윤율이 낮아서 발생하는 공황이고, 후자는 임금이 너무 낮아 잉여가치율이 높지만 소비 수요가 부족해서 발생하는 공황이라는 것이다. 이렇게 두 개의 공황을 배타적이고 모순적인 것으로서 대치시키는 것은 다름 아니라 바우어든 킹이든 현실 경쟁론에 입

1904년 논문에서 바우어는 마르크스가 자신의 주저작『자본』의 플랜으로부터 경쟁론을 배제했다고 하고, 마르크스의 공황론을 '경기의 합법칙적인 교대에 관한 이론', 즉 경기순환론으로 이해해야 한다면서(Bauer, 1935: 114-115) 공황론의 재구성을 시도하였다. 오자와 미츠도시(小澤光利, 1998: 228)에 따르면 이는 공황에 대한 붕괴론적 관점과 그에 대한 비판인 수정주의적 관점 양자를 뛰어넘는 새로운 시도로서 경기순환론으로서의 공황론 계보의 시작이었다. 그 글에서 바우어는 공황을 표식론에 근거해서 생산 부문 간 불균형으로 설명하였다(Bauer, 1935: 103 이하). 그에 따르면 표식의 균형 조건은 $c_i+a_i+k_ip_i=v+r+\beta p$[131], 호경기의 정점에서는 $a_i=0$이므로 균형식은 $c_i+k_ip_i=v+r+\beta p$가 되는데, 자본의 유기적 구성 고도화에 의해 v 및 βp의 증가는 완만해지고, 잉여가

각해서 공황론과 산업 순환론을 전개한다는 마르크스의 방법론을 이해하지 못하는 데서 비롯된 것이다. 다시 말하자면, 임금과 시장가격 그리고 이윤율 운동과 공황의 관련은 현실 경쟁론과 산업 순환론의 수준에서 비로소 올바로 분석할 수 있다. 반면 오르제흐와 그롤(Orzech & Groll, 1991)은 바우어가 공황 문제를 다룬 네 개의 문헌에서 이론적으로 일관적이라고 주장한다. 즉, 바우어가 이 두 개의 공황론만이 아니라 유기적 구성의 고도화에 따른 공황의 요인까지 포함하여 주기적 공황에 관한 종합적인 분석을 시도하였다고 평가하는데, 이런 주장 또한 마르크스의 방법론 문제를 인식하지 못하는 오류의 또 다른 표현이다.

131 단 $c_i=f_i+z_i$. 여기서 f: 고정자본의 마손 부분, z: 유동자본 부분, v: 가변자본 부분, r: 자본가의 소비 부분, p: 잉여가치의 축적 부분, kp: 추가적 불변자본 부분, βp: 추가적 가변자본 부분, a: 잉여가치의 사장死藏 부분, 그리고 첨자 $_i$은 II부문, 첨자가 없는 것은 I부문을 나타낸다.

치율과 축적률이 변하지 않기 때문에 r은 v보다 빠르게 증가할 수 없다. 그래서 균형의 파괴 경향이 일어난다. $c_1+k_1p_1$)$v+r+\beta p$가 될 때, 즉 과소소비의 순간에서 생산의 불균형이 일어나고, 그것과 함께 하강 운동이 시작된다는 것이다. 바우어는 호황 과정과, 호황 과정의 종말 그리고 하강 운동으로의 전환을 보다 상세하게 그리고 있지만, 그 설명에서 많은 혼란과 논리적 모순을 드러냈으며, 여기서 더 이상의 검토가 필요하진 않다. 이는 바우어가 가치 관계에 입각한 표식론과, 가치 관계로부터 순환적으로 괴리하는 가격 관계의 분석에 입각한 공황론의 차원을 방법론적으로 올바로 구분하지 못했다는 것, 즉 이 논문에서도 경쟁론을 매개로 한 표식론으로부터 공황론의 전개에 성공하지 못했음을 말해준다. 호황기에는 재생산표식의 균형 조건($c_1+a_1+k_1p_1=v+r+\beta p$)이 유지된다고 한다든지, 호황기에 $a_1=0$고 $c_1+k_1p_1$)$v+r+\beta p$인 과소소비의 순간에 하방 운동이 시작한다는 것 자체가 잘못된 서술이다. 재생산표식의 균형 조건은 이념적 평균하에 가치 관계로 상정한 추상적인 교환관계다. 가치 관계로부터 파악한 이 균형식으로부터 가격 관계는 호황기에 상방, 공황기에 하방으로 이탈된다. 바우어처럼 가치 관계로 표현한 이 추상적 교환 관계의 불균형 여하로부터 직접 호황이나 공황을 설명해서는 안 된다. 이런 오류 때문에 그의 경기순환 메커니즘에는 가치법칙과 이윤율 저하 법칙, 경쟁론과 수급 변화가 추상 수준의 차이에 따른 구별 없이 뒤섞여있다. 여기에는 이윤율의 저하 법칙과 자본의 절대적 과잉생산 그리고 부문 간 불균형이 올바른 이론적 매개 없이 혼합되어있고, 그 결과 '유기적 구성 고도화와 이윤율 저하→과소소비→부문 간 불균형과 공황'이라는 절충주의적 방식의 공황 설명으로 그치고 있다. 결국 그는 자신의 공황론에서 현실 경쟁론의 매개를 통해 순환 국면에서의 생산과 수요의 주기적인 불균형, 가치로부터의 가격의 순환적 이탈, 공황을 통한 폭력적인 조정이라는 방식으로 진행되는 가격 운동, 그리고 경기순환에 따른 가격과 임금, 이윤의 운동을 올바로 전개할 수 없었다. 그러나 그가 산업 순환으로서의 공황론 전개에서 결정적으로 중요한 요소들, 즉 고정자본의 집중적 갱신이라든지 경기순환에 따른 가격의 순환적 괴리 그리고 신용 제도와 관련해 주목할 만한 기여를 했다는 점은 인식할 필요가 있다.

5.

맺음말

이상에서 바우어와 그로스만의 공황론을 비판적으로 검토하였는데, 그 비판의 관점은 마르크스의 정치경제학 비판과 공황론의 방법에 근거한 것이었다. 특히 산업 순환과 공황론 전개에서『자본』의 분석 수준과 현실 경쟁의 분석 수준 간 방법적 차이에 주목하여 이들의 공황론이 마르크스의 방법을 어떻게 잘못 파악하고 있는가를 밝히고자 하였다. 왜냐하면 세계시장 공황의 분석으로까지 나아가는 마르크스 플랜의 상향의 방법 중에서도 특히 제1부 자본 제1편 자본 일반이라 할 수 있는『자본』의 분석 수준('자본의 이념적 평균')[132]으로부터 제1부 자본 제2편 '(현실) 경쟁'의 수준으로 나아가는 분석이 산업 순환과 공황론의 구성에서 가장 중요한 쟁점을 이루기 때문이다.[133] 마르크스주의 공황론을 둘

---

132 엄격하게 말하면 자본의 이념적 평균은 원래의 자본 일반과는 다르며, 자본 일반을 넘어가는 전반 3개 부의 내용을 이념적 평균에서 포괄하는 방식으로 확대된 것이다. 이러한 부분적인 플랜 변경에도 불구하고 제1부 자본 제2편 경쟁 이하 제6부 세계시장과 공황에 이르는 마르크스의 원래 플랜은 포기된 적이 없었다.

133 이와 함께 또 하나의 주목할 만한 쟁점은 제5부 외국무역에서 이른바 세계시장에서의 가치법칙의 수정 문제일 것이다. 따라서 필자의 공황론이 현실 경쟁론만 문제 삼고 제1부 자본 제3편 신용의 분석과, 나아가 제6부 세계시장공황으로까지의 상향 전개에 대한 문제의식이 부족하다는 정성진(2012)의 평가는 합당한 것이 아니다. 필자가 현실 경쟁론에서의 산업 순환과 공황 문제에 집중하는 건 다만 이 쟁점에 대한 이해 방식이 마르크스주의

러싼 100여 년간 논쟁의 오류도 기본적으로 현실 경쟁론의 방법을 오독한 데서 비롯된 것이다. 또한 마르크스 공황론을 둘러싼 핵심적인 쟁점인 과잉생산의 문제도 바로 현실 경쟁과 산업 순환의 분석으로부터 비로소 현실적으로 논증될 수 있는 것이다. 자본의 이념적 평균인『자본』에서는 과잉생산이 잠재적으로만 분석될 뿐이고 산업 순환의 추상과 함께 추상되어있다. 이는 현실 경쟁에서의 수급 변화와 가격 변동 그리고 산업 순환의 분석 속에서 비로소 명시적으로 서술될 수 있다.『자본』의 분석 수준, 따라서 재생산표식의 수준에서 과잉생산을 논증하거나 또는 반대로 부정하려는 시도는 모두 이 방법론을 잘못 이해한 것이다. 또『자본』의 수준에서든 현실 경쟁론 수준에서든 공황론을 종합한다며『자본』의 법칙(이윤율의 경향적 저하 법칙)과 과잉생산 및 시장가격 이윤율의 변동을 뒤섞는 절충론적 공황론도 마찬가지로 잘못된 것이다. 이와 관련한 국제적인 연구 성과는 단연 일본 구 정통파의 과잉생산 공황론이 독보적이다. 필자는 이미 다른 글들(김성구, 2008a, 2008c)에서 정치경제학 비판 플랜 논쟁과, 플랜의 방법론에 입각한 공황 논쟁을 상세하게 검토한 바 있다. 이 글은 그 연구 성과에 기반해서 바우어와 그로스만의 공황론을 비판한 것이며, 지면 관계상 여기서 그 내용을 다시 서술할 수는 없다.

공황론이 분기, 대립하는 결정적인 지점이기 때문이다.

바우어나 그로스만은 모두 『자본』과 현실 경쟁을 구별하는 마르크스의 이 방법론에 주목하고 현실 경쟁론의 수준에서 공황론과 산업 순환론을 전개하고자 했지만, 양자 모두 이 방법론을 올바로 이해하는 데 실패하였다. 바우어의 공황론은 두 개 논문에서 완연하게 산업 순환론의 형태를 갖추었고, 특히 1904년 논문에서는 산업 순환에서의 가격 변화와 수급 변동, 불비례와 과잉생산의 주요 요소들을 서술하였지만, 『자본』의 분석 수준과 현실 경쟁의 수준을 뒤섞어놓음으로써 그 자신도 오류와 혼란에서 벗어날 수 없었다. 그에 반해 그로스만의 오류는 훨씬 심각하다. 기본적으로 그로스만은 『자본』의 법칙과 주기적 공황을 구별하지 못했다. 그에 있어서는 '붕괴론=공황론'이었고, 붕괴의 법칙으로부터 직접 공황을 설명하였다. 즉 그의 공황론은 현실 경쟁의 매개 없이 표식론으로부터 직접 주기적 공황을 설명하는 것이었다. 그로스만은 자신의 표식으로부터 직접 자본주의의 붕괴도 설명하고, 동시에 상쇄력을 고려하면 그것이 주기적 공황이라는 괴상한 이론을 제출하였다. 그런데 그에게 있어 상쇄력이란 것은 다만 표식에서의 붕괴 연도의 변동을 말할 뿐인데, 어이없게도 그로스만은 이를 산업 순환(호황)의 길이로 파악함으로써 재생산표식의 연도별 전개 자체가 산업 순환인 것으로 잘못 이해하였다. 따라서 그의 주장과 달리 마르크스의 이윤율의 경향적 저하 법칙은 당연히 그로스만의 공황론과는 하등 관련이 없다. 이 글이 일본 구 정통파의 플랜 논쟁과 공황론 논쟁에 입각해 있더라도, 이렇게 방법론의 관점에서 바우어와 그로스만의 공황론의 오류를 밝혀낸 것은 이 글의 고유한 기여다. 특히 그로스만의 공황론의 구성을 비판적으로 해부하고 그 방법적 오류와 해괴망측한 결론을 지적한 것은 다른 어떤 문헌에서도 볼 수 없을 것이다.

김성구, 2008a, 「정치경제학 비판 플랜과 『자본』: 이른바 플랜 논쟁에 대하여」, 〈마르크스주의 연구〉 제9호.

김성구, 2008b, 「마르크스의 이윤율의 경향적 저하 법칙 – 재구성을 위하여」, 〈노동사회과학〉 제1호.

김성구, 2008c, 「마르크스의 공황론 방법과 주기적 과잉생산 공황론」, 〈마르크스주의 연구〉 제10호.

김성구, 2014, 「바우어-그로스만 표식의 혼란과 오류」, 〈마르크스주의 연구〉, 제33호.

칼 마르크스, 2004, 『자본론』 III(상), 제1개역판, 비봉출판사.

유승민, 2013, 『자본주의 발전 및 붕괴와 공황에 관한 연구 – 재생산표식 논쟁을 중심으로』, 연세대학교 경제학 박사 학위논문.

이토 마코토伊藤誠, 1988, 『가치와 공황: 일본의 마르크스주의 경제학』, 비봉출판사.

정성진, 2012, 「마르크스의 세계시장 공황론 – 세계화와 공황의 연구 방법을 위하여」, 〈마르크스주의 연구〉, 제27호.

사이먼 클라크Simon Clarke, 2013(1994), 『마르크스의 공황 이론』, 한울.

岡稔, 1976, 『資本主義分析の理論的諸問題』, 新評論.

高木幸二郎, 1979, 『恐慌論体系序説』, 大月書店.

高山満, 1998, 「ヒルファデイングの恐慌·産業循環論」, 富塚良三·吉原泰助 編, 1998, 『恐慌·産業循環』(下), 有斐閣.

ヘンリーク グロースマン, 1932, 『資本の蓄積並に崩壊 の理論』, 改造社.

大橋昭一, 1999, 『ドイツ経済民主主義論史』, 中央経済社.

富塚良三·吉原泰助 編, 1997,『恐慌·産業循環』(上), 有斐閣.

小澤光利, 1981,『恐慌論史序説』, 梓出版社.

小澤光利, 1998,「バウアおよびグロスマンの恐慌論」, 富塚良三·吉原泰助 編, 1998,『恐慌·産業循環』(下), 有斐閣.

市原健志, 1990,「マルクス以降の再生産論の展開」, 富塚良三·井村喜代子 編, 1990,『資本の流通·再生産論』, 有斐閣.

市原健志, 2000,『再生産論史研究』, 八朔社.

種瀬茂, 1986,『競争と恐慌』, 有斐閣.

Bauer, O. 1904, "Marx' Theorie der Wirtschaftskrisen", *Die Neue Zeit*, 23. Jahrg., Bd. 1.〔일역: 松崎敏太郎 編訳, 1935,「マルクスの経済恐慌理論」,『恐慌論』, 叢文閣.〕

Bauer, O. 1913, "Die Akkumulation des Kapitals", *Die Neue Zeit* 31(1).〔영역: King, J. E. 1986, "Otto Bauer's Accumulation of Capital(1913)", *History of Political Economy*, 18: 1.〕

King, J. E. 2013, "OTTO BAUER'S *BETWEEN TWO WORLD WARS?* (1936)", www.business.uwa.edu.au/__data/assets/pdf.../John-King.pdf

Grossman, H. 1919, "The Theory of Economic Crises", retrieved March 5, 2014 from http://www.marxists.org/archive/grossman/1922/crises/index.htm

Grossmann, H. 1929, *Das Akkumulations- und Zusammenbruchsgesetz des kapitalistischen Systems (Zugleich eine Krisentheorie)*, Leipzig.〔영어 축약본: Grossmann, H. 1992, *The Law of Accumulation and Breakdown of the Capitalist System*, Pluto Press.〕

Grossman, H. 1929-1932, Fragments on criticisms of 'Law of Accumulation', retrieved March 5, 2014 from http://www.marxists.org/archive/grossman/fragments/index.htm

Grossmann, H. 1932, "Die Wert-Preis-Transformation bei Marx und das Krisenproblem", http://marxists.org/archiv/grossmann/1932/xx/wert-preis.htm

Grossmann, H. 1969, *Marx, die klassische Nationalökonomie und das Problem der Dynamik*, EVA/Europa Verlag.

Hilferding, R. 1910, *Das Finanzkapital*.[국역: 김수행 · 김진엽 역, 1994,『금융자본』, 새날.]

Kuhn, R. 2009, "Economic Crisis, Henryk Grossman and the Responsibility of Socialists", *Historical Materialism* 17.

Luxemburg, R. 1913, *Die Akkumulation des Kapitals, Rosa Luxemburg Gesammelte Werke*, Bd. 5.

Luxemburg, R. 1921, *Die Akkumulation des Kapitals - Eine Antikritik, Rosa Luxemburg Gesammelte Werke*, Bd. 5.

Orzech, Ze'ev B. & Groll S. 1983, "Otto Bauer's scheme of expanded reproduction: an early Harrodian growth model", *History of Political Economy* 15: 4.

Orzech, Ze'ev B. & Groll S. 1991, "Otto Bauer's Business Cycle Theory: An Integration of Marxian Elements", *History of Political Economy* 23: 4.

Sweezy, P. M. 1956, *The Theory of Capitalist Development*, Monthly Review Press.

6장

마르크스의 이윤율의 경향적 저하 법칙: 재구성을 위하여

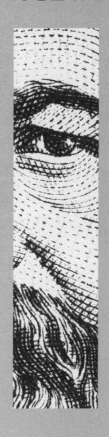

1.

『자본』 제3권 제3편 이윤율의
경향적 저하 법칙의 구성과 추상 수준

'자본의 일반적 분석'이라는 『자본』의 추상 수준은 자본주의의 구조와 운동 법칙을 이념적 평균에서 서술하는 것에 한정한다는 점, 따라서 이로부터 직접 산업 순환과 과잉생산 공황을 설명하려는 것은 오류라는 점, 이것이 공황론과 관련하여 『자본』의 성격을 이해하는 방법론적 핵심을 이룬다.[134] 이 글에서는 이러한 방법론적 관점에서 이윤율의 경향적 저하 법칙과 주기적 공황을 이론적으로 어떻게 연관시키는 것이 올바른가 하는 문제를 다루고자 한다. 이는 이윤율의 경향적 저하 법칙에 근거해서 주기적 공황을 설명하는 이윤율 저하설을 비판적으로 검토하는 토대가 될 것이다. 이 문제를 둘러싼 혼란의 근원은 물론 『자본』 제3권을 마르크스 자신이 완성하지 못했고 엥겔스가 편집한 현행판의 구성과 서

---

134 마르크스는 "자본주의 생산양식의 내적 편제를 이른바 이상적 평균에서 서술한다"는 것이 『자본』의 목적이고, "세계시장, 그 경기 변동, 시장가격의 운동, 신용 기간, 산업 및 상업의 순환, 번영과 공황의 교대" 등 경쟁의 현실적 운동의 범위에 속하는 것들은 "우리의 계획 밖에 있다"고, 즉 『자본』의 범위 밖에 있다고 단언한다.(MEW 25: 839).(『자본론』 III(하): 1011.) 따라서 마르크스에 따르면 『자본』은 어디까지나 '자본의 일반적 본성'의 파악, 즉 '자본의 일반적 분석'이라는 논리 차원에 속하고, "경쟁의 과학적 분석"은 『자본』에서 "자본의 내적 본성이 파악된 뒤에" 행해져야 할 것이다.(MEW 23: 335).(『자본론』 I(상): 428.)

술에는 많은 논란의 여지가 있기 때문이다. 따라서 이윤율의 경향적 저하 법칙과 주기적 공황의 이론적 연관을 밝히는 과제는 불가피하게 제3권 제3편의 일정한 재구성을 요구하게 된다.

『자본』제3권 제3편 이윤율의 경향적 저하 법칙이 제1권 제7편 축적론과 제2권 제3편의 재생산표식론에 이어 『자본』의 축적론 체계를 종합하는 위치에 있다는 점에서 이 법칙이 직접 공황을 설명하는 논거가 될 수 없다는 것은 두말할 필요도 없다. 그럼에도 불구하고 제3권 제3편 제15장의 '법칙의 내적 모순들의 전개'에서는 현실 공황에 관한 중요한, 그러나 외견상 모순적인 문장들이 언급되어 있어 이윤율 저하 법칙과 공황 간 관계에 대한 이론적 논쟁은 쉽게 해결되기 어려운 실정이다. 논쟁을 해결하는 관건은 이 문장들이 어떠한 분석 수준에서 서술되고 있는가를 명확히 하는 것이다. 그때에만 외견상 모순적인 서술들을 올바로 위치 지워서 그 의미를 제대로 해석할 수 있기 때문이다.

그런데 『자본』제3권은 마르크스의 1864-65년 초고로부터 엥겔스가 편집한 것이다. MEGA 작업으로부터 1864-65년 초고가 1992년 처음으로 간행됨에 따라 엥겔스판 『자본』제3권이 마르크스의 원래 초고에 상당한 변경을 가한 것임이 드러나 이 논란의 해결을 위해서는 초고 분석으로까지 나가지 않으면 안 된다. 여기서 문제가 되는 제3편 제15장은 원래 초고에서도 초고로서의 성격이 여실해 불완전하고 모순적인 미완의 서술이라는 점에서 더 더욱 그러하다. 하인리히는 엥겔스가 초고의 제3장을 제3편 3개의 장(제13, 14, 15장)으로 나누었고, 특히 초고에서 전혀 체계적이지 않은 부분에 '법칙의 내적 모순의 전개'라는 제목을 달아 제15장을 만들면서 이를 제목을 붙인 소절들로 나누고 또 문단을 삭제하거나 괄호를 없애면서 텍스트의 연관을 높여서 완성도를 높였다고 한다. 하인리히에 따르면, 문제는 엥겔스의 이런 편집으로 마르크스가 이 장에서 기본적으로 이윤율의 경향적 저하 법칙에 입각한 완전한 공황론을 제시한 것처럼 생각하게 되었다는 것이다.(Heinrich, 1996-1997). 그러나 마르크스가 자신의 손으로 『자본』 제3권을 완성했다 하더라고 원래의 초고는 엥겔스판에서와 같이 편별 구성으로의 전환을 포함하여 텍스트의 크고 작은 손질과 그 삭제 및 가감 그리고 재배치 등 상당한 수정이 불가피했을 것이다. 이런 점에서 마르크스가 직접 완성했을 경우에 비해 엥겔스판 제3권이 어떤 점에서 어느 정도만큼 마르크스판 제3권을 변경했을 것인가에 대해서는 쉽게 논의할 문제가 아니다. 여기서는 이러한 문제 제기보다는 마르크스의 정치경제학 비판의 방법과 체계, 그리고 보다 직접적으로는 (확대된) 자본 일반 또는 자본의 일반적 분석에서의 공황론의 전개라는 한정된 추상 수준에 입각하여 제3편의 3개 장을 주기적 공황과 관련하여 어떻게 해석할 수 있는가라는 방식으로 접근하는 게 보다 유익할 것이다. 왜냐하면 공황론에 관한 마르크스의 방법론적 구상에 입각한다면

135. 『자본』에서의 공황론이 어느 정도까지 전개될 수 있는가를 판단할 수 있고, 이에 근거해서 제3편 3개 장을 마르크스에 따라 충실하게 재구성할 수 있기 때문이다.

제3편 이윤율의 경향적 저하 법칙은 제13장 '법칙 그 자체', 제14장 '상쇄 요인들', 그리고 제15장 '법칙의 내적 모순들의 전개'로 구성되어있다. 먼저 제3편에서 문제로 삼고 있는 이윤율은 제2편에서 부문 간, 부문 내 경쟁을 통해 형성된 일반적 이윤율(또는 평균이윤율)이며 이는 부문 간 재생산의 균형을 상정하는 생산가격을 형성하는 이윤율이라는 점을 지적해야 한다.(『자본론』 III(상): 254-255.) 다시 말하면 이 수준에서는 현실 경쟁에서 보는 바와 같은 수요·공급의 균형 파괴와 생산가격으로부터 시장가격의 이탈과 괴리 등은 추상되어 있어 이윤율의 운동은 이념적 평균에서 파악되고 있다. 당연히 현실의 과잉생산 공황과 시장 이윤율의 변동은 여기서의 문제가 아니다.[136] 공황론과 관련하여 또 하나 지

---

135 정치경제학 비판 체계와 (확대된) 자본 일반 수준에서의 공황론에 관한 마르크스의 구상은 *Grundrisse*와, 특히 *MEW* 26.2(ch. 17)을 참조하라.

136 이윤율의 경향적 저하 법칙(경향)과 주기적 공황(순환)의 관련에서 제기되는 이 방법론적 쟁점, 즉 일반적 이윤율과 시장 이윤율이라는 두 가지 이윤율의 규정과 그것이 공황론의 구성에서 갖는 결정적인 의의에 대해 영미권의 공황론 논쟁에서는 아직도 인식조차 하지 못하고 있지만, 일본에서는 이미 오래전에 핵심적인 문제로서 검토되었다. 다카기 코지로 高木幸二郞는 일반적 이윤율을 '체제적 이윤율', 시장 이윤율을 '순환적 이윤율'이라 하고, 이윤율에서의 이 구별이 이윤율의 경향적 저하 법칙과 공황·산업 순환의 관련을 문제로 할 때 '극히 중요하다' 하였으며, 사이토 미치요시 齊藤道愛는 이윤율 저하의 운동을 '장기

적해야 할 점은, 여기서의 이윤율이 일반적 이윤율이라는 점에서 그것은 생산된 총잉여가치를 총(산업)자본으로 나눈 것으로서 자본의 3분파와 나아가 지주계급의 경쟁을 통한 기업가 이득과 이자, 지대로의 잉여가치의 분할은 추상되어있다는 것이다. 현실 경쟁과 공황에 있어 상업자본과 화폐자본의 자립적 운동이 결정적인 역할을 수행한다는 점을 고려하면, 이는 제3편에서 공황론을 전개하기에는 커다란 한계가 있다는 것을 의미한다. 물론 자본 분파 간 경쟁은 제4편(상품자본과 화폐자본의 상품 거래 자본과 화폐 거래 자본[상인자본]으로의 전환)과 제5편(이자와 기업가 이득으로의 이윤의 분할)에서 분석되고 있어 우노 학파 경제학자들처럼 『자본』제3권에서 공황론을 구성할 토대가 주어져 있다고 주장하는 논자들도 있지만, 제4편과 제5편의 경쟁과 분배론도 기본적으로는 이념적 평균의 수준에서 분석되고 있기 때문에 현실 공황의 분석에 직접 적용할 수는 없는 것이다.

그러면 이제 이러한 추상 수준에 유념하면서 먼저 제13장을 보도록 하자. 전체적으로 제3편이 그러하지만, 제13장 법칙 그 자체

적·경향적 측면'과 '단기적·순환적 측면'으로 구별할 것을 주장하면서 이윤율의 경향적 저하는 경기 국면에서 나타나는 단기적 이윤율의 저하와는 개념적으로도 시간적으로 다른 것이고, 그 자체는 공황의 필연성을 나타내는 것이 아니라 경기순환의 한 주기를 넘어가는 장기적·경향적인 역사적, 일반적 법칙으로 이해해야 한다고 하였다. 관련 논의에 대해서는 高木 彰(1986: 307 이하)를 참조하라.

에서 마르크스는『자본』제1권 제7편의 축적론과 제2권 제3편 재생산표식론에 이어 축적 과정을 총유통 과정에서 총괄하고 있다. 주지하다시피 제1권 제7편에서는 초과 이윤을 둘러싼 경쟁에 강제되어 노동력 착취의 증대를 목적으로 생산력을 고도화하는 자본의 축적이 가변자본에 비해 불변자본의 비율을 증대하는 방식으로, 즉 자본의 유기적 구성을 고도화하는 방식으로 진행되어 한편에서 생산수단의 거대한 축적과, 다른 한편에서 생산과정으로부터 산 노동의 축출과 상대적 과잉인구의 생산 그리고 빈곤의 축적이라는 자본주의 축적의 일반 법칙이 분석되고 있다. 생산과정에서의 이와 같은 축적의 모순, 전도된 성격은 유통 과정(재생산 과정)에서 표현될 수밖에 없다. 제2권 제3편에서는 유통 과정에서 파악하는 사회적 총자본의 재생산과 축적이 가치대로의 상품 교환과 현실 경쟁의 추상이라는 조건하에서 분석되고 있다. 불변자본을 중심으로 하는 생산과정의 전도된 자본축적은 재생산표식에서는 II부문에 대한 I부문의 불균등한 발전으로 표현될 수밖에 없는데, 주지하다시피 마르크스는 자신의 확대재생산표식에서 제1권 제7편의 축적론의 결론들을 반영하지 않았다. 즉 확대재생산표식은 유기적 구성 불변의 가정 위에서 작성되었다. 이는『자본』제2권 자체도 마르크스가 완성하지 못하고 남겨진 초고들로부터 엥겔스가 편집한 것이라는 점에 그 하나의 이유가 있을 것이다. 마르크스의 확대재생산표식에 제1권 제7편의 결론들을 적용하여 유기적 구성이 고도화하는 표식을 완성한 것은 오히려 레닌이었는데, 레닌은 여기서 I부문이 II부문에 대해 불균등하게 발전하는 불균등 발전 표식을 제시하였다.(Lenin, 1893: 75ff). 생산을 위한 생산과, 빈곤을 위한 생산, 즉 거대한 불변자본을 위한 축적과, 가변자본 축적의 제한이라는 축적 방식은 이렇게 II부문에 대한 I부문의 불균등한 발전으로 표현되지만, 그럼에도 불구하고 불균등 발전 표식에서 양 부문은 수요·공급의 균형 관계를 유지하여 레닌의 재생산표식 분석도 마르크스를 따라 이념적 평균의 추상 수준에 대응하고 있음을 알 수 있다. 즉 유기적 구성이 고도화하는 확대재생산표식에서 수요와 공급, 생산과 소비의 균형이 전제되고 있다는 것은 재생산과정에서 과잉생산과 실현의 문제를 부정하는 것이 아니라 이념적 평균의 수준에서는 '추상적인 실현'을 전제한다는 것, 현실적으로는 재생산과정이 산업 순환과 과잉생산 공황이라는 순환적인 불균형을 통해 진행되지만, 장기적인 관점에서 그 평균적 관계를 보면 수요와 공급, 생산과 소비의 균형을 상정한다는 것을 말한다.[137] 이렇게 생산과정에서의 전도된 축적 방식은 재생산과정에서 II부문에 대한 I부문의 불균등 발전이라는 방식으로 실현의 문제를 추상적으로 해결하지만, 그러나 이윤 개념

---

137 재생산표식의 추상 수준과 그 의의에 대해서는 宮川実(1993: 41이하), 岡稔(1976: 36이하)를 참조하라.

으로 총괄되는 총유통 과정(총재생산과정)에서, 산 노동을 축출하고 거대한 생산수단을 축적하는 이 모순적인 과정은 이윤율의 경향적 저하로 표출되어 이념적 평균에서 파악한 자본주의적 축적의 위기적 성격, 자본 그 자체에서 비롯되는 축적의 한계가 노정된다.[138]

---

138 이렇게 자본주의하에서의 실현의 모순, 생산과 소비의 모순은 현실 경쟁 속에서 주기적인 과잉생산을 가져오지만, 그러나 주기적 공황 자체를 통한 공황의 극복이 행해짐으로써 이념적 평균에서 파악한 장기적 경향을 보면, II부문에 대한 I부문의 불균등한 발전 속에서 실현의 문제가 해결된다고 할 수 있다. 실현의 모순은 자본주의의 장기적 발전을 제약하는 요소가 아니라 단지 주기적인 공황을 가져올 뿐이다. 주기적 공황을 반복하면서 경향적으로는 실현의 모순을 해결해가는 확대재생산과정은 그러나 생산력을 점점 더 고도화하는 과정이며, 이는 불가피하게 이윤율의 경향적 저하를 가져온다. 이런 점에서 이윤율의 경향적 저하 법칙은 자본주의의 장기적 발전과 위기를 규정하는 것이라 할 수 있다.

2.

제13장 법칙 그 자체

이렇게 제3권 제3편 제13장의 이윤율의 경향적 저하 법칙은 이미 제1권 제7편에서 분석한 축적론의 결과들을 총유통 과정의 이윤 개념에서 파악하여 서술한 것이다. 먼저 그 축적론의 분석 결과가 다음처럼 다시 서술되어있다. "더욱이 자본구성의 이러한 점진적인 변화가 어떤 개별 생산 분야의 특징이 아니라 거의 모든 생산 분야 또는 적어도 결정적인 생산 분야에서 일어나며, 따라서 그 변화가 그 사회의 총자본의 평균적 유기적 구성을 변화시킨다고 가정한다면, 가변자본에 대비한 불변자본의 이러한 점차적 증가는 -잉여가치율 또는 자본의 노동착취도가 불변이라면- 필연적으로 **일반적 이윤율의 점차적인 저하**를 가져올 것임에 틀림없다. 그런데 자본주의적 생산양식의 발달과 더불어 불변자본에 비하여, 따라서 또 운동되는 총자본에 비하여 가변자본이 상대적으로 감소한다는 것은 이미 본 바와 같이 자본주의적 생산양식의 하나의 법칙이다."(『자본론』 III(상): 254). 이 법칙은 총유통 과정에서는 이윤율의 경향적 저하 법칙으로 표출된다. 즉 "자본주의적 생산은 불변자본에 비해 가변자본을 점점 더 감소시킴과 함께 총자본의 유기적 구성을 점점 더 고도화시키는데, 이것의 직접적인 결과로〔**잉여가치율이나 노동의 착취도가 불변이거나 심하게는 증대**

하는 경우에도 −강조는 인용자〕 일반적 이윤율은 계속 하락한다. (이 하락이 왜 이와 같은 절대적인 형태로 나타나지 않고 오히려 점진적인 하락의 경향으로 나타나는가에 대해서는 뒤에서〔제14장에서 −인용자〕 설명할 것이다.) 따라서 일반적 이윤율의 점진적인 저하 경향은 노동의 사회적 생산성의 점진적인 발달의 표현−**자본주의적 생산양식에 특유한 표현**−에 불과하다."(『자본론』 III(상): 255). 이렇게 자본축적을 통한 생산력의 고도화, 즉 생산수단에 의한 산 노동의 대체와 생산수단의 거대화라는 생산력 발전의 자연스러운 과정이 자본주의하에서는 이윤 조건과 충돌하게 되어 모순적인 과정으로 나타난다는 것, 이를 이윤율의 경향적 저하 법칙이 표현하고 있다. 여기에는 공황론과 관련하여 중요한 논점 하나가 내포되어 있다. 즉 이윤율의 경향적 저하가 노동의 사회적 생산성의 점진적인 발달을 표현하는 한, 그 저하는 점진적으로 진행될 것인데, 이러한 마르크스의 서술에서 이미 이 경향을 주기적 공황과 직접 관련시키는 이윤율 저하설의 오류를 읽을 수 있다. 법칙 그 자체에서 설명하는 이윤율의 저하는 그 자체로 점진적인 하락이며, 제14장에서 살펴볼 상쇄 요인들의 작용을 고려하면 그 저하는 더욱 점진적인 하락 경향을 띨 것이므로, 이 법칙은 현실 이윤율의 갑작스러운 저하에서 비롯되는 주기적 공황의 설명에 적합하지 않기 때문이다. 마르크스 자신도 다음처럼 이를 지적한 바 있다. "여기서 다음을 구별해야만 한다. 스미스가 자본의 과잉, 자본의 축적으로 이윤율의 저하를 설명할 때에는 항구적인 작용의 문제인데, 이것은 잘못된 것이다. 그런데 일시적인 자본의 과잉, 과잉생산, 공황은 그것과는 다른 것이다. **항구적인** 공황은 존재하지 않는다."(*MEW* 26.2: 497).[『잉여가치학설사 II』: 589.] 물론 기술혁신과 생산력의 진보는 단속적으로 특정 시기에 집중되는 방식으로 이루어지겠지만(그래서 이윤율의 갑작스러운 하락을 주장하는 논자가 있을지 모르겠지만), 그러나 여기서 문제로 하는 이윤율은 일반적 이윤율이고, 이 이윤율은 기술 진보의 성과가 각 산업 부문에 파급, 적용되어 자본의 유기적 구성의 변화에 반영될 때 상정하는 사회 전체의 평균적 이윤율이기 때문에, 특정 시기의 기술혁신의 집중에도 불구하고 일반적 이윤율은 점진적으로 하락할 수밖에 없다.[139]

한편 이윤율의 경향적 저하는 "총투하자본 중 점점 더 작은 부분이 살아있는 노동으로 전환되며, 따라서 노동 사용량 중 지불 부분에 대한 불불 부분의 비율이 증가하더라도 총자본은 그것

---

139 이윤율 저하설의 일 변종을 대변하면서도 노동력 부족설을 주장하는 우노 학파의 이토 마코토는 이 지점을 올바로 지적하고 있다. "그러나 마르크스의 이윤율의 경향적 저하 법칙으로부터 주기적 공황의 필연성을 도출하기란 매우 어렵다. 그 이유는 첫째, 그 법칙은 단기의 주기적 운동에 적용되는 것이 아니라 이윤율의 장기 경향에 적용된다는 점이다. 그리고 둘째, 이 경향적 저하는 잉여가치량의 절대적 증가와 자본축적의 계속(비록 체감적 속도이긴 하지만)을 동반할 수 있다는 점이다. 그러므로, 이윤율의 경향적 저하의 과정이 주기적 공황을 일으키는 이윤율의 때때로의 갑작스러운 그리고 급격한 하락을 포함한다면, 왜 그런 현상이 일어나는지를 해명하여야 한다."(伊藤誠, 1988: 125).

의 크기에 비하여 점점 적은 잉여노동을 흡수한다는 것"(『자본론』 III(상): 258)을 의미하기 때문에, 축적의 가속화에 따라 투하자본의 규모가 증대한다면, 이윤율의 경향적 저하에도 불구하고 잉여가치량 따라서 이윤량은 절대적으로 증가할 수 있다. 다시 말해 이윤율의 경향적 저하와 이윤량의 절대적 증가는 상호 모순되는 것이 아니다. "요컨대 노동의 사회적 생산성의 발달은, 자본주의적 생산양식의 진전에 따라, 한편에서는 이윤율의 점진적 저하 경향으로 표현되고, 다른 한편에서는 취득되는 잉여가치(또는 이윤)의 절대량의 끊임없는 증대로 표현된다. 따라서 대체로 보아 가변자본과 이윤의 상대적 감소는 이 두 개의 절대적 증가와 나란히 나아가고 있다. 이러한 이중의 효과는, 이미 설명한 바와 같이 총자본의 증가가 이윤율의 저하보다 더욱 급속히 진행되는 경우에만 나타날 수 있다."(『자본론』 III(상): 267). 그런데 자본의 축적은 기술적 구성의 고도화와, 그에 따른 자본의 최소 규모의 증대와 함께 점점 더 거대화될 수밖에 없고, 이는 자본의 집중에 의해 일층 강화되기 때문에 총자본의 급속한 증대는 단순한 경우의 수의 하나라기보다는 자본의 축적과 이윤율의 경향적 저하에 내재된 경향이라 할 수 있다. 즉 "이미 밝힌 바와 같이 일반적 이윤율의 저하 경향을 낳는 그 원인들이 또한 자본의 가속적 축적, 따라서 또 자본에 의하여 취득되는 잉여노동(잉여가치, 이윤)의 절대량(또는 총량)의 증대를 가져온다."(『자본론』 III(상): 268).[138] 이로부터 마르크스에 따르면 자본축적에 따른 이윤율의 저하와 이윤량의 증가는 이윤율의 저하 법칙이 표현되는 동일한 관계의 서로 다른 현상일 뿐이라는 점이 명백해진다. 따라서 이윤율의 저하를 이윤량의 증대로 상쇄하고자 축적을 가속화함으로써 공황이 촉발된다고 하는 주장이나 또는 이윤율의 저하가 이윤량의 절대적 감소와 결합할 때 공황이 발생한다는 주장은 법칙의 일반적 관계를 무매개적으로 공황론과 산업 순환론에 적용하는 것으로서 어떻게 마르크스를 전거로 한다 하더라도 공황론 구성에서 중대한 오류라 할 수밖에 없다.[141]

---

140 또한 "…동일한 원인들로부터 이윤율의 저하와 절대적 이윤량의 증대가 동시에 발생한다는 이율배반적인(double-edged)법칙…",(『자본론』III(상): 263).

141 이와 같은 주장들에 대해서는 김수행(1988ₐ: 185이하) 참조. 김수행 교수는 파인과 해리스에 입각해 이들 주장을 비판하고 있지만, 파인과 해리스 또한 이윤율의 경향적 저하 법칙의 구성과 주기적 공황에 관한 마르크스의 방법론을 잘못 이해하고 있어 김 교수의 비판 또한 적합하다 할 수는 없다.(파인과 해리스에 대한 필자의 비판은 김성구(2007)를 참조하라.) 김수행 교수는 다른 책(김수행, 1988ᵦ: 218-220)에서 공황의 한 사례로서 이윤율의 현실적 저하가 자본의 최소 단위 이하로까지 이윤량을 감소시킬 때 자본축적은 중단되어 공황이 발생한다고 주장하는데, 생산된 이윤량의 감소로 투자할 잉여가치가 부족해서 공황이 일어난다는 이러한 설명은 공황 직전의 과도한 투자 때문에 공황이 발생하는 현실과 크게 어긋나 있다.

3.

제14장 상쇄 요인들

마르크스는 제13장에서 이윤율의 경향적 저하 법칙을 서술하면서 아직 왜 경향인가를 설명하지는 않는다. 그것은 이 법칙에 반대로 작용하는 상쇄 요인들 때문인데, 제14장에서야 명시적으로 이렇게 말한다. "상쇄 요인들이 작용하여 그 일반 법칙의 효과를 억제하고 취소하여 그 법칙에 하나의 경향일 뿐이라는 성격을 부여하고 있음에 틀림없는데, 그렇기 때문에 우리는 일반적 이윤율의 저하를 경향적 저하라고 묘사한 것이다.(『자본론』 III(상): 277)."[142] 그러면서 마르크스는 여기서 '가장 일반적인' 상쇄 요인들을 다룬다고 하였다. 『자본』의 서술 수준을 고려할 때 '가장 일반적'이라 함은 마르크스가 여기서 자본의 일반적 분석 수준에 조응하여 상쇄 요인들을 검토한다는 의미로 생각할 수 있다. 그런데 마르크스가 열거하는 상쇄 요인들을 보면 자본의 일반적 분석 수준을 넘어가는 요인들이 섞여 있을 뿐 아니라 서술 자체도 요인들에 따라 비교적 체계적인 것들도 있지만 스케치 정도의 것들도

---

142 또 다음처럼 말한다. "그렇지만 이 요인(잉여가치율의 증대 -인용자)은 일반 법칙을 폐기하지는 못하며, 그 법칙을 하나의 경향으로서, 즉 그것의 절대적인 관철이 상쇄 요인들에 의하여 저지되고 지연되며 약화되는 법칙으로서 작용하게 만든다."(『자본론』 III(상): 280).

있어 제14장의 위치를 방법론적으로 확정하는 문제가 그렇게 간단하지 않다. 이 문제는 제14장에 한정되지 않고, 제3편 전체 구성을 어떻게 해석하는가, 나아가 이윤율 저하 법칙과 공황은 어떠한 관련하에 서술되어야 하는가라는 중대한 문제를 해결하기 위한 관건이라 할 수 있다. 제14장에서의 혼란은 엥겔스판 제3권 자체가 마르크스가 스스로 완성하지 못한, 초고 성격이 강한 저작이라는 문제와 분명 관련이 있는 바, 그 올바른 접근을 위해서는 마르크스의 분석 방법에 따라 기존의 제3편을 재구성하는 것이 불가피할 것이다. 사실 마르크스는 이미 법칙 그 자체에서 상쇄력을 언급하고 있고 상쇄 요인들에도 불구하고 이윤율 저하가 관철되는 관계를 서술하고 있어 거기서 법칙은 이미 경향의 문제로서 다루어지고 있다.[143] 이는 마르크스에 있어서도 혼란스런 측면이

---

143 이미 제13장의 서두 부분에서 다음처럼 말한다. "이처럼 동일한 잉여가치율 그리고 불변의 노동 착취도가 저하하는 이윤율로 표현되는데, 이것은 불변자본의 물량이 증가함에 따라 (비록 동일한 비율은 아닐지라도) 불변자본의 가치, 따라서 총자본의 가치가 증가하기 때문이다."(『자본론』 III(상): 254, 강조는 인용자). 그밖에도 관련 서술을 제13장에서 인용하면, "이와 같은 불변자본 가치량의 증대-이것은 불변자본을 소재적으로 구성하는 사용가치의 현실적인 양의 증대를 그대로 표현하는 것은 아니다-에 대응하여 생산물이 점점 값싸게 된다."(『자본론』 III(상): 254-255). "…잉여가치량과 불변자본의 가치(불변자본의 양과 동일한 비율로는 증가하지 않는다 하더라도 증가한다) 사이의 비율은 저하한다."(『자본론』 III(상): 260). "불변의 잉여가치율 또는 심지어는 상승하는 잉여가치율을 표현하는 이윤율의 저하 법칙은 다른 말로 하면 다음을 의미한다. … 바꾸어 말해, 총투하자본 중 점점 더 작은 부분이 살아있는 노동으로 전환되며, 따라서 **노동 사용량 중 지불 부분에 대한 불불 부분의 비율이 증가하더라도** 총자본은 그것의 크기에 비하여 점점 적은 잉여노동을 흡수한다는 것이다."(『자본론』 III(상): 258, 강조는 인용자). "예외적인 경우(예컨대 노동생

있는 게 아닌가 생각할 수 있지만, 마르크스는 상쇄 요인들의 장에서 비로소 상쇄 요인들을 명시적으로 분석하고 법칙 그 자체에서 설정한 경향을 다시 확인한다. 따라서 제14장의 상쇄 요인들을 제3편에서 어떻게 위치지우냐 하는 재구성 문제는 제13장의 재구성도 포함하지 않을 수 없다.[144]

마르크스는 이윤율의 저하를 상쇄하는 요인들로서 노동 착취도의 증대, 노동력가치 이하로의 임금 저하, 불변자본 요소들의 저렴화, 상대적 과잉인구, 대외무역, 그리고 주식자본의 증가를 거

산성의 발달이 불변자본과 가변자본의 요소들 모두를 균등하게 싸게 하는 경우)를 제외하면, 잉여가치율의 상승에도 불구하고 이윤율은 저하할 것이다. 왜냐하면 (1)새로 첨가되는 노동 총량이 더 적어지면 이 총량 중 더 큰 부분이 불불 노동이라고 하더라도, 이 불불 노동은 이전의 더 큰 노동 총량의 더 작은 불불 부분보다 더 적어질 것이기 때문이며…"(『자본론』 III(상): 270-271). 위의 인용문들에서 보는 바처럼 마르크스는 법칙 자체에서 이미 불변자본의 저렴화와 잉여가치율의 증대라는 2개의 중요한 상쇄 요인을 이미 고려하면서 그럼에도 불구하고, 또 그렇기 때문에 이윤율의 저하 '경향'을 말하고 있다. 앞서도 인용한 문장이지만, 이는 다음 문장에 명시적으로 서술되어있다. "자본주의적 생산은 불변자본에 비해 가변자본을 점점 더 감소시킴과 함께 총자본의 유기적 구성을 점점 더 고도화시키는데, 이것의 직접적인 결과로 **(잉여가치율이나 노동의 착취도가 불변이거나 심하게는 증대하는 경우에도)** 일반적 이윤율은 계속 하락한다. (이 하락이 왜 이와 같은 절대적인 형태로 나타나지 않고 오히려 점진적인 하락의 경향으로 나타나는가에 대해서는 뒤에서[제14장에서 -인용자] 설명할 것이다.)"(『자본론』 III(상): 255, 강조는 인용자).

144 이런 점에서 여기서의 재구성은 뒤에서 살펴볼 파인과 해리스의 그것과 근본적으로 다르다. 우선 마르크스에게 있어 이윤율의 저하 경향은 법칙 그 자체와 상쇄 요인들을 함께 고려한 경우의 용어이며, 파인과 해리스처럼 상쇄 요인들을 배제하고 법칙 그 자체에 대해서만 사용한 용어가 아니다. 이들은 법칙 그 자체=저하 경향, 상쇄 요인=반경향, 따라서 이윤율의 저하 경향의 법칙을 '이윤율의 저하 경향과 반경향의 법칙'으로 재구성한다. 이런 재구성이 마르크스의 의도가 아니라는 것은 위의 인용문들로부터 명백히 확인할 수 있다.

론하고 있다. 이 상쇄 요인들은 이윤율의 저하를 가져오는 요인들과 무관한 외적인 요인들이 아니라 전자의 요인들 자체가 야기하는 요인들이다. "지금까지 일반적으로 밝힌 바와 같이, 일반적 이윤율의 저하를 일으키는 바로 그 원인들이 이 저하를 저지하고 지연시키며 부분적으로는 마비시키기까지도 하는 반대 작용을 불러온다. 이 반대 작용이 그 법칙을 폐기하지는 못하지만, 그것의 효과를 약화시킨다. 이러한 반대 작용이 없었다면, 일반적 이윤율의 저하 그것이 아니라 오히려 그 저하의 상대적 완만성을 이해할 수 없었을 것이다. **따라서 그 법칙은 오직 경향으로서 작용하며, 그것의 효과는 어떤 특수한 상황에서만 그리고 장기에 걸쳐서만 뚜렷하게 나타나게 된다.**"(『자본론』 III(상): 286, 강조는 인용자).

이제 재구성의 문제 제기라는 관점에서 상쇄 요인들에 대한 마르크스의 서술을 보도록 하자. 먼저 노동 착취도의 증대에 대해 보면, "노동의 착취도, 잉여노동과 잉여가치의 취득은 노동일의 연장과 노동강도의 강화에 의하여 증대될 수 있다. 이것에 관해서는 제1권에서 절대적잉여가치와 상대적잉여가치의 생산과 관련해서 자세히 논한 바 있다."(『자본론』 III(상): 277-278). 즉 여기서 논하는 잉여가치율의 증대는 제1권의 수준에서, 즉 자본의 일반적 분석 수준에서 서술한 바의 내용이다. 그러나 노동력가치 이하로의 임금의 저하에 대해서는 그것이 자본의 분석 수준을 넘어가는 것이라고 말한다. "이 점은 여기에서 경험적 사실로서만 지적하여

둔다. **왜냐하면 이 점은 상쇄 요인으로서 나열될 수도 있는 기타의 많은 요인과 마찬가지로, 자본의 일반적 분석과는 관련이 없으며 경쟁의 서술-이 책에서는 다루지 않는다-에 속하기 때문이다.** 그러나 이 점은 **이윤율의 저하 경향을 저지하는** 가장 중요한 요인 중의 하나이다."(『자본론』 III(상): 281, 강조는 인용자).145 첨언한다면, 이 간단한 문장 하나가 노동력가치 이하로의 임금의 저하 항목에서 서술하는 전부다. 불변자본 요소들의 저렴화와 관련하여 보면, "잉여가치율은 불변인 채 이윤율을 상승시키는 요인들, 또는 잉여가치율과는 관계없이 이윤율을 상승시키는 요인들에 관하여 제3권 제1편에서 말한 것은 모두 여기에 해당한다. 특히 총자본을 고찰할 때 불변자본의 가치는 불변자본의 소재량과 동일한 비율로는 증가하지 않는다는 사실이 여기에 해당한다. … 다시 말해 가변자본에 비해 불변자본의 양을 증대시키는 바로 그 발전이, 노동생산성의 증대에 의해 불변자본 요소들의 가치를 감소시키며, 그리하여 불변자본의 가치가, 비록 끊임없이 증가하기는 하지만, 그것의 소재량(즉 동일한 수의 노동력에 의하여 운동되는 생산수단의 소재량)과 동일한 비율로 증가하는 것을 저지한다."(『자본론』 III(상): 282). 이 항목에서 다루는 상쇄 요인이 기본적으로

---

145 여기서 마르크스는 제14장에서 다루고자 하는 일반적인 상쇄 요인들이 자본의 일반적 분석 수준과 관련된 것임을 분명히 밝히고 있다.

『자본』의 분석 수준에 조응한다는 것은 더 말할 필요가 없다. 상대적 과잉인구 또한 제1권 제7편의 축적론에서 분석한 결과로서 『자본』의 분석 수준에 속하는 것이다. 즉 "상대적 과잉인구의 창조는 이윤율의 저하로 표현되는 노동생산성의 발전과 분리시킬 수 없으며 또 이것에 의해 촉진된다."(『자본론』 III(상): 283). 대외무역에 대해서는 이렇게 쓰고 있다. "대외무역이 불변자본 요소들과 필요 생활 수단들(가변자본이 이것들로 전환된다)을 값싸게 하는 한, 대외무역은 잉여가치율을 높이고 불변자본의 가치를 떨어뜨림으로써 이윤율의 상승에 공헌한다. … 또 하나의 문제-**이것의 분석은 우리의 연구 범위를 넘어선다**-는 대외무역에 투하된 자본, 특히 식민지 무역에 투하된 자본이 얻는 더 높은 이윤율에 의하여 일반적 이윤율이 상승하는가 하는 것이다."(『자본론』 III(상): 284, 강조는 인용자). "그러나 대외무역은 국내에서는 자본주의적 생산양식을 발달시키고 따라서 불변자본에 비한 가변자본의 감소를 촉진함으로써, … 위와는 반대의 영향을 미치기도 한다."(『자본론』 III(상): 286). 주지하다시피 대외무역은 『자본』의 분석 수준을 넘어가고 마르크스가 『자본』에 이어지는 속편으로 지시한 대상이다. 마지막으로 주식자본의 증가에 대해 보면, "이러한 자본은 평균보다 낮은 이윤율에도 만족하고 있으므로 일반적 이윤율의 균등화에 참가하지 않는다. 만약 이러한 자본이 이윤율의 균등화에 참가한다면 평균이윤율은 훨씬 더 낮아질 것이다."(『자본론』

III(상): 288).

이상으로부터 제14장에서 다루는 상쇄 요인들의 수준과 범위가 명확해졌을 것이다. 여기에는 자본의 일반적 분석 수준에 속하는 요인들과, 이를 넘어가는 경쟁론 등에서 고찰하는 요인들이 특별한 체계 없이 나열되어 있다. 이를 분류하면, 노동 착취도의 증대, 불변자본 요소들의 저렴화, 상대적 과잉인구, 주식자본의 증가는『자본』, 즉 자본의 일반적 분석 수준에서 고찰되는 것이며,[146] 노동력가치 이하로의 임금의 저하는 경쟁론에 속하는 것으로서, 또 대외무역은 제5부에 속하는 것으로서 원칙적으로『자본』에서 배제되어야 할 것이었다.[147] 따라서 마르크스의 분석 수준을 따라간다면 제14장은 일정하게 재구성되어야 한다. 즉 엥겔스판 제3권에서도 확인할 수 있는 바이지만, 무엇보다 마르크스는 자본의 일반적 분석 수준에 속하는 내용들은 체계적으로 정리하고, 이를 넘어가는 요소들에 대해서는『자본』의 분석을 넘어간

---

146 혼란을 피하기 위해 부연한다면, 노동 착취도의 증대와 불변자본 요소들의 저렴화도 가치 변화에 따른 것은 자본의 일반적 분석 수준으로, 가치로부터 가격의 이탈과 가격 변동에 따른 것은 여기서 배제되고 경쟁론의 수준으로 넘어간다. 마르크스는 절대적잉여가치와 상대적잉여가치의 생산을 다루는 제1권 제3-5편에서도, 불변자본 요소들의 절약과 저렴화를 다루는 제3권 제1편에서도 기본적으로 후자의 경우를 배제하고 전자의 수준에 머무르고 있다.

147 마르크스가 여기서 이들 요인을 거론하고 있다면, 그것은 후에 체계적으로 서술할 대상을 여기서의 주제와 관련하여 필요한 한에서 선취해서 언급하고 있는 것이라 할 수 있다.

다고 하여 후속 부, 편으로 지시했던 것이다.[148] 이러한 수정을 제 14장과, 나아가 제3편의 편제에 어떻게 반영하는 게 옳을까? 이 문제를 검토함에 있어 우선 마르크스 자신이 제3권을 간행했다면 제3편의 구성이 과연 엥겔스판의 3개 장의 편제와 같았을까 하는 질문부터 하지 않을 수 없다. 하지만 여기에 대해서는 답을 말하기 어렵다. 따라서 여기서는 현행 편제를 유지할 경우 어떻게 재구성해야 하는가를 보도록 한다.

자본의 일반적 분석에 속하는 상쇄 요인들은 제13장 법칙 그 자체에서 서술하는 요인들과 동일한 추상 수준에 대응하는 것으로서 제13장에 편제시키더라도 이윤율의 경향적 저하 법칙을 서술하는 데 논리적으로 일관적이라고 할 수 있다. 이 경우 제13장에서 상쇄 요인들을 명시적으로 고려하면서 이윤율의 저하 경향 자체가 서술되며, 제14장의 상쇄 요인들에서는 자본의 일반적 분석을 넘어가는 요인들만 열거될 뿐이고, 이들 요인들의 분석은

---

148 반면 다카기 아키라는 제14장 상쇄 요인에 상이한 차원의 요소들이 구별 없이 열거되어있다는 것, 따라서 그에 대한 일정한 재구성이 필요하다는 것을 인식하지 않고, 모두 현실 경쟁의 차원에 속하는 것으로서 파악한다.(高木 彰, 1986: 331-332). 그래서 그에게 있어서는 제14장과 제15장이 모두 현실 경쟁이라는 동일한 분석 차원에 있는 것으로 된다. "이 때문에 『자본론』 제3부 제3편의 논리 구조는 제13장과 제14장에서 '법칙'이 구성되고 제15장은 산업 순환 과정을 문제로 한다는 것이 아니라 제14장은 오히려 제15장과 동일한 논리 단계에 속하는 것으로 하지 않으면 안 된다. 즉, '법칙'의 경향성이란 사회적 총자본의 운동 총체에서만 문제로 될 수 있는 것이며, '법칙'은 그 자체로서 생산력의 상승에 의한 일반적 이윤율의 저하로서 논증되지 않으면 안 된다." (高木 彰, 1986: 337-338).

『자본』의 서술 대상이 아니므로 『자본』의 후속 부편으로 지시하면서 간략하게 넘어갈 수 있다. 그러면 제14장은 자본의 일반적 분석 수준에서 이윤율의 경향적 저하 법칙을 설명하는 데 필요한 장이 아니라 이 법칙이 현실 경쟁을 통해 어떻게 관철되어 가는가 하는 문제에서 고려할 사항일 뿐인데, 이는 기본적으로 『자본』에서 다룰 문제가 아니다. 그러나 엥겔스판에서처럼 제13장에서는 상쇄 요인들을 고려하면서도 이윤율의 저하 경향 자체를 먼저 서술하고 이어 제14장에서 상쇄요인들을 명시적으로 정리하는 것도 생각할 수 있는 서술 방식인데, 이는 서술에 있어 앞의 방식보다 더 체계적인 것으로 보인다. 이 경우 제13장과 제14장은 자본의 일반적 분석 수준이라는 동일한 추상 수준에 있게 되고, 자본의 일반적 분석을 넘어가는 상쇄 요인들은 제14장에서 삭제되어도 무방하다. 어차피 이 요인들에 대한 분석은 『자본』의 대상이 아니기 때문이다. 요약하면, 전자의 방식(편제1)에서는 제13장 이윤율의 경향적 저하 법칙 그 자체(여기서 이미 『자본』 수준에서의 상쇄 요인들과 그 작용이 분석된다), 제14장 〔『자본』을 넘어가는〕 상쇄 요인들, 그리고 제15장 내적 모순들의 전개, 이렇게 재구성되며, 후자의 방식(편제2)에서는 제13장 이윤율의 경향적 저하 법칙 그 자체, 제14장 『자본』의 수준에 조응하는 상쇄 요인들, 그리고 제15장

법칙의 내적 모순들의 전개, 이렇게 재구성된다.[149]

---

149 파인과 해리스는 이윤율의 경향적 저하 법칙을 재구성할 때, 상쇄 요인들을 다루는 제14장의 추상 수준을 단순하게 생산·교환·분배의 접합 영역이라고 하면서 여기에 위와 같이 추상 수준을 달리하는 요인들이 혼재되어있다는 것을 인식하지 못하고 있다. 따라서 경향적 저하 법칙과 상쇄 경향들의 종합으로서 공황론을 전개한다는 이들의 시도도 잘못된 것이라 할 수밖에 없다. 왜냐하면 공황론을 구성할 때 핵심적인 문제는 이념적 평균의 수준을 넘어 현실 경쟁의 전개를 분석하는 것인데, 이들은 상쇄 요인들을 두 개의 분석 수준으로 재구성하지 못함으로써 그 종합은 장기적인 이윤율의 저하와 순환적인 이윤율의 변동을 무매개적으로 혼합하는 것이기 때문이다.

4.

제15장 법칙의 내적 모순들의 전개

위와 같은 재구성에서 보다 문제가 되는 것은 제15장의 위치이다. 마르크스는 여기서 대부분의 서술을 공황의 현실적 전개와 관련된 현상들, 예컨대 가치 증식의 위기와 공황(『자본론』 III(상): 290, 299-300), 생산과 소비의 대립적 발전(『자본론』 III(상): 293-294, 308, 310), 과잉자본과 과잉인구(『자본론』 III(상): 301이하), 과잉생산과 과잉자본(『자본론』 III(상): 301, 307), 공황을 통한 경쟁전과 자본 파괴 그리고 축적 조건의 회복(『자본론』 III(상): 302-306) 등에 할애하고 있다. 이에 대한 마르크스의 서술들은 개개의 문제에 있어서는 공황론과 관련해 중요한 구절들이지만, 그러나 그 인용한 절과 쪽수들에서도 알 수 있듯이 그 서술들은 내적 관련을 갖고 체계적으로 정리되기보다는 단편적인 성격의 것들이고, 전체적으로 불완전하고 미완의 것이라 하지 않을 수 없다.[150]

---

150 예컨대 이윤율의 저하 경향하에서 생산과 소비의 대립적 발전은 어떻게 전개되고 이것이
    이윤율 저하와 어떤 관련하에 있는가도 설명이 없으며, 생산과 소비의 대립과 실현 문제는
    절을 달리하면서 『자본론』 III(상)(293-294, 308, 310) 등에 산재해서 서술되고 있다. 과잉
    생산과 과잉자본 간의 관련도 체계적인 서술을 볼 수 없고, 『자본론』 III(상)(293-294)에서
    는 가치 증식의 위기를 논하는 중에, 그리고 『자본론』 III(상): 310)에서는 과잉자본을 서
    술하는 중에 일종의 삽입된 형태로 과잉생산이 언급되고 있다. 또 공황을 통한 경쟁전과
    자본 파괴 그리고 축적의 회복은 상대적으로 상론되고 있지만, 이는 산업 순환의 체계적
    분석의 일환으로서 공황 국면의 분석으로서가 아니라 자본의 절대적 과잉이라는 특수한

그럼에도 불구하고 이 장은 이윤율의 경향적 저하 법칙의 내적 모순들의 전개로서 명명되어 자연스럽게 이윤율의 경향적 저하 법칙이 공황으로서 전개되는 것으로 파악되고, 이런 이유로 마르크스가 이윤율의 경향적 저하 법칙을 공황의 원인으로 설명하고 있다는 주장의 논거가 되곤 하였다. 뿐만 아니라 곳곳에서 마르크스 자신이 명백한 언어로 이윤율 저하를 공황의 발발과 관련지어 서술하고 있다. 이미 이 장의 서두 부분에서 이렇게 쓰고 있다. "그런데 총자본의 가치 증식률(즉 이윤율)은 자본주의적 생산에 대한 박차이기 때문에(자본의 가치 증식이 자본주의적 생산의 유일한 목적인 것과 마찬가지로), 이윤율의 저하는 새로운 독립적인 자본의 형성을 느리게 하여 자본주의적 생산과정의 발달을 위협하는 것으로 나타난다. 이윤율의 저하는 과잉생산·투기·공황을 촉진하며, 과잉인구와 과잉자본의 병존을 일으킨다."(『자본론』 III(상): 290).**151** 이렇게 보면, 제15장에서 마르크스는 분명 현실 경쟁과

상황의 설명 속에 위치하고 있다.

151 그밖에도 여러 주목할 만한 서술들을 볼 수 있다. "기존 자본의 주기적인 가치 감소-이것은 이윤율의 저하를 저지하고, 새로운 자본의 형성에 의해 자본 가치의 축적을 촉진하기 위한 (자본주의적 생산에 내재하는) 수단이다-는 자본의 유통 과정과 재생산과정이 진행되는 주어진 조건들을 교란하며, 따라서 생산과정의 갑작스러운 중단과 공황을 수반한다." (『자본론』 III(상): 299). 이 인용문에서는 그래도 상쇄 요인과 함께 작용하여 이윤율의 저하가 공황을 가져온다고 서술되어 있지만, 특히 다음 두 인용문에서는 생산력의 진보에 따른 이윤율의 점진적, 장기적 저하 경향을 직접 주기적 공황과 관련시키고 있다. "노동생산성의 발달은 하나의 법칙으로서 이윤율의 저하를 내포하는데, 이 이윤율의 저하는 어

공황의 문제를 서술하고자 하였고, 그것도 이윤율의 경향적 저하 법칙의 현실적 관철로서 그렇게 서술하고자 하였다는 것을 부정하기 어렵다.

그러나 다른 한편 마르크스는 앞서도 본 바처럼 상쇄 요인들을 포함하여 이윤율의 경향적 저하 법칙을 종합하면서도 이 법칙의 효과가 장기에 걸쳐 나타나는 것임을 분명히 하고 있어 마르크스가 이 법칙을 직접 주기적 공황의 원인으로 파악했다는 주장은 문제가 없는 것이 아니다. 무엇보다 정치경제학 비판의 체계와 『자본』의 분석 수준에 관한 마르크스의 일관된 서술을 따라간다면, 이러한 주장 또는 해석은 커다란 논란을 야기하지 않을 수 없다. 마르크스는 『자본』에서 자본주의의 이념적 평균에서의 운동을 분석하고자 하였고, 곳곳에서 현실 경쟁과 공황은 『자본』에서의 서술 대상이 아니라고 하였다. 이윤율의 경향적 저하 법칙도 이념적 평균에서 파악한 법칙이며, 여기서는 산업 순환과 현실 공황을 추상하고 산업 순환과 현실 공황을 관통해가는 평균적인 관계를

느 일정한 시점에서 생산성의 발달 그 자체에 매우 적대적으로 대항하며, 따라서 공황에 의하여 끊임없이 극복되어야만 한다."(『자본론』 III(상): 310). "자본주의적 생산양식 안에서 발달하는 거대한 생산력(인구에 비한), 그리고 이것과 동일한 비율은 아니더라도 인구보다 훨씬 더 빨리 증가하는 자본 가치(소재적 실체뿐만 아니라)는 이 거대한 생산력이 작용하는 기초와 모순하게 되며(왜냐하면 이 기초가 부의 증대에 비해 점점 더 좁아지기 때문이다), 그리고 이 증대하는 자본의 가치 증식 조건들과 모순 하게 된다. 여기에서 공황이 발생한다." (『자본론』 III(상): 320).

분석하고자 했을 뿐이다. 따라서 제15장에서 산업 순환과 공황을 이윤율의 경향적 저하 법칙 전개의 문제로서 서술하고 있다 하더라도, 마르크스의 방법론을 일관되게 따라간다면, 이를 위해서는 현실 경쟁을 매개로 하지 않으면 안 된다. 그런데 현실 경쟁과 공황에 관한 분석은 『자본』의 서술 대상이 아니므로 제15장에서 현실 경쟁과 공황을 체계적으로 서술하는 것은 마르크스의 원래의 의도가 아니었을 것이다. 다름 아닌 이러한 방법론적 제한성이 제15장의 서술을 제한하는 것이며, 『자본』 제3권의 초고적 성격 때문만이 아니라 마르크스 자신이 제3권을 완성했다 하더라도 제3편 제15장의 서술은 불완전할 수밖에 없었을 것이다.[152]

---

152 마르크스의 공황론 구성에서의 제3편 제15장의 지위에 대한 도미즈카 료조의 다음과 같은 모호한 서술도 결국은 이 장의 제한적 성격 때문인 것으로 보인다. 도미즈카 료조는 "재생산과정과, 거기서 가일층 발전한 공황의 요소는 … '**자본과 이윤**'의 장에서 보완이 필요하다"(*MEW* 26.2: 514.(『잉여가치학설사 II』: 607))는 마르크스의 공황론 체계의 구상을 제3권 제3편 제15장과 관련시키면서, 제15장에서의 서술들은 분명 자본의 총유통 과정의 서술보다도 더 구체적인 논리 차원에 속하지만, 그러나 경쟁 및 신용에서의 현실 공황 그 자체의 전개보다는 일보 앞의 차원에 속하는 것이라 한다. 거기서는 총유통 과정에서 가치 및 잉여가치의 실현 문제와 함께 나타나는 공황 요소의 단순한 보족적 설명이 행해질 뿐이 아니라 '무슨 이유로 공황의 가능성이 현실성으로 되는가', 즉 공황 가능성의 현실성으로의 전화의 필연성 해명이, 보다 높은 논리 차원이지만 아직 자본의 일반적 분석의 틀 내에서 행해지는 것이라고 본다.(富塚良三·吉原泰助, 1997: 24-25). (이는 도미즈카 료조 집필 부분임.) 도미즈카 료조의 이런 주장에는 여러 질문이 제기될 수 있다. 자본의 총유통 과정의 서술보다는 더 구체적인 분석 수준이지만 현실 경쟁의 서술보다는 일보 앞에 있는 분석 수준이란 게 도대체 어떠한 수준인가?(이는 마르크스의 방법론에서는 확인할 수 없는 수준이 아닌가?) 제15장에서는 이미 현실 경쟁과 공황의 현상들을 서술하고 있는데, 이를 자본의 일반적 분석의 틀 내에 있다고 주장할 수 있는가? 자본의 일반적 분석의 틀 내

이와 관련하여 하인리히는 마르크스가 직접 『자본』 제3권을 완성했을 경우 생각할 수 있는 몇 가지 옵션을 상정한 바 있다. 즉, 첫째로 제15장의 초고를 이윤율의 경향적 저하 법칙의 서술과 직접적인 관련하에 독립적인 장(현행판의 편)으로 만들려 했을 수도 있고, 둘째로 신용론으로부터 일층의 자료를 통합해서 공황에 관

에서 공황 가능성의 현실성으로의 전화의 필연성을 논할 수는 있지만, 제15장에서의 마르크스의 서술은 전화의 필연성이 아니라 이미 현실의 과잉생산을 논하고 있지 않은가? 이와 같은 논리적 모호함은 도미즈카 료조의 공황론 구성에 그대로 반영되어있다.(富塚良三, 1962) 참조. 그는 과잉생산 공황론에 입각하면서도 제3권 제3편 제15장에서 자본의 절대적 과잉생산이라는 마르크스의 특별한 개념에 집착하여 이른바 자본 과잉 공황론과 상품 과잉 공황론을 종합하고자 한다. 문제는 자본의 일반적 분석 수준에서의 이런 종합으로는 잠재적으로 발전하는 상품의 과잉생산이 어떻게 자본의 절대적 과잉생산으로 전개되어 이윤율의 현실적 저하로 표출하는가를 설명할 수 없다는 것이다. 이를 위해서는 현실 경쟁과 산업 순환의 분석으로까지 나가지 않으면 안 되는데, 그러나 이 수준의 분석으로까지 나가보면, 과잉생산의 현실적 전개가 자본의 절대적 과잉 및 임금 상승과 결합해서 현실적 이윤율의 저하로 표출하는 것은 아니라는 점이 분명해질 것이다. 주기적 공황에서 문제가 되는 현실적 이윤율은 이윤율의 경향적 저하 법칙이나 마르크스가 그 전개에서 언급한 특별한 경우인 자본의 절대적 과잉생산과의 관련하에서 저하하는 것이 아니라 생산과 소비의 대립적 발전에서 비롯되는 상품의 과잉생산과 그 현재화에서 저하되기 때문이다. 이런 점에서 도미즈카 료조의 공황론 구성은 일정한 오류를 내포하고 있는데, 이 오류의 근원은 다름 아닌 공황론 구성에서의 제3편 제15장의 한정적 성격을 올바로 이해하지 못하고, 거기에서 마르크스의 서술들을 현실 경쟁론의 매개 없이 공황론 구성으로 가져온 데에 있다고 할 것이다. 절대적 과잉생산으로써 이윤율의 경향적 저하 법칙과 주기적 공황을 매개하는 이론적 시도에 대해서는 타네세 시게루種瀬茂가 "추상적, 평균적인 내적 구조를 논하는 '자본 일반'의 논리 단계에 있는 '법칙'과 보다 구체적 형태인 순환, 공황의 분석 이론을 혼동하고 동일한 추상 단계에서 취급한다는 점에서 방법상의 오류를 범하는 것"(種瀬茂: 1986: 73)이라고 올바르게 비판한 바 있다. 그런데 타네세 시게루도 같은 책 다른 곳(種瀬茂: 1986: 176 이하)에서는 이와 달리 기본적으로 자본의 절대적 과잉생산을 매개로 해서 주기적 공황을 설명하고 있는바, 이런 오류는 일본 정통파 경향의 이론 내에서 적지 않게 보게 된다.

한 독립적인 절(현행판의 장)로 구성하려 했을 수도 있으며, 또 셋째로 이미 언급했던 다양한 공황 현상에 관한 서술을 독립적인 공황 이론으로 구성하는 대신 여러 장에 적절하게 배분하려 했을 수도 있다. 그리고 마지막으로는 공황에 대해 서술했던 많은 부분을 『자본』의 전 3권 내에서는 사용하고자 하지 않았을 수도 있다. 하인리히는 각각의 옵션에 대해 공황 이론은 다른 의미를 갖게 되었을 것이라 한다.(Heinrich, 1996-1997). 그러나 제15장에서 공황에 관한 서술들은 기본적으로 『자본』의 서술 수준에 속하는 것이 아니고 『자본』 초고를 준비하면서도 아마도 연구 과정의 결과들을 선취해서 초고에 서술했을 것이므로 마르크스가 제3권을 완성할 때는 아마도 제3편에서 빼내어서 『자본』이 아닌 경쟁론 이후의 서술 대상으로 미루었을 것이라는 마지막 옵션이 필자로서는 가장 가능한 옵션(추가 편제1)으로 생각된다. 그렇게 하면 현행 편제의 제15장은 이윤율의 경향적 저하 법칙이 현실 경쟁을 매개로 하여 어떻게 공황으로 전개하는가를 서술 대상으로 하는 것이 아니라 이 법칙의 전개에 따라 어떻게 이념적 평균 수준에서의 자본주의의 장기적 성장이 위기적 경향을 나타내는가, 즉 경향적 위기 또는 장기적 위기에 빠져드는가 하는 그 모순을 서술하는 것으로 한정해야 하고, 이 경우 제15장의 분석 수준은 현행판과 본질적으로 다른 성격을 갖게 된다. 물론 주기적 공황이 『자본』의 서술 대상은 아니지만, 마르크스가 연구 과정의 결과들을 선취하여 『자본』의 필요한 부분들에서(예컨대 제3편 제15장에서처럼) 공황에 관한 서술들을 배치했을 수도 있다. 이는 하인리히가 말하는 세 번째 옵션과는 좀 다른 것이지만, 이 경우 제15장 법칙의 내적 모순들의 전개는 법칙 그 자체와 상쇄 요인들의 종합 또는 양자의 종합으로서의 이윤율의 경향적 저하가 현실적으로 전개되는 과정과 그 모순으로서 현실 공황에 관한 서술을 대상으로 할 것이다. 그런데 앞서 말한 바처럼, 이런 수준의 서술은 경쟁론 수준의 상쇄 요인들도 포함하고, 따라서 무엇보다 수급 변화와 시장가격의 변동 그리고 산업 순환 등 경쟁론 수준에서의 전개를 서술해야 하는 바, 그러나 『자본』은 이 수준의 서술을 원칙적으로 배제하고 있어 그 서술은 제한될 수밖에 없고 또 체계적으로 구성되기도 어렵다. 『자본』의 성격상 이런 서술상의 제한성은 불가피하겠지만, 이 옵션도 충분히 상정할 수 있는 옵션(추가 편제2)이다.

5.

재구성의 대안 – 요약

이상에서 논의한 재구성의 가능한 편제와 추상 수준을 간략하게 다음 표로 요약하도록 하자.[153]

---

153 앞에서 언급했다시피 다카기 아키라는 이윤율의 두 가지 규정의 문제와, 이윤율의 경향적 저하 법칙과 공황론의 관계를 올바로 인식하면서도『자본』의 일반적 분석, 이념적 평균은 산업 순환과 공황을 포함한다는 독특한 명제(이른바『자본』=정치경제학 비판 체계 플랜의 전반 3부설'이라는 플랜 변경설 또는 정확히 말하면 플랜 전면 변경설에 입각한 명제)하에 시장 이윤율의 주기적 변동에 따른 산업 순환과 공황의 전개를『자본』제3권 제3편 제15장에서 적극적으로 서술해야 한다고 한다.(高木 彰, 1986: 31이하). 이는『자본』의 성격상 제15장에서 공황과 산업 순환의 서술은 제한적일 수밖에 없다는 일본의 구 정통파 다수파(하야시 나오미치林直道, 이무라 키요코井村喜代子 등)의 견해('『자본』=자본 일반의 확장 테제'라는 플랜 불변설 또는 정확히 말하면 플랜 부분 변경설)와 크게 대조를 이룬다. '이념적 평균에서 파악한 경쟁'을 넘어가는 현실적 경쟁, 즉 현실 경쟁을 통한 수요와 공급의 일상적인 불균형과 산업 순환을 통해 전개되는 순환적인 불균형은 자본의 일반적 분석과 이념적 평균에 포함되지 않는다. 호황, 공황, 불황 등 산업 순환은 재생산의 불균형 국면을 나타내는 것이고 따라서 이념적 평균이라 할 수 없다. 이념적 평균이란 일상적 변동과 산업 순환을 통해 전개되는 자본주의의 현실적 경로를 추상 속에서 평균적으로 파악한 발전 경향을 말한다. 이 경향은 산업 순환에서의 불균형이 평균하여 상쇄된, 재생산의 균형에 조응하는 발전 경로를 가리킨다. 따라서『자본』의 분석수준에 대한 다카기 아키라의 관점은 수용하기 어려운 것으로서 이하 재구성의 대안들에서는 고려하지 않는다.

〈제3권 제3편 재구성의 편제 대안〉

	제13장 법칙 그 자체	제14장 상쇄 요인들	제15장 법칙의 내적 모순들의 전개
엥겔스판 편제	상쇄 요인들을 추상한 법칙 그 자체	자본의 일반적 분석을 고려하지 않고 열거되는 상쇄 요인들	현실 경쟁과 공황을 통한 이윤율의 경향적 저하 법칙의 전개에 대한 제한적 서술
제1대안	편제1 자본의 일반적 분석에 속하는 상쇄 요인들을 포함하여 구성된 이윤율의 경향적 저하 법칙	편제1 자본의 일반적 분석을 넘어가는 상쇄 요인들	추가 편제2 현실 경쟁과 공황을 통한 이윤율의 경향적 저하 법칙의 전개에 대한 제한적 서술
제2대안	편제2 자본의 일반적 분석에 속하는 상쇄 요인들을 잠정적으로 포함하여 구성된 이윤율의 경향적 저하 법칙	편제2 자본의 일반적 분석에 속하는 상쇄 요인들의 명시적 분석	추가편제1 이윤율의 경향적 저하에 내재된 자본주의의 장기적 성장 및 경향적, 장기적 위기의 모순적 전개
제3대안	편제2 상동	편제2 상동	추가편제2 현실 경쟁의 상쇄 요인들을 고려한 이윤율의 경향적 저하 법칙의 현실 전개와 공황에 대한 제한적 서술

위의 재구성 표에서 가장 주의해야 할 지점은, 제1대안이든 제3
대안이든 이윤율의 경향적 저하 법칙의 현실적 전개를 주기적 공
황과 관련하여 서술하는 경우 『자본』에서는 이를 매개하는 현실

경쟁론과 산업 순환론이 결여되어 있기 때문에 그 서술은 한정될 수밖에 없다는 점, 그리고 현실 경쟁론과 산업 순환론의 명시적 분석을 통해 비로소 명확해지는 것이지만, 이윤율의 경향적 저하 법칙은 주기적 공황의 원인이 아니라 다만 이 법칙의 현실적 전개 과정에서 산업 순환과 공황이 발생한다는 점이다. 이윤율 저하 법칙이 현실 경쟁에 매개되어 산업 순환을 관통해가는 경향적 법칙이라 한다면, 이는 공황의 원인이라고 할 수 없다. 그러나 현실 경쟁에 매개되어 가치 이윤율이 시장 이윤율로 표현되어 현실적으로 나타나는 과정은 곧 산업 순환의 운동이기 때문에 이윤율의 경향적 저하 법칙은 현실적으로는 산업 순환의 운동 속에서 전개되며, 이런 차원에서는 이 법칙이 산업 순환의 한 국면, 즉 공황 국면을 수반하면서 전개되기 때문에 분명 공황과 관련을 갖는다. 그런데 그 관련을 파악하려 한다면, 이윤율의 경향적 저하 법칙을 현실적인 시장 이윤율의 저하로써 파악해야 하며, 이는 이 법칙을 상쇄력을 고려한, 내적 모순의 현실적인 전개로서 파악하는 것이다. 이 경우 문제는 현실적인 시장 이윤율의 급락을 일으키는 원인이 무엇인가를 규명하는 것이고, 이것이 현실 공황을 가져오는 원인인데, 자본의 일반적 분석에서 파악한 유기적 구성의 고도화라든가 또는 그 어떤 상쇄 요인의 약화는 시장 이윤율의 (주기적) 급락의 원인이라 할 수 없다. 그 원인은 무엇보다 유기적 구성의 고도화를 동반하는 자본축적 과정에서 초과수요(와 높은 시장가격)에 의해 은폐, 누적되어 왔던 과잉생산이 현재화하여 시장가격이 급락하기 때문이며, 이는 축적 과정에서의 생산과 소비의 대립적 발전에 기인하는 것이다. 이러한 과정은 현실 경쟁과 수급 변동의 분석 수준에서 전개되는 것으로서 이윤율의 경향적 저하 법칙은 공황의 원인으로 직접 연관시킬 수 없다. 이렇게 자본의 일반적 분석 수준에서 파악한 이윤율의 경향적 저하 법칙을 현실 경쟁과 수급 변화 및 시장가격 운동의 분석으로 매개할 때에만 이윤율의 경향적 저하 법칙이 어떻게 산업 순환과 현실 공황을 통해 구체적으로 전개되는가를 분석할 수 있다.[154] 생산과 소비의 모순, 가치 증식의 위기, 과잉자본과 과잉생산의 관계 등에 관한 제15장에서의 마르크스의 서술은 이러한 체계 위에서만 그 위치와 의미를 올바로 해석할 수 있을 것이다.

---

154 장기 경향과 산업 순환에서 일반적 이윤율의 운동과 시장가격 이윤율의 운동이 어떻게 연관되어있는가는 필자의 다른 글(김성구, 2017: 29이하)에서 보여준 실증 분석의 그림을 통해 보다 잘 이해할 수 있을 것이다.

참고 문헌

김성구, 2007, 「이윤율의 경향적 저하 법칙과 주기적 공황에 관한 파인과 해리스의 재구성에 대하여」, 〈사회경제평론〉 제29(3)호.

김성구, 2017, 「현대 자본주의론과 마르크스 위기론」, 〈마르크스주의 연구〉 제46호.

김수행, 1988a, 『자본론 연구』 I, 한길사.

김수행, 1988b, 『정치경제학 원론』, 한길사.

마르크스, K. 2001, 『자본론』 I(상), 제2개역판, 비봉출판사.

마르크스, K., 2004a, 『자본론』 III(상), 제1개역판, 비봉출판사.

마르크스, K., 2004b, 『자본론』 III(하), 제1개역판, 비봉출판사.

岡稔, 1976, 『資本主義分析の理論的諸問題』, 新評論.

高木彰, 1986, 『恐慌・産業循環の基礎理論研究』, 多賀出版.

宮川實, 1993, 『恐慌と産業循環』, 社會科学書房.

富塚良三, 1962, 『恐慌論研究』, 未來社.

富塚良三・吉原泰助 編, 1997, 『恐慌・産業循環』(上), 有斐閣.

種瀨茂, 1986, 『競争と恐慌』, 有斐閣.

Heinrich, M. 1996-1997, "Engels' Edition of the Third Volume of Capital and Marx's Original Manuscript", in *Science & Society*, Vol. 60, No. 4, Winter.

Itoh, M., 1980, *Value and Crisis: Essays on Marxian Economics in Japan*, Pluto Press.[국역: 伊藤誠, 1988, 『가치와 공황: 일본의 마르크스주의 경제학』, 비봉출판사.]

Lenin, W. I. 1893, "Zur sogenannten Frage der Märkte", *LW* 1.

Marx, K. 1983a, *Ökonomische Manuskripte 1857/1858[Grundrisse]*, *MEW* 42, Dietz Verlag.

Marx, K., 1983b, *Das Kapital*, Bd. 1, *MEW* 23, Dietz Verlag.

Marx, K. 1964, *Das Kapital* Bd. 3, *MEW* 25, Dietz Verlag.

Marx, K., 1982, *Theorien über den Mehrwert*, *MEW* 26.2, Dietz Verlag.

7장

이윤율의 경향적 저하 법칙과
주기적 공황에 관한 파인과 해리스의
재구성에 대하여

1.

머리말

이 글은 이윤율의 경향적 저하법칙으로써 공황을 설명하려는 이론적 경향, 그중에서도 특히 파인과 해리스(Fine & Harris, 1979)에 의해 제출된 그 재구성 또는 재해석을 비판적으로 검토하는 데 목적이 있다. 이른바 이윤율 저하설의 하나의 변종으로서 이윤율의 경향적 저하 법칙에 입각한 공황론은 1970년대 구미에서 마르크스주의 공황론이 복권되던 시기에 제출되어 오늘날 적어도 '영미권' 문헌에서는 새로운 정통(?)의 지위를 주장할 만큼 지배적인 경향이 되었다.[155] 이윤율의 경향적 저하 법칙이 관철되는 과정에서 주기적 공황이 발생하고, 또 마르크스 자신에 의해 『자본』 제3권 제3편 제15장에서 양자의 관련이 명시적으로 서술되고 있는 한, 이윤율의 경향적 저하 법칙과 주기적 공황의 관련성을 부정할 수는 없을 것이다. 그러나 양자는 기본적으로 분석의 추상 수준이 서로 상이한 대상이어서 이윤율의 경향적 저하 법칙을 공황과 관련하여 설명하고자 할 때에는 추상 수준의 상위를 이론적

---

155 대체로 이윤율 저하설에는 야페와 매틱 등 이윤율의 경향적 저하 법칙으로써 공황을 설명하는 이론 외에도 자본의 절대적 과잉생산과 임금 등귀로 이윤율 저하와 공황을 설명하는 일본의 우노 학파와, 계급투쟁에 의한 임금 등귀와 이윤 압박으로 공황을 설명하는 네오리카디언 등 세 개의 변종을 들 수 있다.

으로 어떻게 매개할 것인가 하는 방법론적으로 중요한 문제에 부딪치게 된다. 이윤율의 경향적 저하 법칙으로 공황을 설명하는 대부분의 논자는 이 문제를 인식하지 못하고, 자본주의의 장기적 발전을 규정하는 이윤율의 경향적 저하 법칙을 산업 순환과 주기적 공황의 설명에 무매개적으로 적용하는 바, 이는 그 자체로 방법론적 오류이며 결코 공황론의 발전이라고 평가할 수 없다. 파인과 해리스는 양자 간 추상 수준의 차이 문제를 명시적으로 제기하고 이윤율의 경향적 저하 법칙과 주기적 공황과의 관련을 재구성하고자 시도하였다는 점에서 이 이론 경향의 획기적인 진전을 가져왔다고 할 수 있다. 그러나 이들의 재해석과 재구성은 마르크스 이론에 대한 왜곡과 혼란 위에서 이루어진 독창적인 것이어서 공황론 논쟁사에서 어떤 의미 있는 발전을 가져왔다고 말하기는 어렵다. 그럼에도 이들의 이론은 한국의 마르크스주의 정치경제 학계에서 커다란 영향력을 지니고 있다. 이제는 오래전인 1970년대에 영미권 문헌의 하나로 나온 이들의 저서를 새삼스럽게 비판의 대상으로 하는 배경에는, 이와 같은 한국의 이론 상황이 놓여 있다.[156] 이 때문에 낡은 저서를 오늘날 다시 꺼내어 비판하는 것

---

156 여기에는 아마도 이들의 지도를 받아 박사 학위논문을 제출한 김수행 교수의 역할이 크게 작용했을 것이다. 김수행 교수 자신이 한국에서 이들의 저서를 번역하였고, 『자본론』 III(제1개역판)의 역자 서문에서 이들의 해석을 따라 공황을 서술하는 등 이 공황론의 대변자였다. 최근에도 이 관점에서 공황론에 관한 저서(김수행 2006)가 간행되었다.

은 한국의 상황에서는 충분히 현재적이며, 이와 같은 이론 상황을 비판적으로 극복하는 데 조금이라도 기여하자는 것이 이 글의 직접적 목적이다.[157]

---

[157] 파인은 최근 새드-필호와 함께 『자본』에 대한 또 하나의 안내서를 출간하였는데(파인·새드-필호: 2006), 여기서도 이윤율의 경향적 저하 법칙과 공황에 관한 그의 관점은 변한 게 없다. 따라서 위 저작에 대한 비판적 검토는 과거의 파인이 아니라 현재의 파인에 대해서도 유효한 것이다.

2.
『자본』의 분석 방법과 추상 수준에 관한
파인과 해리스의 해석

이윤율의 경향적 저하 법칙과 주기적 공황에 관한 파인과 해리스의 재구성은 『자본』의 분석 방법과 분석 수준에 관한 독자적인 이해 방식에 입각해 있다. 이윤율 저하 공황론을 주장하는 논자나 이를 비판하는 논자나 마르크스의 방법론에 대한 인식을 결여하고 있다는 것, 이것이 이들의 근본적인 문제 제기다. 이윤율의 경향적 저하 법칙과 주기적 공황의 분석 수준을 구별하는 것이 공황론 구성에 있어 가장 중요한 지점이라는 점에서, 이러한 접근 자체는 분명 이윤율 저하설을 주장하는 다른 논자들에 비해 긍정적인 기여라 할 수 있다. 그러나 문제는 바로 이들의 이해 방식 자체에 있다. 이들은 마르크스의 경제학 비판의 방법을 생산 영역의 우위와, 생산(본질)으로부터 유통과 분배(현상)로 나아가는 추상으로부터 구체로의 방법으로 특징짓고, 이에 입각해 『자본』의 구조와 분석 수준을 해명하고 있다. 『자본』 제1권은 생산과정, 제2권은 유통과정 그리고 제3권은 (분배와) 총과정을 다루는 바, 제1권과 제2권은 기본적으로 자본 일반의 대상으로서 여기서는 가치와 교환가치의 양적 불일치를 추상해서 분석되는 반면, 제3권에서는 자본 간 경쟁이 전면적으로 전개되고 가치의 생산가격으로의 전화라는 보다 복잡한 관계가 분석된다고 한다.[158] 『자본』의 구조에 대한 이와 같은 견해는 대체로 로스돌스키(Rosdolsky, 1968)의 『자본』해석을 따른 것으로 보인다. 이런 점에서 이는 독자적 견해라기보다는 영미권 문헌에서 통상적으로 볼 수 있는 견해로서 로스돌스키의 오류를 그대로 반복할 수밖에 수 없다. 다른 한편 이들은 로스돌스키의 연구 성과를 명시적으로 원용하여 『자본』의 추상 수준과 구조를 해명하는 것도 아니어서 이에 대한 모순적인 보충과 말바꾸기로 동요하고 있다.

먼저 생산 그 자체라는 개념을 교환과 분배를 사상한 개념이라 하면서 파인과 해리스는 교환과 분배를 사상하는 의미를 다음처럼 설명한다. "'교환과 분배를 사상'한다는 표현을 '교환과 분배를 무시'한다거나 교환과 분배가 존재하지 않는다고 가정하는 식으로 이해해서는 생산 영역이라는 단순 개념을 이해할 수 없다. **자본주의** 생산의 전제 조건은 교환을 위하여 상품이 생산되며, 분배는 임금노동을 기초로 하여 이루어지는 것이기 때문이다. 그러나 자본주의 생산 그 자체를 개념화하기 위하여, 마르크스는 가

---

158 Fine & Harris(1979: ch.1).[국역: 파인·해리스(1985: 제1장). 이하 인용은 국역에 따른다.] 이 책에서 파인과 해리스는 이러한 관점으로부터 이윤율의 경향적 저하 법칙과 공황론 외에도 전형 문제와 생산적·비생산적 노동 등 마르크스주의 논쟁 전반에 걸쳐 개입하면서, 그 논쟁을 교환과 분배의 영역만 분석으로 가져온다는 이른바 신리카도 학파와, 반대로 생산 영역의 결정성만 강조한다는 이른바 근본주의자로 도식적으로 분류하여 비판하고 있다.

장 기본적인 교환 형태(노동자와 자본가 사이의 교환)만 존재하며 또한 그 교환이 순조롭게 진행되는(예컨대 실현 공황이 없는) 상황 하에서의 생산과정에 주목한 것이다. 같은 이유로, 가장 기본적인 분배 관계(임금=노동력의 가치)만이 있다고 생산의 분석에서 가정되고 있다."(파인·해리스, 1985: 28). 생산과정의 분석에서 교환과 분배 과정은 아직 분석되지 않고 다만 그 자체가 전제되어있다는 설명은 일단 올바른 것이다. 그러나 『자본』의 구조는 이렇게 제1권=생산과정, 제2권=유통 과정, 제3권=분배와 총유통 과정이라는 방식으로 단순하게 구성되어 있지 않다. 파인과 해리스 자신도 다음처럼 이러한 구조를 상대화하고 있다. "[『자본』-인용자] 제1권 **자본주의적 생산**은 생산 영역의 각 과정에 관한 것이며, 제2권 **자본의 순환 과정**에 있어서는 교환 영역이 생산과 관련되어 분석되고 있다. … 제3권 **자본주의적 생산의 총과정**은 생산 영역과 교환 영역의 통합을 기초로 하여 분배를 분석하고 있다. **이러한 구조는 각 권의 제목에 나타나 있지만, 경제의 계층 구조에 대응한 『자본론』의 실제 구조는 그보다는 덜 도식적이다.** 우선, 제1권에서도 교환이 존재한다. 그러나 교환은 특수 자본주의적 생산을 존속시키는 데 필요한 한도 내에서만 나타나 있다. 곧, 자본가계급 전체(자본 일반의 대리인)와 노동자계급 전체(노동의 대리인) 사이의 상품 교환이, 생산과정을 고찰하는 제1권에 도입되어 있다. 그러나 자본가들(자본들) 사이의 교환은 제2권(재생산표식)에 가서야 도입되며 제3권에서 완전히 전개된다. 둘째, 분배 관계도 제1권과 제2권에 나타나고 있다. 그러나 이것도 제3권에서의 교환관계(자본가 사이의 교환)의 전면적 전개가 없이도 가능한 한도에 그치고 있다. 예를 들어 제1권에 임금 가치의 주기적 변동에 관한 논의가 있다. 그러나 이것은 결코 분배의 완전한 이론이 아니라, 노동자계급과 자본가계급 사이의 교환만이 존재하는 단계에서의 이야기일 뿐이다."(파인·해리스, 1985: 34. 강조는 인용자). 사실 『자본』 제1권에는 생산과정만이 분석되는 것이 아니라 자본가계급과 노동자계급 간 교환과 분배 관계도 나타나 있는데, 이는 앞서 말한 바처럼, 분석되지 않고 단지 전제된 것이 아니라 제6편 임금에서 보는 바처럼 그 자체가 분석되고 있다. 파인과 해리스는 자신들이 파악하는 『자본』의 도식적 구조에 균열을 내는 제1권의 이 임금 분석에 대해 여기서 상대화하는 주장으로 회피하고자 하는 게 아닌가 한다.

물론 문제는 이것만이 아니다. 『자본』 제1권과 제2권은 자본 일반, 제3권은 다수 자본과 경쟁의 수준에 있다는 자신들의 주장에 대해서도 상대화를 위한 단서를 달고 있다. "제1권은 경쟁 중의 다수 자본보다는 자본 일반을 기본적으로 다루고 있지만, 마르크스는 사실상 제1권에서도 경쟁의 개념을 도입하고 있다. 거기에서 우리는 동일 산업 내에서의 상이한 자본 간 경쟁을 발견한다. … 산업자본 간 경쟁은 제3권에 이르러 비로소 전면적으로 전개되며, 이 개념은 상이한 산업에 존재하는 자본 간의 경쟁이라는 개념으로 전환됨으로써 이윤율의 균등화, 곧 일반적 이윤율의 형성을 가능하게 한다. 끝으로, 일반적 이윤율의 개념을 기초로 하여 가장 복합한 형태의 경쟁(산업자본가, 상업자본가, 금융적 자본가 등 자본가계급의 분파 및 지주계급 사이의 경쟁을 포함한다)을 분석함으로써 이자, 상업이윤, 지대의 개념이 전개되고 있다."(파인·해리스, 1985: 35). 『자본』 제1권과 제2권은 자본 일반에 의해 크게 각인되어 있지만, 파인과 해리스가 논하는 부문 내 경쟁의 문제보다 훨씬 커다란 범위로 다수 자본과 경쟁이 도입되어 있다. 특히 제1권 제7편 축적론과 제2권 제3편 재생산론은 다수 자본과 경쟁을 도입하지 않으면 전개될 수 없는 대상으로서 마르크스 자신도 원래의 경제학 비판 체계의 구상에서는 경쟁론에 배치하였던 것이었다. 파인과 해리스는 원래 경쟁론의 대상이었던 주제들이 왜 자본 일반의 서술 내로 들어오게 되었는지, 또 어떻게 들어올 수 있는 건지, 그에 따라 『자본』의 구조는 어떻게 변화했는지 등등 『자본』의 구조를 이해하기 위한 중대한 질문을 제기하는 대신, 다만 자본 일반에서는 경쟁의 분석이 전면화되지 않았다고 말할 뿐이다.

사실 이 문제는 마르크스주의 문헌에서는 원래의 정치경제학 비판 체계와 현행 『자본』 간 관계 및 그 변화를 둘러싸고 전개된 플랜 논쟁의 주제로서 『자본』의 구조와 분석 수준의 이해를 위해서는 피해갈 수 없는 문제이다. 그러나 파인과 해리스는 『자본』의 구조와 분석 수준에 관한 자신들의 도식에 중대한 균열이 있다는 것을 인식하면서도 플랜 논쟁의 성과에 대해서는 특별히 언급하는 바가 없다. 심지어 로스돌스키의 연구 성과에 입각해서 이 문제를 명시적으로 해명하고자 하지도 않는다. 주지하다시피『자본』의 제1초고인『그룬트리세』는 정치경제학 비판 플랜의 제1부 자본의 '제1편 자본 일반을 대상으로 하였는 바, 자본 일반에 대한 원래의 마르크스의 구상은 자본 일반과 경쟁의 엄격한 구분 위에서 경쟁을 추상하고 생산과정, 유통 과정, 그리고 총유통 과정으로 구성되는 것이었지만, 이 구상은 특히 제2초고(1861-1863)의 작업이 진전됨에 따라 서술상의 요구와 충돌하게 되었고,『자본』으로의 성립 과정에서 변경이 불가피하게 되었다. 즉 원래의 구조 개념인 제1부 제1편 자본 일반(=생산과정·유통 과정·총유통 과정)은 플랜의 전반 3부의 나머지 부편인 경쟁(제1부 제2편), 신용(제3편), 주식자본(제4편), 토지 소유(제2부), 임노동(제3부)의 일반적 요소들과 유기적으로 결합하여 '자본의 일반적 분석'으로 변경되었다. 그 결과, 자본의 일반적 분석은 여전히 생산과정·유통 과정·총유통 과정으로 편제되어 있지만, 각각의 내용과 구성은 경쟁, 신용, 주식자본, 토지 소유, 임노동의 일반적 요소들이 서술의 필요상 적절하게 배치되어 자본 일반에서의 그것과 상이하게 되었다.『자본』제1권 생산과정의 분석에 임금(원래 임노동 부에서 다룰 주제였던)이 편제된 것도, 제1권 축적론과 제2권 재생산론에 다수 자본과 경쟁이 도입되고, 또 제3권에서 경쟁을 통한 일반적 이윤율의 형성과 자본 3분파의 분배 범주 및 지대의 분석이 들어온 것도, 모두『자본』의 구조 개념이 자본 일반으로부터 자본의 일반적 분석으로 변경됨에 따른 변화이었다. 이렇게『자본』의 구성은 제1권=생산과정, 제2권=유통 과정, 제3권=총유통 과정, 그리고 제1권과 제2권은 자본 일반, 제3권은 다수 자본과 경쟁이라는 단순한 도식으로는 포괄될 수 없는 복잡한 구조(이른바 자본의 일반적 분석이라는 구조)가 되었던 것이다.

플랜 논쟁의 또 하나의 중요한 성과는 구조 개념이 자본 일반으로부터 자본의 일반적 분석으로 변경되면서『자본』이 성립되었음에도 불구하고, 제1부 자본의 제2편 경쟁 이하 제6부 세계시장과 공황에 이르는 나머지 부편의 특수 연구는 여전히『자본』의 속편들로서 이행되어야 할 과제였다는 점이다. 말하자면『자본』은 이 나머지 부편의 고유한 영역을 포괄하지 않았다는 것이다. 이는 다른 누구도 아닌 마르크스 자신이 반복하여 지시하고 있는 바, 코간(Kogan, 1979: 92-93)은『자본』과『잉여가치학설사』에서 이러한 지시를 50개 이상 끄집어내어 전거를 제시한 바 있다. 따라서『자본』이 원래 플랜의 전반 3부의 과제를 완결했다는 로스돌스키의 연구 결과는『자본』의 집필 중에서도 견지해온, 더구나 마르크스 자신이 간행한『자본』제1권에서도 밝히고 있는 후속 부편의 구상을 부정하는 것으로서 결코 납득할 수 없다. 이 문제를 여기서의 주제와 관련하여 말하면, 『자본』에 경쟁의 일반적 요소들이 결합되었음에도 불구하고 현실 경쟁은 『자본』의 분석 대상이 아니며, 따라서 현실 경쟁과 산업 순환 그리고 공황의 분석은 『자본』의 수준에서는 배제되었다는 것이다. 산업 순환과 공황의 분석을 위해서는 『자본』의 분석 수준을 넘어 현실 공황에 대한 분석으로 나가지 않으면 안 된다. 그러나 파인과 해리스는 공황론의 문제에 있어 『자본』의 분석 수준과 이를 넘어가는 수준의 차이를 인식하지 못하고 전자의 수준에서 산업 순환과 공황의 문제를 논한다는 근본적인 오류를 범하고 있다. 이는 그들이 플랜 논쟁의 국제적 성과를 간과하고 로스돌스키의 해석만을 따라간 데서 비롯된 필연적인 결과라 아니할 수 없다.[159]

파인과 해리스는 『자본』의 수준에서의 경쟁을 논하고 있는데, 이 수준의 경쟁론은 일반적 이윤율과 생산가격이라는 '재생산의 균형가격'의 형성을 다룰 뿐이고, 현실 경쟁을 통한 이 균형가격으로부터 시장가격의 이탈과, 특히 산업 순환에서의 시장가격의 순환적 괴리와 폭력적 조정이라는 보다 구체적인 수준의 경쟁론으로까지 나가는 것은 아니다. 또 이윤율의 경향적 저하 법칙도

---

159 플랜 논쟁에 관해서는 코간(1979), 얀(1986), 뮐러(1978)를, 그리고 국문으로는 김성구(2008a), 비고츠키(1993) 및 비고츠키·체푸렌코(1993)의 글과 그에 대한 필자의 역자 해설을 참조 바란다.

이 수준의 경쟁론을 전제하는 한, (균형적인) 일반적 이윤율의 장기석인 저하 경향(실령 그것이 상쇄력의 작용에 의해 장기저으로 변동하면서 저하한다 하더라도)을 의미할 뿐이며, 10년 주기의 산업 순환에서 나타나는 순환적인 시장 이윤율의 변동을 설명하는 것은 아니다. 파인과 해리스는 이런 수준의 경쟁론(원래 제1부 자본의 제2편 다수 자본의 경쟁에서 다룰 예정이었고 경쟁론 중 『자본』에 흡수된 이념적 평균에서의 경쟁을 제외하고도 남는 현실 경쟁의 고유한 영역)을 인식하지 못하고 있다. 공황론은 이와 같은 『자본』을 넘어가는 경쟁론의 수준까지 전개하지 않으면 안 되는데, 왜냐하면 공황론이란 재생산의 균형 관계를 상정하는 것이 아니라 그 불균형화와 폭력적 조정 과정의 분석을 대상으로 하기 때문이다. 다시 말해 『자본』 수준의 경쟁론으로는 과잉생산 공황으로의 경향만을 분석할 수 있을 뿐이고(이 분석 수준에서는 균형적 관계를 상정하고 있다) 그 현실적 표출은 설명할 수 없는 것인데, 파인과 해리스는 공황의 분석에 있어 경쟁론의 분석을 더 구체적으로 전개하는 대신, 『자본』 수준에서의 경쟁론에 머물면서 필연적으로 과잉생산 공황의 분석을 봉쇄하고 있다.

3.

이윤율의 경향적 저하 법칙의 재구성:
이른바 '이윤율의 저하 경향 및 그 상쇄 요인에 관한 법칙'

파인과 해리스는 『자본』의 구조와 분석 수준에 관한 이와 같은 해석에 기초해서 이윤율의 경향적 저하 법칙을 재구성하고 주기적 공황을 설명하고자 하기에 『자본』에 관한 이들의 잘못된 해석은 이 문제에 대해서도 잘못된 결론을 가져올 수밖에 없다. 그런데 이윤율의 경향적 저하 법칙과 공황에 관한 이들의 재구성을 보면, 『자본』의 구조와 분석 수준에 대한 오해와 관련에서만 문제가 있을 뿐 아니라, 자신들의 해석과 관련해서도 납득할 수 없는 왜곡을 보인다. 무엇보다 이들은 『자본』 제1권은 생산과정, 제2권은 유통 과정, 제3권은 총과정의 분석 수준에 있다고 하면서도, 제3권 제3편 이윤율의 경향적 저하 법칙의 3개 장의 분석에서는 제3편 제13장은 생산과정, 제14장과 제15장은 생산과정과 유통 과정의 통일, 즉 총과정의 수준에 있다고 한다. 이들에 따르면 제3권은 총유통 과정의 분석 수준에 있고 제3편도 따라서 그러해야 할 텐데, 이제 제3편에 와서는 3개 장을 상이한 추상 수준으로 구별해야 한다는 것이다. 이들에 있어 이러한 차이를 인식하는 것은 재구성의 핵심적인 사항이라고 하므로 문제는 심각하다. 제13장 법칙 그 자체에서 문제가 되는 이윤율은 주지하다시피 일반적 이윤율이다.[160] 앞에서(파인·해리스, 1985: 35쪽) 파인과 해리스는 스스로 일반적 이윤율이 총과정에서 자본들의 경쟁을 통해 형성된다고 하였음에도 불구하고, 여기서는 이 일반적 이윤율이 경향적으로 저하하는 것은 생산과정의 수준에서만 파악한 법칙이라고 하는 것이다. 자신들의『자본』해석과도 다른 주장을 내세우고 또 앞과 뒤에서 다른 말을 하는 이들의 재구성을 비판하고자 한다면, 세심한 인내심이 필요하다. 이제 이들이 제3편 이윤율의 경향적 저하 법칙을 어떻게 재구성하는가를 보도록 하자.

1) 자본의 유기적 구성과 가치 구성의 개념적 재구성 및 그에 입각한 이윤율의 경향적 저하 법칙의 재구성

이윤율의 경향적 저하 법칙과 공황에 관한 이들의 혼란스러운 재구성의 중심에는 자본의 구성에 관한 개념적 재구성이 자리 잡고 있다. 파인과 해리스는 말한다. **"그러나 마르크스의 이윤율 저하 법칙을 이해하기 위해서는 자본의 구성에 관한 세 가지 개념을 명확히 구별하는 것이 매우 중요하다.** … 마르크스에 의하면, 기술적 구성은 자본축적의 진전과 더욱 생산적인 기술의 도입에 따라 끊임없이 고도화한다고 본다. 이러한 생산성의 증가는 생

---

160 마르크스는 제13장의 앞부분에서 이를 분명히 명시하고 있다.『자본론』III(상), 254쪽, 255쪽.

산수단과 임금재의 단위당 가치를 변화시킨다. 그들의 가치는 하락하며, 그 하락 비율은 서로 다를 수도 있다. 가치 구성이 이렇듯 항상 변화하는 가치에 기초하고 있는 데 반해, 유기적 구성은 이러한 변화를 사상한 것이다. 곧, 생산수단과 임금재의 구성 요소들이 '종전의 가치'로 평가되는 경우의 C/V가 유기적 구성이다. 따라서 유기적 구성의 변화는 기술적 구성의 변화에 직접적으로 비례하는 반면에 가치 구성의 변화는 그렇지 않다."(파인·해리스, 1985: 74. 강조는 인용자). 반면 마르크스는 자본의 유기적 구성을 다음처럼 정의한다. "…나는 자본의 가치 구성이 자본의 기술적 구성에 의해 결정되고 또 기술적 구성의 변화를 그대로 반영하는 경우[독일판 원문에는 '그대로'라는 말이 없다. '자본의 가치 구성이 자본의 기술적 구성에 의해 결정되고 또 그 기술적 구성의 변화를 반영하는 한에서'(*MEW* 23: 640): 김성구], 그것을 자본의 유기적 구성이라고 부른다. 내가 간단히 자본의 구성이라고 말할 때에는 언제나 자본의 유기적 구성을 의미하는 것으로 이해해야 한다."(『자본론』 I(하): 837). 파인과 해리스는 '기술적 구성에 의해 결정되고 기술적 구성의 변화를 반영하는 한에서의 가치 구성'이라는 마르크스의 유기적 구성의 개념을, 기술 진보에 따른 가치 저하를 반영하지 않은 '종전 가치'로 평가한 가치 구성으로 바꾸고 있다. 이에 반해 "이 두 과정(곧, 기술적 변화와 가치 변화)이 자본의 구성에 미치는 총체적 영향을 가치 구성으로 포착한다"(파

345

인·해리스, 1985: 75)고 하여 가치 구성은 '새로운 가치'에 입각하고 있다. 그런데 이런 재구성이 이들에게는 다음처럼 결정적으로 중요한 의미를 갖는다. **"이러한 구별을 이해하지 못하는 것은 생산, 교환 및 분배의 복합적 통일을 이해하지 못하는 데서 오는 것이다.** 왜냐하면 종전의 가치와 새로운 가치 사이, 그리고 유기적 구성과 가치 구성 사이의 구별은 생산 영역과 교환 영역 간 통일에 기초하고 있기 때문이다. 새로운 수준의 생산성은 생산 분야 내에서 창조되지만, 새로운 수준의 가치로 성립하기 위해서는 당해 상품이 교환 과정을 통과하여야만 한다. **따라서 가치 구성은 생산, 교환 및 분배의 복잡한 접합 위에서만 형성되는 것이다. 그러나 유기적 구성은 이보다 높은 추상 수준에 서 있는 개념이다. 그것은 교환과 분배를 사상한 생산 영역 내에서만 존재하는 것이다."** (파인·해리스, 1985: 75. 강조는 인용자).

구가치에 입각한 유기적 구성은 '교환과 분배를 사상한 생산 영역'의 개념이고 신가치에 입각한 가치 구성은 '생산, 교환 및 분배의 복잡한 접합 위에서만 형성되는' 개념이라는 개념적 재구성은 후에 보는 바처럼 마르크스의 개념에 대한 왜곡이 아닐 수 없다. 그럼에도 파인과 해리스는 이렇게 재구성된 유기적 구성과 가치 구성의 개념에 방법론적으로 결정적인 의의를 부여하고 이에 근거해 이윤율의 경향적 저하 법칙의 재구성을 다음처럼 시도한다. "『자본론』 제3권 '법칙 그 자체'의 장에서 마르크스는 가치 이윤율 $r=S/(C+V)=(S/V)/[(C/V)+1]$＝착취율/(가치구성+1)을 고려하면서 만일 C/V가 증가했을 때, S/V가 그에 상응할 정도로 충분히 증가하지 않으면 이윤율은 떨어진다고 주장한다. … 이 법칙은 … 이윤율의 저하 **경향**의 법칙으로 이해되어야 한다는 것이 우리의 생각이다. 다시 말하자면, 그 법칙은 이윤율의 실제적 저하(가치 개념에서든 가격 개념에서든)를 예측하는 법칙은 아닌 것이다. **이 점을 명확히 하기 위해서는, 『자본론』 제3권 제3편의 세 장**(제13장에서부터 제15장까지), **곧 '법칙 그 자체', '상쇄 요인들'과 '그 법칙의 내부 모순의 전개' 등에서 채용되고 있는 추상 수준의 차이를 고려하면서 마르크스의 논의를 구조적으로 고찰해야 한다.** 이들 중 세 번째 장에서 마르크스는 이윤율의 저하 경향의 법칙〔법칙 자체 –인용자〕, 상쇄 요인들, 그리고 이들 간의 모순이 작용하여 사회의 표면에 나타나는 결과에 관하여 고찰하고 있다. 이러한 결과는 '과잉생산, 투기, 공황 및 과잉인구를 동반하는 과잉자본'의 형태를 취한다. 이들은 이윤율의 저하 경향의 법칙〔법칙 자체 –인용자〕이나 상쇄 요인들의 단순한 어느 한쪽만의 영향이 아니고 복합적이고 모순적인 통일로 존재하는 양자 모두의 영향인 것이다."(파인·해리스, 1985: 76. 강조는 인용자).

파인과 해리스는 여기서 이윤율의 저하 경향의 법칙이라 지칭하면서 이를 제3편 전체를 총괄하는 개념으로 이해하는 것이 아니라 제13장 '법칙 그 자체'에 해당되는 개념으로 사용한다. 그리고 제14장 상쇄 요인들의 장에 대해서는 이렇게 말한다. "따라서 상쇄 요인들을 고찰함에 있어서 마르크스는 축적이 분배 및 가치 구성에 미치는 영향을 도입한다. 상쇄 요인들은 법칙 그 자체의 개념에 입각하고 있지 않다는 점 − 곧, 상쇄 요인들은 이윤율의 저하 경향의 효과나 결과가 아니라는 점에서 볼 때, 상쇄 요인들은 법칙 그 자체와 동일한 추상 수준에 서 있는 것이다. 이윤율의 저하 경향과 상쇄 요인들은 양자 모두 자본주의적 축적과 그 필연적 산물인 기술적 구성의 고도화(마르크스의 분석에서는 유기적 구성의 고도화로 나타나는데, 이때 가치 구성은 반드시 고도화하지는 않는다)의 결과이다. ··· 이러한 관점에서 볼 때, 이윤율 저하 경향의 법칙은 약간 잘못된 이름인 것 같다. 보다 넓은 의미에서 그 법칙은 사실상 '이윤율의 저하 경향 및 그 상쇄 요인에 관한 법칙'인 것이다."(파인·해리스, 1985: 78). 신가치로 파악하는 상쇄 요인들은 구가치로 파악하는 법칙 자체의 개념과 무관하고, 따라서 이윤율의 저하 경향과 상쇄 경향은 두 개의 독립적인 경향이며 이윤율의 현실적 운동은 두 경향의 작용으로서만 나타날 것이므로, 이 법칙은 '이윤율의 저하 경향 및 그 상쇄 요인에 관한 법칙'으로 불러야 한다는 것이다.

마지막으로 제15장은 '이윤율의 저하 경향 및 상쇄 경향들'의 '복합적이고 모순적인 통일'로서 파악되는 수준으로서 주기적 공황은 이 수준에서 비로소 고찰될 수 있다고 한다. "따라서 공황의 개념은 이윤율의 저하 경향의 법칙[법칙 자체 —인용자]이나 상쇄 요인들에 포함된 개념보다 낮은 추상 수준에 서 있다. 곧, 공황 개념은 이들 개념의 기초 위에 구성된 것이다. 법칙 그 자체를 보자. 이것은 기술적 구성의 변화에서 직접적으로 결과하는 변화를 제외한 모든 가치 변화와 분배상의 모든 변화를 사상함으로써 이루어진 것이다. 요컨대 마르크스는 이 법칙을 고도화하는 유기적 구성의 결과로 서술하고 있다. 이 법칙을 추론함에 있어서, 그는 고도화하는 기술적 구성의 **간접적** 효과를 사상하여 착취율의 변화를 사상하며, 가치 이윤율을 취급하고 있으므로 가격 및 임금의 변화가 이윤율에 미치는 영향도 사상하고 있다. 이러한 추상화의 결과, 가치 이윤율은 당연히 하락하게 된다. … 법칙 그 자체는 많은 복잡한 요인들을 사상하고 구성된 것이며, 상쇄 요인들은 이러한 복잡한 요인들을 고려에 넣게 된다. … 거기에 나열된 요인들은 주로 생산, 교환 및 분배의 접합에서만 이해될 수 있는 분배상의 효과에 관한 것들이다. 예를 들면, 착취도의 상승, 임금의 억제, 외국무역, 주식자본의 증가 및 상대적 과잉인구(저임금을 자극함) 등이 포함되어있다."(파인·해리스, 1985: 76-77). 파인과 해리스는 여기서 구가치로 파악하는 법칙 그 자체는 생산 영역의 수준에서 파악한 경향이며, 신가치로 파악한 상쇄 경향은 생산과 교환 그리고 분배 영역의 접합 수준에서 파악한 경향이라는 것을 분명히 한다. 주기적 공황은 두 경향의 모순적 통일로서 상쇄 경향과 마찬가지로 생산과 교환 그리고 분배 영역의 접합 수준에서 파악된다. "주기와 공황은 이렇게 보면 생산, 교환, 분배에서 나타나는 자본과 노동 간 적대 관계의 산물이다. … 따라서 공황은 교환의 모순(시장 임금 혹은 시장 이윤)이나 생산의 모순에 의하여 발생하는 것이 아니라, 이들 모순이 서로 특수한 관계를 맺을 때 발생하는 것이다."(파인·해리스, 1985: 102).[161]

이상 파인과 해리스의 재구성을 살펴보았는데, 그 핵심은 자본의 유기적 구성과 가치 구성의 개념적 재구성을 각각 특정한 추상수준과 연관시켜 이를 근거로 제3편 이윤율의 경향적 저하 법칙을 재구성한 데 있다. 따라서 기술 변화에 따른 가치 변화를 반영하지 않는 구가치로 파악한 자본의 유기적 구성이 생산 영역의 개념이고, 가치 변화를 반영한 신가치로 파악한 가치 구성이 생산과 교환 그리고 분배 영역의 접합 수준의 개념인가가 이들의 재구성을 평가하는 관건이 될 것이다. 이러한 재구성을 마르크스의 이름으로 수용할 수 있을까? 단언컨대 아니라고 생각한다. 그것은 마르크스의 개념의 재구성이 아니라 그에 대한 왜곡이 아닐 수 없기 때문이다.

---

161 이러한 재구성에 기초해 파인과 해리스는 이윤율의 경향적 저하 법칙을 역사적 경험과 자료에서 이윤율의 하락 추세로 이해하는 이른바 '실증적 경향'이라는 해석을 비판하고, '추상적 경향'이라는 새로운 해석을 내세운다.(파인·해리스, 1985: 78-79).

2) 마르크스의 가치 개념과 그 전개

먼저 마르크스가 『자본』에서 가치 개념을 어떻게 전개하고 있는가를 보도록 하자. 마르크스는 『자본』 제1권에서 가치를 노동생산물에 대상화된 '추상적 인간 노동'(『자본론』 I(상): 47)으로 정의하고 그 크기를 '사회적으로 필요한 노동시간'으로 측정한다고 한다. 그리고 이 가치는 가치형태(결국 가격 형태)를 취해 자신을 표현한다. 마르크스에 따르면, "사회적으로 필요한 노동시간이란 주어진 사회의 정상적인 생산 조건과 그 사회에서 지배적인 평균적 노동 숙련도와 노동강도하에서 어떤 사용가치를 생산하는 데 걸리는 노동시간이다."(『자본론』 I(상): 48). 이 정의를 보면, 가치의 개념과 크기는 오로지 생산의 영역에서 결정되는 것처럼 보인다. 또 표준적인 생산 조건하에서 평균적인 대표 노동에 의해 요구되는 노동시간으로 정의되어있다. 그러나 이 개념과 크기는 교환의 영역을 단순하게 배제하거나 무시한 위에서 정의한 것이 아니라 바로 파인과 해리스가 해석하는 바처럼 교환을 단순하게 전제해서 추상한 것이고, 후에 교환 과정(실현 과정)을 분석할 때 비로소 생산과 교환의 통일로서 가치 개념이 재조정된다. 따라서 교환을 추상한 이 수준에서도 가치 개념은 교환 과정과 그 균형, 즉 재생산의 균형을 전제하는 것이다. '사회적으로 필요한 노동시간'은 생산에 사회적으로 필요한 노동시간일 뿐 아니라 후의 인용에서 보는 바와 같이 '사회적으로 요구되는 상품 총량'(즉 교환과 재생산의 균형을 전제한 상품 총량)을 생산하는 데 필요한 노동시간이기도 하다. 왜냐하면 상품은 원래 가치와 사용가치의 통일로서 존재하고 사용가치를 지녀서 사회적 필요를 충족시켜야만 가치일 수 있기 때문이다. 한편 평균적인 대표 노동이라는 것도 이 수준에서의 추상일 뿐이고 다수의 노동(과 따라서 다수의 자본)을 무시하거나 부정하는 것도 아니다. 교환 과정과 실현 과정의 분석 수준에서는 하나의 대표 노동과 대표 자본이 아니라 다수의 노동과 다수의 자본이 상정되며, 그럼으로써 개별적 가치와 사회적 가치라는 범주가 전개되고, 가치 개념보다 낮은 이 추상 수준에서 가치는 개별적 가치의 사회적 평균으로서 시장가치라는 개념으로 발전한다.[162]

이렇게 추상적인 가치 개념은 교환 과정과 수요, 공급의 변화(그러나 여전히 수급의 균형 조건이 유지되는 한에서의)를 분석에 도입하여 보다 구체적으로 전개되는 바, 여기서 성립되는 개념이 다름 아닌 시장가치다. 『자본』 제3권에서 시장가치는 다음처럼 설명된다. "다른 생산 분야의 상품들이 그들의 가치대로 판매된다는 가정은, 그 가치가 중심이 되어 상품의 가격이 그 주위를 맴돌며 그리고 이 중심에서 가격의 끊임없는 등락이 상쇄된다는 것을 의미

---

162 사회적 가치와 개별 가치는 이미 특별잉여가치 개념과 관련하여 제1권에서 언급된다.(『자본론』 I(상): 429).

할 따름이다. 그밖에도 시장가치 … 라는 것이 항상 있는데, 이것은 다른 생산자들이 생산한 개개의 상품의 개별 가치와는 구별된다. 이들 상품의 약간의 개별 가치는 시장가치보다 낮으며(즉 그것들의 생산에 필요한 노동시간은 시장가치가 표현하고 있는 노동시간보다 적다), 다른 것들의 개별 가치는 시장가치보다 높다. 시장가치는 한편에서는 특정의 생산 분야에서 생산되는 상품들의 평균 가치로 간주되어야 하며, 다른 한편에서는 그 분야의 평균 조건 아래에서 생산되며 그 분야의 상품들의 대부분을 차지하는 상품의 개별 가치로 간주되어야 한다. 예외적인 상황에서만 최악의 조건 또는 최량의 조건 아래에서 생산되는 상품이 시장가치를 규제하게 되는데, 이 시장가치는 시장가격(같은 종류의 상품들의 시장가격은 언제나 동일하다)의 변동의 중심이다. 만약 평균 가치(즉 두 극단 사이에 있는 대량의 상품들의 중간 가치)에 의한 상품의 공급이 일상적인 수요를 충족시킨다면, 시장가치보다 낮은 개별 가치를 가진 상품들은 특별잉여가치 또는 초과이윤을 실현할 것이고, 시장가치보다 높은 개별 가치를 가진 상품들은 그들 자신이 포함하고 있는 잉여가치의 일부를 실현할 수가 없을 것이다."(『자본론』III(상): 210-211). 인용문에서도 알 수 있는 바처럼, 시장가치는 결국 시장에서의 교환 과정을 상정해서 가치를 보다 구체적으로 파악한 개념이며, 교환 과정의 수준에서 파악한 사회적 가치의 또 다른 개념이라 할 수 있다. 이 추상 수준에서 상품들은 가치 또는 시장가치에 조응하여 판매된다고 가정되는데, 마르크스는 이를 가치 가격(Wertpreis)에 따라 교환된다고 말한다.(『자본론』 III(상): 206). 시장가격 운동의 중심이 되는 이 시장가치는 수요와 공급 조건을 균형시키는 가치이며, 따라서 평균적인 수요와 공급 조건의 특정한 변화에 의해 일정하게 변동하지 않을 수 없다.(여기서 평균적인 조건의 변화란 시장에서의 일상적인 수급 변화와 그에 따른 일상적 가격 변화를 말하는 것이 아니다.) 마르크스는 이를 두고 '예외적인 상황에서만 최악의 조건 또는 최량의 조건 아래에서 생산되는 상품이 시장가치를 규제한다'고 말한다. "수요가 너무 커서 가격이 최악의 조건에서 생산되는 상품들의 가치에 의해 결정되더라도 수요가 축소되지 않는 경우에는, 그 상품들이 시장가치를 결정한다. 이러한 것이 일어날 수 있는 것은, 수요가 보통의 수준을 초과하거나 공급이 보통의 수준 이하로 감소하는 경우뿐이다. 끝으로, 생산된 상품량이 너무 커서 평균의 시장가치에서 완전히 판매될 수 없는 경우에는, 시장가치는 최량의 조건에서 생산된 상품들에 의해 결정된다. … 시장가치에 관하여 여기에서 말한 것은, 생산가격이 시장가치를 대신하여 나타나는 경우에는 생산가격에도 적용된다. 생산가격은 각각의 생산 분야에서 규제되며 특수한 사정에 의해서도 규제된다. 그러나 생산가격도 또한 매일의 시장가격이 변동하는 중심이며 매일의 시장가격이 일정한 기간에 상쇄되는 중심이다."(『자본론』 III(상): 211-212).

생산가격은 다수 자본의 경쟁과 분배 과정까지 고려할 경우 일반적 이윤율의 형성에 의해 성립되는 수정된 시장가치를 말한다. 산업 부문 간 자본의 경쟁을 고려하면, 이제 자본은 자신이 투자한 특정 산업 부문의 자본의 유기적 구성에 따라 상이한, 특수한 이윤율이 아니라 일반적 이윤율, 즉 동일한 이윤율(이는 잉여가치의 균등한 분배, 곧 잉여가치의 재분배를 의미한다)을 요구하며, 여기서 생산가격이 성립한다. "다른 생산 분야들의 다른 이윤율들이 평균되고 이 평균이 각각의 생산 분야의 비용가격에 첨가됨으로써 성립하는 가격이 **생산가격**이다. 생산가격의 전제 조건은 일반적 이윤율의 존재이며, 일반적 이윤율은 각각의 생산 분야의 특수한 이윤율들이 이미 그들의 평균율로 환원된 것을 전제한다. … 상품의 생산가격은 상품의 비용가격+백분율의 이윤(일반적 이윤율에 따라 비용가격에 첨가된다), 다시 말해 비용가격+평균이윤과 같다."(『자본론』 III(상): 186-187). 여기서 비로소 제1권에서 추상적으로 정의한 가치 개념은 생산가격으로서, 생산과 교환 그리고 분배 영역의 통일로서, 수정된 시장가치로서 자신을 구체화한다. 이러한 의미에서 생산가격은 가치와 시장가치 개념의 구체화이며, 가치 개념에는 추상적으로 상정되어 있었고 시장가치에서 보다 구체적으로 전개된 생산과 수요의 균형 관계가 생산가격 개념에서 재생산의 균형으로서 더욱 구체적으로 전개된다. "이 생산가격은 … 어느 한 산업가의 개별 비용가격에 의해 결정되는 것이 아니라 생산 분야 전체에 걸쳐 자본의 평균 조건에서 그 상품에 평균적으로 드는 비용가격에 의해 결정된다. **이 생산가격은 사실상 시장 생산가격이며, 시장가격의 진동들과 구별되는 평균 시장가격이다. 상품 가치의 본성은, 그 가치가 일정한 상품량 또는 일정한 수의 개별 상품들을 생산하는 데 개별 생산자들이 필요로 하는 노동시간에 의해 결정되는 것이 아니라 사회적으로 필요한 노동시간, 즉 시장에 있는 상품 종류의 사회적으로 요구되는 총량을 생산하는 데 주어진 평균적인 사회적 생산조건에서 필요한 노동시간에 의해 결정된다는 것인데, 이 상품 가치의 본성과 그 결정 방식은 항상 시장가격의 형태로 그리고 더 나아가서는 지배적인 시장가격 또는 시장 생산가격의 형태로 자신을 표현한다.**"(『자본론』III(하), 789. 강조는 인용자).

이렇게 마르크스의 가치 개념은 그것이 파악되는 추상 수준에 따라 가치(생산 영역)-시장가치(생산과 교환 영역의 통일)-생산가격(생산과 교환 그리고 분배 영역의 통일)의 개념으로 전개된다. 또 가치 개념 자체도 흔히 오해하는 것처럼 단순하게 생산 영역에서 파악된 개념이 아니라 교환을 전제한 개념이며, 그 때문에 후에 교환 과정의 분석 수준에서 구체적으로 생산과 교환의 통일된 개념으로 재조정될 수 있는 것이다. 이와 같은 마르크스의 가치 개념과 그에 조응하는 추상 수준은 새로운 기술 변화에 따른 가치 변화, 이른바 구가치와 신가치에 관계없이 전개된다. 구가치든 신가치든, 가치(와 시장가치 그리고 생산가격)는 언제나 주어진 시기 특정한 수급의 균형 관계하에서 지배적인 생산 조건과 대표 노동(또는 평균적 생산 조건과 평균적 노동을 구성하는 바의 다수의 자본과 노동의 평균)에 의해 정의되고 규정되며, 또 특정한 추상 수준이 그것에 대응하기 때문이다. 이에 반해 파인과 해리스는 기술적 변화를 반영하지 않는 구가치와, 기술적 변화를 반영하는 신가치라는 개념을 고안해서 전자를 생산 영역의 개념, 후자를 생산과 교환 그리고 분배 영역의 접합 위에서 파악한 개념이라고 주장하고 있는 바, 이들의 재구성은 마르크스의 가치 개념과 그 전개에 입각해 있지 않고 오히려 마르크스의 개념을 왜곡하고 있다. 생산·교환·분배의 접합 수준에서 전개된 마르크스의 가치 개념은 생산가격이지 신가치가 아니다. 신가치를 이런 접합 수준에서 파악한 개념이라고 강변하려 한다면, 신가치와 생산가격 간에는 어떤 관련이 있는지를 설명해야 한다. 구가치와 신가치가 각각 생산 수준과, 생산·교환·분배의 접합 수준의 개념이 아니라, 가치와 시장가치 그리고 생산가격이 각각 생산과, 생산·교환, 생산·교환·분배의 접합 수준에 대응되는 개념이며, 가치 자체도 이미 교환을 전제한 위에서의 생산 영역에서 파악한 개념이다. 구가치든 신가치든 이는 가치로서 동일한 추상 수준의 개념이고, 따라서 모두 (교환을 전제한) 생산 영역에서 파악한 개념이라 할 수 있다. 또는 이를 보다 구체적으로 시장가치에서 파악한 개념이라면, 구가치든 신가치든 모두 생산과 교환의 통일이라는 동일한 추상 수준에 대응하는 개념이라 할 수 있다. 따라서 구가치=생산 영역, 신가치=생산·교환·분배의 접합 영역이라는 파인과 해리스의 결론은 기각할 수밖에 없다.[163]

3) '이윤율의 저하 경향 및 그 상쇄 요인에 관한 법칙'의 오류와 혼란

이상의 비판으로부터 이윤율의 경향적 저하 법칙을 '이윤율의 저하 경향 및 상쇄 요인에 관한 법칙'으로 재구성한다는 파인과 해리스의 시도는 그 토대부터 무너질 수밖에 없다. 다시 말해 '유기적 구성=구가치=생산 영역=제13장', '가치 구성=신가치=생산·교환·분배의 접합 영역=제14장'으로 해석하고 제13장과 제14장이 동등한 추상 수준에 있다는 의미에서 이윤율의 경향적 저하

---

[163] 다시 생각하면 이는 너무도 당연한 것이다. 새로운 기술 변화를 반영하지 않는 구가치도 그 이전의 기술 변화는 반영하는 것이고, 그런 점에서 그 이전의 기술 변화에 대해서는 신가치가 아닐 수 없다. 따라서 파인과 해리스를 따라간다 하더라도 구가치는 기술 변화 이전에는 신가치이며, 기술 변화 이전의 신가치는, 그보다 더 이전의 기술 변화를 반영하는 한, 교환 과정을 이미 통과해서 새로 형성된 개념이고, 그러한 점에서 기술 변화 이전의 신가치, 즉 현재의 구가치도 생산과 교환 그리고 분배의 접합 수준에서 파악한 개념이 된다. 마찬가지로 기술 변화를 반영하는 신가치도 미래의 새로운 기술변화에 대해서는 구가치가 되므로 현재의 신가치, 즉 미래의 구가치도 모두 생산과 교환 그리고 분배의 접합 수준에서 파악한 개념이 된다. 따라서 구가치와 신가치는 시간의 변화와 생산력 변화를 반영하는 개념일 뿐 추상 수준의 차이를 표현하는 것이 아니다. 구가치든 신가치든 가치로서 또는 시장가치로서 양자는 동일한 추상 수준에 있다.

법칙을 '이윤율의 저하 경향 및 상쇄 요인에 관한 법칙'으로 명명해야 한다는 이들의 재구성(이른바 '추상적 경향'으로서의 이윤율의 경향적 저하 법칙이라는 해석)은 무너질 수밖에 없다. 따라서 더 이상의 검토가 무의미할지도 모르지만, 그 논리 구성상의 오류와 혼란은 지적해 놓고 싶다.

우선 이들의 해석에 따르면 법칙 그 자체에서는 기술 변화에 따른 가치 변화 등 상쇄 요인을 고려하지 않고 '일정한 추상 수준에서 전개된' 경향, 즉 추상적 경향을 논하고 있는데, 그렇다면 이 경우 기술적 구성과 유기적 구성의 고도화에 따라 일반적 이윤율은 '반드시' 하락하게 된다. 이런 의미에서라면 그것은 경향이라는 용어로 표현해서는 안 된다. 경향이라는 용어 자체는 이미 상쇄 요인들을 상정하고 그것들이 작용함에도 불구하고 관철된다는 의미가 내포된 것이기 때문이다. 상쇄 요인을 고려하지 않을 경우 필연적으로 관철하는 법칙을 파인과 해리스는 왜 이윤율의 저하 '경향'이라고 고집하는 것일까? 이에 반해 마르크스가 이윤율의 경향적 저하 법칙을 말할 때, 그것은 법칙 자체와 상쇄 요인들을 함께 고려했을 때를 지칭한다. 뿐만 아니라 무게의 중심은 상쇄 요인이 아니라 법칙 자체에 있다. 상쇄 요인들을 다루는 제14장에서 마르크스는 명백한 언어로 다음처럼 밝힌다. "상쇄 요인들이 작용하여 그 일반 법칙의 효과를 억제하고 취소하여 그 법칙에 하나의 경향일 뿐이라는 성격을 부여하고 있음에 틀림없는데, 그렇기 때문에 우리는 일반적 이윤율의 저하를 경향적 저하라고 묘사한 것이다."(『자본론』 III(상): 277). 또 다음처럼 말한다. "그렇지만 이 요인[잉여가치율의 증대 ─인용자]은 일반 법칙을 폐기하지는 못하며, 그 법칙을 하나의 경향으로서, 즉 그것의 절대적인 관철이 상쇄 요인들에 의하여 저지되고 지연되며 약화되는 법칙으로서 작용하게 만든다."(『자본론』 III(상): 280). 파인과 해리스는 마르크스의 이 서술들이 잘못된 것이라고 재구성을 시도하는 것인데, 위에서 본 바처럼 오류는 마르크스가 아니라 오히려 파인과 해리스의 편에 있다. 이들이 이런 오류를 감수하면서도 굳이 '추상적 경향'을 고집하는 것은, 긍정적으로 평가한다면, 아마도 이윤율의 경향적 저하 법칙을, 그들의 표현에 따르면 '실증적 경향'으로 해석하는 과오를 정정하고자 했던 것이 아닌가 한다. 그러나 이윤율의 경향적 저하 법칙에서의 문제는 실증적 경향이 아니라 '이론적 경향'이며, 이론적 수준에서 이윤율의 경향적 저하는 오랜 논쟁에도 불구하고 엄밀하게 논증되지 못한 상태다.[164] 따라서 파인과 해리

---

164 길먼J. M. Gillman 등 이윤율의 경향적 저하 법칙을 경험적 통계들로부터 실증하려는 많은 시도들이 있었지만, 만족스러운 성과는 찾기 어렵다. 최근에는 브레너, 뒤메닐의 시도들이 있었고 한국에서는 정성진 교수가 실증 분석을 시도한 바 있다. 여기서 거론할 문제가 아니긴 하지만, 기본적으로 실증 분석에는 그 결과를 신뢰하기 어려운 많은 제약 조건들이 따른다. 한편 이론적 논증과 관련한 수다한 문헌에 대해서도 여기서는 생략한다. 왜냐하면 상쇄력의 작용에도 불구하고 이윤율의 경향적 저하가 최종적으로 논증될 수 있는가 여하는 수학적으로는 흥미 있는 쟁점일지 몰라도 정치경제학적으로는 그렇지 않기 때문이다. 마르크스는 자본주의의 발전과 관련하여 이 법칙의 의의를 크게 강조하였지만, 그

스처럼 마르크스의 왜곡을 통해서 현재의 논쟁을 해결하려고 하기보다는 오히려 논쟁의 쟁점을 그대로 드러내고 그 성과를 정리하는 것이 보다 올바른 태도라 할 것이다.

이윤율의 저하 경향과 상쇄 요인이 동등한 추상 수준에 있다는 이들의 주장(파인·해리스, 1985: 78) 또한 납득할 수 없는 문제이다. 파인과 해리스는 가치 구성이 기술적 구성의 변화(이들에게는 유기적 구성의 변화와 동일하다)와 가치 변화 양자를 반영하는 개념이라고 해 놓고 여기서는 가치 구성의 변화가 유기적 구성의 변화와

렇다고 그것이 상쇄력의 작용에도 불구하고 이윤율의 저하가 관철하는가 여하를 수학적으로 엄밀하게 논증하는 문제는 아니었다. 중요한 것은, 이윤율의 경향적 저하 법칙이 자본주의의 장기적 발전의 위기와 관련된다는 것이고, 그것은 자본주의 생산력의 발전과 생산관계 간 모순을 반영하는 것이며, 그런 점에서 위기와 이행에 관한 법칙이라는 점을 인식하는 것이다. 물론 이윤율의 경향적 저하 법칙은 상쇄력을 동원하여 이윤율의 저하를 저지하거나 심지어 증대하는 경우도 포함하는데, 이윤율의 장기적 저하가 자본주의의 구조 위기를 가져온다면, 그 저지 또는 증대는 자본주의의 장기적 호황의 국면을 인도할 것이다. 이렇게 이윤율의 경향적 저하 법칙은 자본주의의 장기적 호황과 장기적 위기를 규제하는 법칙인데, 자본주의로부터 사회주의로의 이행이란 장기적 위기의 국면을 통과해서 진전할 것이므로 이윤율의 경향적 저하 법칙이 최종적으로 관철되는가 여하에 정치경제학적으로 심대한 의미가 부여될 수 있다. 이 법칙의 논증 여하를 자본주의의 붕괴와 연관시키는 시도들은 대개 이런 관련 때문이다. 그러나 다른 한편, 사회주의로의 이행은 경제적 토대의 위기로부터 자동적으로, 기계적으로 전개되는 게 아니라 계급투쟁에 의해 매개되는 정치적 과정이기 때문에, 이윤율의 경향적 저하 법칙으로써 '최종적' 위기와 붕괴를 논증하는 게 결정적인 의미를 갖는 것은 아니다. 자본주의 현실 역사가 보여주는 바처럼 위기는 최종적 위기 이전에 여러 번 나타나고, 또 어느 위기가 최종적 위기인지는 사전에 주어지지 않는다. 따라서 문제는 이윤율의 경향적 저하 법칙의 작용에 의해 자본주의가 위기에 빠지는 경향이 있다는 점을 인식하고 위기의 시대에 그 이행을 정치적으로 준비하는 것이지, 법칙이 상쇄 요인들을 압도해서 관철하는가 아닌가를 수학적으로 엄격하게 증명하는 것은 아니다.

관계없는 것이라 하면서, 양자는 동일한 추상 수준에 있다고 한다. 도대체 어떻게 양자가 동일한 추상 수준에 있을 수 있나? 이들에 따르면, 후자는 생산 영역의 개념이고 전자는 생산, 교환 및 분배 영역의 접합이라고 했는데, 그렇다면 생산 영역이 생산, 교환 및 분배 영역의 접합과 동일한 추상 수준이란 말인가? 파인과 해리스는 이런 식의 재구성이 자신들 분석의 처음 입각점, 즉 『자본』에 나타난 마르크스의 상향의 방법과 생산의 우위성 테제 자체를 뒤집는 것임을 모르고 있다. 파인과 해리스가 이윤율의 경향적 저하 법칙이 아니라 '이윤율의 저하 경향 및 그 상쇄 요인에 관한 법칙'으로 불러야 한다고 말할 때, 이는 이와 같은 논리의 황당한 전도를 나타내는 것이다.

4) 이윤율의 경향적 저하 법칙 재구성의 진정한 쟁점

앞서 말한 바처럼 '구가치=생산 영역', '신가치=교환 영역'이 성립하지 않는다면, '법칙 그 자체는 구가치에 입각한 생산 영역의 법칙이고 상쇄 요인은 신가치에 입각한 생산·교환·분배 영역의 접합 수준에서 파악한 반경향'이라는 논리도 무너지며, 따라서 '이윤율 저하 경향과 상쇄 요인들의 법칙'이라는 명제도 오류임이 판명된다. 파인과 해리스와는 달리 구가치와 신가치는 모두 교환 과정을 통과한 동일한 추상 수준의 개념이며, 따라서 법칙 그 자체와 상쇄 요인들은 '이런 점에서' 자본의 일반적 분석이라는 동일한 추상 수준에 있다. 상쇄 요인들의 분석 수준에 있어 문제는 구가치냐 신가치냐가 아니고, 오히려 자본의 일반적 분석 수준에 속하는 요인들과 이를 넘어가는 요인들 사이를 구분해서 재구성하는 것이라 할 수 있다. 왜냐하면 마르크스가 열거한 상쇄 요인들 중에는 두 개의 상이한 분석 수준의 요소들이 혼재되어 있기 때문이다. 이런 점에서도 엥겔스판 제3권 제3편은 논란이 많은 구성이었고, 일정한 재구성이 필요한 것이다.[165] 파인과 해리스의 재구성은 제3권 제3편의 혼란을 정정하는 것이 아니라 오히려 마르크스의 이론을 왜곡하는, 근본적으로 잘못된 것이다. 필자의 견해로는 자본의 일반적 분석에 속하는 상쇄 요인들을 법칙 그 자체와 결합해서 이윤율의 경향적 저하 법칙을 구성하고(제13장과 제14장) 이 분석 수준을 넘어가는 상쇄 요인들은 이윤율의 경향적 저하 법칙의 현실적 전개(제15장)에서 다루는 방식으로 재구성하는 것, 이것이 재구성의 올바른 방향이라고 생각한다. 이 경우 『자본』은 기본적으로 자본의 일반적 분석을 대상으로 하고 있기 때문에 이를 넘어가는 제15장의 서술은 현실 경쟁을 포괄하는 영역으로서 마르크스가 직접 완성한다 하더라도 불완전하고 제한적

---

165 이에 대해서는 Heinrich(1996-1997) 참조. 하인리히는 이윤율의 경향적 저하 법칙은 자본주의의 장기적 변동을 규제하는 법칙이고 주기적 공황은 생산과 소비의 대립에서 발전하는 과잉생산에서 비롯된다고 주장한다.(하인리히, 2016: 9부).

일 수밖에 없을 것이다. 파인과 해리스는 법칙 자체(제13장)는 생산 영역, 상쇄력(제14장)과 내적 모순의 전개(제15장)는 생산과 교환 및 분배 영역의 접합이라고 했지만, 우리의 관점에서 위와 같이 재구성하면, 법칙 자체(제13장)와 (자본의 일반적 분석에 속하는) 상쇄 요인들(제14장)은 자본의 일반적 분석, 이를 넘어가는 상쇄력과 내적 모순의 전개(제15장)는 현실 경쟁의 수준이 된다. **여기서 자본의 일반적 분석과 현실 경쟁의 수준은 모두 생산과 교환 및 분배 영역의 접합을 포괄하는 것이지만, 문제는 그 접합을 분석하는 추상 수준이 다르다는 것, 즉 자본의 일반적 분석과 현실 경쟁이라는 추상 수준은 차이를 갖는다는 것인데**(전자에서는 '가격=가치 또는 생산가격'과 수급의 균형을 전제하고 이념적 평균에서의 자본의 운동 법칙을 분석하는 반면, 후자는 불균형 속에서 전개되는 그 현실적 과정을 분석한다), **이런 차이를 인식하는 게 이윤율의 경향적 저하 법칙을 주기적 공황과 관련하여 이해하려는 경우 무엇보다 중요하다.** 그러나 파인과 해리스는 근본적으로 『자본』의 분석 방법과 추상 수준에 대한 잘못된 해석 때문에 이 방법론적 문제에 대해 전혀 인식하는 바가 없다.

4.

이윤율의 저하 경향과 상쇄 요인들의 모순으로서의 공황: 주기적 공황에 관한 추상적 정식화

이윤율의 경향적 저하 법칙은 앞서 말한 바처럼 현실 경쟁의 분석을 매개로 하여서만 주기적 공황의 설명으로 나아갈 수 있다. 마르크스는 이 법칙을 자본주의 생산력 발전에 따른 점진적이고 경향적인 저하로 이해한다. "더욱이 자본구성의 이러한 점진적인 변화가 어떤 개별 생산 분야의 특징이 아니라 거의 모든 생산 분야 또는 적어도 결정적인 생산 분야에서 일어나며, 따라서 그 변화가 그 사회의 총자본의 평균적 유기적 구성을 변화시킨다고 가정한다면, 가변자본에 대비한 불변자본의 이러한 점차적 증가는 -잉여가치율 또는 자본의 노동 착취도가 불변이라면- 필연적으로 **일반적 이윤율의 점차적인 저하**를 가져올 것임에 틀림없다."(『자본론』 III(상): 254). "따라서 일반적 이윤율의 점진적인 저하 경향은 노동의 사회적 생산성의 점진적인 발달의 표현-**자본주의적 생산양식에 특유한 표현**-에 불과하다."(『자본론』 III(상): 255). 이런 이유로 이 법칙은 산업 순환과 주기적 공황의 설명에 직접 적용할 수 없다. 물론 이 법칙은 현실적으로 산업 순환과 시장 이윤율의 순환적 운동 속에서 관철해 나가며, 그러한 한에서 주기적 순환 및 공황과 관련되어있다고 할 수 있다. 그 때문에 마르크스도 이 법칙을 주기적 공황과 관련시키는 것이지만, 마르크스가 이 법칙으로 공황을 언급할 때는 현실 경쟁의 매개를 상정하는 것임을 인식하여야 한다. 즉 이윤율의 경향적 저하 법칙을 산업 순환과 관련해서 고찰하기 위해서는 현실 경쟁론을 명시적으로 도입하여 분석의 수준을 구체화하지 않으면 안 된다. 그것은 자본의 일반적 분석의 수준을 넘어가는 상쇄 요인들의 분석을 포함하는 것이다. 무엇보다 현실 경쟁에 의해 추동되는 수요와 공급의 무정부적 운동과 순환적 운동 그리고 시장가치 또는 생산가격으로부터 자립적으로 발전하는 시장가격의 운동을 분석해야 한다. 그럴 경우에만 현실의 시장 이윤율의 운동을 분석할 수 있고, 일반적 이윤율이 어떻게 시장 이윤율의 운동 속에서 구체적으로 전개하는가를 설명할 수 있으며, 그 위에서 비로소 시장 이윤율의 운동을 산업 순환과 주기적 공황의 설명에 적용할 수 있다. 주지하다시피 마르크스는 현실 경쟁과 공황에 대한 분석을『자본』의 서술 범위를 넘어가는 것으로서『자본』에서 배제했으므로 그 분석은『자본』에서 제한될 수밖에 없었다. 제14장 상쇄 요인들은 '가장 일반적인' 요인들을 다룬다고 하면서도 사실상은 몇 가지 임의로 선정한 상쇄 요인들의 열거에 지나지 않았고, 자본의 일반적 분석 수준을 넘어가는 상쇄 요인들은 더더욱 그러하였다. 따라서 제15장 법칙의 내적 모순들의 전개에서 현실 경쟁론은 체계적으로 전개될 수 없었다.

파인과 해리스는 이런 방법론적 문제를 인식하지 못한 채 이윤율의 경향적 저하 법칙을 산업 순환의 주기적 운동과 관련된 것으로 해석한다.(파인·해리스, 1985: 85). 물론 이들은 이윤율의 저하 경향만이 아니라 상쇄 요인들과의 모순적인 상호 작용을 통해서만 주기적 공황을 설명할 수 있고, '관찰 가능한 현실적 이윤율의 특수한 운동은 이러한 주기적 순환과 결부되어있다'고 하고 있지만, 현실 경쟁론의 고유한 과제를 인식하지 못하기 때문에, '이윤율 저하 경향과 상쇄 경향의 모순이 공황과 호황, 생산과 교환의 주기적 순환을 만들어낸다'는 명제는 추상적 정식화에 머물 수밖에 없다. 공황론의 고유한 과제는 바로 현실 경쟁의 분석을 통해 공황과 호황의 주기적 순환이 무엇 때문에, 그리고 어떻게 전개되는가를 밝히는 것이고, 그럼으로써 자본주의 공황의 특수한 형태와 원인을 구체적으로 규명하는 것이다. 파인과 해리스의 이러한 한계와 오류는 근본적으로 로스돌스키에 따른『자본』의 해석, 즉 『자본』이 정치경제학 비판 플랜의 전반 3부의 과제를 모두 이행한 것이라 평가하는 것에서 비롯된 것이다. 로스돌스키의 이러한 해석에 따르면, 자본의 일반적 분석으로부터 현실 경쟁으로의 일층의 상향 과정의 분석 과제는『자본』에서 이미 이행되었고, 따라서 그 과제는 원천적으로 배제된다. 그런데 현실 공황의 분석은 바로 현실 경쟁론의 수준에서 비로소 전면적으로 전개될 수 있는 것이다. 그렇다면 파인과 해리스는, 이 영역을 기본적으로 분석 대상으로 하지 않는 『자본』에서 이 분석이 행해질 수 있고 또 완결되었다고 보면서, 원래 현실 경쟁을 분석할 수 없는 『자본』의 수준에서 그 분석을 시도하는 것이고, 그것이 결국 좋게 말하면 추상적인 공황론을, 더 정확하게 말하면 이윤율의 경향적 저하 법칙과 주기적 공황에 관한 잘못된 이론 구성을 가져온 것이다.[166]

　이들이 과잉생산 공황을 단순한 형태에 지나지 않는다고 그 분석을 원천적으로 부정하는 것도 따지고 보면 이렇게 그 공황론의 한계와 오류에 기인하는 것이다. "물론 마르크스는 유효수요의 개념을 전개하여 그것을 공황 중에 일어나는 사태의 분석(케인스의 승수 분석과 매우 유사하다)에 사용하였다. 그러나 이 개념은 공황이 취하는 형태에 적합한 것이었지, 그 원인에 관한 것은 아니었다. 과소소비론자들은 이와는 대조적으로 수요의 부족을 공황의 원인으로 생각함으로써 공황의 형태를 그 원인으로 혼동하고 있

166　김수행 교수가 『자본론』 제3권 제1 개역판 역자 서문에서 다음처럼 적고 있는 것도 로스돌스키의 『자본』 해석을 그대로 받아들이는 것이다. "그러나 ([『자본론』 제3권 마지막 장인 -인용자) 제52장(『계급들』 -인용자)으로 『자본론』을 끝내려고 했는지는 알 수가 없다. 만약 마르크스가 『정치경제학 비판을 위하여』(1859)의 서문에서 밝힌 연구 플랜(Plan)- '나는 부르주아 경제체제를 다음의 순서로 연구한다. 자본, 토지 소유, 임노동, 국가, 대외무역, 세계시장'-을 실현하려고 했다면, 이 계급들의 분석을 통해 자기의 정치경제학 연구 플랜의 다음 과제인 '국가'(the State)로 나아가려 한 것이 아니었을까?"(『자본론』 III(상): VII). 김수행 교수도 이렇게 원래 플랜의 제1부 '자본'의 제2편 '자본들의 경쟁' 이하 제3부 '임노동'에 이르는 부편들의 독립적인 과제는 인식하지 못하고 『자본』으로부터 '국가'로 건너뛰고 있다.

다."(파인·해리스, 1985: 94). 유효수요의 부족, 과잉생산이 공황의 형태라고 하는 지적은 마르크스도 언급한 바처럼 그 자체로 타당하다. 그러나 과잉생산이 단순히 공황의 형태만은 아니다. 즉, 과잉생산이라는 형태는 분명 공황의 형태이지만, 공황 전에 없었던 과잉생산이 공황으로 갑자기 생긴 것은 아니다. 과잉생산은 호황 국면의 과도한 축적 과정에서 은폐되어 누적해서 발전하는 바, 이러한 불균형은 가격기구에 의한 부문 간 균형화 과정을 통해 정정되지 않고 오히려 가격기구의 작동 때문에 누적되어 간다. 그 때문에 그 누적은 불가피하게 공황을 통해 폭발되며, 이런 의미에서 가격기구가 아니라 주기적 공황이 자본주의의 진정한 균형화 기구라 할 것이다. 호황 국면에서의 과잉생산의 은폐와 누적은 자본 간 경쟁에 의해 추동되는 자본주의 생산의 내재적 모순, 즉 생산의 무제한적 확대와, 적대적 분배 관계에 의해 규정된 대중 소비의 제한된 수준과의 모순에 기인하는 것이며, 여기에 바로 주기적 공황의 궁극적 원인이 있다. 마르크스주의 정통파에 의해 발전해온 주기적 과잉생산 공황론의 이와 같은 명제는 현실 경쟁론의 분석을 상정할 때 비로소 구체화된다. 이런 점에서 현실 경쟁론을 매개하지 않는 공황론은 근본적인 한계를 가질 수밖에 없고 또 '가치법칙과 과잉생산'에 관한 근본적인 오류로부터 벗어날 수 없다.[165] 주기적 과잉생산 공황론은 흔히 오해하는 바이지만, 파인과 해리스가 비판하는 과소소비론과는 질적으로 다른 것이다. 주기

적 과잉생산 공황론은 과잉생산(형태)을 과잉생산(원인)으로 설명
하지 않고 과잉생산(형태)을 생산과 소비의 대립적 발전, 그 모순
으로 설명하며, 따라서 형태와 원인의 혼란에 빠진 것도 아니다.

---

167 주기적 공황은 파인과 해리스의 주장처럼 단순하게 법칙 자체와 상쇄력의 종합으로서 상
쇄력이 동원되지 않거나 미약해서 법칙이 관철하면 공황이 발생한다는 식으로 추상적으
로 설명할 수 있는 것이 아니라 10년 주기로 반복되는 공황 현상에는 일정한 법칙성이 규
명되어야 하고, 따라서 호황 과정에서 법칙적으로 모순과 불균형을 누적시키는 필연적인
계기들을 분석하지 않으면 안 된다. 현실 경쟁과 산업 순환은 이와 같은 구체적 분석의 대
상으로서 고유한 과제를 갖는 특수한 연구 영역이다. 왜냐하면 현실 경쟁과 산업 순환은
자본의 일반적 분석의 법칙이 관철되는 영역 또는 수준이고 그 분석에서 비로소 그 관철
의 형태가 구체적으로 전개되지만, 현실 경쟁의 수준에서 전개되는 관철 형태는 단순하
게 법칙의 표현으로서 법칙으로부터 직접 파악할 수 있는 그런 관계가 아니라 언제나 법칙
의 전도된 현상으로서 왜곡되어 표현되기 때문이다. 이러한 전도된 관계는 자본 일반과 경
쟁 일반의 관련에서만 또는『자본』의 일반적 분석 수준에서만 그러할 뿐 아니라 자본의 일
반적 분석과 현실 경쟁 간의 관련에서도 그러하기 때문에.『자본』을 넘어가는 현실 경쟁과
공황론의 고유한 특수 연구가 이론적 과제로서 제기되는 것이다. 가치법칙과 관련해서 그
의미를 살펴보면, 자본 일반 또는 자본의 일반적 분석 수준에서 가치법칙은 시장가격이 가
치 관계 또는 생산가격 관계로부터 끊임없이 이탈하지만 가격기구 그 자체의 균형화 작용
을 통해 끊임없이 균형으로의 조정이 이루어져 그 주위에서 끊임없이 변동하면서 조정되
는 방식으로 관철된다고 파악된다. 그러나 현실 경쟁에서 가치법칙은 그렇게 관철되지 않
고 호황 국면에서는 가치 관계 또는 생산가격 관계로부터 시장가격의 상방 이탈과 불균형
의 누적(이 국면에서 '시장가격〈가치(또는 생산가격)'이라는 불균형이 가격기구에 의해 조
정되지 않고 오히려 확대, 누적된다)에 의해, 또 공황 국면에서는 가치 관계 또는 생산가격
관계로부터 시장가격의 하방 이탈과 불균형의 누적(이 국면에서는 '시장가격〈가치(또는 생
산가격)'이라는 불균형이 가격기구에 의해 조정되지 않고 오히려 확대, 누적된다)에 의해,
즉 순환적 괴리와 불균형의 누적 그리고 공황을 통한 균형의 회복이라는 방식으로 관철된
다. 이렇게 자본의 일반적 분석의 법칙은 현실 경쟁의 구체적 전개 과정에서는 추상적으로
정식화한 관계를 전도시킨 방식으로 관철된다.(이상 산업 순환과 공황에 대한 일본 정통
파 등의 연구 성과에 대해서는 김성구(1983), 김성구(2008b), 富塚良三·吉原泰助(1997-
1998)를 참조.) 자본의 일반적 분석의 수준에서 파악한 가치법칙은 현실 경쟁에 의해 불
균형의 누적과 공황을 통한 그 회복이라는 산업 순환의 형태를 통해 경향적으로 관철되는
법칙이며, 자본의 일반적 분석 수준에서는 이런 현실 경쟁의 작용을 추상하여 이념적 평

그러면 현실 공황 분석의 이론적 한계는 그렇다 치고, 먼저 보다 높은 추상 수준에서 공황의 결정적인 모순들(말하자면 공황의 원인)을 규명한다는 파인과 해리스의 추상적 정식화, 즉 '이윤율 저하 경향과 상쇄 경향의 모순이 공황과 호황, 생산과 교환의 주기적 순환을 만들어낸다'는 명제는 얼마나 설득력이 있는지 좀 더 검토해보자. "공황의 전개를 알려면 이 동태적인 힘[축적의 효과, 즉 이윤율의 저하 경향과 상쇄 요인들 -인용자]을 검토하여야 한다. 생산 영역만을 살펴보면, 주기의 팽창 국면에서 자본가적 축적은 노동과정(생산력)의 계속적인 혁명을 일으킨다. 이 자체가 이윤율의 저하 경향을 만들어낸다. 그러나 이러한 요인들이 반드시 팽창 국면을 약화시키는 것은 아니다. 왜냐하면, 자본의 순환 전체를 살펴보면, 상쇄 요인들이 작용하여 이윤율을 유지하거나 오히려 상승시키기까지 할 수도 있으며 축적률이 높아져서 산 노동의 상대적 축출이 절대적 규모의 축소를 일으키지 않을 수도 있기 때문이다. 이러한 기반 위에서의 지속적인 축적은 세 영역의 조화

균의 관계에서 파악하기 때문에, 이 방법론적 문제를 올바로 이해하지 못하면 마치 균형론적으로 가치법칙이 관철되는 것처럼 주장하는 오류를 범하게 된다.[그 대표적인 논자가 宇野弘藏(1953), 伊藤誠,(1988)이다.] 구미의 공황론 문헌이 현실 경쟁과 산업 순환의 연구로 나아가지 못하고, 추상적인 공황 설명에 머물고, 그럼으로써 공황론의 결정적인 쟁점들이 해결되지 못하는 것도 이런 방법론적 몰이해에 기인한다. 공황론의 방법과 전개에 관한 마르크스의 구상은 무엇보다 『잉여가치학설사』 제17장(리카도의 축적론)을 참조하고, 谷野勝明(1998)은 이러한 관점에서 『자본』의 초고들로부터 마르크스의 공황론의 형성을 정리하고 있다.

로운 발전으로 생각될 수 있다. … 그러나 이러한 생각은 마르크스의 재생산표식만큼이나 추상적인 해석이다. 왜냐하면 이 생각은 저하 경향과 상쇄 요인들 간의 적대적 모순이 항상 존재하기 때문에 축적은 그 스스로를 중단시킬 씨앗을 품고 있다는 사실을 사상하고 있기 때문이다."(파인·해리스, 1985: 96). 파인과 해리스는 축적이 진행되어 기술적 구성과 유기적 구성이 고도화하면 그 자체 이윤율의 저하 경향을 만들어내는데, 그럼에도 이것이 축적을 촉진하여 호황 국면으로 갈 수 있는 것은 상쇄 요인들의 작용으로 이윤율이 유지되거나 상승하기 때문이라고 한다.(또 공황은 상쇄 요인들의 소진 때문에 이윤율이 하락하기 때문에 발생한다는 것이다.) 즉 호황의 원인은 축적의 내재적 요인들 때문이라기보다는 어이없게도 상쇄 경향이 작용하기 때문이라는 것이다. 물론 이들은 상쇄 경향도 축적의 효과로 작용하는 것이라고 주장하기 때문에 결국은 내재적 요인의 작동에 의해 (상쇄력이 작용하여 이윤율 조건을 유지함으로써) 호황 국면으로 가는 것이라 억지 주장을 할 수도 있다. 그렇다 하더라도 근본적 문제가 해결되는 것은 아니다. 산업 순환은 10년 주기로 반복해서 진행하는 바, 그러면 어떻게 상쇄력이 규칙적으로 작용해서 이윤율의 저하를 상쇄하여 호황 국면을 반복해서 가져올 수 있는가, 또 어떻게 상쇄력이 규칙적으로 소진되어 이윤율의 실제적 저하와 공황 국면을 가져오는가, 그 메커니즘을 법칙적으로 해명하지 않으면 안 된다. 그런데 파인과 해리스는 앞에서 저하 경향과 상쇄 요인들은 상호 독립적이어서 그 작용에는 어떤 선험적이거나 법칙적인 관계를 끌어낼 수 없다고 하지 않았는가? 이것이 이들이 내세우는 이윤율의 경향적 저하 법칙에 대한 독자적인 해석이었다. 결국 이들은 산업 순환의 법칙성, 주기적 순환성의 문제에 답할 수가 없는데, 이는 현실 공황의 분석을 방기한 이들 이론의 필연적인 결과라고 할 수 있다.

계속해서 이들을 따라가 보자. "그러면 이들 모순의 의미는 무엇일까? … 이 갈등은 자본가적 축적을 중단시키는 (저하 경향과 상쇄 요인들의) 특수한 결합을 의미한다. 마르크스의 공황이론은 이러한 특수 결합이 반드시 나타나게 된다는 생각인데, 그 특수 결합은 여러 가지의 형태를 취할 수 있다. 그중 가장 간단한 예가 이윤율의 저하 경향과 상쇄 경향이 모두 순조롭게 작용하면서, 전자가 양적으로 보다 강력하여 현실적 이윤율이 저하하고 이에 따라 축적에 대한 자극이 사라지는 경우이다. 근본주의자들은 이 경우만을 마르크스가 공황의 근거로 생각한 유일한 것으로 잘못 생각하고 있다. … 사실상 이윤율의 저하가 공황을 초래하는데 미치는 영향은 잉여가치량 또는 이윤량의 중요성을 인식하지 않고서는 이해될 수 없다. 왜냐하면, 만일 이윤율이 자극제로서 축적과 (+)의 상관관계를 가지고 있다면, 이윤율의 점진적 하락은 축적의 돌연한 중단이 아니라 점진적 감퇴를 가져와야 할 것이기 때문이다. 그러나 잉여가치량이 축적의 능력을 결정하는데 미치는 영향은 불가피하게 불연속성을 띤다. 그 이유는 축적의 능력이 단지 잉여가치량에만 의존하는 것이 아니라 자본화할 수 있는 최소 규모의 잉여가치량에 의해서도 결정되기 때문이다. 고정자본의 중요성과 각 생산과정에서 고정자본의 규모가 확대되는 경향을 고려할 때, 축적이 진행되면서 일정량 이상의 잉여가치가 필요하게 된다. 이윤율이 떨어져도 잉여가치량이 여전히 충분히 크다면, 축적은 진행될 수 있다. 그러나 만일 잉여가치량이 증가 추세를 유지하면서도 결정적인 점 이하로 떨어지면 축적은 돌연 중단될 수밖에 없는 것이다."(파인·해리스, 1985: 96-97). 이윤율의 저하 경향과 상쇄 요인들의 결합으로서 공황을 설명해야 한다고 하다가 여기서 파인과 해리스는 새삼 이윤량의 문제를 제기하고, 이윤율의 저하와 이윤량의 저하를 결합하지 않으면 공황을 설명할 수 없다고 한다. 그러나 이 설명도 혼란스럽기만 하다. 앞서 저하 경향과 상쇄 경향 간 결합의 설명에서 파인과 해리스가 강조한 것은 양자의 결합 효과로서 현실 이윤율 운동은 불확정적이라는 것이며, 따라서 그 운동이 점진적으로 하락한다는 것은 개념적으로 부정되었던 것인데, 여기서는 이를 점진적 하락이라고 상정하고 양자의 결합 효과로서의 공황 발생을 점진적 하락이라는 이유로 비판, 부정하고 있다. 이윤율의 점진적 하락이 갑작스러운 축적의 중단과 공황으로 발전하는 것을 설명하기 위해서는 이윤량의 저하를 도입해야 한다는 것이다. 공황에서의 문제는 파인과 해리스의 말처럼 이윤율의 점진적 하락이 아니라 특정 국면에서 이윤율의 급락이며, 이를 해명하는 것이 공황론의 과제인데, 이들은 앞에서 이 이윤율 급락을 저하 경향과 상쇄 요인 간 특수한 결합으로 설명하지 않았던가? 여기서 파인과 해리스는 이윤율의 경향적 저하 법칙에 대한 자신의 재구성의 핵심적 명제를 뒤집고 있다고 할 수밖에 없다. 또는 좋게 말해서 이윤율 저하 경향과 상쇄 경향의 특수한 결합이 나타나는 여러 경우를 논하고 있다고 할 수도 있지만, 주기적 공황의 발발에 있어 이윤율의 저하인가 이윤량의 저하인가는 경우의 수의 문제가 아니라 모두 하나의 공황론에 체계적으로 구성되어야 하는 특정한 이론적 요소들이라 해야 할 것이다.

마지막으로, 파인과 해리스는 자본의 감가가 공황을 야기하는 경우를 언급하면서 또 한번 납득할 수 없게 앞에서 전개한 자신의 개념들을 뒤집으면서 혼란을 드러내고 있다. "마르크스가 거기에서 제시하는 자본의 감가의 예(『자본론』 제3권 제15장 제3절)는 이윤율의 사실상의 하락에서 초래된 경우이다. … 여기에서 자본의 감가는 가치 감소(devaluation)와 교환가치 감소(depreciation)로 구분할 수 있음을 주의해야 한다. 자본의 **가치 감소**는 유기적 구성의 고도화(곧, 이윤율의 저하 경향)와 결부된 생산성 증대에 의하여 정의될 수 있다. 다른 한편으로 이러한 가치 감소가 교환을 통해 표현되고 형성되려면, 자본의 **교환가치**가 **감소**하여야만 한다. 곧, 가치 구성이 형성되고 상쇄 요인들이 실현된다. 이윤율의 저하 경향과 상쇄 요인들이 순조롭게 상호작용하는 한, 자본의 가치 감소와 교환가치 감소는 동의어가 된다. 그러나 생산의 주기적 운동 중에는 양자가 조화를 이루지 못하고, 특히 경기후퇴 시 자본은 가치 감소 없이 교환가치의 감소를 맛본다. 다시 말하자면, 자본의 교환가치가 하락하는데(화폐의 교환가치는 상승함), 자본의 가치에는 그에 상응하는 감소가 없다."(파인·해리스, 1985: 98). 이들은 앞에서는 유기적 구성이 생산성의 변화에 따른 자본의 가치 변화를 고려하지 않고 '구가치'로 정의한 개념이라고 하였는데, 여기서는 자본의 가치 감소가 유기적 구성의 고도화와 결부된 생산성 증대에 의해 정의된다고 말하고 있다. 이런 정의는 앞에서의 서술에 따르면 신가치와 가치 구성의 개념에 해당되는 것이 아니었나? 그런데 여기서는 이것이 구가치의 개념에 해당된다. 왜냐하면 파인과 해리스는 이어서 자본의 교환가치 감소는 상쇄 요인들을 고려할 때 비로소 실현되고, 이는 가치 구성에 대응되는 개념을 이룬다고 하기 때문이다. 생산성 증대로 가치가 감소되었지만 아직 교환을 통해 실현되지 못한 가치 감소, 그것이 곧 구가치로 정의된 것이 아니겠는가? 그리고 앞에서 말한 신가치는 이제 교환가치의 감소(depreciation)라는 개념으로 탈바꿈되고 있다. 급기야는 '저하 경향과 상쇄 요인들의 법칙'의 순조로운 작용에서 자본의 가치 감소(구가치)와 교환가치의 감소(신가치)가 동의어(!)가 된다고 말하기에 이른다. 정말로 어이없는 자의적인 개념 사용이 아닐 수 없다. 다만 인용문의 마지막에 언급되는 '경기후퇴 시 자본의 가치 감소 없는 교환가치의 감소'라는 문제는 공황론에 있어 중요한 의미를 갖는 것인데, 그러나 그것도 이들은 올바로 이해하고 있지 않다. 공황 국면 시 교환가치의 감소는 가치 관계로부터 시장가격의 이탈에서 비롯되는 것이지, 파인과 해리스가 상정하는 것처럼 생산성의 변화에 조응하지 않는 구가치와 생산성 변화에 따른 신가치의 감소 간 비조응을 말하는 것은 아니다. 즉 공황은 구가치의 신가치로의 조응 과정의 파괴가 아니라 가치 관계로부터 가격 관계의 순환적 이탈과 폭력적 조정의 문제이며, 이런 공황과정을 통해 비로소 구가치로부터 신가치로의 조응이 경향적으로 관철되는 것이다.

이상에서의 우리의 비판적 평가와는 달리, 파인과 해리스는 보다 높은 추상 수준에서 공황의 결정적인 모순들을 규명했다고 하면서 이제 보다 낮은 추상 수준으로 나가야 한다고 말한다. "이 모순들[공황을 일으키는 결정적인 모순들 -인용자]은 **가치의 관점**(강조는 인용자)에서 정립된 것이고 따라서 비교적 높은 추상 수준에 있는 것이다. 그러나 이러한 높은 추상 수준에 머물고 있는 한, 공황과 결부된 관찰 가능한 표면적인 현상들과 그 주기가 어떻게 그 결정적 모순 위에 근거하고 있는지를 알 수가 없다. 따라서 이제 좀 더 구체적으로 나아가 보자."(파인·해리스, 1985: 99). 그러면 관찰 가능한 공황의 표면적인 현상들과 그 주기의 분석을 위해 파인과 해리스는 얼마나 구체적으로 나아가고 있는가? 이들은 다만 세 가지 과제, 즉 ① 신용과 화폐를 공황 분석에 도입하는 것 (이들에 따르면 이는 가치 개념이 적용되는 추상 수준에 머물면서 공황 이론을 완성시키는 것이라 한다), ② 시장가격의 운동을 검토하는 것 (그러나 이들은 다만 노동력 가격의 변동을 문제로 할 뿐이다), ③ 공황 에 있어 계급투쟁의 역할을 검토하는 것을 말 그대로 문제 제기 수준에서 제출할 뿐이고, 특히 공황의 현실적 전개의 핵심적 현 상인 시장가격의 운동과 수급 관계의 변화, 시장 이윤율의 변동에 대해서는 인식조차 없다. 또한 공황의 현실적 전개에 대한 구체적 서술이 필요한 곳에서 이들은 극히 추상적이고 단편적인 서술로 끝내고 있을 뿐이다.(파인·해리스, 1985: 99-103). 물론 이들의 저작 은 현실 공황론을 대상으로 한 것은 아니어서 그 책에서 구체적 분석을 기대할 수는 없지만, 현실 공황의 분석을 위한 이론적 길 에 문제가 있다는 점에서 결국 이들에게 현실 공황론은 부재한다 고 말할 수밖에 없다. 『자본』에서 현실 경쟁론이 완결되었다는 이 들의 『자본』 해석으로부터 볼 때, 이는 아마도 당연한 결과라 할 것이다.[168]

---

168 이 글에서 검토하고 있는 저작의 간행 이후 30년 가까운 시간이 지났지만 파인과 해리스 가 산업 순환과 현실 공황론의 전개라는 이론적 작업을 다른 저작에서 수행했는지 필자는 들어본 적이 없다. 앞서도 말했지만, 영미권의 마르크스주의 문헌에서 이에 대한 연구는 거의 찾아보기 어렵다. 국제적으로도 일본의 마르크스주의 문헌에서만 유일하게 산업 순

5.
맺음말

　파인과 해리스는 이윤율 저하설을 주장하는 논자들 중에서는 보기 드물게 방법론적 관점에서 이윤율의 경향적 저하 법칙을 재구성해서 그로부터 공황론을 전개하고자 하였다. 이러한 시도는 분명 중요한 문제 제기라 할 수 있지만, 『자본』의 방법과 추상 수준 및 가치 개념과 그 전개에 대한 오해 때문에, 자본구성의 개념에 납득할 수 없는 재구성을 시도하였고 여기에 추상 수준의 차이라는 방법론적으로 중대한 의미를 부여하였다. 이는 마르크스의 이윤율의 경향적 저하 법칙의 재구성이 아니라 오히려 일층의 왜곡이며, 이러한 왜곡된 재구성으로부터는 당연히 주기적 공황론의 발전을 기대할 수도 없는 것이다. 이윤율의 경향적 저하 법칙과 주기적 공황론은 방법론적으로 잘못 매개되었고, 그 주기적 공황론은 공황론이라고 하기에는 너무 추상적이다. 뿐만 아니라 이들

환과 현실 공황에 관한 이론적 연구가 체계적으로 진전되었는데, 이는 분명 플랜 논쟁에서 일본의 정통파 경제학자들이 플랜 불변설의 입장을 견지한 것과 관련되어있다. 『자본』을 자본 일반의 확장으로 이해하면서도 제1부 자본 제1편 자본 일반 이후 남겨진 6부 편성의 정치경제학 비판 플랜이 변하지 않았다는 관점에서 보면, 현실 경쟁과 산업 순환 및 주기저 공황은 『자본』의 성립에도 불구하고 이행해야 할 이론적 과제가 된다. 일본에서 산업 순환과 현실 공황에 관한 일층의 독립적인 연구가 진전될 수 있던 것은 바로 이러한 이론틱 토데 때문인 거이다

의 주장들은 자신들의 재구성의 관점으로부터 보아도 논리적 모순과 말 바꾸기 등으로 얼룩져 있다. 이 글의 비판적 평가가 조금이라도 이들의 이론을 재평가하는 계기가 되었으면 한다.

참고 문헌

김성구 편, 1983, 『공황론 입문』, 돌베개.

김수행, 2006, 『자본주의 경제의 위기와 공황』, 서울대학교출판부.

김성구, 2008a, 「정치경제학 비판 플랜과 『자본』: 이른바 플랜 논쟁에 대하여」, 〈마르크스주의 연구〉 제9호, 2008.

김성구, 2008b, 「마르크스의 공황론 방법과 주기적 과잉생산 공황론」, 〈마르크 스주의 연구〉 제10호.

마르크스, K. 2001a, 『자본론』 I(상), 제2개역판, 비봉출판사.

마르크스, K. 2001b, 『자본론』 I(하), 제2개역판, 비봉출판사.

마르크스, K., 2004a, 『자본론』 III(상), 제1개역판, 비봉출판사.

마르크스, K., 2004b, 『자본론』 III(하), 제1개역판, 비봉출판사.

비탈리 비고츠키, 1993, 「마르크스의 경제학적 유산」, 〈이론〉 제6호, 1993 가을.

비탈리 비고츠키·알렉산드르 체푸렌코, 1993, 「『자본』과 『그룬트리세』」, 〈이론〉 제7호, 1993 겨울.

谷野勝明, 1998, 「マルクス恐慌理論の形成」, 富塚良三·吉原泰助 編, 1998, 『恐慌·産業循環』(下), 有斐閣.

富塚良三·吉原泰助 編, 1997-1998, 『恐慌·産業循環』(上), (下), 有斐閣.

宇野弘藏, 1953, 『恐慌論』, 岩波書店.

Fine, B. & Harris, L., 1979, *Rereading Capital*, The Macmillan Press〔국역: B. 파인·L. 해리스, 1985, 『현대자본주의 입문』, 한울.〕

Fine, B. and Saad-Filho, A., 2004, *Marx's Capital*, Pluto Press〔국역: 벤 파 인·알프레도 새드-필호, 2006, 『마르크스의 자본론』, 책갈피.〕

Heinrich, M., 1996-1997, "Engels' Edition of the Third Volume of *Capital* and Marx's Original Manuscript", *Science & Society*, Vol. 60, No. 4, Winter.

Heinrich, M., 2004, *Kritik der politischen Ökonomie*, Schmetterling Verlag[국역: 미하엘 하인리히, 2016, 『새로운 자본 읽기』, 꾸리에북스.]

Itoh, M., 1980, *Value and Crisis: Essays on Marxian Economics in Japan*, Pluto Press[국역: 伊藤誠, 1988, 『가치와 공황: 일본의 마르크스주의 경제학』, 비봉출판사.]

Jahn, W., 1986, "Zur Entwicklung der Struktur des geplanten ökonomischen Hauptwerkes von Karl Marx", *Arbeitsblätter zur Marx-Engels-Forschung* 20.

Kogan, A. M., 1979, 『経済学批判プランと『資本論』』, 大月書店.

Marx, K., 1983, *Das Kapital*, Bd. 1, *MEW* 23, Dietz Verlag.

Marx, K., 1982, *Theorien über den Mehrwert*, *MEW* 26.2, Dietz Verlag.

Müller, M., 1978, *Auf dem Wege zum "Kapital"*, deb.

Rosdolsky, R., 1968, *Zur Entstehungsgeschichte des Marxschen 'Kapital': Der Rohenhwurf des 'Kapital' 1857-58*, Europäische Verlagsanstaltung[국역: 로만 로스돌스키, 2003, 『마르크스의 자본론의 형성』, 백의.]

8장

산업 순환 및 공황론으로서
이윤율 저하설의 근본적 오류

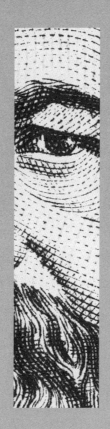

1.
이윤율 저하 법칙과 주기적 공황

　『자본』 제3권 제3편 이윤율의 경향적 저하 법칙에 입각하여 주기적 공황을 설명하는 이론적 경향(이하 이윤율 저하설로 명명한다)은 대체로 1970년대 서구에서 한 세대만에 마르크스주의가 복권되던 시기로부터 적어도 구미에서는 마르크스주의 공황론의 주류를 형성하였다. 그 시기 이전 마르크스주의의 공황론의 전통은 서구와 동구 그리고 일본에서도 과잉생산 공황론(이는 종종 과소소비론적 편향으로 잘못 이해되곤 한다)이었고, 현실 사회주의가 붕괴한 오늘날도 일본에서는 과잉생산 공황론이 주류적 경향을 대표한다.[169] 주지하다시피 이윤율의 경향적 저하 법칙은 『자본』 제1

169　이윤율 저하설에도 여러 이론적 흐름이 존재하지만(유기적 구성 고도화론, 이윤 압박론, 노동력 부족 이론 등), 여기서는 유기적 구성 고도화론, 즉 유기적 구성 고도화에 따른 이윤율의 경향적 저하 법칙에 입각한 이론만을 검토 대상으로 한다. 1970년대 이래 야페(Yaffe, 1973), 코고이(Cogoy, 1973), 마틱(Mattick, 1969(1971); 1981), 뮐러(Müller, 2009) 등이 이 이론의 대표적 논자들이다.(뮐러의 저서는 1981년의 박사 학위논문을 약간 수정하여 간행한 것이다.) 그 이전에 이윤율 저하설로 공황을 논한 희귀한 논자는 무엇보다 그로스만일 것이다.(Grossmann, 1929). 그로스만 자신은 저작의 부제에서 명시한 것처럼 붕괴 이론이 동시에 공황 이론이라고 주장하지만, 이 저작은 기본적으로 자본축적에 따른 자본주의 붕괴를 논한 것이어서 여기서 특별히 공황론으로서 검토할 필요는 없다. 그에게 있어 붕괴 경향은 곧 공황을 가져온다. 다만 이것이 자본주의 붕괴가 아니라 (일시적인) 공황을 가져오는 것은 이윤율 저하에 반대로 작용하는 상쇄력으로 경제가 다시 회복할 수 있기 때무이라고 한다.(Grossmann, 1992: 130ff). 후에 보는 바처럼, 사실 현대의 이윤율 저하설 논자들도 그로스만 못지않게 주기적 공황론이라기보다는 장기적 축적론에 머물

권 제7편 축적론, 제2권 제3편 재생산표식론과 함께 '자본의 일반적 분석 수준'에서의 자본축적에 관한 분석이다. 이윤율 저하설은 이념적 평균에서 자본주의의 장기적 발전과 위기를 규제하는 이 법칙을 현실 경쟁론의 매개 없이 공황론에 직접 적용하는 근본적 오류를 범하고 있다. 이 공황론에서는 자본주의의 장기적, 경향적 운동과 현실적 순환운동 간의 상이한 분석 차원을 인식하지 못하기 때문에, 이윤율 저하설은 사실상 산업 순환론(공황 국면뿐 아니라 호황 국면도 분석해야 하는)을 결여하고 있다. 수요와 공급의 균형을 상정하는 이른바 '총자본의 추상 수준'(Müller 2009: 282)에 머무는 한, 이윤율 저하설은 불가피하게 유통 영역의 독자적 운동을 추상할 수밖에 없고, 공황론은 총자본의 수준에서 논한다 하더라고 그것은 단지 생산 부문의 반영에 지나지 않게 된다.[170]

고 있다. 그럼에도 이들은 이것으로 주기적 공황도 설명한다. 바우어의 잘못된 재생산표식을 연장하여 표식의 제35년도 이래 자본주의는 축적할 잉여가치가 부족하여 붕괴에 이른다는 그로스만의 기괴한 결론 및 축적과 붕괴에 관한 자의적인 그림(Grossmann, 1992: 74ff)은 당대 재생산 논쟁이 보여준 불합리성의 또 하나의 극치이었다. 이는 로스돌스키(Rosdolsky, 1968: ch. 30)처럼 그가 조화론적 자본주의관을 비판하고 붕괴론을 주장하였다 하여 변호할 문제가 아닌 것이다. 재생산표식 논쟁사와 그로스만에 대한 비판은 岡稔(1976: 제1장), 김성구(2014ₐ), 김성구(2014ᵦ), 김성구(2018) 참조.

170 "마르크스의 경기 변동 모델의 근본 전제로서 총자본의 가정은 한편에서 과잉 축적론(뮐러의 이윤율 저하설 -인용자)과 다른 한편에서 유통 이론, 자본순환 이론, 심리학적 공황론을 가르는 본질적인 기준선이다. 왜나하면 직접적 생산과정으로부터 공황의 설명을 도출함과 함께 공급 및 수요 관계, 시장의 부족 사태, 불확실성, 분위기, 가동률 및 고용 변동, 시장가격 변동 같은 시장 요인들은 산업 순환의 규정 요소로서는 떨어져 나가기 때문

결국 생산과 유통의 통일 수준에서지만 더욱 나아가 현실 경쟁 수준에서 유통 부문의 상대적 자립에 근거하여 발전하는 과잉생산의 누적 과정(호황 국면의 특징)과 공황 국면에서의 그 폭력적 조정은 분석할 수 없게 되는데, 이는 주기적 공황론으로서 치명적인 결함이라 하지 않을 수 없다.[171] 그 결과 이윤율 저하설은 산업 순환의 분석을 건너뛰고 자본주의 장기적 위기를 규정하는 이윤율의 경향적 저하 법칙을 직접 공황 국면에서의 이윤율 (주기적) 하락에 연관시킬 뿐이다. 후자의 이윤율 하락은 현실 경쟁에 매개된 생산과 소비의 대립적 발전에 따른 수급 관계의 파괴(과잉생산)에서 비롯된 것인데, 수습 관계의 균형을 가정한 위에서 전개한 이윤율의 저하 경향을 무리하게 그 원인으로 설정하는 것이다.[172] 그

이다. 이러한 유통의 현상들과는 반대로 잉여가치 생산이 경기변동의 추동력으로서 지배한다." Müller(2009: 288.).

171 이윤율 저하설 중에서도 일본의 우노 고조 학파가 대변하는 노동력 부족설은 이윤율의 경향적 저하 법칙을 장기적 법칙으로 이해하고 이 법칙으로 주기적 공황을 설명하는 것을 비판하지만, 그러나 노동력 부족설도 가치법칙으로써 수요와 공급의 균형을 전제하고 공황론을 전개하기 때문에, 유기적 구성 고도화론과 마찬가지로 산업 순환과정에서 전개되는 수급상의 불균형 누적과 공황을 통한 그 폭발이라는 산업 순환의 주요 현상을 이론적으로 포착할 수 없다.

172 이런 점에서 이윤율 저하설을 둘러싼 구미권의 통상적인 논쟁 방식, 즉 상쇄력의 작용에도 불구하고 일반적 이윤율이 과연 하락하는가 여하를 둘러싼 수다한 논쟁은 이윤율의 경향적 저하 법칙의 논증을 대상으로 하는 것이라면 그 자체로 의미가 있겠지만, 대개는 주기적 공황의 원인으로서 문제를 삼는 것이어서 근본적으로 잘못된 논쟁이라 하지 않을 수 없다. 류튼(Reuten, 2002)은 아예 마르크스가 『자본』 제3권 제3편에서 이윤율의 '순환적 운동'과 주기적 공황을 분석하고자 했다며 '이윤율의 경향적 저하 법칙TRPF'이 아니

러나 이윤율 저하설은 이렇게 산업 순환론을 결여함으로써 오히려 이하에서 보는 바와 같이 주기적 공황론으로서 부딪쳐야만 했을 핵심적 난제를 피해갈 수 있었다. 이윤율 저하설이 산업 순환의 문제까지 분석하고자 하였다면, 현실의 산업 순환 현상을 설명할 수 없는 무력감에 일찌감치 파산하였을 것이다. 따라서 산업 순환의 국면적 특징들을 구체적으로 검토하면서 이윤율 저하설과 논쟁하는 것이 주기적 공황론으로서의 이윤율 저하설의 한계를 드러내는 가장 효과적인 방식일 것이다. 이글에서는 산업 순환론의 수준에서 이윤율 저하 법칙과 공황의 연관을 살펴보고, 공황 이론으로서 이윤율 저하설의 치명적 오류들을 비판할 것이다.

『자본』 제3권 제3편은 주지하다시피 추상 수준을 달리하는 세 개의 장으로 구성되었다. 제13장 '법칙 자체'에서는 생산력의 발전이 자본의 유기적 구성을 고도화하고 이것이 설령 잉여가치율의 증대를 동반하더라도 이윤율의 경향적 저하를 가져오는 과정이 서술되는 바, 이는 생산가격의 분석 수준에 조응하고 자본의 일반적 분석에 한정되는 것이다. 여기서 일반적 이윤율의 저하는 생산과정의 관계가 균형적 조건에서 [유통 과정과] 총유통 과정에

라 '이윤율 순환 이론Theory of the Rate of Profit Cycle: TRPC'으로 명명해야 한다고 주장한다. 이런 주장은 그가 마르크스의 방법을 이해하지 못했음을 말해주는 것이다. 『자본』은 경기순환이 아니라 경기순환을 통해 관철되는 자본주의의 이념적 평균을 서술 대상으로 한 것이다.

표현되어 나타나는 생산가격 이윤율의 저하이다. 이 이윤율이 현실의 수요 공급의 조건에서 구체적으로 어떻게 실현되어 나타나는가를 서술하기 위해서는 현실 경쟁의 분석을 도입하지 않으면 안 되며, 이는『자본』의 분석 수준인 '자본의 일반적 분석'의 틀을 넘어가는 것이다. 마르크스는 이에 대한 분석을『자본』이후의 과제로 넘기면서도 제14장 '상쇄력들'에서 (가치 또는 생산가격으로부터 일탈하는) 가격 변화의 요인들까지 포함하여 이윤율의 저하에 반대로 작용하는 요인들을 검토하고 있다. 그리고 제15장 '법칙의 내적 모순들의 전개'에서 마르크스는 법칙 자체와 상쇄력들을 통일적으로 분석하고자 하였는데, 이것 또한 당연히『자본』의 틀을 넘어가는 과제가 아닐 수 없다. 제14장에서 상쇄력들의 분석이 제한되어 있는 만큼 제15장에서도 그 분석은 제한될 수밖에 없다. 『자본』의 분석 수준상 여기서 산업 순환 과정에서 전개되는 가격들의 자립적 운동에 대한 체계적인 분석이 결여된 것은 당연하다. 그럼에도 마르크스는 제15장 곳곳에서 마치 이윤율의 경향적 저하 법칙과 공황 간 직접적 관련을 상정하는 것 같은 문장들을 전개하고 있는데, 이것이 이윤율의 경향적 저하 법칙에 근거해서 마르크스의 공황론을 전개하는 주요 근거라 할 것이다. 그러나『자본』의 분석 수준을 고려할 때, 마르크스가 여기서 공황의 문제를 체계적으로 다루고자 했다기보다는 후에 경쟁론 이하에서 다룰 예정인 공황 문제를, 말하자면 선취하여 필요한 한에서 언급하고 있을 뿐이다. 이는 『자본』 제3권이 『자본』의 제3초고에 입각하여 엥겔스가 편집한 것이라는 점에서 여기에는 아직 연구 과정의 요소들이 적지 않게 남아있는 것과도 관련된다. 이렇게 경쟁론을 전면적으로 전개할 수 없는 제15장에서 공황에 대한 서술들은 모순적이며 체계적일 수 없고, 이윤율 저하 법칙과 공황 간 관련을 잘못 이해할 소지가 다분한 것이다.[173]

주기적 공황의 분석은 현실 경쟁론의 매개를 필요로 하고, 따라서 이윤율의 저하 경향이 현실 경쟁 속에서 어떻게 전개하는가 하는 분석 수준으로까지 구체화하지 않고서는 이 관련을 올바로 이해할 수 없다. 이 분석 수준으로까지 올라가면, 일반적 이윤율이 아니라 산업 순환에 따른 시장에서의 수급 변화와 시장가격의 변동을 반영하는 구체적인 이윤율, 즉 시장가격 이윤율이 문제이며, 이 시장가격 이윤율의 갑작스런 하락을 해명하는 것이 바로 주기적 공황론의 핵심 문제인 것이다. 이러한 문제의식에서 파악하면, 이제 시장가격 이윤율의 갑작스러운 하락은 일반적 이윤율의 변동 요인과는 다른 것이며, 따라서 일반적 이윤율을 결정하는(하락시키는) 유기적 구성의 고도화나 또는 (자본의 일반적 분석 수준에서 일반적 이윤율의 하락을 상쇄하는) 상쇄 요인들, 예컨대 잉

---

173 『자본』 제3권 제3편에 대한 이와 같은 재해석 또는 재구성에 관한 상세한 논의는 김성구 (2008a)를 참조.

여가치율의 증가나 불변자본의 저렴화는 일반적 이윤율의 저하를 설명할 뿐이고, 시장 이윤율의 급락을 설명하지는 못한다. 통상 이윤율의 경향적 저하 법칙으로 공황을 설명할 때의 방법론적 오류는 바로 이 점을 인식하지 못하고, 이윤율의 저하와 공황을 가치 또는 생산가격으로 파악한 유기적 구성의 고도화나 또는 상쇄 요인들의 작용으로 설명하는 데 있다.

이러한 문제에 대한 토론은 일본의 공황론 논쟁의 주요한 성과라 할 수 있는데, 특히 다카기 아키라高木 彰는 이것을 공황론 논쟁의 핵심 문제로 제기한 바 있다. 그에 따르면, '이윤율의 경향적 법칙'이란 자본제 생산에서의 생산력 상승의 다른 표현이다. 그것은 개별적 자본들에게 있어 특별잉여가치의 추구를 목적으로 행해진 생산력의 상승을 사회적 결과에서 고찰한 것이며, 산업 순환의 주기를 넘어가는 일정한 기간에 대한 사회적 생산력의 상승을 일반적 이윤율의 저하로서 표현한 것이다. 이 때문에 법칙의 관철 과정이란 구체적으로는 자본축적의 운동이 산업 순환의 형태에서 자기를 전개하는 과정을 의미한다. … 그러나 그것은 일반적 이윤율의 저하에 의해 공황이 발생한다는 것은 아니다. '법칙'의 관철 과정에서는 생산력의 상승에 의해 일어나는 일반적 이윤율의 저하와, 자본축적의 현실적 동태에서 필연적으로 야기되는 시장 이윤율의 저하는 구별되지 않으면 안 된다."(高木 彰, 1986: 338).

이러한 이해 방식은 또한 『자본』 제3권 제3편에 대한 다음과 같은 재구성에 표현되어있다. 즉, "'법칙'과 공황의 관계가 문제로 되는 경우, 『자본론』 제3부 제15장 '법칙의 내적 모순의 전개'가 중요시된다. 그것 자체는 결코 오류가 아니지만, 두 가지 이윤율의 구별하에서 제13장과 제15장의 논리 연관을 다시 묻지 않으면 안된다. … 결론적으로 말하면, 제13장에서는 자본축적의 장기적 과정으로서 일반적 이윤율의 동태가 문제로 되며, 제15장에서는 산업 순환 과정에서의 시장 이윤율의 동태가 문제로 된다. 제15장에서는 '법칙'이 일방에서는 자본주의적 생산의 역사적 한계성을 나타내는 것으로 규정되면서, 타방에서는 주기적으로 발생하는 과잉생산 공황의 기초적 계기로서도 규정되고 있다. 이 자본축적 운동으로서는 이질적인 것이 '법칙'의 이름하에 포함된 것에 이제까지 '법칙'과 공황에 대한 약간의 혼란을 일으켜온 원인이 있었다."(高木彰, 1986: 338-339).[174]

이렇게 이윤율의 경향적 저하 법칙이 현실 경쟁을 매개로 하여 산업 순환의 형태에서, 즉 호황과 공황 국면을 통해 관철된다는

---

174 다카기 아키라는 『자본』 제3권 제3편의 재구성에서 『자본』의 분석 수준을 현실 경쟁도 포함하는 것으로 파악하여 제3편 제15장에서 적극적으로 공황과 산업 순환을 전개할 것을 주장하였다. 이는 이른바 플랜 논쟁에서 로스돌스키의 테제('『자본』=전반3부'설)를 지지하는 것으로서 수용하기 어렵다고 생각한다. 정치경제학 비판 플랜 논쟁에 대해서는 김성구(2008b) 참조. 그럼에도 불구하고 그는 일반적 이윤율과 시장 이윤율의 추상 수준의 차이에 주목하고, 현실 경쟁 수준에서의 시장 이윤율의 저하가 일반적 이윤율의 저하와는 직접 관계가 없는, 과잉생산의 발전에 따른 과잉자본의 문제에 기인한다는 점을 분명히 하였다.

것은 이 법칙이 공황의 직접적 원인이 아니라 오히려 산업 순환과 공황을 통해 경향적으로 실현되는 것임을 말해준다. 다시 말해 이 윤율의 경향적 저하 법칙은 공황의 원인이 아니라 오히려 그 결과일 뿐이다. 산업 순환의 구체적 과정을 보면, 새로운 기술과 더욱 고도의 유기적 구성을 갖는 설비를 집중적으로 도입하는 것은 호황기보다는 무엇보다 공황을 거친 후인 불황 말기이다. 이 시기 유기적 구성 고도화 설비의 일반화와 함께 비로소 이 생산력 변화가 가치와 생산가격 관계에 반영되어 사회 전체의 평균적 유기적 구성이 고도화되고, 상쇄력에도 불구하고 또는 상쇄력이 작용하지 않는다면 이때 일반적 이윤율은 하락한다. 다카기 아키라가 적절하게 지적하듯이, "일반적 이윤율의 저하 자체가 공황을 야기하는 것은 아니다. … 오히려 공황에 의해 결과로서 사회 총체로서의 생산력 상승이 달성됨으로써 일반적 이윤율의 저하가 달성된다. … 일반적 이윤율의 저하가 공황에 의해 실현된다는 것은 공황에 의해 사회적 총자본이 생산력 수준의 상승을 달성한다는 것이다. 공황을 야기하는 것은 시장 이윤율의 저하이며, 공황에서 저하하는 것도 시장 이윤율이다. 일반적 이윤율의 저하는 공황의 발생에 대해서는 직접적 관계가 없다. 공황에서 비용 가격의 인하를 위해 개별 자본들에 의해 도입된 '새로운 설비'가 사회적 성격을 갖는 것으로서 규정되어 사회 전체로서 자본구성의 고도화가 달성된다는 의미에서 공황이 일반적 이윤율의 저하를 실현시키는

것이 된다."〔高木 彰(1986: 343).〕

2.
두 개의 이윤율 개념과 두 가지 공황론

이렇게 두 개의 이윤율 개념은 이윤율의 경향적 저하 법칙과 공황의 관련을 올바로 이해하기 위한 핵심적 요소라 할 수 있다. 공황과 관련하여 이윤율 개념을 어떻게 파악하는가에 마르크스주의 공황론 대립의 근원이 있고, 또 이로부터 공황의 원인을 생산 부문의 모순으로 파악하는가 아니면 유통 과정의 교란으로 파악하는가 하는 두 가지 공황론(이윤율 저하설과 실현 공황론, 여기서는 그중에서도 과잉생산 공황론)의 대립이 발생하며, 이는 궁극적으로 가치법칙과 공황에 대한 두 가지 이해 방식(균형론적 이해 방식과 불균형론적 이해 방식)과 관련되어있다.[175]

이윤율 저하설은 공황을 가져오는 이윤율을 가치 이윤율 또는 일반적 이윤율(생산가격 이윤율)로 이해한다. 이는 유통 과정에서의 교란은 가치법칙의 균형론적 작동 속에서 해소된다는 식으로 처리하여 산업 순환에서 시장 이윤율(의 변동)은 대체로 일반적 이윤율(의 변동)을 그대로 반영한다고 파악하기 때문이다. 여기서는 '자본의 일반적 분석'의 수준(가치 이윤율 또는 생산가격 이윤율)과 '현실 경쟁'의 수준(시장가격 이윤율)은 특별한 차이 없이 동

---

175 자세한 논의에 대해서는 김성구(2008c) 참조.

일한 것으로서 받아들여진다. 이윤율 저하설의 논자들은 대개 공황론에서 두 가지 이윤율의 차이와 의의에 대해 인식조차 못 하고 있지만, 뮐러는 이례적으로 그렇지 않다. 여기서는 그의 논지를 따라 이와 같은 이윤율 저하설의 입론을 검토하도록 하자. 그에 따르면 마르크스는 세 개의 상이한 이윤율 개념, 즉 가치 이윤율, 생산가격 이윤율(일반적 이윤율), 그리고 시장가격 이윤율을 사용하며, 이윤율의 경향적 저하 법칙과 공황을 모두 생산가격 이윤율과 관련시킨다. 가치 이윤율은 직접적 생산과정 내에서 총자본의 가치 증식 정도를 측정하는 것으로서, 이것이 생산가격 이윤율과 시장가격 이윤율의 운동 방향을 규정하기 때문에, 가치 이윤율의 변동이 가장 규정적인 것이 된다. 이런 설명 자체는 틀린 것이 아니지만, 문제는 그렇기 때문에 산업 순환을 가치 이윤율에 근거해서 분석한다는 점이다. 다시 말해 "우리가 경기변동 분석의 틀에서 현존하는 이윤율 차이를 추상하고 전적으로 가치 이윤율에 근거하고 있다면, 이는 마르크스가 총자본의 수준에서 이윤량은 생산 조건에 의해 확정되고 총이윤은 잉여가치의 분배만 규정하는 경쟁에 앞서 존재한다는 견해를 대변하기 때문이다."(Müller, 2009: 202).[176] 또 이렇게도 말한다. "가격 변동은 무시될 수 있다. 왜냐

---

[176] 가치 이윤율에 근거하여 산업 순환론을 전개한다는 이런 서술은 생산가격 이윤율에 입각하여 산업 순환론을 전개한다는 다른 곳들에서의 서술과 충돌하는 것인데, 아마도 뮐러는

하면 그것이 일반적인 한, 시장가격 이윤율의 분자와 분모는 균등하게 변하기 때문이다."(Müller, 2009: 205).**177** 후술하는 바처럼 산업 순환의 주요 현상이자 하나의 특징은 순환 국면에 따라 가격 변동이 가치 관계로부터 누적적 괴리를 보인다는 점이다. 이 때문에 경기변동의 분석에서 중요한 과제는 가치 관계와 가격 관계의 순환적 괴리, 즉 가치 이윤율과 시장가격 이윤율의 순환적 괴리를 마르크스의 가치론에 입각하여 어떻게 설명하는가 하는 것인데, 뮐러는 단순하게 가치 관계와 가격 관계의 등치(따라서 가치 이윤율과 시장가격 이윤율의 등치)를 상정함으로써 이 분석 대상 자체를 부당하게 없애버리는 것이다.(또한 시장가격 이윤율의 분자와 분모의 가격이 균등하게 변동하는 것도 아니다.) 이렇게 보면, 그가 이윤율 개념의 차이에 주목했다 하더라도 결국은 공황론에서 그 차이가 갖는 방법론적 의의를 올바로 이해하지 못함으로써 이윤율 저하설의 여타 논자들과 동일한 결론에 이르고 말았다.

가치 관계와 가격 관계의 등치를 상정한 결과는 다름 아니라 수

가치로부터 생산가격으로의 전형에 대한 마르크스의 해법을 따르면 총자본에 대한 평균적인 관계에서 가치 이윤율과 생산가격 이윤율은 같기 때문에 이런 서술이 모순되지 않는다고 생각하는 것 같다.

177 이에 덧붙여 뮐러는 지금까지 마르크스주의 문헌에서 세 가지 이윤율 사이의 관계(전형 문제를 포함하는)를 충분히 연구하지 못해서 이윤율의 괴리를 고려하면 극복할 수 없는 문제가 생긴나는 이유로 가치 이윤율을 상정한다고 하는데, 이는 문제의 소재를 전혀 잘못 이해하고 있는 것이다.

요와 공급의 균형을 상정하는 것이며, 산업 순환의 분석은 이제 수요와 공급의 균형이라는 가정 위에서 수행된다. 그러면 생산과정에서 결정되는(물론 유통 과정도 통일적으로 고려한다지만 다만 생산과정의 결과를 유통 과정에서 그대로 반영할 뿐이므로) 가치 관계와 가치 이윤율의 변동만 분석하면 족한 것이다. 그러므로 공황의 분석에서 잉여가치 생산과 실현의 모순은 전혀 의의가 없고, 공황 시에 나타나는 실현의 모순과 과잉생산은 다만 이윤율 저하 공황의 결과이고 현상 형태일 뿐이다. 실로 뮐러는 다음처럼 말한다.

"마르크스에게 있어 순환적 경제 공황의 궁극적 원인은 잉여가치의 창출에 있지 잉여가치 실현이나 양자의 결합에 있지 않다."(Müller, 2009: 55).

"불충분한 자본의 가치 증식 때문에 축적이 감퇴하므로 생산력 발전과 자본의 가치 증식 사이의 모순은 주기적으로 '실현된 잉여가치'의 부족으로 나타난다. 그러면 잉여가치 생산과 실현 사이의 모순으로 표현되는 판매와 구매의 분리가 표층에서 나타난다. … 이 모순은 그 자체 주기적 [자본] 과잉생산의 결과이지 원인이 아니다."(Müller, 2009: 56).[178]

---

178 이런 관점은 이윤율 저하설을 주장하는 논자들에서 공통적이다. 매틱도 이렇게 쓰고 있다, "따라서 공황은 관찰할 수 있는 시장 현상(설명의 관점으로부터 보면 피상적인)으로써가 아니라 직접적으로 관찰될 수는 없지만 자본주의 경제에 근본적인, 잉여가치 생산의 법칙으로써 이해되어야 한다."(Mattick, 1981: 66). "공황은 생산과 소비의 비례성 상실의 결

이와 같은 전제 또는 가정은 자연스럽게 산업 순환에서 가치법칙의 전개를 균형론적 방식으로 이해하는 것과 연결된다. 아니 가치법칙에 대한 균형론적 이해 방식이 이와 같은 전제 또는 가정을 가져온 것인지도 모른다. 자본의 일반적 분석에서 상정한 가치에 의한 가격의 조절이라는 명제를 현실 경쟁론의 매개가 가져오는 현상의 전도 없이 산업 순환의 국면에 그대로 적용하면, 산업 순환의 과정에서 시장가격의 순환적 변동(호황기의 전반적 상승과 공황기의 폭락)은 존재하지 않게 된다. 시장가격은 가치의 변동을 따라 일상적으로 변동할 뿐이고, 수요와 공급의 불균형은 가격 변동에 의해 일상적으로 조정되며, 다만 유기적 구성의 고도화에 의해 가치 이윤율(또는 생산가격 이윤율)의 저하로 공황이 발발하면, 그때만 공황의 현상인 상품의 과잉생산 때문에 시장가격이 폭락할 뿐이다. 이윤율 저하설에서 가치법칙이 공황을 통해 관철한다고 주장한다면(Mattick, 1969: 92), 그것이 의미하는 바는 바로 이러한 내용일 뿐이다. 다시 말하면, "그러나 [부르주아] 경제학자들이 보는 바처럼, 시장의 균형 경향은 이러한 불규칙성의 극복으로

과가 아니라, 다른 원인(유기적 구성 고도화와 그에 따른 잉여가치의 상대적 부족 -인용자)에 기인하는 축적 과정의 붕괴로서 공황은 불비례와 소비 능력 취약에서 자신을 표현한다."(Mattick, 1981: 60). 또 다른 저작에서도 "생산과정에서 잉여가치의 상대적 부족이 뉴통싸킹에서 상품의 절대적 과잉으로서, 자본의 과잉생산이 되어 나타난다."(Mattick, 1971: 85).

이끈다. 즉 뒤따르는 상품과 자본의 부족이 생산과 소비의 잃어버린 비례성을 회복한다."(Mattick, 1981: 67). 이렇게 자본의 일반적 분석의 추상 수준이 현실 경쟁론의 매개 없이 산업 순환에 적용된다면, 자본의 일반적 분석 수준에서 서술된 『자본』의 축적론은 그대로 산업 순환론과 공황론이 되기 때문에 특별히 공황론의 과제를 상정할 필요가 없다. 그렇기 때문에 이윤율 저하설에서 축적론은 곧 공황론을 의미한다.

"공황 시에는 계속적인 자본의 가치 증식을 보장할 만큼 상쇄 과정이 충분하지 않기에, 때때로 폭발하는 공황에서만 이윤율 저하는 그 고유한 형태로 자신을 나타낸다. **따라서 마르크스의 축적론은 동시에 공황론이다.** 왜냐하면 그 축적론은 공황의 원천을 자본의 불충분한 가치 증식—이는 다시 이윤율 저하 경향의 관철에 유래한다—에 놓기 때문이다."(Mattick, 1981: 56, 강조는 인용자).

그러나 과잉생산 공황론에 따르면, 『자본』의 축적론에서 상정한 수요와 공급의 균형과, 그에 입각한 제3권 제3편의 일반적 이윤율의 저하 경향은 『자본』의 분석 수준인 '자본의 일반적 분석'에 조응하는 것이며, 그것은 현실 경쟁을 매개로 하여 산업 순환의 과정에서 시장가격(과 시장가격 이윤율)의 순환적 운동으로 구체화·현실화된다. 그런데 산업 순환을 동반하는 이 구체화·현실화 과정은 축적론에서 상정한 운동과는 전도된 형태로 전개되는 바, 바로 여기에 자본축적론과는 다른 차원의 산업 순환론과 공황론의 고유한 대상이 존재하는 것이다. 따라서 호황 과정의 분석에서도, 또 호황 국면의 공황 국면으로의 전환의 분석에서도 문제는 가치 관계와 일반적 이윤율이 아니라 산업 순환 과정에서 이로부터 자립적으로 운동하는 시장가격과 시장가격 이윤율인 것이다.[179] 물

---

179 이와 관련하여 오카 미노루岡稔의 다음과 같은 서술은 매우 주목할 만하다. "공황을 자본주의경제의 본질적 특징과의 관련에서가 아니라 경기순환의 일 국면으로서 고찰하는 경우 연구 대상인 자본주의 운동은 특정한 차원에 속한다. 일반적으로 자본주의 운동은 이론적으로 다음 세 개의 차원으로 구별할 수 있다. 첫째는, 부단한 불균형화와 균형화의 갈등으로서 나타나는 변동이며, 둘째는 경기순환론의 고유 대상이 되는 자본주의적 발전의 순환 운동이며, 셋째는 이러한 순환을 관철해서 실현되는 장기적 추세와 구조 변화이다. 이것들은 차원의 문제이며 거기에는 질적인 차이가 있으므로 이것을 양적 문제로 해소할 수는 없다."(岡稔, 1983: 138). 첫 번째와 두 번째가 현실 경쟁의 차원이라면, 세 번째는 자본의 일반적 분석의 차원이다. 이에 대응하여 후루카와 마사노리古川正紀도 가격 운동을 가져오는 요인들을 다음처럼 구별한다. "그런데 가격의 운동은 경제외적 요인을 사상한다면 다음 세 가지 요인에 의해 야기된다. ①노동생산성의 변화에 기초한 상품 가치의 변화: 노동생산성이 증대하면 개당 상품의 생산에 필요한 노동시간은 감소하며, 그에 비례해서 상품 가치도 감소하고 더욱이 가격도 하락한다. 역의 경우는 역이 된다. ②화폐가치의 변화에 기인한 상품 가격의 변화: 화폐의 가치가 떨어지면 상품의 가격은 그에 반비례해서 상승한다. 또 금태환이 정지되어 그 공급이 사실상 국가의 관리하에 놓인 불환지폐가 단일적으로 **화폐를 대리하는** 경우에는, 이른바 **지폐 유통의 법칙**에 의해 지폐가 대표하는 가치가 감소하고, 상품 가격은 그 감가율에 비례해서 상승한다. ③상품을 둘러싼 수요와 공급의 양적 대립에 기초한 상품 가격의 변화: 수요가 커지면 가격은 올라가고 공급이 커지면 가격은 내려가는 경향을 보인다. 이 경우 상품의 가격은 구매자 사이의 경쟁, 판매자 사이의 경쟁, 그리고 구매자와 판매자 사이의 경쟁이라는 이른바 삼면 경쟁이 작용하는 시장 관계하에서 변화한다."(古川正紀, 1983: 159). 여기서 ①과 ②는 가치 변화에 조응하는 가격 변동이고, ③은 가치 변화와 무관한 또는 가치 변화로부터 괴리하여 발전하는 가격 변동이다. 후자는 경쟁의 특수 이론의 분석과 관련된다. 이러한 가격 개념에 이윤율 개념도 대응한다. 산업 순환에서 시장가격의 가치 관계로부터의 순환적 괴리가 ③의 가격 변동의 고유한 분세니다. 이에 대한 이윤율 저하설의 균형론적 이해 방식은 이 수준의 가격 변동의 자립성을 부정하는 것이고, 사실상 앞의 부 ÷ 표의 가격 변동으로 환원된다.

론 시장가격과 시장가격 이윤율을 근저에서 규정하는 것은 가치 관계와 일반적 이윤율이다. 하지만 후자에 의한 전자의 규정(또는 후자의 전자로의 실현)이란 산업 순환의 운동에 관계없이 단순한 일상적 반영을 의미하는 것이 아니라, 후자의 규정으로부터의 순환적 괴리라는 전자의 자립적 운동과, 공황에 의한 그 폭력적 조정이라는 방식으로써, 다시 말해 산업 순환의 평균을 통해 관철되는 것이다. 이것이 다름 아니라 가치법칙이 자본주의 생산의 현실 경쟁 속에서 관철하는 방식이며, 과잉생산 공황론은 이처럼 가치법칙의 작용과 관철을 불균형론적 관점에서 파악한다. 즉,

"시장가격이란 시장에서의 경쟁, 따라서 '수요 공급 관계의 변동'에 대한 '대응'(*Das Kapital* 3: 219)으로서 변동하는 것이다. **그것이 주기적으로 상승과 하락의 운동을 반복하는 것은 사회적 재생산에서의 수요와 공급의 불균형이 계기적으로 변동하기 때문**이며, 그 사회적 재생산의 실체에 규정된 수요 공급 관계의 동태는 자본축적의 변동에 의해 야기되는 것이다. 그러나 이것은 자본제 생산의 기초 위에서 시장가격이 사회적 재생산에 대한 자동 조절 기능을 상실했다는 것은 아니다. 그러한 기능은 자본제 생산의 확립과 함께 산업 순환의 일주기를 통해 작용하게 된 것이다. 자본제 생산하에서는 사회적 재생산의 실체에 규정된 수요와 공급의 불균형은 '우연한 경쟁 관계'(*Das Kapital* 3: 930)에 의해 정해지는 시장가격의 일상적인 변동에 의해서는 조정될 수 없지만, 자

본축적의 주기적 변동의 동태 과정을 통해 산업 순환의 일주기에서 조정되는 것이다. 사회적 재생산과정에서 야기된 불균형은 산업 순환 과정을 통해, 공황이라는 폭력적인 형태를 통해서만 일시적으로 해결된다. **시장가격이 자본제 생산에서 자동 조절 기능을 수행하는 것은 산업 순환의 운동을 통해서인 것이다.**"(高木 彰, 1986: 367, 강조는 인용자).

이와 같은 이해 방식에 입각하면, 과잉생산과 불비례는 이제 공황에 의해 결과로서 나타나는 단순한 현상이 아니라 호황기의 축적 과정에서 자본 간 경쟁에 의해 추동돼 형성되는 것이고, 자본주의하 생산과 소비의 적대적 발전에 그 토대를 두고 있으며, 이 모순이 다름 아닌 과잉생산 공황의 궁극적인 근거를 이룬다. 과잉생산 공황의 폭발은 시장가격의 폭락과 시장 이윤율의 급락에서 표현되는 바, 이는 호황 국면에서의 시장가격의 전반적 상승과 시장 이윤율의 증대와 마찬가지로 가치 관계와 일반적 이윤율의 운동과는 직접적 관련을 갖고 있지 않다.

"환언한다면, '공황의 필연성'의 논증이란 '자기 누적적=가속적인 과잉 축적 과정의 좌절과 반전의 필연성'을 논증하는 것이며, 이 '좌절과 반전'의 기구를 해명하는 것이다. 그런데 과잉 축적 과정의 진전과 그 '반전'의 문제란 시장 이윤율의 동태에 관한 것이다. 과잉 축적 과정의 전개를 기초적으로, 또 현실적으로 전개할 것이 요청되는 문세에서 일반적 이윤율의 변동을 문제로 하는 것은 오히려 오류이다. 일반적 이윤율의 저하는 그 자체로서는 시장 이윤율의 변동에 어떤 의의도 갖지 않는다. 즉 '순환 주기들을 통한 장기적 과정'에서 그 관철이 파악되는 일반적 이윤율의 저하와 '통상적인 이윤율 이하로의 이윤율의 강력하고 돌연한 저락'(= '시장 이윤율의 폭락')과는 엄밀히 구별되지 않으면 안 된다. 그것은 결코 '두 가지 이윤율 저하 운동이 오버랩해서 나타난다'는 관계에 있는 것이 아니다. '이윤율의 경향적 저하 과정'이란 '법칙'이 작용하고 관철해가는 과정이다. 이에 반해 '자본축적의 내적 모순의 격화 과정'이란 산업 순환의 주기적 변동의 운동 과정으로서 나타난다. 후자의 과정에서는 시장 이윤율의 운동과 경쟁전이 인과관계에서 문제로 되지 않으면 안 된다. 이 두 개의 과정은 완전히 이질적인 운동 형태를 갖는다."(高木 彰, 1986: 347).

두 가지 이윤율은 분석 수준의 차이에 조응하는 개념이기 때문에, 현실 경쟁 속에서 두 개의 이윤율의 합산에 의해 현실적인 이윤율의 크기가 결정된다는 방식으로 이해해서는 안 된다. 일반적 이윤율은 생산과 유통의 균형을 상정하고 부문 간 경쟁의 이념적 평균을 상정하는 개념이고(따라서 총자본에 대해서 보면 일반적 이윤율은 전적으로 생산 부문의 관계들에 의해 결정된다), 이 이윤율이 현실의 시장가격 이윤율의 운동을 규제한다. 그런데 시장가격 이윤율은 앞서 말한 바와 같이 산업 순환 과정에서 현실 경쟁과 수요 공급 관계의 자립적 운동에 의해 순환적으로 일반적 이윤율로부터 누적적인 괴리와 폭력적인 조정을 통해 전개되므로 일반적 이윤율에 의한 시장가격 이윤율의 규정이라는 것은 산업 순환을 통해 평균적으로 관철될 뿐이다. 따라서 시장가격 이윤율이 일반적 이윤율에 의해 규정된다 하더라도 양자를 규정하는 요인들은 질적으로 상이한 것이다. 총자본에 대해서 보면, 일반적 이윤율은 가치(또는 생산가격)와 가격의 등치를 전제해서 파악한 자본의 유기적 구성과 잉여가치율 등에 의해 결정되는 반면, 시장가격 이윤율은 수요 공급의 자립적인 운동과 그에 따른 가치 또는 생산가격으로부터 순환적으로 괴리하는 시장가격(즉 그에 입각한 비용 수익 계산)에 의해 결정된다.

쟁점을 이렇게 이해하면, 회메(Höhme, 1982)나 도미즈카 료조(富塚良三, 1962)처럼 구 정통파의 경향에 있으면서도 공황론에서 두 가지 이윤율과 두 가지 공황론(이윤율 저하설 또는 과잉 축적 이론과 과잉생산 공황론)을 '과잉 축적론'이나 '자본의 절대적 과잉생산'이라는 이름하에 종합하려는 시도는 문제가 있다. 이들은 이윤율의 경향적 저하 법칙에서 논증하는 일반적 이윤율의 하락 또는 그 극단적 경우로서 자본의 절대적 과잉생산(이는 생산 부문의 요인들에 의해 결정된다)과, 과잉생산 공황론에서 논증하는 생산과 소비의 모순에 의한 과잉생산 및 그에 따른 시장가격 이윤율의 하락을 합산 또는 종합하는 방식으로 공황의 발발을 설명한다. 예컨대 회메는, 미르크스가 『자본』 제3권 제15장 이윤율의 경향적 저하 법칙의 내적 모순들에서 자본주의 기본 모순이 재생산과정의 진행에서 자본주의 생산양식의 목표와 수단 간의 심원한 갈등으로 표현되며, 이것이 그 특정한 재생산의 모순 및 불비례와 결합되어 때때로 공황으로 표출되는 것을 분석했다고 한다.

"자본주의의 목표-수단 간 갈등은 이 관점에서 공황으로 추동하는 이중적인 모순을 내포한다. 즉 자본축적은 자본의 유기적 구성 고도화와, 또 그와 함께 대상화된 노동의 비중 증대와 함께 잉여가치를 생산하는 산노동의 비율을 저하시킨다. 동시에 자본축적은 그럼으로써 사회의 소비력의 발전을 상대적으로 제한하고, 이를 통해 잉여가치의 실현 가능성을 무너뜨린다. **이윤율의 저하를 가져오는 자본의 과잉 축적과, 소비력의 너무 느린 성장 및 불비례의 증가 결과인 상품의 과잉생산, 이 두 가지가 기본 모순으로부터 귀결되는 자본축적과 생산력 발전 사이의 모순이라는 동일한 메달의 두 개 측면이다.**"(Höhme, 1982: 14, 강조는 원저자).

여기서는 이윤율의 경향적 저하 법칙이 과잉생산에 의한 이윤율 저하에 중첩되어 현실적인 이윤율 저하로 나타나 공황이 일어난다는 식으로 설명되어 있는데, 다카기 아키라가 앞의 인용문에서 도미즈카 료조에 대해 비판한 내용은 회메에 대해서도 타당하다 할 것이다. 다시 말해 "두 가지 이윤율 저하 운동이 오버랩해

서 나타나는" 관계에 있는 것은 아니다.[180]

---

180 "일반적 이윤율이란 감성적인 것으로서 현상적으로 확정할 수 있는 것이 아니라 이념적으
로 표상될 수 있는 것이며, 분석에 의해 석출되는 것이다. 즉 '일반적 이윤율 자체는 단지
이윤의 최저 한계로서 나타날 뿐이고, 현실 이윤율의 경험적인, 직접적으로 볼 수 있는 모
습으로는 나타나지 않는다'(*Das Kapital* 3: 402)는 성격을 갖는다. 일반적 이윤율은 '직접
주어진 사실로서 나타나는 것이 아니고, 연구에 의해 비로소 확정될 수 있는, 반대 방향으
로의 변동들의 균등화의 최후 결과로서 나타난다.'(*Das Kapital* 3: 402) 여기서 말하는 '최
후의 결과'란 사회적 총자본의 일 생명 순환을 나타내는 산업 순환의 일주기를 총체로서
고실인디는 것이다 익반적 이윤율은 주기적으로 변동하는 자본축적의 현실적인 운동을
장기적으로, 총괄적으로 고찰할 때 비로소 주어신나."(高木 彰, 1986: 344).

3.
이윤율 저하설에 입각한 산업 순환과 공황론

이윤율 저하설의 대부분의 논자는 이윤율의 경향적 저하 법칙을 공황의 원인으로 연관시킬 뿐 이윤율의 경향적 저하 법칙이 산업 순환에서 어떠한 형태를 취해 전개되는가 하는 문제는 별로 연구하지 않는다. 말하자면 공황론은 『자본』의 분석 수준에 머물고 있고 산업 순환으로서의 공황론, 즉 산업 순환론 저작은 찾아보기 힘들다. 이는 기본적으로 이들이 자본의 일반적 분석과 현실 경쟁 사이의 서술상 차이를 인식하지 못한 결과라 할 수 있는데, 다른 한편에서는 이렇게 산업 순환론의 문제를 건너뜀으로써 이윤율 저하설의 논리 구조를 현실의 산업 순환 과정과 비교, 검토하는 이론적 기회도 가질 수 없었다. 여기서도 뮐러는 이윤율 저하설 중에서는 드물게도 이윤율의 경향적 저하 법칙에 입각해 적극적으로 산업 순환론을 전개하고 있어 그의 논지를 중심으로 이 문제를 검토하도록 한다.[181]

뮐러는 이윤율의 경향적 저하 법칙을 생산 부문에서의 노동생

---

[181] 뮐러는 이 저작에서 모델 이론적으로 변수 간 관련을 설정하는 등 자신의 입론을 엄격하게 전개하고 있지만, 그것은 가치 또는 생산가격과 시장가격의 등치를 전제하는 '추상적인' 모델이어서 이를 공황론 모델로서 여기서 검토할 생각은 없다.

산력의 발전이 가치 증식 조건과 충돌하는 것으로서 이해하고, 유통 부문의 고려 없이 이를 그대로 산업 순환의 설명에 적용한다. 자신의 이론적 일관성을 유지하는 한, 산업 순환 분석의 출발점은 노동생산력의 진보, 즉 기술 진보가 된다. 그런데 뮐러에 의하면 기술 진보는 일거에 단속적으로 이루어지는 불연속적인 성격을 갖는데, 기본적으로 이러한 불연속적인 기술 진보가 산업 순환의 국면에 따라 상이하게 전개됨으로써 산업 순환을 야기하게 된다. 즉 공황, 불황, 호황 등 산업 국면에 따른 기술 혁신의 전개가 잉여가치율, 자본의 유기적 구성, 그리고 이윤율에 미치는 그 효과에 입각하여 산업 순환을 설명하고자 한다.[182]

"그래서 경기순환은 단지 생산성에 의해 조건 지워진 이윤율 변동—이는 자본이 자신의 목적을 위해 적용하는 생산 방법과, 자본 가치의 유지와 증식이라는 자본의 목적 사이의 모순으로부터 귀결되며 총자본의 수준에서 전개된다—의 결과일 뿐이다. 이로부터 비로소 공급 및 수요의 괴리, 주어진 생산 설비의 상이한 가동률, 고용 정도의 변화, 가동률에 의해 조건 지워지는 분배 순환이 따른다. 하방 전환점은 생산성 추동이 시작할 때 일어나고, 상방 전환점은 생산성 추동이 사라질 때 일어난다. 따라서 마르크스의 경기순환 설명의 본질은 노동생산력의 이와 같은 단속적인 일거

---

182   Müller (2009: 289ff).

의 전개에 있다."(Müller, 2009: 295).

그는 자신의 산업 순환 분석을 다음처럼 요약하고 있다.

"기술 진보의 불연속성에 대한 이상의 설명은 경기상승 및 하강 그리고 국면 전환점에 대한 마르크스의 규정을 내포하고 있다. 그 중요성 때문에 다시 한번 이를 요점 정리 방식으로 서술하고자 한다: (1) 노동생산력은 일거에 전개되고 이러한 비항상성으로써 경기 확장과 수축을 야기한다. (2) 기술혁신은 자본의 과잉생산에 의해 추동된다. 초과이윤을 통해 경쟁전이 전개되고 경기하강 동안에 새로운 기술적 토대의 확산을 가져온다. (3) 보다 높은 자본 구성의 도입 및 일반화와 결합하여 이윤율은 하락하고 실업률은 상승한다. (4) 새로운 생산양식으로부터 귀결되는 생산성 증대는 이윤율 상승으로 이어지고, 이는 이윤율에 종속적인 축적을 통해 경기상승을 인도한다. (5) 호황 국면에서는 유망한 가치 증식 조건이 지배한다. 이는 앞선 국면의 기술 구성의 증가로부터 나오고 조직적인 기술 진보에 의해 강화되는 노동생산성의 비례 이상의 발전으로부터 귀결된다. (6) 경기상승 시 기술 구성 비례 이하의 발전에서는 외연적인 자본 재생산Kapitalreproduktion이 지배한다. (7) 생산력 발전의 일반화가 종료함에 따라 상대적잉여가치 증가는 퇴조하기 시작한다. 경기상승은 그 누적적인 힘을 상실하고 이윤율 정체와 함께 그 상방 전환점에 도달한다. (8) 축적은 약해지고 공황이 발발하며 새로운 혁신을 추동한다. 이러한 전환점의 중심에는 노동생산력의 일거의 단속적인 전개가 자리 잡고 있는데, 이것이 상방 및 하방 경기 전환점을 가져온다."(Müller, 2009: 292-293).

뮐러는 요약의 앞뒤에서 다음처럼 부연설명을 하고 있다.(Müller, 2009: 289-295). 먼저 하방 전환점을 보면, 공황 시에 초과이윤을 위한 경쟁에 의해 강제되어 신기술이 도입, 확산됨에 따라 보다 고도화된 자본의 유기적 구성은 일반적 이윤율을 하락시킨다. 유기적 구성 고도화에 따른 생산성 증대 효과는 공황기의 산출량 정체 때문에 기대할 수 없고, 이 때문에 일반적 이윤율은 하락해서 누적적인 하강 국면을 창출한다. 이러한 상황은 침체 국면에서 변하게 된다. 신기술의 일반화와 함께 이제 생산성 효과가 발생하여 생산성이 비례 이상으로 증가하는 반면, 기술적 구성은 단지 비례 이하로 증대할 뿐이다. 이로써 이윤율 하락은 멈추게 되며, 나아가 생산성 증대에 의해 유발된 자본 감가가 이윤율의 전환을 가져오고 자본축적을 자극한다. 다시 정리하면, 신기술의 도입과 유기적 구성의 고도화는 공황기에 전면화되는 바, 이는 일반적 이윤율의 하락을 가져오는 반면, 불황기에는 유기적 구성의 고도화는 둔화되고 생산능력 효과에 의한 생산성 증가로 이윤율 하락을 상쇄하고 나아가 불변자본과 가변자본의 감가를 통해 일반적 이윤율을 증대시킨다. 즉 공황기에는 유기적 구성의 고도화가 일반적 이윤율을 하락시키며, 불황기에는 생산성 효과와 자본 감가로 일반적 이윤율의 하락을 상쇄시키고 이윤율 증가로 전환 시킨다는 것이다. 그러면 상방 전환점은 어떤가? 경기상승 국면에서 자본축적은 유기적 구성 불변하에 외연적으로 확대된다. 동시에 생산성 효과가 완전하게 나타나서 양자의 결합으로 자본의 가치 증식은 전성기를 맞이한다. 그러나 이 전성기는 오래가지 않는다. 우선 자본 과잉의 국면에서 노동생산성은 경기순환적 최고점에 접근하고 노동생산성 성장률은 수축하기 시작하며, 다른 한편에서는 기술적 구성은 경기순환적 최저점에 접근해서 기술적 구성의 성장률은 증가하기 시작하는데, 이는 새로운 기술혁신이 다시 추동되기 때문이 아니라 반대로 그것이 소멸하기 때문이다.(?) "이윤율을 수축하는 힘들과 확장하는 힘들이 서로 상쇄되자마자 어떤 시장 조건이나 가동률 또는 투기 조건과 관계없이 이윤율은 상방 한계에 도달한다. 축적은 쇠퇴하고 〔자본의〕 일반적 과잉생산을 가져오며, 이와 함께 새로운 기술혁신이 추동된다."(Müller, 2009: 295). 그러면 새로운 순환이 시작한다.

순환 국면의 전환에 대한 뮐리의 설명은 보는 바와 같이 명확하지 않고 이해하기 어려운 내용이다. 우선 공황기에 신기술의 도입이 전면화한다는 주장은 자본주의 현실과 맞지 않는다. 공황기에는 기업들이 확장 투자는 말할 것도 없고 갱신 투자조차 삼가기 때문에 투자의 급감이 이 국면의 주요한 특징의 하나이기 때문이다. 신기술의 도입은 대체로 불황 말기의 갱신 투자 때 집중적으로 일어난다.(高木 彰, 1986: 339-340). 실제가 그러하다면, 공황기에 신기술의 도입·확산과 유기적 구성의 고도화에 입각한 모델은 산업 순환에 대한 모든 설명력을 상실할 수밖에 없다. 더 이해할 수 없는 주장은 유기적 구성 고도화가 공황기에는 일반적 이윤율의 하락을 가져오지만, 생산성 효과로 인해 불황기에는 일반적 이윤율의 증가를 가져오고 호황기에 이윤율은 최고조에 달한다는 것이다. 이를 산업 순환론으로서 정형화한다는 것은 결국 유기적 구성의 고도화는 상쇄력의 효과 때문에 일반적 이윤율의 저하가 아니라 증가를 가져온다고 정식화하는 것이어서 사실상 이윤율의 경향적 저하 법칙에 대한 마르크스의 설명을 완전하게 뒤집는 것이 된다. 물론 호황기 말에는 이윤율이 상방 한계점에 도달한 후 다시 하락하게 된다고 하지만, 그 하락으로의 전환 메커니즘, 즉 이 하락이 유기적 구성의 고도화와 어떤 관련이 있는 것인지는 명확하지가 않다. 이 경우 새로운 공황을 인도하는 이윤율의 저하는 밀러에 따르면 새로운 유기적 구성의 고도화 때문이 아니다. 왜냐하면 그는 새로운 공황 후에 비로소 새로운 기술혁신이 추동되고 확산해 새로운 유기적 구성의 고도화와 이윤율 저하가 일어난다고 하기 때문이다. 이렇게 호황 말기에 공황을 인도하는 이윤율 저하와 공황기의 이윤율 저하는 다르다는 것이다. 그렇다면 호황 말기의 이윤율 저하는 그 순환의 출발점에서 이루어진 최초의 유기적 구성 고도화의 결과라는 것인데, 결국 이 동일한 유기적 구성의 고도화가 처음 공황기에 이윤율을 저하시키고 호황기에는 이윤율을 상승시키며 또 그 말기에는 이윤율을 다시 저하시킨다는 황당한 논리로 귀결되고 만다. 이른바 생산성 효과와 상쇄력이 이런 논리의 주요한 설명 고리로서 설정되어있다.

이와 같은 설명은 좋게 말하면 생산력 진보에 따른 유기적 구성의 고도화가 일반적 이윤율에 미치는 효과를 경기순환의 국면에 따라 단계적으로 포착하여 이를 경기순환론으로 발전시킨 것이라 할 수 있다. 그러나 이렇게 유통 부문에서 수급 관계의 변화를 추상하고, 산업 순환에서의 이윤율 운동을 오로지 가치 이윤율의 변동으로만 설명할 경우, 위와 같은 납득할 수 없는 논리에 직면하지 않을 수 없다. 이는 산업 순환의 운동이 기본적으로 가치 관계로부터 시장가격의 주기적 괴리와 폭력적인 조정에 입각한 것임에도 불구하고 이를 추상해서 '가치론 또는 생산가격론 차원의 산업 순환론'[183](이는 어불성설이다)을 구성한 것에 근본 원인이 있다. 호황기에 증가하는 이윤율은 근본적으로 한편에서 과도한 축적 수요와 다른 한편에서 생산수단의 공급 지체에 의해 발생하는 전반적 초과수요(또한 이것이 투기 수요의 토대가 되며 투기 수요의 가세

---

183 뮐러는 코네르트H. G. Conert나 바더V. M. Bader/ 베르거J. Berger, 베켄바흐F. Beckenbach/ 크래트케M. Krätke 등이 마르크스의 정치경제학 비판 플랜에 의거해서 '총자본'의 차원에서는 현실 공황론을 전개할 수 없다고 비판한 것을 반박하면서 '총자본' 차원의 공황론, 즉 '가치론 또는 생산가격론 차원의 산업 순환론'을 고집하였다.(Müller, 2009: 389ff).

로 전반적 초과수요는 더욱 강화된다)에 기인하는 것이며, 따라서 시장가격의 등귀와 시장가격 이윤율의 증가에 따른 것이다. 또한 공황기의 이윤율 하락은 호황기에 전반적 초과수요하에서 은폐되어 잠재적으로 형성된 과잉생산이 현실화된 결과이며, 그에 따른 시장가격의 폭락에 기인한 것이다.

산업 순환에서 수급 관계와 시장가격의 주기적 변동을 이론화하지 못할 경우 어떤 이론적 곤경에 부딪치는가는 다른 이윤율 저하설 논자에서도 볼 수 있다. 매틱은 과잉생산과 유효수요 부족이란 과잉 축적의 특징이고, 자본축적은 생산과 소비 사이의 괴리 확대에 기반한다고 한다. 이 점에서 대중의 빈곤과 소비 제한은 공황의 궁극적 원인이라 할 수 있지만, 그것은 다만 공황이 자본주의에 기인한다는 것을 말할 뿐이라는 것이다. 다시 말해 자본주의는 원래 대중의 소비 제한 위에서 작동하는 체제고 그래서 특별히 공황의 원인이라 할 것도 없다는 말이다. 그러면 생산과 소비의 간격, 수요 부족을 어떻게 극복하나, 즉 이 간격에도 불구하고 어떻게 축적이 일어나는가가 문제다. 매틱에 따르면, 그 해결책은 축적을 통한 수요의 증대에 있고, 축적의 한계에서 비로소 그 모순이 표출된다(Mattick, 1981: 67-68). 축적이 진행되는 한 축적 수요에 의해 유효수요 부족 문제는 없다는 주장은 말하자면 재생산표식론, 즉 이념적 평균 수준에서 파악한 유효수요 문제에 대한 해답이고, 주기적 공황의 표준에서 문제가 되는 과잉생산에 대한 답은 아니다. 재생산표식론 차원에서 이는 단지 동어반복일 뿐이다. 주지하다시피 Luxemburg(1913)는 주기적 공황론 차원이 아니라 재생산표식론 차원에서 이 동어반복에 문제가 있다며 마르크스를 비판하는 오류를 범하였다. 매틱에 있어 축적의 한계는 앞서 말한 바처럼 생산과정에서 축적을 하기에 불충분한 잉여가치, 즉 이윤율의 경향적 저하에 있다.

"그러나 모든 좋은 것은 결말을 맞는데, 이 동일한 과정이 이윤율 저하 경향에서 이길 수 없는 난적을 발견한다. 축적이 이 과정을 계속하는 데 필요한 잉여가치를 더 이상 생산하지 않는 특정한 시점에서 축적에 의한 잉여가치의 실현은 정지된다. 축적이 없으면 상품에 잠복한 잉여가치를 이윤으로 전화하는데 수요가 충분하지 않기 때문에 잉여가치의 일부가 실현될 수 없다는 것이 갑자기 명백해진다."(Mattick, 1981: 68-69).

문제는 동어반복이 아니라 일종의 난센스로 이어진다.

"따라서 계속적인 재투자에 의한 축적의 가속화를 통해 (소비로 들어가는) 최종재의 생산 증대는 일반적 유통에서 판로를 찾을 수 있다. 이러한 조건하에서 —한 부분의 자본이 일련의 다른 자본을 운동시킬 때, 자본가들은 더 많은 것을 소비할 수 있고 또 완전고용된 노동자들은 더 많이 지출한다— 자본축적은 상품량의 증대에 의해 촉진된다기보다는 오히려 저지되어서 호황은 이미 그 안에 공황의 씨앗을 안고 있다. 생산은 소비재 산업으로 이동하며,

이는 전체로서 자본의 이윤성을 해친다. 그럼으로써 강화되는 평균이윤율의 저하는 이제 호황의 약화로, 그리고 결국에는 공황으로 이어진다. 이것은 단순히 축적의 요구에 맞추기에는 너무 높은 소비 수준만이 아니라 축적 과정 자체로부터 귀결되는 잉여가치의 부족을 나타내는데, 이는 축적의 현 템포가 유지되기 위해서는 소비의 제한을 요구한다."(Mattick, 1981: 69-70).

앞서는 과소소비가 자본주의의 항상적 현상이라고 하더니 이제는 공황이 소비 수요 부족이 아니라 소비의 과잉 때문에, 즉 그것으로 인한 잉여가치의 부족 때문에 일어난다는 것이다(!).[184]

---

184 생산이 소비재 산업으로 이동해서 평균이윤율이 더욱 저하된다는 주장도 납득할 수 없는 것이다. 대체로 생산재 산업은 유기적 구성이 더 높고 소비재 산업은 유기적 구성이 더 낮기 때문에 소비재 사업으로의 자본 이동과 생산의 확장은 평균이윤율을 낮추는 게 아니라 높일 것이기 때문이다.

4.

산업 순환과 공황론으로서 이윤율 저하설의 이론적 난제들

그러면 가치 이윤율에 입각한 이윤율 저하설의 공황론이 실제의 산업 순환과 공황의 설명에서 어떤 이론적 문제에 부딪치는가를 살펴보도록 한다.

1) 호황과 공황의 주기적 반복 메커니즘의 결여

야페(Yaffe, 1973)나 매틱(Mattick, 1971) 등에서처럼 이윤율의 경향적 저하 법칙으로 공황을 설명하는 논리는 대개 뮐러의 경우보다 단순하고 소박하다. 간략하게 정리하면, (1) 자본축적은 유기적 구성의 고도화를 가져오는 바, 이는 이윤율 저하를 가져온다. (2) 자본축적은 동시에 이윤율 저하를 상쇄시키는 반대로 작용하는 요인들도 동원하는데, 그러나 상쇄력은 궁극적으로 이윤율 저하를 상쇄할 수 없고, 이윤율은 경향적으로 저하한다. (3) 자본축적은 이윤율에 의해 견정되므로 이윤율의 저하는 축적의 둔화와 공황을 야기한다. 이윤율의 저하와 상쇄 경향이 함께 작용한다면, 이윤율은 양자의 종합에 의해 하락할 수도 있고 하락이 저지될 수도 있으며 심지어 증가할 수도 있지만, 이들에 있어 상쇄 요인들의 작용은 부차적인 의미밖에 지니지 못한다. 왜냐하면 주기적 공황은 말 그대로 대체로 10년 주기로 반복하므로 10년마다 법칙이 상쇄력을 능가해야 하기 때문이다. 또한 공황론은 주기적 공황만이 아니라 주기적 호황도 설명하지 않으면 안 된다. 이윤율 저하설로부터 일관되게 호황을 설명한다면, 호황은 이윤율 저하보다 상쇄력의 작용이 더 우세해서 이윤율이 상승하기 때문에 발생할 것이다. 설령 투자와 축적 자체에 의해 호황이 발생하는 것이라고 더 세련되게 주장한다하더라도, 이 경우 축적의 진전에 의해 자본의 유기적 구성이 고도화하고 그로써 이윤율의 저하가 불가피한데, 그럼에도 호황이 발생할 수 있는 이유는 상쇄 요인들의 작용에 의해 이윤율의 수준이 유지되거나 상승하기 때문이다. 그러면 이 이론에서 공황은 법칙 자체의 관철에 의해, 그리고 호황은 상쇄력의 강력한 동원 때문에 발생한다. 결국 주기적 공황을 설명할 때는 사소하고 부차적인 의미밖에 갖지 못하는 상쇄 요인들이, 똑같이 주기적으로 발생하는 호황의 설명에서는 결정적인 역할을 하고 있는 셈이다. 그럼에도 이 이론이 상쇄 요인들에 별로 주목하지 않은 것은 다름 아니라 이 이론이 추상적인 공황론에 머물고 산업 순환에 대한 구체적 분석을 결여했기 때문일 것이다.

그런데 이렇게 이윤율 저하 법칙으로 주기적 공황을 설명하는 경우, 유기적 구성의 고도화가 상쇄력보다 우세해서 공황으로 관철하는 것이 왜 주기적으로 반복하는가, 또 왜 주기적으로 상쇄력이 법칙보다 우세해서 호황이 발생하는가, 그 내적 메커니즘을 규명해야 한다. 즉 상쇄력이 축적의 진전에 따라 내적으로 동원되는 힘이라면, 어떤 내적 메커니즘에 따라 규칙적으로 산업 순환의 호황 국면에서는 이윤율 저하보다 상쇄력이 우세하다가 상쇄력보다 이윤율 저하가 우세하면서 공황 국면으로 전환하는지를 설명해야 한다. 그렇지 않다면, 결국 호황과 공황은 상쇄력의 우연적인 힘 여하에 의해 결정되는데, 이런 우연이 10년 주기로 작동한다고 주장한다면, 그것은 실로 과학과 이론의 영역이 아닐 것이다. 이렇게 이윤율 저하설은 공황과 호황의 법칙적인 설명과는 무관한 것이 되어서 사실상 공황 이론은 부재한다고 말할 수밖에 없다. 앞서 본 뮐러의 입론은 말하자면 이윤율 저하설로부터 이에 대한 하나의 이론적 시도라 할 수 있다. 그러나 대개의 이윤율 저하설에서는 이와 관련하여 문제의식조차 존재하지 않는다. 마르크스가 열거한 상쇄 요인들을 살펴보면, 여기 어디에도 산업 순환의 특정 국면에 이윤율 저하를 상쇄하는 힘들이 법칙적으로, 즉 주기적으로 작동하는가, 그래서 주기적으로 호황을 가져오는가를 확인할 수 없다. 따라서 이윤율 저하설은 주기적 공황을 법칙적으로 설명하는 것이라 할 수 없다. 이는 법칙 자체와 상쇄력의 종합여하에 의해 공황이 발생한다는 파인과 해리스의 독특한 주장에 대해서도 마찬가지로 해당되는 비판이다.(Fine/Harris, 1979: ch. 5). 파인과 해리스의 이런 주장은 사실 너무도 추상적인 언사에 지나지 않아 그 자체로 그럴듯해 보이지만, 산업 순환과 10년 주기의 구체적 현상을 놓고 검토해보면 설명할 수 있는 것이 별로 없기 때문이다.

2) 이윤율의 평균적 운동과 순환적 운동의 혼란

주기적 공황은 대체로 7-11년 주기로 발생한다. 하나의 순환은 대체로 4개의 국면 즉 공황, 불황, 회복, 호황 국면으로 이루어지므로 각 순환 국면은 비교적 짧은 기간으로 구성된다. 이윤율 저하설에 따르면, 호황으로부터 공황으로의 전환은 상쇄 요인들의 작용에도 불구하고 이윤율이 저하하였다는 것이고, 이는 호황기에 유기적 구성의 고도화가 현저하게 증가하였든가 아니면 상쇄 요인들의 작용이 약화되어 잉여가치율이 저하하였든가 또는 양자의 결합에 기인한다. 그런데 일반적 이윤율이란 사회 전체적으로 형성되는 평균이윤율이므로, 그 저하란 산업 순환상 4-5년의 짧은 호황 시기에 사회 전반에 걸쳐 유기적 구성의 급속한 고도화가 일어난 것을 말하는데, 이는 납득하기 어려운 주장이다. 사회의 평균적인 유기적 구성은, 설령 자본 집약적인 기술혁신이 단속적으로, 집중적으로 일어난다 하더라도 그 사회적 확산과 파급은 중장기에 걸쳐 일어나기에 점진적으로만 증대할 뿐이다. 또한 집중적인 기술혁신의 도입과 확산은 호황기보다 오히려 불황기에 보다 집중된다.[185] 마찬가지로 잉여가치율의 갑작스러운 저하로 이윤

---

185 뿐만 아니라 일반적 이윤율은 사회의 모든 생산 부문에 대한 균등한, 평균적인 이윤율이

율 저하를 설명할 수도 없다. 잉여가치율이 급락했다면, 이는 동일한 노동시간하에서 필요노동이 증대했다는 것, 즉 노동력가치가 급증했다는 것을 의미한다. 그러나 노동력가치란 마르크스에 따르면 어떤 주어진 시기에 평균적인 노동자 가족의 재생산을 위해 필요한 생활필수품의 가치이며, 이는 역사적으로 결정되는 수준이므로 호황 국면의 짧은 기간에 그렇게 급변하는 수치가 아니다. 다시 말해 자본의 유기적 구성이라든가 잉여가치율이라는 개념은 가치 개념에 조응하는 것으로서 일정 시점에서 사회의 평균적 관계에서 파악한 수치이고, 대체로 7-11년 순환의 평균을 통해 형성되는 것이라 할 수 있다. 이렇게 평균적 관계로서 유기적 구성이나 잉여가치율이 호황기의 비교적 단기간에 크게 변동하는 수치가 아니라면, 순환적으로 급변하는 이윤율의 설명에 이 요인들을 적용할 수는 없다. 호황 국면 자체를 논하더라도 동일한 반론에 직면한다. 이 국면에서 이윤율이 증대되어 호황을 구가한다면, 이는 유기적 구성이 하락했거나 잉여가치율이 증대했거나 아니면 양자의 결합된 효과 때문이있을 것이다.(또는 유기적 구성의 증대보

므로 호황기의 부문 간 불균등한 발전과 그에 따른 부문 간 불균형에 의해 형성되는 공황의 조건을 설명할 수가 없다. 주지하다시피 공황은 사회의 모든 부문에서 동일한 평균이윤율의 하락에 의해 동시에 촉발되지 않고 대개 특정 부문(생산재 부문)의 불균형과 이윤율 하락에 의해 촉발되고 연쇄 작용을 통해 여타 부문으로 파급된다.(예컨대 2007/2009년 공황에서는 특별히 주택 시장의 불균형과 과잉생산이 그 촉발 요인이었다.) 따라서 이윤율 저하설은 원천적으로 현실의 공황을 설명하는 적절한 이론이 될 수 없다.

다도 더 급속한 잉여가치율의 증대가 있었을 것이다.) 그러나 호황 국면에서 유기적 구성이 하락했다는 주장은 납득하기 어려운 어처구니없는 것이다. 그렇다면 기껏해야 유기적 구성의 증대보다도 더 급속한 잉여가치율의 증대를 말할 수 있는데, 앞서 말한 바처럼 호황 국면의 비교적 짧은 시기에 특별히 노동력가치의 갑작스러운 저하와 잉여가치율의 급증을 논할 수도 없다.

따라서 호황과 공황 국면에서 단기간에 이윤율이 크게 변한다면, 이는 시장가격 이윤율의 변화로 이해할 수밖에 없고, 그 경우 시장가격 이윤율의 변화는 기술적 구성이나 가치 구성 또는 노동력가치의 변화로 설명할 수 없다. 이를 설명하기 위해서는 산업 순환에서의 시장가격 및 시장 임금의 변동을 분석하지 않으면 안 되는데, 이는 현실 경쟁론의 매개를 전제하는 것이다. 현실 경쟁과 산업 순환에서 가격의 운동은 자본주의의 이념적 평균에서 상정한 '가치(또는 생산가격)=시장가격'의 관계, 즉 시장가격이 가치 또는 생산가격의 주위에서 끊임없이 조정되는 그런 운동이 아니다. 산업 순환에서 시장가격은 현실 경쟁에 매개되어 가치 또는 생산가격으로부터 이탈하고, 가격기구가 작동함에도 불구하고 오히려 가격기구의 작동 때문에 이 이탈과 불균형이 누적되어 공황을 통한 폭력적 조정을 불가피하게 한다. 말하자면 시장가격은 산업 순환에서 가치 또는 생산가격으로부터 순환적으로 괴리하게 되는데, 바로 여기에 자본의 이념적 평균에서는 추상하였던 현실 경쟁과 산업 순환의 고유한 특징이 있다. 이러한 현실 경쟁론의 수준에서만 비로소 투자와 축적의 진전에 의해 야기되는 투자수요의 과도한 확장과 이에 따른 전반적 초과수요의 전개, 가치 관계로부터 괴리된 시장가격의 상방 운동과 시장 이윤율의 증대, 그에 따른 과도한 생산 확대 및 과잉생산의 잠재적 진행 등 호황의 기본 특징뿐 아니라 공황 국면에서의 이러한 관계의 역전을 설명할 수 있다.[186]

3) 산업 순환과 가격 운동의 설명에서의 모순들

마르크스는 산업 순환과 공황에 관한 서술을 자본의 일반적 분석 후의 과제로 설정하였지만, 이미 곳곳에서 산업 순환과 시장가격의 운동에 대해 주목할 만한 서술을 남겨놓았다. 먼저 가치의 변화와 무관한 가격의 변동을 구별하는데, 이른바 자본의 절대적 과잉생산과 관련하여 다음처럼 말한다.

"어느 경우에나 일반적 이윤율의 격심하고 갑작스러운 저하가 일어날 것인데, 이 저하는 이번에는 자본구성의 변동—**생산성의**

---

186 種瀬茂(1986: 171 이하)도 현실 경쟁과 시장가격의 순환적 운동을 파악하지 못하고 이윤율의 경향적 저하 법칙으로 공황을 설명하는 경우 부딪치는 현상과 논리의 모순을 지적하고 있다. 특히 타네세 시게루種瀬茂는 이 책에서 정치경제학 비판 플랜 제1부 제2편의 원래의 경쟁으로부터 이념적 평균에서 『자본』에 편입된 '균형화 경쟁'과 『자본』 이후에 남겨진 과제인 '불균형화 경쟁'을 구분하고 현실 경쟁, 즉 불균형화 경쟁하에서의 산업 순환 및 주기적 공황의 이론화 방향에 대해 탁월한 지침을 제시하였다.

발달에 기인한 것이 아니라 가변자본의 화폐가치 증대(임금상승 때문임)에 기인한 것이다—과 그것에 대응하는 필요노동에 대한 잉여노동의 비율 감소 때문에 일어난다."(『자본론』 III(상): 302, 강조는 인용자).

또 같은 맥락에서지만 보다 분명하게 가치 규정과 무관한 시장가격의 변화와, 일반적 이윤율의 결정 요인과 관계없는 시장 이윤율의 변화를 지적하는 서술도 볼 수 있다.

"상품의 시장가격 등락이 그 가치 규정과 전혀 관계없는 것처럼 이윤율[시장 이윤율 -인용자]의 등락은, 그것이 노동 수급 관계 또는 사치재에 대비한 필수재 가격의 일시적 등락에 따른 … 임금의 등락에 의해 규정되는 한, 이윤율 등락의 일반 법칙[일반적 이윤율 또는 가치 이윤율의 등락 -인용자]과 별로 관련이 없다. 후자는 임금의 현실적 운동에 관한 장에서 고찰해야 한다."(*MEW* 26.3: 306).

마르크스는 시장가격과 이윤율이 가치 규정과 일반적 이윤율로부터 무관하게 우연히 변동하는 문제만이 아니라 그것이 산업 순환에서 규칙적으로, 즉 순환적으로 변동하는 문제까지 고찰하고 있다. 다름 아닌 이것이 여기서의 주요한 주제이다. 우선 자본의 일반적 분석 수준에서 파악한 가치와 생산가격이라는 개념은 현실 경쟁과 산업 순환에서는 시장가격들의 순환별 평균으로서 구체화된다. 즉 가치와 생산가격은 10년 주기의 1산업 순환에서 운동하는 시장가격들의 평균으로서 파악되는 것이다.[187] 한편 이 기간에도 가치의 변화와 생산가격의 변화가 일어난다. 가치와 생산가격은 어느 특정한 시점에서 대표적 관계로서 파악한 개념이고, 구체적으로는 개별 자본들의 평균적 관계로서 표현된다. 가치 개념이 대표적 기술 조건을 반영하는 것인 한, 가치의 변화(상품 가치의 하락)는 일상적이지 않고 새로운 기술 변화가 지배적 상황이 될 때에 비로소 나타난다. 따라서 가치는 단속적이기는 하지만, 일정한 시기 동안은 안정적인, 그런 변화를 보일 것이다. 또 시장가치를 문제로 하는 한에서도, 수요 공급의 변화가 시장가치를 변화시키지만, 이 경우 그 변화는 균형을 전제하는 경우이므로 수요 공급의 불균형에 의해 무쌍하게 변화하는 가격 변화와 달리 상대적으로 둔감하고 점진적이다. 그렇다면, 10년 주기의 1 산업 순환에서 보면, 가치는 단속적인 하락 시기(대체로 불황 말기와 회복 초기)가 있겠지만 대체로 점진적인 하락을 보이게 된다. 따라서 가치는 1 산업 순환에서 점진적으로 하락하는 수치인데, 그러면 시장가격도 산업 순환에서 가치의 이런 변화를 반영해서 점진적인 하락 운동을 하는가 하는 것이 여기서의 문제다. 즉 가치 관계로부터 끊임없는 이탈과 가치 관계로의 끊임없는 복귀라는 불균형과

---

187 *MEW* 16(145-146); *MEW* 26.2(202-203); 『자본론』 III(상)(302); *MEW* 26.2(495); 『자본론』 II(217).

조정 과정을 거치면서 시장가격은 가치의 변화를 따라 점진적으로 하락하는가?

마르크스는 이러한 균형론적 방식의 시장가격 운동을 수용하지 않는다. 마르크스에 따르면, 가치 관계의 표현인 시장가격은 수요와 공급의 변화에 따라 일상적으로 가치관계로부터 일탈할 뿐 아니라 순환적으로 보면, 가치로부터 누적적인 상방 이탈(호황 국면)과 하방 이탈(공황 국면)을 보이면서 1순환의 평균적인 관계로서만 가치(또는 생산가격)와 일치하게 된다. 마르크스의 말을 들어 보면,

"대개 공황에 앞서 자본주의적 생산에 속한 모든 상품에서 전반적인 가격 상승(인플레이션)이 일어난다. 그래서 이 상품들은 모두 뒤쫓아 오는 파국에 참가하며, 파국 이전의 그 가격에서는 모두 시장에 과도한 부담을 안긴다. 시장은 **하락하는 상품 가격, 비용가격(생산가격 - 인용자) 이하로 떨어진 그 가격**에서는, 이전의 시장가격에서는 흡수할 수 없을 그러한 상품량을 흡수할 수 있다. 상품의 과잉이라는 것은 언제나 상대적이다. 즉 일정한 가격에서의 과잉인 것이다. 이 경우에 상품을 흡수하는 가격은 생산자나 상인에게서 파멸적인 것이다."(*MEW* 26.2: 506, 강조는 인용자).

또한 다른 곳에서는 이렇게 쓴다.

"번영기, 특히 투기의 활성기에는 반대되는 현상이 나타난다. 이 시기에는 멀써 (현실적인 가치 혁명에 의해서가 아니라) 다른 이

유들 때문에 상품으로 표현된 화폐의 상대적 가치가 떨어지며, 따라서 상품의 가격은 그 자체의 가치와는 관계없이 오른다."(『자본론』 II: 496, 강조는 인용자).

즉 광란의 번영기에 상승하는 상품 가격은 가치 관계의 변화를 반영하는 것이 아니라 가치 관계로부터의 괴리를 표현한다.

"투기의 시기에 전반적 가격 상승은 그 **교환가치**[가치 -인용자]나 **생산 비용**의 전반적 상승의 탓으로 돌릴 수 없다. 왜냐하면, 금의 **교환가치**나 **생산 비용**이 모든 다른 상품의 교환가치나 생산 비용과 똑같은 정도로 상승한다면, 화폐로 표현한 그 교환가치, 즉 **가격**은 동일한 수준일 것이기 때문이다. 마찬가지로 전반적 가격 상승은 금 생산가격의 저하 탓으로 돌릴 수 없다." (*Grundrisse*: 130).

가격이 끊임없이 가치(또는 생산가격)에 수렴하며 공황기에만 공황의 결과로서 가치로부터 가격이 하방 이탈한다는 이윤율 저하설의 균형론적 관념은 산업 순환에 따른 순환적 가격 변동의 현실 경험과 명백히 배치된다. 경험적으로 확인하는 바처럼 호황 국면에서 가격은 전반적으로 상승하고 공황 국면에서는 전반적으로 하락한다. 다른 조건은 불변이라는 가정 위에서 이윤율 저하설의 주장처럼 이러한 가격 변화가 가치 변화를 반영하고 있다면, 이는 호황 국면에서 상품들의 가치가 증대한다는 것이 된다.(또는 호황 국면에서 화폐 상품의 가치가 저하한다는 것을 말한다.) 앞의 인용문에서 보는 바처럼 마르크스도 이 두 가지 가능성을 모두 기각하고 있지만, 이 같은 해석은 황당한 결론을 함축한다는 점을 지적하지 않으면 안 된다. 즉 가치가 증대한다는 것은 다른 조건들이 불변이라면, 생산력의 퇴보, 유기적 구성의 하락을 반영한다는 것이다. 호황 국면에서 유기적 구성이 하락하고 생산력이 퇴보한다는 것은 납득할 수 없는 결론이다. 이렇게 산업 순환의 호황 국면에서 전반적으로 상승하는 가격 수준은 가치 또는 생산가격의 변화를 반영하는 것이 아니라 가치 또는 생산가격으로부터 상방으로의 괴리를 나타내는 것이다. 또 그 때문에 공황 국면을 통해 가치 또는 생산가격으로의 시장가격의 폭력적인 균등화가 불가피하게 일어나게 된다. 이것이 자본주의하에서 가치법칙이 현실적으로 작용하는 방식이다.

"번영 국면에서는 고정자본의 대규모 갱신과 확대가 일어나며 최신 기술이 광범하게 채용되기 때문에, 첫째로 노동생산성이 올라가고 상품 1개당 가치가 작아지지만, 상품에 대한 수요가 공급을 넘어서 상품의 시장가격은 가치로부터 괴리해서 등귀한다. 그 때문에 상품의 가치와 가격의 차이가 커진다. 이로부터 둘째로, 자본의 유기적 구성이 올라가고 **평균이윤율**이 저하하지만, 상품의 시장가격이 등귀하기 때문에 현실의 이윤율은 올라가게 된다. 이러한 모순, 즉 상품 가치가 저하함에도 불구하고 상품의 가격은 올라가고, 평균이윤율이 저하함에도 불구하고 현실의 이윤율은 올라간다는 모순은 번영 국면이 진전될수록 극도로 커지게 된다. 〔이 모순은 공황을 통해 해결된다. -인용자〕 그래서 **가치법칙과 평균이윤율 저하 경향의 법칙**은 공황에서 강력하게 자신을 관철하는 것이다."〔宮川実 (1993: 77-78), 강조는 인용자〕.

마찬가지 문제지만, 호황 국면에서의 이 같은 가격 상승은 또한 화폐 상품의 가치 저하를 반영하는 것도 아니다. 여기서는 화폐 상품의 가치가 불변이거나 설령 사소하게 저하한다 하더라도 그 이상으로 상승하는 가격 수준의 문제이기 때문에, 이는 화폐의 감가Entwertung가 아니라 가치 저락Depreziation의 문제다. 말하자면 산업 순환의 호황 국면에서 주기적으로 일종의 인플레이션이 일어나는 것이고, 이는 불가피하게 공황 국면에서 디플레이션으로 반전하게 된다. 산업 순환의 이런 주요한 현상을 이윤율 저하설은 포착할 수도 없었던 것이다.

결국 이윤율 저하설은 호황과 공황의 국면 전환을 설명할 수 없고, 산업 순환론을 전개할 수 없다. 왜냐하면 경기순환의 국면과 국면 전환의 분석에서 중요한 것은, 시장 경쟁을 통해 가치 관계(균형 관계)로부터 가격 관계의 이탈과 괴리의 누적 메커니즘을 밝히는 것인데, 이 이론은 가치법칙에 대한 균형론적 이해 위에서 이 분석을 원천적으로 봉쇄하기 때문이다.[188]

---

188 이상 이윤율 저하설이 이윤율의 경향적 저하 법칙과 주기적 공황의 분석 수준의 차이를 간

참고 문헌

김성구, 2008a, 「마르크스의 이윤율의 경향적 저하 법칙 – 재구성을 위하여」, 〈노동사회과학〉 제1호.

김성구, 2008b, 「정치경제학 비판 플랜과 『자본』: 이른바 플랜 논쟁에 대하여」, 〈마르크스주의 연구〉 제9호.

김성구, 2008c, 「마르크스의 공황론 방법과 주기적 과잉생산 공황론」, 〈마르크스주의 연구〉 제10호.

김성구, 2014a, 「바우어-그로스만 표식의 혼란과 오류」, 〈마르크스주의 연구〉 제33호.

김성구, 2014b, 「바우어와 그로스만의 공황론 비판」, 〈마르크스주의 연구〉 제36호.

김성구, 2018, 「투간과 로자 표식에 대한 비판적 해설」, 김성구, 『마르크스의 정치경제학 비판과 공황론』, 나름북스.

과함으로써 부딪치게 되는 치명적 오류들을 살펴보았는데, 이윤율 저하설에 대한 이와 같은 방법론적 비판의 토대는 플랜 논쟁의 성과 위에서 전개된 일본의 공황론 논쟁이다. 그럼에도 구미에서 전개된 이윤율 저하설에 대한 체계적 비판 문헌은 일본에서 좀처럼 보기 힘들다. 아마도 그 이유는 일본에는 이윤율의 경향적 저하 법칙으로써 공황론을 전개하는 논자들이 별로 존재하지 않고, 우노 고조의 자본의 절대적 과잉생산론(이른바 노동력 애로설)에 의해 대표되는 이윤율 저하설과 정통파의 과잉생산 공황론 간 논쟁 구도가 지배하기 때문일 것이다. 이런 점에서 자본주의 분석 수준의 차이에 대한 방법론적 인식, 즉 축적의 일반적 법칙과 재생산의 법칙 그리고 이윤율의 경향적 저하 법칙은 현실 경쟁을 추상한 자본의 일반적 분석(=이념적 평균)에서 파악한 법칙이며, 현실 경쟁의 매개 없이 직접 주기적 공황의 설명에 적용할 수 없다는 인식은 필자가 일본의 주류파와 함께 공유하는 토대이지만, 이 토대 위에서 구미권의 이윤율 저하설에 대한 위와 같은 논쟁적인 비판은 필자의 고유한 기여라고 생각한다.

마르크스, K. 2001a, 『자본론』 I(상), 제2개역판, 비봉출판사.

마르크스, K. 2001b, 『자본론』 I(하), 제2개역판, 비봉출판사.

마르크스, K. 2004, 『자본론』 II, 제1개역판, 비봉출판사.

마르크스, K. 2004a, 『자본론』 III(상), 제1개역판, 비봉출판사.

마르크스, K. 2004b, 『자본론』 III(하), 제1개역판, 비봉출판사.

岡稔, 1983, 「공황이론의 문제점」, 김성구 편, 1983, 『공황론 입문』, 돌베개.

岡稔, 1976, 『資本主義分析の理論的諸問題』, 新評論.

高木彰, 1986, 『恐慌·産業循環の基礎理論研究』, 多賀出版.

古川正紀, 1983, 「산업 순환과 가치법칙」, 김성구 편, 1983, 『공황론 입문』, 돌베개.

宮川実, 1993, 『恐慌と産業循環』, 社會科學書房.

富塚良三, 1962, 『恐慌論研究』, 未來社.

種瀬茂, 1986, 『競争と恐慌』, 有斐閣.

Cogoy, M. 1973, "The Fall of the Rate of Profit and the Theory of Accumulation", *BCSE* 8.

Fine, B. & Harris, L. 1979, *Rereading Capital*, The Macmillan Press〔국역: B. 파인·L. 해리스, 1985, 『현대자본주의 입문』, 한울.〕

Grossmann, H. 1929, *Das Akkumulations- und Zusammenbruchsgesetz des kapitalistischen Systems (Zugleich eine Krisentheorie)*[Grossmann, H. 1992, The Law of Accumulation and Breakdown *of the Capitalist System (Being also a theory of crises)*, Pluto Press.

Höhme, H. J. 1982, "Probleme des gegenwärtigen kapitalistischen Krisenzyklus", *IPW Forschungshefte* 1982/2.

Luxemburg, L. 1913, *Die Akkumulation des Kapitals*, Institut für Marxismus-Leninismus beim ZK der SED, hrsg., 1981, *Gesammelte Werke*, Band 5.〕

Marx, K. 1989, *Lohn, Preis und Profit, MEW* 16.

Marx, K. 1965, 1967-1968, *Theorien über den Mehrwert, MEW* 26.1-3.

Marx, K. 1983, *Ökonomische Manuskripte 1857/1858(Grundrisse), MEW* 42.

Mattick, P. 1969, *Marx und Keynes*[일역: P. Mattick, 1971, 『マルクスとケインズ』, 学文社.]

Mattick, P. 1981, *Economic Crisis und Crisis Theory*, Merlin Press.

Müller, A. 2009, *Die Marxsche Konjunkturtheorie*, PapyRossa.

Reuten, G. 2002, "The Rate of Profit Cycle and the Opposition between Managerial and Finance Capital - A discussion of Capital III, Parts Three to Five", Campbell, M. & Reuten, G. edit., 2002, *The Culmination of Capital - Essays on Volume III of Marx's Capital*, Palgrave.

Rosdolsky, R. 1968, *Zur Entstehungsgeschichte des Marxschen 'Kapital': Der Rohenhwurf des 'Kapital' 1857-58*[국역: 로만 로스돌스키, 2003, 『마르크스의 자본론의 형성』, 백의.]

Yaffe, D. 1973, "The Marxian Theory of Crisis, Capital and the State," *Economy and Society*, Vol. 2, No. 2.

마르크스의 정치경제학 비판과 공황론

2018년 9월 18일 초판 1쇄 발행

지은이   김성구
편집   김삼권 조정민 최인희
디자인   이경란
인쇄   도담프린팅
종이   타라유통

펴낸곳   나름북스
펴낸이   임두혁
등록   2010.3.16. 제2014-000024호
주소   서울 마포구 월드컵로15길 67, 2층
전화   (02)6083-8395
팩스   (02)323-8395
이메일   narumbooks@gmail.com
홈페이지   www.narumbooks.com
페이스북   www.facebook.com/narumbooks7

ISBN 979-11-86036-43-3 (93320)
값 20,000원

이 도서의 국립중앙도서관 출판예정도서목록(CIP)은
서지정보유통지원시스템 홈페이지(http://seoji.nl.go.kr)와
국가자료공동목록시스템(http://www.nl.go.kr/kolisnet)에서 이용하실 수 있습니다.
(CIP제어번호: CIP2018028304)